教育部哲学社会科学系列发展报告
MOE Serial Reports on Developments in Humanities and Social Sciences

中国都市化进程报告 2014

Report on Metropolitanization Advance in China 2014

刘士林 主编

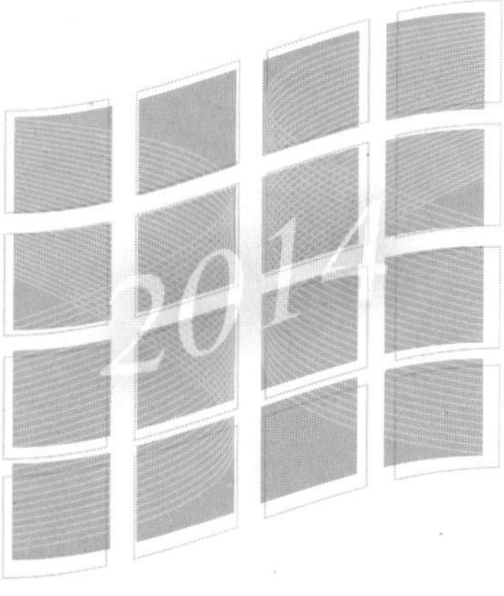

北京大学出版社
PEKING UNIVERSITY PRESS

图书在版编目(CIP)数据

中国都市化进程报告.2014/刘士林主编.—北京:北京大学出版社,2014.9
(教育部哲学社会科学系列发展报告)
ISBN 978-7-301-24814-0

Ⅰ.①中… Ⅱ.①刘… Ⅲ.①城市化进程—研究报告—中国—2014
Ⅳ.①F299.21

中国版本图书馆CIP数据核字(2014)第212502号

书　　　名:中国都市化进程报告2014
著作责任者:刘士林　主编
责 任 编 辑:魏冬峰
标 准 书 号:ISBN 978-7-301-24814-0/C·1045
出 版 发 行:北京大学出版社
地　　　址:北京市海淀区成府路205号　100871
网　　　址:http://www.pup.cn
新 浪 微 博:@北京大学出版社
电 子 信 箱:weidf02@sina.com
电　　　话:邮购部62752015　发行部62750672　编辑部62750673
出版部62754962
印　刷　者:北京鑫海金澳胶印有限公司
经　销　者:新华书店
730毫米×980毫米　16开本　24印张　444千字
2014年9月第1版　2014年9月第1次印刷
定　　　价:58.00元

学术委员会

编辑委员会

总　　序

哲学社会科学的发展水平，体现着一个国家和民族的思维能力、精神状态和文明素质，反映了一个国家的综合国力和国际竞争力。在社会发展历史进程中，哲学社会科学往往是社会变革、制度创新的理论先导，特别是在社会发展的关键时期，哲学社会科学的地位和作用就更加突出。在我国从大国走向强国的过程中，繁荣发展哲学社会科学，不仅关系到我国经济、政治、文化、社会建设以及生态文明建设的全面协调发展，而且关系到社会主义核心价值体系的构建，关系到全民族的思想道德素质和科学文化素质的提高，关系到国家文化软实力的增强。

党的十六大以来，以胡锦涛同志为总书记的党中央高度重视哲学社会科学，从中国特色社会主义发展全局的战略高度，把繁荣发展哲学社会科学作为重大而紧迫的任务进行谋划部署。2004 年，中共中央下发《关于进一步繁荣发展哲学社会科学的意见》，明确了新世纪繁荣发展哲学社会科学的指导方针、总体目标和主要任务。党的十七大报告明确指出："繁荣发展哲学社会科学，推进学科体系、学术观点、科研方法创新，鼓励哲学社会科学界为党和人民事业发挥思想库作用，推动我国哲学社会科学优秀成果和优秀人才走向世界。"2011 年，党的十七届六中全会审议通过的《中共中央关于深化文化体制改革、推动社会主义文化大发展大繁荣若干重大问题的决定》，把繁荣发展哲学社会科学作为推动社会主义文化大发展大繁荣、建设社会主义文化强国的一项重要内容，深刻阐述了繁荣发展哲学社会科学一系列带有方向性、根本性、战略性的问题。这些重要思想和论断，集中体现了我们党对哲学社会科学工作的高度重视，为哲学社会科学繁荣发展指明了方向，提供了根本保证和强大动力。

为学习贯彻党的十七届六中全会精神，教育部于 2011 年 11 月 17 日在北京召开全国高等学校哲学社会科学工作会议。中共中央办公厅、国务院办公厅转发《教育部关于深入推进高等学校哲学社会科学繁荣发展的意见》，明确提出到 2020 年基本建成高校哲学社会科学创新体系的奋斗目标。教育部、财政部联合印发《高等学校哲学社会科学繁荣计划(2011—2020 年)》，教育部下发《关于进一步改进高等学校哲学社会科学研究评价的意见》《高等学校哲学社会科学"走出去"计划》《高等学校人文社会科学重点研究基地建设计划》等系列文件，启动了新一轮"高校哲学社会科学繁荣计划"。未来十年，高校哲学社会科学将着力构建九大体系，即学科和教材体系、创新平台体系、科研项目体系、社会服务体系、条件支撑体系、人才队伍体系、现代科研管理体系和学风建设工作体系，同时，大力实施高校哲学社会科学“走出去”计划，提升国际学术影响力和话语权。

当今世界正处在大发展大变革大调整时期，我国已进入全面建设小康社会的关键时期和深化改革开放、加快转变经济发展方式的攻坚时期。站在新的历史起点上，高校哲学社会科学面临着难得的发展机遇和有利的发展条件。高等学校作为我国哲学社会科学事业的主力军，必须充分发挥人才密集、力量雄厚、学科齐全等优势，坚持马克思主义立场观点方法，以重大理论和实际问题为主攻方向，立足中国特色社会主义伟大实践进行新的理论创造，形成中国方案和中国建议，为国家发展提供战略性、前瞻性、全局性的政策咨询、理论依据和精神动力。

自2010年始，教育部启动哲学社会科学研究发展报告资助项目。发展报告项目以服务国家战略、满足社会需求为导向，以数据库建设为支撑，以推进协同创新为手段，通过组建跨学科研究团队，与各级政府部门、企事业单位、校内外科研机构等建立学术战略联盟，围绕改革开放和社会主义现代化建设的重点领域和重大问题开展长期跟踪研究，努力推出一批具有重要咨询作用的对策性、前瞻性研究成果。发展报告必须扎根社会实践、立足实际问题，对所研究对象的发展状况、发展趋势等进行持续研究，强化数据采集分析，重视定量研究，力求有总结、有分析、有预测。发展报告按照“统一标识、统一封面、统一版式、统一标准”纳入“教育部哲学社会科学系列发展报告”集中出版。计划经过五年左右，最终稳定支持百余种发展报告，有力支撑“高校哲学社会科学社会服务体系”建设。

展望未来，夺取全面建设小康社会新胜利、谱写人民美好生活新篇章的宏伟目标和崇高使命，呼唤着每一位高校哲学社会科学工作者的热情和智慧。我们要不断增强使命感和责任感，立足新实践，适应新要求，以建设具有中国特色、中国风格、中国气派的哲学社会科学为根本任务，大力推进学科体系、学术观点、科研方法创新，加快建设高校哲学社会科学创新体系，更好地发挥哲学社会科学认识世界、传承文明、创新理论、咨政育人、服务社会的重要功能，为全面建设小康社会、推进社会主义现代化、实现中华民族伟大复兴作出新的更大的贡献。

教育部社会科学司

2012年7月

目　　录

主题报告

上篇：新型城镇化与中国城市发展模式的文化转型

在2013年中央经济工作会议上，城镇化首次被明确为“我国现代化建设的历史任务”。2013年5月6日召开的国务院常务会议，进一步提出“研究新型城镇化中长期发展规划”。新型城镇化在国家发展战略框架中的地位不断提升。但由于人口众多、基础薄弱、发展过快等原因，我国不仅缺乏应对大规模城市化的物质与资源条件，在理论和心理上也同样准备不足。最直观的表现，无论是硬件方面的道路交通、城市排水，还是软件方面的医疗卫生、基础教育等，城市规划和建设上一再陷入“计划赶不上变化”的尴尬中。其根源就在于基础理论研究的不足，既缺乏认识现实的有效方法工具，对很多处于萌芽状态的问题和矛盾麻木不仁，同时也缺乏引领城市科学发展的理论模型，很多事后的应对举措不是“头痛医头，脚痛医脚”就是“抱薪救火”，特别是在交通治理、房价调控和食品监管等方面。“城市理论的贫困状况”，使我们既不能理性把握当今世界城市化的规律和趋势，也未能科学预见我国城市发展必然遭遇的各种突变和挑战。新型城镇化既是一个要求更高的战略目标，也是一个压力更大、环境和矛盾空前复杂的演化进程，要想避免“穿新鞋走老路”，最重要的是先做好新型城镇化的规划。这时所需要的不是激情和冲动，而是冷静的分析和理性的建设。就此而言，“什么是新型城镇化”首当其冲，只有先解决好这个概念的内涵和模式问题，才能为各种理论研究和现实发展提供基础和大前提。

一、人类城市化进程的历史形态及传统模式

“新”必然相对于“旧”而言，同时也主要是一个建构过程。要想科学界定“什么是新型城镇化”，首先应弄清楚“什么是旧的城市化”。对此不能仅停留在“雾霾”“水污染”“高房价”“拥堵”“半城市化”等具体问题上，而需要有更长远的眼光。在这个基本问题上过于狭隘和功利化，不容易客观地看待现实并找到问题的真正根源。

从世界城市化的历史看，迄今为止主要经历了两种传统形态，分别可称为“古代城市化”和“现代城市化”。自从有了城市，前一种城市化就已出现。与一般的常识不同，古代城市化开始得很早，在起源上甚至早于乡村。芒福德认为，3万年

前的原始洞穴就已是具有城市功能的人类聚落空间，而乡村的历史才不过八九千年。[①] 但在以农业为主要生产部门的古代世界中，城市发展一直步履维艰、进展缓慢。以古罗马为例，卢梭曾指出，早期罗马人对乡村生活的兴趣高于城市，他们习惯于"把农事和军事与自由结合在一起，并且可以这样说，把美术、工艺、阴谋以及奴隶制全都赶进了城市"。"这样，罗马全部赫赫有名的人物就都是生活在农村里并且耕种土地，所以人们也就习惯于只在乡村里去寻找共和国的栋梁。这种情况既然是罗马最尊贵的贵族的情况，所以也就受到一切人的尊崇；人们宁愿过乡村人的简朴勤劳的生活，而不愿过罗马市民的游手好闲的生活；而且在城市里一向不外是个不幸的无产者的人，一成为田地里的劳动者之后，就变成一个受人尊敬的公民了。"[②]这种状况一直延续到19世纪初，相关研究表明，当时世界城市人口仅占全部人口的1%。[③] 现代城市化进程源于18世纪中叶的工业革命，资本主义大工厂生产对劳动力的强烈需求，使城市人口开始快速增加，到20世纪初，世界城市人口占比已达到13.6%。但全球城市人口的快速增长，是人类在20世纪中期进入后工业社会以后的事情。除了传统的欧美地区，拉美地区城市人口在1980年达到65.6%，接近于欧洲的城市化水平，到2008年，城市人口已占到世界总人口的一半。人口向城市集中的直接表现，是以大自然为主体的传统乡村被以高楼大厦为主体的城市空间取代，这是自新石器时代以来地球空间发生的最大变化和重构。中国是人类城市起源最早的地区之一，其城市文明在古代世界一直遥遥领先。但在"以农为本"的大背景下，我国古代的城市化水平并不高。1949年新中国成立时，城市人口仅占全部人口的7.3%，中间又走过一段以"迁出城市人口"为代表的逆城市化道路，直到1978年，我国的城市化水平不到18%，甚至低于1960年的19.75%，与欧美、拉美等不可同日而语。改革开放以后，以工业化和现代化为契机，这个古老的农业国家迅速开启了自身的现代城市化进程，城市发展一日千里、日新月异。2000年，我国城市化水平达到36.09%，由此踏上快车道。2011年，我国城市化水平达到51.27%，首次超过农村人口。由此可知，我国仅用了约半个多世纪的时间，就初步完成了从古代城市化向现代城市化的转型和过渡。

为什么这两种城市化的后果如此不同？这主要可归结为发展模式问题。古代城市化在模式上可以称为政治型城市化，现代城市化则是经济型城市化。[④] 政治型城市化以中国古代为典范。尽管城市天生是最活跃的经济体，但正如芒福德

① 〔美〕刘易斯·芒福德：《城市发展史——起源、演变和前景》，宋俊岭、倪文彦译，中国建筑工业出版社2005年版，第7页。

② 〔法〕卢梭：《社会契约论》，何兆武译，商务印书馆1980年版，第148页。

③ 康少邦、张宁等编译：《城市社会学》，浙江人民出版社1986年版，第3页。

④ 刘士林：《文化城市与中国城市发展方式转型及创新》，《上海交通大学学报》2010年第3期。

所说的欧洲中世纪，“建立城镇的政治需要早于其经济需要。中世纪新城镇初建时是很粗陋的，那时军事上的考虑从来都是第一位的”①。在我国古代，城市“以政治功能为主”的特点尤其突出。其中最有代表性的是都城，皇宫往往占据城市中心，这是城市空间中最好的资源。而最能代表城市天性的商业区和生活区，则被排挤到城市的边缘地带。即使工商业过度发达的江南城市也未能幸免。如明代的苏州，“与政治有关的建筑仍然在城市中占有突出的位置”，“城中甚至有二十八座驻扎军队的兵营”②。很多古代城市的兴起，也主要是受惠于政治资源配置，其中最主要的是行政机构的设置和调整。以上海在古代江南地区的崛起为例，12世纪早期，南宋在青龙镇设立市舶务，这是一个属于户部在两浙路设的分支机构，掌管周围五县的贸易和税收，很快使它获得了“小杭州”的美誉。现代城市化始于欧洲工业革命，核心是解构了封建政治对城市经济天性的压迫和扭曲。土地和人口是城市发展的两大要素，欧洲中世纪城市之所以不发达，根本原因在于，中世纪的封建领主不仅垄断着土地，也剥夺了农奴们的人身自由。这种经济与社会状况，使城市既没有足够的空间，也不可能集聚足够的人力资源。工业革命的意义在于，一方面，工业生产成为社会主要生产部门，彻底摧毁了封建庄园经济，另一方面，资产阶级革命摧毁了封建制度，完成了对人本身的“哥白尼式的革命”，在土地和人口两方面，解除了现代城市化的瓶颈。正如恩格斯所说：“工业的迅速发展产生了对人手的需要；工资提高了，因此，工人成群结队地从农业地区涌入城市。人口以令人难以相信的速度增长起来，而且增加的差不多全是工人阶级。”③自此以后，城市的经济天性和功能日益成熟，成为现代城市发展的第一推动力。

这两种传统的城市化模式，在新中国城市发展中也十分清晰。新中国前30年，政治型城市化是主导模式。这是一种以政治理念和意识形态需要为中心、一切服从于国家政治需要与政治利益、带有浓郁“逆城市化”特点的城市化模式。如从1959年开始到1960年，政府从城里迁出了2000万人。④ 如60年代初，国家撤销了大部分10万人以下的市和大批不符合条件的镇。“城市由1961年的208个减少到1964年的169个，建制镇更是由5404个下降到3148个，城市化水平由1960年的19.75%下降到1963年的16.84%”⑤，包括后来的城市知青上山下乡，

---

① 〔美〕刘易斯·芒福德：《城市发展史——起源、演变和前景》，中国建筑工业出版社2005年版，第281页。

② 〔美〕林达·约翰逊主编：《帝国晚期的江南城市》，成一农译，上海人民出版社2005年版，第30—31页。

③ 〔德〕恩格斯：《英国工人阶级状况》，《马克思恩格斯全集》第2卷，人民出版社1972年版，第296页。

④ 温铁军：《我们是怎样失去迁徙自由的》，《中国改革》2002年第4期。

⑤ 叶裕民：《中国城市化之路》，商务印书馆2001年版，第114—115页。

都是出于“减少城镇人口”“减少财政压力”的政治需要。改革开放以来的30年，经济型城市化成为主导模式。这是一种以GDP为中心、一切服从于发展经济生产力的城市发展模式，具体表现为社会主义市场经济模式的确立、城市经济的改革开放、城市商业与服务功能的全面复兴以及城市建制与城市人口的迅速扩张。以小城镇为例，1978年全国小城镇仅为2176座，至2000年猛增至20312座，平均每年增加820个以上①；以中、大、特大城市为例，从1978年至2003年，全国20万至50万人的中等城市从59个增加到213个，50万至100万人的大城市从27个增加到78个，100万人以上的特大城市从13个增加到49个。② 这就是“种瓜得瓜种豆得豆”的道理。

从历史上讲，古代城市化和现代城市化都属于传统城市化形态，从类型上讲，政治型城市化和经济型城市化都是旧的城市化模式。在人类城市发展的历史长河中，如果必然要出现新的城市化形态和城市化模式，那么，一个基本前提是，新型城镇化在形态上必然不同于古代城市化和现代城市化，同时在模式上也不同于政治型城市化和经济型城市化。

二、“政治型城市化”与“经济型城市化”的“得”与“失”

世间万物都要辩证地看，新和旧也是相对的。我国的政治型城市化和经济型城市化也是如此。在最初的阶段，它们各有各的合理性，朝气蓬勃，“适我无非新”。如新中国刚成立时，为了维护新生政权，以准军事化的手段迅速解决资源的分散状态，形成强大的国力，不仅无可厚非，也是不二选择。而改革开放初期，最大的问题成为解放和发展生产力，这就必须变革旧的生产关系，促使国有经济、民营经济、外国资本活跃起来，恢复城市受压抑和变畸形的经济本性，以彻底改变中国当时的落后和停顿状态。分析旧城市化的得失，客观和实事求是地评判其历史功过，是对我国为什么提出以及如何才能走出一条新型城镇化道路的最有力的辩护。

平心而论，两者均有成有败，有得有失。首先，政治型城市化最大的“成”，是成就了社会主义新中国，这是后来一切事业和奋斗的基础和母体。最大的“败”则是“政治”压抑了“经济”，导致了城市人口减少、生产凋敝、城乡分化加剧、人民物质和精神生活普遍窘迫与贫困。原因在于，由政治主导的城市化，正如拿破仑说“政治就是命运”，国家和政府垄断了所有的生产资料，也掌握着所有人的命运，行

① 中国社会科学院青年人文社会科学研究中心：《中国百姓蓝皮书》，《北京青年报》2002年9月2日。

② 杜宇、刘媛媛：《建设部公布我国城市发展“成绩单” 城市总数达661个》，新华网2005年11月11日。

政手段不仅决定了生产什么和不生产什么，也决定了人们“进城还是出城”。新中国前30年，这一特色集中体现为“计划经济”和“户籍制度”，城市人口增长和城市经济发展，均非出于城市化的基本规律和内在需要，由此导致了两大后遗症：一是1.59亿的“半城市化”人口，二是难以打破的“土地财政”问题。这两方面已成为我国城市深入改革和发展的主要障碍，一些学者把户籍制度和土地制度改革看做是新型城镇化的重点，是很有道理的。

其次，经济型城市化最大的“得”，是目前我国GDP总量稳居世界第二，不仅顺利抵抗住了全球性的金融危机，也极大地提升了综合国力和城市竞争力。而最大的“失”则是和所有处在工业化和现代化阶段的国家一样，一方面，现代工业和技术的广泛运用恶性损耗和污染了大自然，使城市可持续发展面临的资源和环境压力已逼近“红线”，另一方面，现代文化和城市生活方式严重冲击和破坏了传统的文化价值和社会秩序，社会危机、道德危机和心理危机方面的矛盾愈演愈烈。与政治型城市化造成的土地与户籍问题相比，经济型城市化的后遗症可以说更为严重。经济型城市化是现代城市化的主流，我国也被挟裹在其中。对此一般研究比较关注的是工业化。但实际上，比工业化更需要关注的是，作为经济型城市化核心的“浮士德精神”，这在本质上是一种贪得无厌、以感官欲望满足为目标的生存和发展方式。它一方面以消费文化深度解构了传统的社会结构和生活方式，亵渎了一切传统的美好价值和信条，使当代人精神空虚、无家可归。另一方面又以现代工业彻底改变了自然环境和小农生产方式，尽管这直接创造了巨大的物质财富和商业的繁华，但却使城市深陷于各种“城市病”而无法自拔。这两方面结合起来，就是芒福德所说的“罗马化”，即“在物质建设上的最高成就以及社会人文中的最坏状况”①。在中国，这主要表现为“城市化大跃进”。国内曾有183个城市提出建设“现代化国际大都市”，什么都要求最大、最高、最能吸引眼球，但在中国城市道路继续拓宽、新建筑层出不穷、人口大量增加等繁华表象的背后，以“逃离北、上、广”和“大城市伪幸福”为代表，人们对城市本身的怀疑、失望、厌恶、憎恨、甚至敌视等极端心态与言行与日俱增，使“城市文化病”②成为我国城市化进程面临的新挑战。这种挑战败坏着人们的“城市梦”，触及建设城市的目的和意义，是根本性的和深层次的。

“三十年河东，三十年河西”。原本符合中国国情、具有巨大合理性的两种城市化模式，大约都在持续了30年后开始陷入困境，由推动历史进步的力量蜕变为

① 〔美〕刘易斯·芒福德：《城市发展史——起源、演变和前景》，宋俊岭、倪文彦译，中国建筑工业出版社2005年版，第229页。

② 刘士林：《中国城市发展的深层问题与文化自觉——刘士林教授在上海交通大学的讲演》，《文汇报》2011年8月8日。

文明的绊脚石。这是我国提出新型城镇化的逻辑条件和社会背景。由此可知，新型城镇化一定是不同于政治主导或经济主导的城市化，同时也要看它能否真正解决政治型城市化和经济型城市化的各种后遗症。国家对此已有警觉和对策。如针对“城市大跃进”，十八大报告提出“构建科学合理的城市化格局”，2012 中央经济工作会议提出“大中小城市和小城镇、城市群要科学布局”，李克强总理在今年“两会”期间强调“要大、中、小城市和小城镇协调发展，东、中、西部地区因地制宜地推进”[①]。如针对“城市文化病”问题，十七届六中全会首次将“文化命题”作为中央全会议题，提出建设“文化强国”的战略目标。城市是文化建设的主体功能区，城市文化在我国文化强国战略中具有核心地位。文化建设与经济建设的并驾齐驱，应成为我国新型城镇化最核心的顶层设计。

三、新型城镇化的主题与框架

在充分认识到旧城市化的局限与问题后，最重要的是确立新型城镇化的主题和框架，以旗帜鲜明的主题与各种传统城市化划清界限，以科学严谨的框架为启动新型城镇化创造理论和主体条件。

首先，新型城镇化的主题是文化型城市化。当下关于新型城镇化的阐释与讨论，主要停留在比较具体和琐碎的感性认识阶段，把新型城镇化简单地等同于解决户籍、土地等矛盾。但在深层次和根本性上，新型城镇化提出的是“转变城市发展方式”问题，是政治型城市化和经济型城市化——这两种已被实践证明行不通的发展道路如何转变的问题，是要从根本上扭转政治型城市化必然产生的“户籍”和“土地”问题以及经济型城市化必然导致的“城市大跃进”和“城市文化病”问题。要想“一举两得”地解决这两种发展方式的问题，就必须找到它们共同的根源。实际上，尽管政治型城市化和经济型城市化表面上截然相对，但在最深处却是殊途同归的，就是都背弃了城市的本质，走向了理想城市的反面。自古及今，城市千变万化，但城市的本质却是不变的，在理论上以古希腊亚里士多德的名言——“人们为了活着，聚集于城市；为了活得更好，居留于城市”为代表，在现实中以 2010 年上海世博会的理念——“城市，让生活更美好”为代表，城市的本质在于提供一种“有价值、有意义”的生活方式。而无论是政治型城市化导致的人在现实中的种种不平等关系，还是经济型城市化引发的“在物质建设上的最高成就以及社会人文中的最坏状况”，都与城市的最高本质背道而驰。所以说，我国城市目前面临的很多问题和挑战，实际上早在我们自觉不自觉选择这两种模式时就已注定。

---

① 《李克强总理等会见采访两会的中外记者并回答提问》，《人民日报》2013 年 3 月 18 日。

城市的本质不是政治,也不是经济,而是文化。这不是空穴来风,而是当代城市最新的精神觉醒。在理论上,这可以追溯到芒福德的人本主义城市社会学。与传统城市社会学最重视的"人口"不同,芒福德提出"确定城市的因素是艺术、文化和政治目的,而不是居民数目"①。与新城市社会学最看重的"政治经济结构"不同,芒福德认为,"城市不只是建筑物的群体,……不单是权力的集中,更是文化的归极"②。这就确立了一个衡量城市发展的新尺度:不是城市人口的增加,不是经济总量与财富的聚集,而是"生产意义和价值"的城市文化。在实践上看,"以文化为主要功能"的城市,正在成为全球城市发展的新趋势与重点战略。从20世纪中后期开始,在全球人口爆炸、能源危机、生态环境恶化的背景下,以伦敦、巴塞罗那、新加坡、香港为代表的文化城市迅速崛起,它们针对经济型城市化的后遗症,开始寻求通过文化建设实现有质量的增长和可持续发展。对中国而言,在转变经济发展方式和探索城市科学发展的双重压力下,2005年以来,很多城市都放弃了一度狂热的"国际大都市"定位,如北京率先提出建设"宜居城市"、上海率先提出建设"文化大都市",也包括其他的"生态城市""旅游城市""文化城市""创新城市"等,这些都可看做是对全球文化城市潮流的呼应和参与。就此而言,我国城市在实践中已悄悄走在了理论的前面。这种不同于政治主导和经济主导的城市化,我们把它命名为文化型城市化。文化型城市化是一种以文化资源和文化资本为主要生产资料、以服务经济和文化产业为主要生产方式、以人的知识、智慧、想象力、创造力等为劳动者的主体生产条件、以提升人的生活质量和推动个体全面发展为社会发展目标、推动城市全面发展的理念与模式。③ 如果说,"以人为本"是新型城镇化的最高本质,那么也可以说,文化型城市化是新型城镇化的真正主题。

其次,新型城镇化在框架上是政治型城市化、经济型城市化和文化型城市化的有机统一。城市不是童话王国,仅有文化是不够的,政治与经济对实现城市的文化本质也是两大决定性因素。这就是说,新型城镇化在整体框架中必然包括政治、经济与文化三方面的内容,而旧的城市化,一般只有政治、经济的考虑,而文化则是被遗忘的,甚至是被侮辱和被损害的。如何正确处理政治、经济与文化的关系,在此我们可以提出一个理论模型。新型城镇化的原理在于康德提出的"真善美",这个"三元结构"囊括了人类的基本需求,也可以说,"在真、善、美之外不可能

① 〔美〕刘易斯·芒福德:《城市发展史——起源、演变和前景》,宋俊岭、倪文彦译,中国建筑工业出版社2005年版,第132页。

② 〔美〕刘易斯·芒福德:《城市发展史——起源、演变和前景》,宋俊岭、倪文彦译,中国建筑工业出版社2005年版,第49、91页。

③ 刘士林等:《城市科学理论建构与中国都市化进程》,《南通大学学报》2013年第2期。

再有第四种精神要素”①。同时，这个三元结构又直接对应于人类全部的生活，如李泽厚曾提出“真—描述语言—事实世界”——“善—指令语言—价值世界”——“美—感觉语言—心理世界”②。城市是人的城市，以真、善、美为基础的经济、政治与文化，也完整再现了一个理想城市的基本需要，这就可以把“真善美”这个微观逻辑结构进一步拓展为“真—城市经济功能—经济型城市化”——“善—城市政治功能—政治型城市化”——“美—城市文化功能—文化型城市化”这个城市理论模型。如同一个人的生存和发展，既需要有知识和工具理性，需要道德和社会理性，以及需要自由和审美能力一样，一个完整的城市化进程，在逻辑上也必然包括政治型城市化、经济型城市化和文化型城市化三个层面，分别解决城市发展需要的制度文明、物质基础和人文精神。与一般的论述过于实用和具体、缺乏提炼和浓缩不同，有了这个基本框架，就可为新型城镇化建构了一个理论模型，并同各种旧的城市化模式真正划清界限。进一步说，各种旧城市化之所以“旧”，在观念领域中的问题是不能兼容“真善美”，在历史实践中则是容易走极端，或者只要政治不要经济，或者只要经济不要文化。在某种意义上，包括中国在内的世界城市困境和危机，主要是背离了这个城市化原理的结果。以此为基础，对新型城镇化可作一个相对科学和完整的界定，即，新型城镇化是以文化发展为主题、以经济发展为基础、以政治建设为目标的城市化进程。

但很显然，新型城镇化的道路刚刚拉开序幕。在明确了主题和框架之后，还有两个问题需要注意。一是正确认识三种城市化模式的关系。三种城市化模式不是一个取代另一个的对立关系，而是相互渗透、相互缠绕和相互生成的。这在当下突出表现为三大问题和任务：一是城市管理，主要是解决政治型城市化遗留的“行政化传统”；二是城市经济，主要是解决经济型城市化造成的“城市病问题”；三是城市文化，主要是解决“城市的价值和意义”问题。这三方面既激烈冲突又各有各的合理性，最需要的是全盘考虑和相互平衡，所以我们不赞成“政府退出、完全交给市场”等偏颇主张，那只会增加中国城市化的风险和不稳定性。二是文化型城市化是一个新生事物，应进一步强化理论研究和标准建设，做到概念清晰、内涵明确、边界森严，严防被“误读”和“过度阐释”。城市经济天生具有“理性的狡黠”，消费社会也善于把一切都变成商业的手段和工具，所以在当下最紧迫的是防止经济型城市化卷土重来。具体而言，尽管“文化城市”“生态城市”“宜居城市”等震耳欲聋，但很多都是“挂羊头卖狗肉”，甚至是打着文化建设、文化产业的旗号，大搞“土地财政”或房地产开发的老一套。强化基础理论研究和标准建设，尽

① 刘士林：《苦难美学》，湖北人民出版社2004年版，第115页。

② 李泽厚：《美学四讲》，三联书店1989年版，第18页。

管不能直接阻止各种“以经济代文化”的现象,但至少可以做到“去伪存真”,使真相和实质大白于世。在当下关于新型城镇化的研究和言说中,所缺少的恰恰就是这个基础性的分析和边界。如果不把、不愿把、不能把这个“大是大非”的问题搞清楚,我们相信,就不可能走出传统城市发展的误区和陷阱,也不会有真正的新型城镇化诞生,一切终不过是一场符号的游戏和话语的狂欢。历史上这样的故事已经不少,我们衷心希望这不要在新型城镇化身上重演。

下篇:中国都市化焦点问题解读与阐释

一、在城市发展模式上,上海自贸区先行试验启动,城市创新驱动发展模式开启

中国城市自1949年后的大多数时间都在践行着“赶超”发展战略。以1978年的改革开放为分界线,之前的“赶超”主要走的是重工业优先发展道路,之后则变为以GDP为核心的“效率优先”之路。二者的共同点是,高投入、高能耗、低产能、同构化的要素驱动发展模式始终未有根本性改变。这一发展模式也在深层次上形塑了中国城市的各个层面。随着中国与发达国家之间的“后发比较优势”逐渐消失、国内资源总量日益紧张、劳动力成本不断攀升,要素驱动型增长之路已近尽头。2012年7月,中共中央、国务院召开全国科技创新大会,首次提出“创新驱动”发展战略,并将其写进十八大报告。2013年是中国创新驱动发展的“元年”,其标志性事件就在于2013年9月29日中国(上海)自由贸易实验区的成立,主要创新突破表现在以下四大领域:其一是投资管理机制创新,取消审批制,实行备案制;探索投资税收政策改革;在金融服务、航运服务、商贸服务、专业服务、文化服务、社会服务等方面扩大开放领域等。其二是贸易监管服务体制创新,实施“一线逐步彻底放开、二线安全高效管住、区内货物自由流动”的监管服务新模式;大力拓展贸易开放领域,实现内外贸易一体化发展等。其三是金融管理机制创新,采取分账核算方式,实行资本项目可兑换,探索金融机构自主定价机制,跨境人民币结算业务与前置核准环节脱钩,扩大银行服务业的开放力度等。其四是政府管理体制创新。通过“负面清单”倒逼行政管理体制改革,建立“以准入后监督为主,准入前负面清单方式许可管理为辅”的投资准入管理体制。显然,上海自贸区已经成为体制改革的一块“试验田”,代表了中国未来改革的方向和城市发展模式的革新。

二、在城市环境保护上,雾霾大规模降临中国,给粗放型城市发展模式敲响警钟,同时考验城市环境治理能力和转型发展能力

2013年,全国多地出现严重雾霾天气,据《新华每日电讯》2013年年末的报道,共有104个城市重度“沦陷”,平均雾霾天创52年之最,多地橙色、红色预警不

断,PM2.5 增至 700、1000,其中在 2013 年的“雾霾 1 月份”里,首都北京有 25 天被灰霾笼罩,京津冀、长三角、珠三角成“重灾区”,每平方公里的污染物排放量是其他地区 5 倍以上,长三角地区的空气质量总体超标 60%,而京津冀地区的超标数值高达 180%。[①] 在雾霾影响面前,“无处可逃”的中国城市既是受害者,也是最大的“始作俑者”之一。近年来中国城市粗放的发展模式塑造了可持续性较差的城市空间结构与生产生活方式,在维持城市经济社会高速发展的同时消耗着大量的能源,也对环境造成了更为严重的破坏。“污染类型从原来单一的‘煤烟型’向‘燃煤烟气+汽车尾气’转变;多种污染物相互反应形成的‘二次污染’日益凸显;人口密度过大致中心城市污染排放更加集中。”[②]快速增加的这些污染物,在不利气象条件“助力”下,最终将大雾变成“毒气”,酿成了 2013 年大规模雾霾的“苦果”。

早在数年前,绿色 GDP 的政绩考核便存在着很高的呼声,但最终因各种因素的影响,未能完全取代 GDP 政绩考核体系。未来 5 年将是中国城镇化建设走向深入的关键时期,如何推动“健康的城镇化”,实现绿色 GDP,把对环境的伤害降至最低,将成为新型城镇化的一大挑战。“生态文明”不应仅仅是一个口号,其同城市的发展密切联系,息息相关。

三、在城市转型发展上,中国资源型城市转型发展步伐加快,各地城市纷纷探索各具特色的转型经验

2013 年 12 月 3 日,美国底特律市正式破产,给正在快速推进的中国城镇化道路敲响了警钟。2013 年我国在加快资源型城市可持续发展上采取了重要手段。其一是《全国资源型城市可持续发展规划(2013—2020 年)》颁布,成为我国首次出台关于资源型城市可持续发展的国家级专项规划,不仅首次界定了全国 262 个资源型城市,而且根据资源保障能力和可持续发展能力差异,将资源型城市划分为“成长型、成熟型、衰退型和再生型”四种类型,提出了我国资源型城市发展面临的“五个任务”:“有序开发综合利用资源、构建多元化产业体系、切实保障和改善民生、加强环境治理和生态保护、加强支撑保障能力建设五个方面”,并明确了促进可持续发展的总体目标。[③] 其二是加大了资源型城市转型发展的资金投入。2013 年中央对地方资源枯竭城市转移支付总规模为 168 亿元,比上年增长 5%。享受资源枯竭城市转移支付较多的地区分别是:黑龙江 20.4 亿元、辽宁 16.4 亿

---

① 陈芳、倪元锦、陆文军:《雾霾席卷,中国进入生态“还债”高发期》,《新华每日电讯》2013 年 12 月 12 日。

② 陈芳、倪元锦、陆文军:《雾霾席卷,中国进入生态“还债”高发期》,《新华每日电讯》2013 年 12 月 12 日。

③ 《国务院印发全国资源型城市可持续发展规划》,中新网 2013 年 12 月 3 日。

元、吉林 15.27 亿元。[①] 在此期望之下,2013 年国内许多资源型城市和老工业城市积极探索和推进城市转型发展道路,并取得了成功经验。吉林省辽源市的经验是结合地区实际实现"优势再造"。[②] "铜都"安徽铜陵形成了"四破四立"的转型新观念。[③] "煤都"焦作市构建"核心城市—城市组团—中心镇—新型农村社区"的城乡构架。[④] 面对资源型城市转型这一世界性难题,国内城市的探索在建设山清水秀的中国城市开启了重要路径。

四、在城市开发建设上,我国的智慧城市建设风起云涌,但仍需探索符合中国特色的发展道路

自 2008 年 11 月 IBM 首次提出"智慧地球"这一概念后,"智慧"迅速成为标志未来社会形态的关键词,进而引发了智慧城市建设的热潮。2013 年 1 月 29 日,住房和城乡建设部公布首批国家智慧城市试点共 90 个,其中地级市 37 个,区(县)50 个,镇 3 个。8 月 5 日,住建部公布 2013 年度国家智慧城市试点名单(第二批),确定了 103 个城市(区、县、镇)试点。12 月 13 日,住建部数字城市工程研究中心与微软中国共同宣布将组建"住房和城乡建设部数字城市工程中心智慧城市技术解决方案联合实验室",共同打造中国未来城市智慧发展重要技术支撑平台。"据不完全统计,目前我国 95% 的副省级以上城市、76% 的地级以上城市,共 230 多个城市提出或在建智慧城市,'十二五'期间计划投资规模超过 10000 亿元。"[⑤] 在全国掀起的智慧城市建设的热潮中,既有宁波、上海、无锡、杭州、北京、深圳等东部城市和地区,也有牡丹江、绵阳、广安、安阳、敦煌等中西部地区。然而我国的智慧城市建设由于刚刚启动,很多地区不同程度地存在着重"智"轻"慧"的问题,表现为国家层面缺乏协调,发展思路不成熟,人文关怀较少,对智慧城市的认识存在误区,重复建设、技术标准服务规范缺失,建设运营模式单一,商业模式缺乏创新,政府投入为主,智慧城市产业带动效果不明显等多种问题。智慧城市建设需要大智慧,我国的城镇化路径有其自身特点,国外智慧城市的建设经验不能被直接"复制",每个城市应因地制宜、因时制宜,共同探索符合中国实际情况的智慧城市发展道路。[⑥]

---

① 《中央财政下拨 168 亿元支持资源枯竭城市转型》,中新网 2013 年 7 月 3 日。

② 曾毅、甄澄、任爽:《资源枯竭型城市如何有力"转型"》,《光明日报》2013 年 3 月 17 日。

③ 徐豪:《破题资源枯竭型城市转型》,《中国报道》2013 年第 4 期。

④ 《经济转型是焦作的唯一出路》,《河南日报》2013 年 3 月 11 日。

⑤ 王昊魁、吕莉:《更智慧地建设智慧城市》,《光明日报》2013 年 7 月 18 日。

⑥ 王昊魁、吕莉:《更智慧地建设智慧城市》,《光明日报》2013 年 7 月 18 日。

五、在城市空间管理上，提高土地利用效率诉求明显，加快盘活存量土地压力加大

2013年十八届三中全会通过的《中共中央关于全面深化改革若干重大问题的决定》强调指出，"完善城镇化健康发展体制机制"，"从严合理供给城市建设用地，提高城市土地利用率"①。提升城镇化质量是一项复杂的系统工程，其中土地问题是绕不过去的门槛。当前，国家在推进城镇化过程中面临土地供需失衡、利用率低下以及地方政府过度依赖土地财政等难题，特别是对新增建设用地的刚性需求有增无减，土地利用的结构性矛盾等尤为突出。据统计，近年来我国各项建设用地扩展很快，年均占用耕地20万至35万公顷，利用粗放、浪费土地的情况十分严重。而城市用地效率低下的现象也同样存在，目前城市中有5%是闲置土地。②"供而未用"的闲置土地，在很多省份都存在。国土资源部提供的数据显示，截至2013年5月31日，全国闲置土地3.55万公顷，其中房地产闲置土地1.07万公顷。③ 在土地供需矛盾突出的局面下，这些闲置土地给城镇化建设造成了巨大的资源浪费。而这一土地供需矛盾往往同习惯走外沿扩张，粗放利用的路子有关。闲置地长期存在的原因主要在两方面：其一是部分企业企图通过捂地的方式来实现土地溢价、增值；其二同政府监管部门的监管不力，或者说清理的举措不及时有关。④ 为此各地纷纷开始国土开发利用新模式与新实践。如深圳市采取的原农村集体经济组织继受单位合法工业用地可申请进入市场流通改革试点⑤，重庆市的地票制度与"增减挂钩"⑥等，为土地管理制度改革提供了先行经验。

六、在城市群与区域发展上，区域协同发展深入推进，京津冀一体化正式上路

京津冀一体化发展是个历史问题。从其发展历程来看，可以追溯到新中国成立初期的行政区划调整。实际上，三地间协同发展的共识早已有之。自1982年"首都圈"概念首次提出后，1986年成立了环渤海地区经济联合市长联席会，此后还有1993年的"两环（环渤海、环京津）开放带动"战略，1998年的"首都经济"发展战略，2002年的"大北京"规划，2004年的"廊坊共识""北京建议"和"廊坊框架"，2005年的《北京城市总体规划》等。随后，京津冀一体化又写入"十一五"和

---

① 《中共中央关于全面深化改革若干重大问题的决定》，新华网2013年11月15日。
② 《城镇化用地首重"盘活存量"》，《经济参考报》2013年8月26日。
③ 陈仁泽：《海南闲置土地年内将处置过半》，《人民日报》2013年11月2日。
④ 胡健：《盘活城镇土地存量多地严查闲置用地》，中国经济网2013年8月22日。
⑤ 刘秀浩，王齐：《深圳获批原农村建设用地入市》，《东方早报》2013年1月19日。
⑥ 鑫鑫：《重庆地票：点"地"成金的背后》，《文汇报》2013年7月23日。

“十二五”规划。虽然讨论很多,但收效很少。由于合作中的各种困难难以有效化解,重大突破始终付之阙如。

2013 年以来,京津冀三地的区域合作逐渐开始加强。被称为“最难编制的区域规划”首都经济圈发展规划出现了加速迹象,三省市已经分别完成首都经济圈的本地规划,上报国家部门,国家层面的首都经济圈发展规划编制已经启动前期准备工作。2013 年 3 月,京津两市签署了加强经济与社会发展合作协议,围绕经济建设、文化建设、社会建设和生态文明建设,从十个方面推出一揽子计划。2013 年 5 月,京冀双方签署《北京市——河北省 2013 至 2015 年合作框架协议》和 11 个专项协议,进一步深化合作。两个协议从交通、物流、金融、旅游、环保、科教、人才、产业等各个方面,推动三地开展全方位合作,加快区域一体化进程,共促区域经济社会协调发展。京津冀城市群建设在宏观上表现为开始制订发展规划。根据协议,京津冀城市群的最终范围划分是 1 + 9 + 3,即北京 + 河北省的张家口、承德、保定、廊坊、唐山、秦皇岛、衡水、沧州、石家庄 + 天津的宝坻区、武清区、蓟县。衡水、沧州、石家庄是最新被纳入的 3 个城市。在微观层面,交通物流和环保是合作中的重中之重:交通物流方面,三地大力开展省际高速公路和城际铁路的建设;在环保方面,北京和河北正积极建立京冀环境保护和生态建设合作机制,共同推动京冀区域整体环境质量加快改善。而在产业合作方面,也正在取得明显突破。京冀之间将探索两地飞地经济合作;津冀双方加强产业规划衔接,支持天津企业在河北环津地区建立天津产业转移园区。北京将支持天津武清区打造京津产业新城。[①]京津冀城市群的全面合作正由原来的概念框架向实质进展。

七、在城市管理治理上,中心城市大力整治群租现象,但存在手段简单粗暴等现象

2013 年,各中心城市继续加大力度对群租现象进行管理整治,尤其是北京,出台了更加严厉的整治措施。为进一步打击群租现象,实现北京市提出的“2014 年底将基本杜绝群租房现象”的目标,首都综治办联合北京市住建委、公安、工商、规划、地税、城管等六部门于 2013 年 12 月印发了《关于进一步规范出租房屋管理的通告》,并公布了 35 个市级挂账房屋违法出租问题试点小区名单。该通知明确指出,如果发现违规行为,可由建设(房屋)部门责令出租人改正,情节严重的,处 5000 元以上、3 万元以下罚款。同时,向社会公开该套房屋信息,限制其买卖,并在房屋登记簿附记栏中注记违法信息。如果是房地产经纪机构及经纪人员参与

---

① 刘玉海:《首都经济圈规划编制将启动,京津冀重塑区域格局》,《21 世纪经济报道》2013 年 7 月 5 日。

或者教唆他人参与违规行为，除了被列入黑名单、停止网签，限期内拆除后再恢复网签外，还将依法查处、记入信用档案，并向社会公示；由相关部门责令改正，处3万元以上、10万元以下罚款。涉嫌犯罪的，依法追究刑事责任。①

虽然群租房存在着"黑中介"、中介房东谋取暴利、管理混乱等负面问题，但是其过于严厉的整治措施仍然激起了激烈讨论。对此，《南方日报》直接批评认为杜绝群租违背市场规律，认为北京不够开放，同时这种一刀切的治理方式，既无创新，也不聪明，属于典型的"懒政"，并举出了香港、东京等案例。人民网也指出处理群租房不能硬来。因为对多数住在群租房里的低收入人群而言，打击甚至取消群租房，意味着他们有可能在这个城市更难以生存。这一问题成为年内对中国城市治理能力的一大考验。

八、在城市文化建设上，城市文化走向务实惠民，文化节庆活动出现新趋势

2013年中国的城市文化建设更加体现出了务实、亲民、惠民的特点。以文化节庆活动为例，首先在厉行节约的大背景下，掀起"务实风""节俭风"。如迎来"而立之年"的"兰州桃花旅游节"在没有过多大操大办之下仍然吸引了热情高涨的群众。在同样"以花兴会"的永登县，"中国玫瑰之乡永登苦水旅游节"也参照安宁区和皋兰县的模式，节俭办会，节约成本。其次是惠民、亲民特点显著。② 在此方面最大的文化盛宴是上海首届"市民文化节"。上海2013年首届市民文化节可谓全国"独一无二"的文化惠民节：每天为2400万市民提供丰富的文化服务和文化资讯，持续时间横亘整个2013年，365天不停歇无休息，全年活动分为"春夏秋冬"四个篇章，范围覆盖6000多平方公里的上海全境，举办各类活动总场次超过32.2万项/场，参与市民超过2600万人次。这种全民参与的形式耳目一新，成为"草根"文艺爱好者的梦想舞台。上海市民文化节以"百个社区大展示、万支团队大竞技、社会各界齐参与、千万市民共享受"为目标，内容涵盖音乐（合唱）、舞蹈、戏剧、美术、创意、摄影、收藏、书法、创作等类别，可谓盛况空前。③ 上海市民文化节走了一条大众文化、惠民文化之路，用文化节的方式把市民带动起来，共同参与到城市文化共建之中，探索了以文化对人心进行凝聚的当代经验。

① 午建萌：《强拆！治理群租房动真格》，《北京青年报》2013年12月19日。

② 《甘肃市县节庆活动劲刮"节俭风"》，新华网2013年5月10日。

③ 《首届上海市民文化节实施方案》，人民网2013年3月20日。

九、在城市生活方式上，以杜绝“舌尖上的浪费”和“公款吃喝”为突破点，铺张浪费的奢靡之风得到有效遏制

据统计，我国粮食在运输、储存、加工、销售和消费过程中，大约有 10% 被浪费，我国仅省级以上城市的餐桌上每年倒掉的食物就达到 2000 万吨以上。[①] 2013 年 1 月 17 日，习近平总书记对新华社内参文章《网民呼吁遏制餐饮环节“舌尖上的浪费”》批示指出：“广大干部群众对餐饮浪费等各种浪费行为特别是公款浪费行为反映强烈。联想到我国还有 1 亿多农村扶贫对象、几千万城市低保人口以及其他为数众多的困难群众，各种浪费现象的严重存在令人十分痛心。浪费之风务必狠刹！”[②]在中央政令的号召下，众多国企和政府部门的年会都“瘦身”或者干脆取消。大张旗鼓的宣传教育迅速从政府机关推向全社会，各大媒体以仅次于播报反腐宣言的力度倡导反浪费。媒体舆论关于铺张浪费的报道主要集中在以下几点：一是浪费现象普遍存在于社会各个阶层，但政府、国企等公款铺张浪费危害最大，影响最恶劣。二是治理铺张浪费现象引起高层重视，上升到政治高度，凸显反腐决心。三是公众呼吁杜绝公款浪费需要形成真正的持久的约束力，不能搞“一风吹”的作秀运动。四是围绕“制度风暴”“年会经济”产生了诸多相关争论与分析。在舆论的高强度宣传之下，2013 年中国城市“舌尖上的浪费”之风得到遏制，并以餐饮节约为引导逐渐形成节俭、理性化的消费观念和杜绝公款吃喝浪费的良好风气。如果要实现遏制铺张浪费的长效机制，还应以文化与制度进行更深层面的影响，保证铺张浪费的奢靡之风不会卷土重来。

十、在城市科学研究领域，随着国家城镇化建设方案的不断明晰，关于城镇化建设的学术研究与讨论显著增加，并呈现跨学科、多角度综合考量的趋势

2013 年，随着国家城镇化建设方案的不断明晰，关于城镇化建设的学术研究与讨论也逐渐增多，以 CNKI 平台统计为例，以“城镇化”为关键词的学术研究论文在 2010、2011 和 2012 年分别为 1536 篇、1808 篇和 2164 篇，而在 2013 年则增至 5372 篇，相比 2012 年增长了约 2.5 倍。[③] 总体来说，学界普遍上突破了将城镇化等同于由第一产业向第二、第三产业转变，土地城市化、农民不再以务农为职业和收入来源的简单偏颇判断，初步开始以“人的城镇化”为核心，综合运用各个学科的视角探讨城镇化过程中农村与城市如何能够在经济、文化、社会、生态等方面实

① 高云才：《食物浪费究竟有多厉害？》，《人民日报》2013 年 7 月 7 日。

② 《习近平：浪费之风务必狠刹》，《新京报》2013 年 1 月 29 日。

③ 本数据为 2014 年 4 月通过中国知网（CNKI）搜索功能得出。

现全方位的城镇化并构建良好的城市群层级体系。在此之中，城镇化空间中的经济问题逐渐退出学界讨论的主流，开始同城镇化的社会问题、文化问题进行融合。文化建设的讨论明显增多，可以说是本年度城市研究的新增热点。同时城镇化中的社会建设讨论也在原有基础上继续升温，多层次地涉及了农民市民化过程之中个人全面发展所需要的各项社会服务提供的综合探讨。城镇化中的生态建设讨论主要分为两大方面，一方面是以实证的方式研究具体地区的生态系统承载力，另一方面将区域的社会人文环境也纳入到生态建设的评价体系中来，开始以生态文明、可持续发展的视角考察在乡土的、传统的生产生活方式转变为现代的生产生活方式的过程之中，如何减少“阵痛”和不适应的问题。

课题负责人

刘士林，教育部哲学社会科学发展报告建设项目《中国都市化进程年度报告》负责人，上海交通大学城市科学研究院院长、首席专家，国家“十三五”规划专家委员会委员。

课题组成员

孔铎，教育部哲学社会科学发展报告建设项目《中国都市化进程年度报告》课题组子课题负责人，上海交通大学城市科学研究院研究员，上海交通大学媒体与设计学院博士研究生。

专题报告

中国大都市治理与公共政策研究报告

2013年是新一届中央领导集体第一个完整施政年,也是十八届三中全会全面部署推进国家治理体系和治理能力现代化之年。在这样的时代背景下,2013年的中国大都市治理充满了机遇与期待,也备受挑战和考验。机遇与期待来自中央政府的顶层设计,包括上海自贸区的设立、区域一体化进程提速、基本公共服务均等化的普及等,无不体现了中国大都市治理与公共政策的崭新面貌。与此同时,以"霾"为代表的"城市病"也严重限制了中国大都市的发展,挑战着城市的边界与极限,迫使人们不断思考中国大都市治理的未来出路。

大都市的治理能力与公共政策是国家发展走向的风向标。在机遇与挑战并存的2013年,以北京、上海和广州为代表的中国大都市实现了城市治理的稳步推进,公共政策也顺应了城市治理的客观需求,民意取向更加明显;在经济发展、环境治理、城市建设、公共服务、区域协同、城市文化和行政改革等核心治理能力方面都取得了较大的进展。与此同时,打造中国大都市的"升级版",也成为北京、上海和广州的共同目标。

一、"创新驱动"战略与经济可持续发展:中国大都市治理的新共识

1. 要素驱动向创新驱动的转型

1949年新中国成立后,中国选择了重工业优先发展的"赶超"战略。"然而,重工业作为资本密集型的产业所具有的基本特征,与中国当时的经济状况相冲突,使重工业优先增长无法借助于市场机制得以实现。"①于是,国家通过一系列制度安排,在原材料和人工成本等方面人为压低价格,以降低重工业资本形成的门槛。于是,高投入、高能耗、低产能、同构化的产业形态成为改革开放之前中国经济增长的基础。"赶超"战略不仅与中国的资源禀赋产生矛盾,而且最终形成了要素驱动型的发展模式。

改革开放后,中国社会发生了翻天覆地的变化,很多不合时宜的制度与体制框架被打破,释放出了前所未有的活力与红利。但是,在30余年的改革进程中,

---

① 林毅夫、蔡昉、李周:《中国的奇迹》(增订版),格致出版社、上海三联书店、上海人民出版社2012年版,第28页。

"赶超"战略始终没有改变。所不同的是,以追求 GDP 为核心的发展模式取代了以重工业为特征的传统模式。客观而言,"赶超"战略是中国的"必然选择",也是一种"别无选择"的选择。中国作为世界上最大的发展中国家,面对沉重的历史负担与严峻的现实挑战,"赶超"发展是唯一的出路。问题的症结在于,"赶超"的方式应该如何选择。由于中国传统的经济增长方式创新力不足,很难在短期内为 GDP 的高速增长做出贡献,于是各级地方政府在"政治晋升锦标赛"过程中,非常"理性"地选择了要素驱动发展模式。然而,要素驱动型增长与"赶超"战略本身就是一对矛盾。简单的横向比较就会发现,当今的西方强国,无一不是通过科技引领创新走上发达国家行列的,单靠要素驱动发展只会被发达国家甩得越来越远,永远不可能实现"赶超"的目标。可见,要素驱动只能作为经济起步阶段的过渡选择。

随着中国与发达国家之间的"后发比较优势"逐渐消失、资源日益紧张、劳动力成本不断攀升,要素驱动型增长之路已经走到了尽头。2012 年 7 月,中共中央、国务院召开全国科技创新大会,首次提出了"创新驱动"发展战略,并把它写进了十八大报告。而 2013 年正是中国创新驱动发展的"元年"。

2. 创新驱动发展的中国经验

根据十八大"实施创新驱动发展战略"的要求,北京和上海把"创新驱动"列入 2013 年政府工作报告,而广州则提出"全面建设创新型城市"的目标。在推进创新驱动发展战略的政策措施上,三个城市各有侧重。

由于"创新驱动"的关键是人才,北京在实施创新驱动战略方面具有得天独厚的优势。截至 2012 年底,北京地区有中国科学院院士 372 人,占全国的 52.7%;中国工程院院士 332 人,占全国的 43.7%;国家"千人计划"入选者 770 人,占全国入选总数的 28%;北京市"海聚工程"437 人;"北京市科技新星计划" 1700 人;研究与试验发展活动人员达 32.2 万人。①此外,北京也是全国高校、特别是"985"和"211"高校最为集中的地区。除先天优势外,北京市政府在推动"创新驱动发展战略"中也扮演了关键角色。2013 年,北京市的相关举措有:(1) 制度创新。为进一步优化创新驱动型发展战略的法律制度环境,北京市于 2013 年 9 月 7 日发布了《关于强化企业技术创新主体地位全面提升企业创新能力的意见》,提出了建设企业"研发机构建设工程、研发投入引导工程、创新环境优化工程、创新的联动机制"四方面意见。比如,企业研发投入工程规定,"到 2015 年,市属国有重点企业年度研发投入占主营业务收入的比例达到 3%,部分高新技术企业力争达到 10%。将企业研发机构建设、研发投入作为衡量企业创新能力和承担市科技计划项目的重

① 郑金武:《首都科技创新发展指数 2013 发布》,《中国科学报》2013 年 3 月 26 日。

要参考条件。”此外,12 月 27 日北京市第十四届人民代表大会常务委员会第八次会议通过了《北京市促进中小企业发展条例》,从创业扶持、技术创新、资金支持、市场开拓、服务保障五个方面对中小企业的发展提出了支持政策。(2) 机制创新。2013 年,北京市重点倡导“企业主导‘产学研用’协同创新机制”。到 2013 年底,北京打造了各类产业技术联盟 150 多家,其中 62 家为试点联盟(占全国的 43%),15 家产业技术联盟获社团法人资格。(3) 国有企业创新。北京市积极引导国有企业提高自主创新能力,在对国有企业经济增加值考核时,将科技支出、人才培养引进支出视同净利润考核,进一步完善市属国有企业负责人经营业绩考核体系,建立“年度考核科技投入水平,任期考核科技产出效果”工作机制。(4) 管理创新。北京市进一步加强了科技管理和统筹协调,一方面深化与中央单位的合作,加快建设“子午工程”等 6 个重大科技基础设施,先进光源、综合极端条件试验设施、地球系统数值模拟系统落地北京;发布《建设中关村军民融合科技创新示范基地行动计划(2013—2015 年)》,推动“蓝鲸军民融合创新园”建设。另一方面,加快推进科技资源整合,仅在 2013 年首都科技条件平台就为 15000 余家企业提供了高达 20 亿元的服务合同额。此外,北京的科技开放合作进一步加强。北京市与科技部联合发布了《关于建设国家技术转移集聚区的意见》,建设国家技术转移聚集区和中国国际技术转移中心,共吸引了 52 家国际化创新服务机构入驻。(5) 点面结合,以点带面。北京以中关村为创新龙头,带动全市创新发展。截至 2013 年底,中关村“新三板”累计挂牌企业 255 家,上市企业 229 家。中关村的空间规模和布局调整实施方案也全面推进,提出了“641”(6 大优势产业、4 大潜力产业集群和高端现代服务业)产业集群发展格局,并修订完善了中关村示范区优化产业布局指导意见和布局方案。[①] (6) 加大科研投入力度。北京高技术产业的 R&D 经费投入,平均到每个科研人员身上,人均经费达到 40 万元。[②]

在上述措施联合推动下,北京的创新驱动发展取得了明显成效。最新的“首都科技创新发展指数 2013”显示:北京科技创新发展指数达到 82.24,自 2005 年以来,年均增长 3.18。其中,创新资源、创新环境、创新服务、创新绩效等 4 个一级指标均超过 80。[③] 北京市科委表示,北京经济和社会发展已由“要素驱动”变为“创新驱动”。不仅如此,北京市在自身城市定位上也做了相应调整。2014 年 3 月,在中国发展高层论坛上,北京市市长王安顺表示:“我们将牢牢地把握首都是全国的政治中心、文化中心、对外交流中心和科技创新中心的城市战略定位,要坚持问题

① 北京市科委:《科技创新支撑北京经济社会发展》,中华人民共和国科学技术部网站 2014 年 1 月 23 日。

② 《最新研究显示:北京科技创新发展指数达 82.24》,凤凰财经网站 2014 年 3 月 26 日。

③ 戴冰摄:《“要素驱动”变“创新驱动”促首都经济发展提质》,中国日报网站 2014 年 3 月 26 日。

导向,全面的深化改革,加快建立特大城市可持续发展的体制机制,努力把北京建设成为国际一流的和谐宜居之都。”①

上海和广州同样也以创新驱动推动经济发展。上海未来五年的发展定位是“创新成为经济发展的主要驱动力,全社会研发经费支出相当于全市生产总值的比例达到3.3%以上”。为此,在2013年,上海市提出了“优化发展环境、加强人才队伍建设、健全创新创业服务体系、培育科技创新创业的文化土壤”等发展理念。与之相配合,上海市科委对2013年的科技创新工作做了三项重大部署:(1) 部署实施科技重大专项,强化部市合作和院地合作,积极承接国家重大专项任务和其他国家级科技攻关项目,创新专项投入方式,启动实施若干重大专项。统计显示,到2013年底,上海市新承担的国家科技重大专项任务94项,光刻机、重大新药等科技成果产业化进展也很顺利。(2) 强化前沿基础研究和人才培养,凝练若干具有重大应用前景的研究方向,开展基础研究项目绩效评估,加大对企业创新人才和青年科研人才的培养力度,加强高层次人才服务工作,建立人才网络等。(3) 加强研发基地建设,构建适应转型发展和对接本市战略性新兴产业的研发基地体系,支持有条件的研究机构制订实施世界级实验室或科学中心建设战略规划,培育若干国家工程技术研究中心和国家重点实验室,促进研发基地信息共享和对外服务,推进海洋科技研究。② 此外,上海也正努力把张江国家自主创新示范区建设成为“中国硅谷”,与北京中关村、武汉东湖成为中国三足鼎立的创新驱动基地。

广州实施创新驱动战略的主要措施有三项:(1) 优化政策环境。2013年广州市发布了《广州市科技计划管理改革方案(征求意见稿)》,从科技计划体系战略调整、科技经费使用管理制度、科技计划项目管理流程、科技评估与管理机构、科技计划管理综合信息平台等方面做出了规范。此外,通过进一步优化科技研究的金融环境,广州市全年为近200家企业获得银行授信60亿元,贷款15.75亿元。(2) 推进创新平台建设。2013年,广州市基本完成超级计算机中心、干细胞与再生医学研究中心、广东华南新药创制中心等平台建设,新增中山大学科技园有限公司等5家国家级科技企业孵化器,累计建成国家级科技企业孵化器13家、国家级大学科技园2家、科技企业孵化器66家,孵化器总面积超过410万平方米。组建广州校地协同创新联盟,集聚62家国内外高校、科研机构和企业,成立联盟办公室,征集科技成果和技术需求264项,对接协同创新项目11项。此外,广州还安

① 定军、张梦洁:《北京城市定位调整 增加科技创新中心》,21世纪网2014年3月26日。

② 上海市科委:《2013年上海继续加强科技创新前瞻布局》,中华人民共和国科学技术部网站2013年5月3日。

排 2014 年市产学研协同创新重大专项 24 项，协同创新机制初步形成。(3) 大力推动高新技术产业发展，主要包括电子信息产品制造业、软件和信息服务业、生物与健康产业等。比如，2013 年广州有 17 家企业被认定为国家规划布局内重点软件企业，占全省的 77%（不含深圳）。①

3. 创新驱动战略的先行探索：上海自贸区建设

2013 年 9 月 29 日，中国（上海）自由贸易实验区（以下简称“上海自贸区”）正式挂牌，成为 2013 年中国大都市创新驱动发展最具吸引力的标志。上海自贸区是根据我国法律设立的区域性经济特区，属地区境内关外的贸易行为，即在上海辖区内划出一块区域作为贸易市场，对该区域内的交易活动减少政府干预，且对外运入的货物减免过路费。《中国（上海）自由贸易试验区总体方案》将其视为中央行政体制改革的“试验田”，即通过减少行政部门的权力来实现经济增长，取得经验后向全国推广。

上海自贸区面积为 28.78 平方公里，为原来上海综合保税区范围，其中包括 2005 年建设的洋山保税港区、1990 年全国第一个封关运作的上海外高桥保税区（含外高桥保税物流园区），以及 2010 年 9 月启动运营的上海浦东国际机场综合保税区。② 上海自贸区之所以备受关注，主要源于其在投资管理机制、贸易监管服务体制、金融管理机制和政府管理体制等方面推出的重大创新举措。

3.1 投资管理机制创新

2013 年 8 月 20 日，全国人大常委会决定，暂时停止“外资三法”③关于外资企业（含中外合资与中外合作企业）设立审批的 11 项条款在自贸区实施，取消审批制，实行备案制。随后，上海市颁布了《中国（上海）自由贸易试验区管理办法》和《中国（上海）自由贸易试验区外商投资准入特别管理措施（负面清单 2013 年）》，确定了“外商投资、境外投资备案管理制度”。上海自贸区还积极推进投资税收政策改革，规定注册在自贸区内的企业或个人股东，因非货币性资产对外投资等资产重组行为而产生的资产评估增值部分，可在 5 年期限内分期缴纳所得税。此外，上海自贸区还在金融服务、航运服务、商贸服务、专业服务、文化服务、社会服务等方面扩大开放领域。比如，在金融服务领域，允许符合条件的外资金融机构设立外资银行、民营资本与外资金融机构共同设立中外合资银行，中资银行开办离岸业务等。

---

① 《广州市：改革引领发展创新驱动转型》，《科技日报》2014 年 3 月 9 日。

② 张兆安：《自由贸易试验区与上海创新发展》，《上海企业》2013 年第 9 期。

③ 指《中华人民共和国外资企业法》《中华人民共和国中外合资经营企业法》《中华人民共和国中外合作经营企业法》。

3.2 贸易监管服务体制创新

上海自贸区实施“一线逐步彻底放开、二线安全高效管住、区内货物自由流动”的监管服务新模式。“一线”是指国境线,“一线放开”就是要促进货物自由出入境,比如对自贸区和境外之间进出口货物,允许企业凭进口舱单信息先入区、后报关,简化进出手续,推进货物状态分类监管试点等。“二线”是指国内市场分界线,即自由贸易试验区的空间分界线。“二线安全高效管住”表现为推行“一次申报、一次查验、一次放行”的检验检疫监管模式,按照“集中申报、自行运输”的方式,推进自贸区内企业间货物流转等。此外,上海自贸区还大力拓展贸易开放领域,鼓励跨国公司在自贸区内设立亚太地区总部,建立整合贸易、物流、结算等功能的营运中心;推动国际贸易、仓储物流、加工制造等基础业务转型升级;发展离岸贸易、国际贸易结算、国际大宗商品交易、融资租赁、期货保税交割、跨境电子商务等新型贸易业务;鼓励自贸区内企业统筹开展国际国内贸易,实现内外贸易一体化发展等。①

3.3 金融管理机制创新

在风险可控的前提下,通过分账核算方式,创新业务和管理模式,实行资本项目可兑换。在自贸区内培育与实体经济发展相适应的金融机构自主定价机制,逐步推进利率市场化改革。实行自贸区内机构跨境人民币结算业务与前置核准环节脱钩,企业可以根据自身经营需要,创新人民币跨境业务,实现人民币跨境使用便利化;建立与自贸区发展需求相适应的外汇管理体制,推进贸易投资便利化;根据自贸区需要,经国家金融管理部门批准,允许不同层级、不同功能、不同类型的金融机构进驻自贸区,允许金融市场在自贸区内建立面向国际的交易平台,提供多层次、全方位的金融服务。同时,上海自贸区还进一步加大了银行服务业的开放力度,支持在自贸区内设立外资银行和中外合资银行,适时试点设立有限牌照银行。上海市也出台了《关于贯彻落实〈国务院办公厅关于金融支持经济结构调整和转型升级的指导意见〉的实施方案》,推出 42 项金融举措,比如“积极争取开展信贷资产证券化常规化运作;推动跨境人民币结算业务发展;研究推进在沪开展个人境外直接投资试点工作;扩大银行不良贷款自主核销权”②等。

3.4 政府管理体制创新

在政府管理体制创新方面,“负面清单”是最大的倒逼机制。“负面清单”是指以清单列举的方式,规定外国企业不能做的领域;清单之外,法无禁止即许可。负

① 《中国(上海)自由贸易试验区管理办法》(上海市人民政府令第 7 号),2013 年 9 月 29 日。

② 《关于贯彻落实〈国务院办公厅关于金融支持经济结构调整和转型升级的指导意见〉的实施方案》(沪府办发[2013]48 号),2013 年 8 月 9 日。

面清单的最终方向是要终结行政审批,建立“以准入后监督为主,准入前负面清单方式许可管理为辅”的投资准入管理体制。2013 年 9 月 30 日,上海自贸区负面清单正式启动,清单包括了国民经济所有 18 个经济行业门类,涉及 89 个大类、419 个中类和 1069 个小类,编制特别管理措施 190 项。负面清单实施后,外商投资项目核准将改为备案制(国务院规定对国内投资项目保留核准的除外)。这种管理模式对现有行政管理体制是一个极大的挑战,因为传统上我国习惯于审批制。然而负面清单模式不仅符合国际通行规则,有助于提高政府的开放度和透明度,而且可以通过改革倒逼政府职能转变,厘清政府与市场的边界,减少政府审批权限,把政府定位于提供公共服务与实施有效监管等有限的职能领域。此外,根据《中国(上海)自由贸易试验区总体方案》的规定,上海自贸区进一步简化办事程序,建立“一表申报、一口受理”机制,实行企业年报公示制度,加强海关、检验检疫、工商、环保、港口航运等部门监管信息的互通、交换和共享等。

虽然上海自贸区在投资、贸易、金融、监管等领域的改革与创新前所未有,但还是有部分学者对其创新力度提出了质疑。比如,马宇在《中国经营报》刊文指出,在外商投资市场准入管理方面,将负面清单与原有的《外商投资产业指导目录》对比即可发现,除因分类标准导致的极个别表述差异外,二者的重复率达到了100%,而且清单里面的限制产业和管制措施比《外商投资产业指导目录》有过之而无不及。此外,上海自贸区在一些重要领域中的扩大开放也乏善可陈。① 尽管如此,上海自贸区作为中国改革的最新“试验田”,还是非常值得人们期待的,国内各大城市也都在翘首观望。同时各项完善措施也在不断出台,比如 2014 年新年伊始,上海自贸区就迎来了国务院的新一轮授权:在负面清单之外的领域,将外商投资的 24 项行政审批改为备案,同时暂停 8 项准入特别管理措施。

二、“十面霾伏”与生态文明建设:中国大都市治理的新课题

1. “效率优先”的生态文明之殇

1992 年邓小平南巡讲话之后,中国的市场经济发展进入了快车道。与市场经济相配合,1993 年十四届三中全会提出了“效率优先,兼顾公平”的发展理念,把“经济效益”放在各项考量指标的首要位置。从此在中国历史上,市场力量和效率原则首次结合到了一起,并释放了巨大的活力。在改革开放 30 余年、特别是市场经济 20 余年的发展进程中,中国的综合国力和人们的生活水平得到了前所未有的提高,几乎每个中国人都能从自己身边的点点滴滴感受到生活的变化,以至于有人已经开始欢呼“盛世”的到来。

---

① 马宇:《上海自贸区负面清单凸现根本缺陷》,《中国经营报》2013 年 10 月 14 日。

然而,效率优先的社会未必就是和谐的社会。效率本身是一个中性词,效率与生俱来的"经济性"使它成为人类社会追求的共同目标。所以,问题的症结不在于"效率",而在于"优先"。特别是,在市场自身固有的趋利性诱惑下,"效率优先"无形中发生了多元化畸变。首先,"效率优先"本来是与"兼顾公平"搭配使用的,"效率优先"的原意是指"效率"相对于"公平"要优先,而并非相对于其他。然而在中国语境中,二者往往被拆分单独使用,效率优先俨然变成了效率相对于所有事务都要优先,甚至人们已经习惯于用"效率优先"作为解决或解释社会矛盾的托词,于是"效率优先"演变成了"效率第一"与"效率唯一"。其次,由于"效率优先"原则自提出之日就是与市场经济结合在一起,而市场经济又是在物质利益驱动下运转的,于是"效率优先"原则在市场应用过程中就发生了转变,"效率优先"变成了"物质利益优先","拜金"之风不断刮起。再次,与中国的"赶超"战略相适应,"效率优先"的一个重要使命即是迅速缩短中国与世界发达国家之间的差距,中国选择了国际通用的 GDP 作为衡量标准。随之,GDP 也成为考察地方政府官员政绩的主要指标。这个时候,"效率优先"又转变成了"GDP 优先"。

中国的"效率优先"原则经过多元化畸变之后,某种程度上逐渐加剧了社会的失衡。除了各种时隐时现的社会矛盾之外,环境的隐忧已经成为中国不得不面对的"头号"公敌。当沙尘暴的阴影还在中国人的心头挥之不去的时候,严重的"霾"天气又以不可阻挡之势袭来,北京、上海、广州等中国大都市无一幸免。不仅如此,2013 年黄浦江上大量漂浮的死猪也在提醒人们关注用水危机。实际上,中国的水污染早已突破了国人健康生存所能接受的底线,工业废水、城市垃圾、农药喷洒等都是重要的污染源。根据官方数据显示,全国地下水仅有 11.85% 达到优良级的水质。[1] 毋庸讳言,在片面追求效率和要素驱动发展的同时,环境危机已经成为牵制中国发展的严重问题。就中国大都市而言,2013 年最严重的环境危机非"霾"莫属。

2. 中国大都市生态危机的现实考验

2013 年,"霾"成为中国各类媒体报道中不可或缺的关键词。霾是悬浮在空气中的微小尘粒、烟粒和盐粒的集合体。与雾不同的是,霾是由粒径为 10-3-10 μm 的固态微粒构成的,肉眼不可见;而雾是由粒径为 100—102 μm 的水滴构成的,肉眼可见。中国气象局《地面气象观测规范》对"霾"做出的权威表述是:"大量极细微的干尘粒等均匀地浮游在空中,使水平能见度小于 10.0 千米的空气普遍混浊现象。霾使远处光亮物体微带黄、红色,使黑暗物体微带蓝色。"[2]

① 《2013 中国环境大事记》,人民网 2014 年 1 月 3 日。

② 中央气象局编:《地面气象观测规范》,气象出版社 2003 年版,第 23 页。

"雾霾"已经成为中国"2013 年年度十大流行语"。据统计,在中国的社交网络上,PM2.5 被提到的次数从 2011 年的 200 次,猛涨到 2013 年 1 月份的 300 万次,现在已成了网络高频词汇。另外,在淘宝网发布的 2013 年《中国年度消费关键词》中,"霾单"赫然在列。淘宝网的数据显示,2013 年全国消费者在线购买口罩、空气净化器、室内跑步机等对抗雾霾的用品累计 8.7 亿元,购买 450 万次,其中购买口罩的人比 2012 年多了 181%,购买空气净化器的人数多了 131%。[①] 难怪习近平主席在 2013 年 12 月 28 日视察北京京桥热电有限公司时也感叹:"'雾霾'两字吸引眼球!"[②]

中国的雾霾也引起了国际社会的关注。美国福布斯中文网盘点 2013 年度全球气候、能源领域的五大话题事件,中国的空气污染"一举夺魁"。此外,在英国广播公司(BBC)公布的 2013 年度十大气象问题中,中国的雾霾也赫然上榜。英国《经济学人》杂志称:"美国环保局规定,空气质量指数高于 100 就是'不健康',超过 400 就会被评为'危险'。"而 2013 年 1 月 14 日,北京的污染超过了美国人"危险评级"的两倍多,该杂志将这一天称为"北京最黑暗的一天";然而就在同一天,纽约的空气质量指数只有 19。美国《大西洋月刊》指出,2013 这一年,"空气灾难"深切影响了中国人。[③]

2013 年中国雾霾的重灾区是京津冀、长三角和珠三角,三个地区每平方公里的污染物排放量是其他地区的 5 倍以上,其中长三角空气质量总体超标 60%,而京津冀地区的这一数值超标则高达 180%。2013 年 1 月,京津冀地区共发生四次强霾污染过程,北京只有 4 天是晴好天气。这个月中,北京空气 PM2.5 小时浓度最高值达到 1000 微克/立方米,有 120 个小时超过 300 微克/立方米。上海最严重的雾霾出现在 2013 年 12 月 1 日,空气质量重度污染,上海市环保局 12 月 1 日 19 时发布的消息称,当天 18 时申城空气质量指数(AQI)高达 232,首要污染物 PM2.5 浓度为 248 微克/立方米。因此,上海拉响了空气质量重度污染预警,这是继 11 月 8 日、11 月 15 日后上海第三次启动空气重度污染应急方案。针对重污染天气,上海市气象台也于 20 时 10 分发布霾黄色预警信号。[④] 广州一向空气质量较好,但在 2013 年还是经历了 51 天的霾天气。2013 年 4 月 15 日,广州深陷雾霾包围,18 时空气质量分指数监测显示,番禺市桥、嘉禾、新塘均达到了重度污染水平。其中,嘉禾点位的 PM2.5 最近 24 小时均值达到了 165 微克/立方米,超过国家规定的 75 微克/立方米的二级标准两倍以上。广州气象台当日发布了灰霾天

---

① 张燕:《淘宝公布 2913 中国消费年度关键词》,《宁波日报》2013 年 12 月 13 日。
② 《习近平霾天突访四合院被赞"同呼吸"》,《新闻晨报》2014 年 2 月 26 日。
③ 张宝钰:《外媒:2013 年"雾霾"攻陷中国》,《青年参考》2014 年 1 月 1 日。
④ 《上海霾预警升级为橙色 PM2.5 将直逼 300》,中国天气网 2013 年 12 月 2 日。

气黄色预警。[①]

“十面霾伏”的不仅仅是北上广。南京市气象局发布的 2013 年气候分析显示:南京全年霾的天数是 242 天,超过了全年的三分之二,创造了有气象统计以来的最高纪录。[②] 武汉、天津、济南、郑州、杭州等大中城市在 2013 年无一不在与“霾”抗争。另据中国气象局发布的《中国气候公报》显示:2013 年,我国中东部地区出现霾的平均日数是 36 天,比常年偏多 27 天,比 2012 年多 18 天,创 52 年来之最,为 1961 年以来最多。公报同时指出,霾对人体健康影响较大。[③] 2013 年全国环境监测总站发布的“74 城市空气污染超标天气”详见“图 1”[④]。

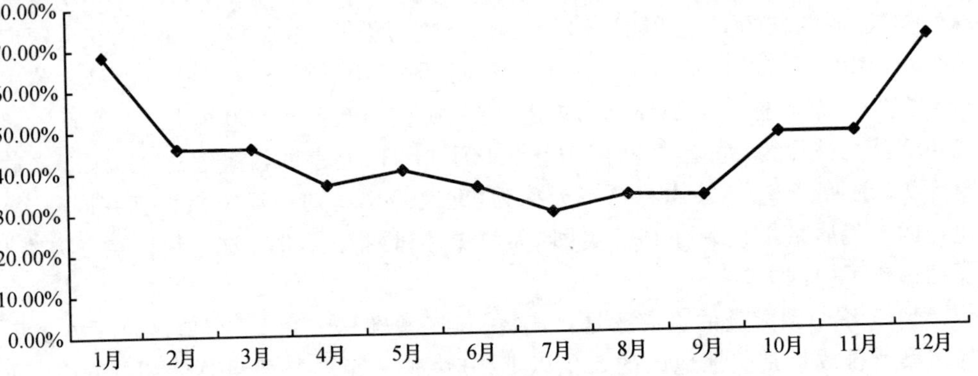

图 1　全国 74 个城市空气超标天数

3. 中国大都市生态文明建设的新举措

2013 年,罕见的霾天气引起了中央政府的高度重视。9 月,国务院发布了《大气污染防治行动计划》(又称“大气防治国十条”),提出的目标是:“经过五年努力,全国空气质量总体改善,重污染天气较大幅度减少;京津冀、长三角、珠三角等区域空气质量明显好转;力争再用五年或更长时间,逐步消除重污染天气,全国空气质量明显改善。”计划到 2017 年,全国地级及以上城市可吸入颗粒物浓度比 2012 年下降 10% 以上,优良天数逐年提高;京津冀、长三角、珠三角等区域细颗粒物浓度分别下降 25%、20%、15% 左右;到 2017 年,重点行业排污强度比 2012 年下降 30% 以上,煤炭占能源消费总量比重降低到 65% 以下等。[⑤] 2013 年 12 月上旬,中共中央组织部《关于改进地方党政领导班子和领导干部政绩考核工作的通

① 《雨过天又“霾”》,《信息时报》2013 年 4 月 16 日。
② 《南京 2013 年霾天数达 242 天,创有统计以来最高纪录》新华日报 2014 年 1 月 16 日。
③ 《中国气象局发布 2013 年〈中国气候公报〉》,中国气象报社 2014 年 1 月 16 日。
④ 根据中国环境监测总站“74 个城市空气质量状况月报”(1—12 月)整理。
⑤ 《大气污染防治行动计划》(国发[2013]37 号),2013 年 9 月 10 日。

知》公开发表，强调“不以 GDP 论英雄”，这表示中央政府已经认识到了环境问题的源头所在。

北京是2013年霾天气最为严重的地区。2013年年初北京市印发了《关于分解实施北京市2013年清洁空气行动计划任务的通知》，提出从8个方面实施52项大气污染治理措施。《通知》明确了2013年主要污染物年均浓度平均下降2%的目标，主要推出包括严控增量、压减燃煤、绿色交通、治理工业等八方面措施；规定2013年北京将不再新建、扩建使用煤、重油和渣油等高污染燃料的建设项目，将制订发布更为严格的第二批不符合首都功能定位的高污染工业行业调整退出目录；全年计划完成2600蒸吨燃煤锅炉清洁能源改造，同时推动西北、东北热电中心建设和国华、高井、科利源热电厂替代；在交通方面，全面实施第五阶段轻型机动车污染物排放标准，减少以机动车为主的交通排放；继续推动高污染企业淘汰退出，实现2012年到2013年底累计达到450家以上的目标；在汽车制造、机械、电子、印刷、家具、汽车修理等行业开展挥发性有机物治理，减少挥发性有机物排放量5000吨以上；同时推动实施平原地区35万亩造林绿化。此后，北京市市委、市政府3月份又对52项措施做了补充，增加到了69项具体措施。9月11日，北京市又发布了《北京市2013—2017年清洁空气行动计划》（以下称《计划》），提出了八大污染减排工程，包括源头控制减排、能源结构调整减排、机动车结构调整减排、产业结构优化减排、末端污染治理减排、城市精细化管理减排、生态环境建设减排、空气重污染应急减排等方面，并辅之以六大保障措施，即完善法规体系、创新经济政策、强化科技支撑、加强组织领导、分解落实责任、严格考核问责等。《计划》还提出了“三大全民参与”指导意见，比如企业自律的治污行动、公众自觉的减污行动、社会监督的防污行动。这是一份具体翔实的行动计划，在每个行动环节上都有具体的措施，每个措施中又有详细的指标。比如，在“实施氮氧化物治理”中规定，2013年完成京丰燃气热电厂、10座远郊区县燃煤集中供热中心和4条水泥生产线的脱硝治理；2014年底全市所有水泥生产线完成脱硝治理；2015年各远郊区县全面完成燃煤集中供热中心烟气脱硝高效治理。在“加强挥发性有机物治理”中规定，燕山石化实施泄漏检测与修复技术改造，开展顺丁橡胶尾气治理等污染治理工程；2015年完成全部有机废气综合治理工程。2016年原油加工损失率控制在3‰以内；挥发性有机物排放量比2012年减少50%；水煤浆锅炉停运；完成所有燃煤设施清洁能源改造；2017年，燕山地区空气中挥发性有机物浓度比2012年下降30%。[①]

在此基础上，2013年10月21日北京市正式发布了《北京市空气重度污染应

① 《北京市2013—2017年清洁空气行动计划》，首都之窗信息平台。

急预案》,该《预案》对每一级别的空气污染都提出了相应的"提醒""建议"和"强制"措施。比如,当发生红色(一级)预警的时候,"提醒"措施包括"提醒儿童、老年人和呼吸道、心脑血管疾病患者等易感人群尽量留在室内;中小学、幼儿园停课,企事业单位实行弹性工作制;停止大型露天活动;应尽量避免户外活动;适当采取佩戴口罩等防护措施"。"建议"措施包括"尽量乘坐公共交通工具出行;增加施工工地洒水降尘频次;排污单位进一步减少污染物排放;驻车时及时熄火;减少涂料、油漆、溶剂等含挥发性有机物的原材料及产品的使用"。"强制"措施包括"增加道路清扫保洁和冲洗频次2次以上;施工工地停止土石方和建筑拆除施工,停止渣土车、砂石车等易扬尘车辆运输;对有关企业分别实施停产或限产减排30%污染物的措施;全市范围禁止烟花爆竹燃放、露天烧烤;全市范围内按规定实施机动车单双号行驶,其中本市公务用车在单双号行驶的基础上,再停驶全部公务车辆的30%"①。北京市市长王安顺表示:"去年(2013)我代表北京市跟中央签订了责任状,也立下了壮士断腕的决心,如果空气污染(控制目标)到2017年实现不了,领导说了既是句玩笑话,也是句分量很重的话,'提头来见'。"②

与北京类似,上海也迅速出台了制度化治霾方案。2013年4月,市环保局会同市发改委、市经信委、市建设交通委等15个相关部门,在世博会高污染日应急减排联动方案的基础上,拟定了《上海市环境空气质量重污染应急方案(暂行)》。根据该方案的规定,当全市24小时空气质量指数(AQI)达到201—300或大于300时,上海市将发布重度污染或严重污染预警信息。市民将可以通过网站、微博、广播、电视、手机软件等多种渠道及时获取包括公众健康提醒、户外活动建议、绿色出行倡导在内的重污染预警信息;全市3000多个中小学和幼托机构也将通过市教育督导短信平台同步获知污染状况和健康提醒。方案启动应急方案主要考虑3个条件:AQI累计18小时超标、当前PM2.5浓度达到一定限值、PM2.5的潜在走向。具体规定分为"重度污染"和"严重污染"两部分:当发生重度污染时,上海将发出"公众健康提示",比如:"提醒儿童、老年人和心脏病、肺病及其他慢性疾病患者尽量停留在室内,暂停户外活动;一般人群减少户外活动,尽量减少开窗通风时间;室外作业人员采取必要的防护措施","建议暂停露天大规模群众活动和体育赛事,中小学暂停户外体育课,幼托机构暂停户外活动"等;在污染减排方面,将强化"清洁发电、绿色调度",鼓励脱硫、脱硝的高效机组多发电,所有并网燃煤机组选用优质煤发电,并增加燃气发电。同时,石化、钢铁、化工、焦化、水泥等工业重

① 《北京市人民政府关于印发北京市空气重污染应急预案(试行)的通知》(京政发[2013]34),2013年10月21日。

② 蒋彦鑫、邓琦、郭超、马力:《降低PM2.5首次纳入立法》,《新京报》2014年1月19日。

点源将采取限产、限污等措施,挥发性有机物(VOCs)排放重点企业和区域将禁止各类开停车、放空等作业;运输散装建筑材料、工程渣土、建筑垃圾的车辆等交通污染源将禁止上路行驶。当发生严重污染时,措施的力度将在重度污染措施的基础上进一步强化,比如,石化、钢铁、化工、焦化、水泥等重点行业将采取部分停产的措施,排放 VOCs 的石化、化工企业将禁止各类开停车、放空等作业;黄标车将禁止上路行驶;预警信息将通过全市公用车管理平台发布,党政机关停驶 30% 公务用车等。为了明确责任,该方案还在每一项措施后面列举了责任单位,比如"易产生扬尘污染的物料码头、堆场和搅拌站停止作业,并做好场地洒水降尘工作。(责任单位:市建设交通委、市交通港口局、市绿化市容局、各区县政府)"①。5 月 8 日,在"改善空气环境"课题调研会上,市环保局有关负责人表示,上海固定源的排放占了空气污染的大头:机动车与船舶等其他移动源的排放约占 26% 左右,而在固定源中,企业的小锅炉、电厂等排放约占 8%—10%,建筑工地约占 10%,农业生产约占 10%,生活排放约占 5%—6%,受到的外来影响占到 20% 以上。② 为此,上海未来将建立复合大气污染监测体系,并筹建长三角区域预报预警中心。同时对重点工业区和建设工程扬尘加强监控网络建设,提高应对突然污染事件的预警监测能力。5 月 20 日,上海市电力公司向上海市委、市政府领导作了关于推广清洁能源替代促进治污减排工作的情况专报,上海市市长杨雄等领导做了批示,要求认真研究有步骤地淘汰燃煤锅炉,将其作为治理空气污染的重点持续推进。为此,上海计划在 2015 年前完成全市中小燃煤锅炉的"熄火"工作,以有效防治 PM2.5。③ 此外,2014 年 1 月 11 日上海还发布了《上海市空气重污染专项应急预案》,从组织体系、监测预警、应急响应、总结评估、应急保障、监督管理等六个方面提出了具体要求。

广州市的政策措施主要体现为《广州市实施扬尘污染控制管理工作方案》。该方案共 59 项管控措施,包括了建设工程施工、物料运输、堆场、道路、绿化和养护施工、绿出地系统建设、生物质物料露天焚烧 7 个领域的扬尘污染监管。59 项措施中,31 项专门针对建设工程施工扬尘防控,包括房屋建设、道路与管线施工、房屋拆除、采石取土等的扬尘防控,分别由建设、城管、交通、水务、环保、国土房管等部门按职责监管;有 4 项是物料运输扬尘防控措施,包括采用密闭车辆运输,运输途中的物料不得超高超载、不得沿途泄漏,工地内车辆出入要冲洗等,由城管、交通、公安等部门按职责监管;有 9 项是码头、堆场、露天仓库的扬尘防控措施,包

① 《上海市环境空气质量重污染应急方案(暂行)》,上海环境网 2013 年 4 月 1 日。
② 《上海市环境空气质量重污染应急方案(暂行)》,上海市人民政府 2013 年 4 月 1 日发布。
③ 张敏、胡喆:《关注》,《中国能源报》2013 年 6 月 3 日。

括要设置围挡、配备喷淋等防尘设施、定期喷洒抑尘剂或稳定剂、安装视频监控设施等,由港务部门监管;有 5 项是道路保洁扬尘防控措施,包括一、二级道路机扫率达 80% 以上,一、二级道路 16 小时保洁率 100% 等,由城管部门监管;有 4 项是绿化和养护施工扬尘防控措施,包括栽植行道树后要当日完成余土清运、3000 平方米以上的成片绿化建设要设置不低于 2 米的硬质密闭围挡等,由林业和园林部门监管;有 3 项是绿地系统建设扬尘防控措施,包括黄土不裸露、推广立体绿化等,由林业和园林部门监管;有 3 项是生物质物料露天焚烧扬尘防控措施,包括建立健全区(县级市)、镇(街)、村三级生物质物料露天焚烧监管责任体系等,由区、县级市政府落实。[①] 随后,广州市城乡建设委员会于 9 月 18 日发布了《广州市城乡建设委员会关于印发开展建筑工程施工噪声和工地扬尘控制工作方案的通知》,对相关规定作了更加具体的布置,比如要求"施工现场 100% 围蔽,工地路面 100% 硬地化,工地砂土不用时 100% 覆盖,拆除工程 100% 洒水降尘,出工地车辆 100% 冲净车轮车身,长期裸土 100% 覆盖或绿化"[②]。11 月 27 日,广州市正式发布了《广州市环境空气重污染应急预案(试行)》,该《预案》将空气污染分两级发布,当环境空气质量达到重度污染,实施二级预警,以橙色表示;当环境空气质量达到严重污染时,实施一级预警,以红色表示。在不同的预警级别采取相应的响应措施。比如,在二级预警的时候,采取的措施有"广州市党政机关和事业单位停驶公务用车 20%;全面禁止燃放烟花爆竹;禁止露天烧烤;倡导公众尽量乘坐公共交通工具出行;有条件的单位和企业主动错峰上下班;对相应敏感人群发布健康防护指引等等"。一级预警在二级基础上强度更大,比如"禁止未持有绿色环保标志的汽车通行;对机动车实行单双号限行;党政机关和事业单位停驶公务用车 30%"[③]等。

此外,广州市还将绿色"低碳经济"作为城市发展的理念之一,大力推动产业转型升级,实施"腾龙换鸟"和"退二进三",三次产业结构由 2008 年的 2.04: 38.94: 59.02 调整为 2013 年的 1.48: 33.90: 64.62,基本形成以服务经济为主体的产业结构。广州的循环经济发展也有声有色,目前正在开展"创建国家循环经济示范城市"和"千家企业清洁生产绿色行动"活动,遏制"两高一资"(高耗能、高污染和资源性)产业发展。在优化能源结构方面,广州编制实施了天然气(LNG)加气站、分布式太阳能光伏发电等领域的发展规划,推进工业燃煤、燃重油锅炉的清洁能源改造,启动燃煤电厂"趋零排放"改造,探索新能源和可再生能源

① 晏磊:《"广州"59 条监管城市扬尘污染》,《南方日报》2013 年 8 月 8 日。

② 《广州市城乡建设委员会关于印发〈开展建筑工程施工噪声和工地扬尘控制工作方案〉的通知》(穗建质〔2013〕1500 号),2013 年 9 月 18 日。

③ 《广州市环境空气重污染应急预案(试行)》(穗府办〔2013〕47 号),2013 年 11 月 27 日。

的开发应用。

三、交通“治堵”与城市发展:中国大都市基础设施建设的新挑战

1. 中国城市化与城市病的出现

城市病是对城市各种失序现象的统称,迄今并没有普遍认可的定义。很多学者从“病态特征”的角度归纳城市病的类别,比如胡欣、江小群将城市病划分成了二十四个类别:大拆大建、无序开发、住宅问题、烂尾楼、城中村、流动人口集聚与城市烂边、水危机、垃圾围城、环境污染、马路杀手、工程误区、绿化误区、空城现象、热岛效应、病态建筑、劳动力资源损伤、文化资源过度开发、公共卫生体系滞后、城市地质灾害、交通堵塞、基础设施布局不合理、城市管理不力、规划问题、安全问题等。[①] 还有学者从“病因”的角度界定城市病,如张汉飞认为,城市病就是城市资源环境的承载力和城市化发展规模的匹配度失衡。[②] 实际上,更多的学者只是采取列举的方法,把人口拥挤、交通拥堵、住房紧张、环境恶化、犯罪率攀升等最典型的失序现象称为城市病。

一般而言,城市病是城市化的产物,特别是在城市化的快速推进阶段表现得尤为明显。我国自古就是一个以农业经济为主的社会,城市发展一直较慢。1949年中国全国总人口5.42亿,其中农村人口4.84亿,占总人口数的89.4%,城市人口比重只有10.6%,如果按照非农业人口计算的话,这个比例只有5.1%;而同期世界城市人口已经达到28.8%。中国一直到1996年城市化率才首次超过30%,进入城市化加速阶段,而这个数字西欧1890年就已经实现,为31%。[③] 从这些统计数字来看,长期以来中国的城市化率一直较低,历史上几乎不存在城市病问题。

在改革开放的进程中,东部沿海城市获得了发展先机,城市经济迅速崛起,吸引了大量的知识精英和农村剩余人口。特别是“十四大”以来,经济体制转型加速、城市粮油计划供应取消、城市劳务市场进一步完善、户籍管理制度逐渐放开等等,所有这一切都不断推动着劳动力向城市转移。国家也越来越清晰地认识到了城市作为现代经济载体的地位,出台了推动城市化进程的一系列公共政策。“2011年中国城市化率调查报告”称,2011年上海、北京、天津的城市化率分别为89.32%、79.36%、61.5%排名前三。[④]

中国城市病的出现是改革开放以后,随着市场经济的发展和社会管理体制的改革而出现的。而且,中国的城市病在城市化率高的大都市中也更为明显。近年

---

① 胡欣、江小群:《城市经济学》,立信会计出版社2005年版,第211—221页。

② 张汉飞:《我国城市病表现及治理》,《天津日报》2010年11月8日。

③ 胡鞍钢:《中国政治经济史论》(第2版),清华大学出版社2008年版,第83—85页。

④ 《2011年中国户籍城市化率34.71%,沪京津居前三》,中国新闻网2013年7月2日。

来,中国大都市"城市病"的集中表现就是"交通拥堵"和"买房难",而2013年则以"交通拥堵"最为典型。这一年,北京、上海、广州等中国大都市都在"治堵"方面投入了大量精力。比如,3月北京市政府公布了拟为民办事实清单,共计32项。其中最引人注目的变化就是,"交通治堵"取代了前两年的"治理PM2.5"和"保障房建设",跃居第一位。

2. 中国大都市"治堵"的最新举措

交通拥堵已经困扰中国大都市多年。2013年,在雾天气的共同作用下,交通拥堵问题受到了更多的关注,因为人们普遍认为汽车尾气是造成霾天气的重要原因。在2013年的交通治堵行动中,中国大都市主要采取了以下措施:

2.1 严格控制汽车保有量

《北京市2013—2017年清洁空气行动计划》的一项重要内容就是要求"市交通委、市公安局公安交通管理局研究采取经济手段和必要的行政手段,确保2017年底将全市机动车保有量控制在600万辆以内"①。截至2013年底,北京已经拥有机动车约540万辆,因此《北京市小客车数量调控暂行规定》实施细则(2013年修订)规定,从2014年起到2017年的四年间,本市增量小客车年度配置指标由24万个减少到15万个。不仅如此,北京还进一步增加了购车摇号的难度,规定摇号周期统一为每两个月一次,累计摇号24个月以上的申请者中签比例将增加,而24个月以内的申请者的中签难度则将进一步增加。与北京类似,广州市政府于2013年3月审议通过的《系统改善广州中心城区交通状况一揽子工作方案》同样提出了"限车"要求,即根据广州的实际情况,"优化调整中小客车总量调控的政策,同步完善相应的中小客车指标调控管理信息系统功能,并做好外地车限行的工作"②。

2.2 对现有车辆采取限制、疏导措施

2013年,北京市政府要求研究市低排放区交通拥堵费征收方案,同时采取小客车分区域、分时段限行政策,倡导私家车合乘,加强外埠车辆管理等。广州也在2013年4月8日首次公布了限制外来车辆的草案,明确"限外"的区域和实践范围,在此范围内禁止非本市籍载客汽车通行。2014年初,广州又发布了《广州市优化调整停车场差别化收费方案》,大幅度提高了停车费:一类地区住宅区露天停车场从过去每小时1元上涨到每15分钟1元,上涨幅度300%;路边自动停车计时收费系统从每15分钟2元上涨到每15分钟5.5元,最高限价由80元/天上涨到

① 《北京市2013—2017年清洁空气行动计划》,首都之窗信息发布平台。

② 《系统改善广州中心城区交通状况一揽子工作方案》,大洋网2013年3月1日。

176 元/天；商业停车场由半小时 5 元上涨到 15 分钟 4 元。[①]

2.3 大力发展公共交通

上海发展公共交通的目标是，在 2015 年实现公共交通的主体地位，“将公交优先做到极致”。7 月上海市发布了《上海市政府关于贯彻〈国务院关于城市优先发展公共交通的指导意见〉的指导意见》，提出了一揽子方案，比如“新规划建设 60 余个综合客运枢纽”，“规划和推进公共自行车租赁停车点及自行车道系统建设”，“公共汽电车高峰时段平均发车间隔中心城不超过 8 分钟，郊区新城不超过 10 分钟”等。目前上海市中心城区有公交专用车道 161 公里，另有 300 公里正在建设中。北京市 2013 年开展的公共交通建设包括新开工 3 条轨道交通线路，新开、调整公交线路 40 条，更新淘汰老旧公交车 3000 辆，实现 8 号线二期南段、10 号线二期、昌平线与 8 号线联络线、14 号线西段建成通车，建设公交专用道 10 公里等，全年轨道交通客运量 32.0 亿人次，同比增长 30.2%，公共交通出行比例达 46%。[②] 广州计划到 2016 年末累计建成 1000 条常规公交路线，12 条（段）轨道交通线路；轨道交通开通总里程超过 500 公里；同时加大公共交通专用线路建设力度。

2.4 增强城市交通疏导能力

2013 年，北京市重点提高了交通指挥信息发布平台的效用，引导车辆均衡出行；全面摸排交通堵点，制定工程改造和一对一疏导方案，提高易堵路口和节点通行效率。此外，北京市还对 14 个道路进出口进行了调整，新建了 5 个公交港湾及站台，改造了 5 座立交桥，并对 6 处交通拥堵点进行了重点治理。在居住区新增停车位 2 万个，在四环路外轨道交通站点和放射线公交专用道远端增设驻车换乘停车位 2000 个，利用人防工程新增地下停车位 1.8 万个。充分挖掘社会资源，合理利用机关、学校、企业停车设施，推广错时停车和居住区停车自治管理。[③] 北京各区县也要按要求配合完成 120 项疏堵工程。2013 年，广州市做出了一个疏导交通的中期规划，要求推进猎德大桥系统北延线工程、广州大道系统工程、花城大道东延线（首期）、康王路下穿流花湖隧道、洲头咀隧道、珠江大桥放射线二期、新广从快速化改造工程等重点交通疏导项目。广州还规定，按照“每 100 平方米的住宅建筑面积配建 1.2—1.8 个停车位”执行住宅类停车泊位配建标准，增加住宅区停车泊位供给，减少道路车辆停放。另外，广州市首次尝试用“可变车道”的方式治堵，智慧交通系统也被提上工作日程。

---

① 广州市物价局：《广州市优化调整停车场差别化收费方案》，大洋网 2013 年 3 月 1 日。

② 《2013 年北京市公共交通出行比例达 46%》，北京交通委员会 2014 年 1 月 16 日。

③ 《北京市 2013 年为群众拟办的重要实事》，《北京日报》2013 年 3 月 4 日。

3. 中国大都市基础设施建设的全面展开

基础设施建设是城市发展成熟度的重要指标，也是市政府必须履行的职责。中国大都市的基础设施规划以户籍人口为基数，是导致大都市城市病的部分原因。除了交通治堵外，2013年中国大都市基础设施建设的重点还体现在智慧城市、城市安全、信息基础设施、文化基础设施等方面。

3.1 智慧城市建设

2013年，国家住房和城乡建设部分两次公布了"国家智慧城市试点名单"。在1月29日首批公布的90个试点城市中，北京东城区、北京朝阳区、北京未来科技城、北京丽泽商务区、上海浦东新区、广州番禺区、广州萝岗区等入选。8月1日，住建部又公布了第二批"国家智慧城市试点名单"，增加了北京经济技术开发区、北京房山区长阳镇等103个试点区域。两批国家智慧城市试点名单的公布，标志着我国智慧城市建设正式上升到国家平台的层面。

2013年，"云"成为北京市智慧城市建设的关键词。市政府加快了"云服务平台"建设，重点建设包括电子商务云、公众健康云、金山云存储、EVERNOTE笔记本云等四个项目。其中，公众健康云以求医问药、网上挂号为基础，具有健康档案管理、个人健康服务信息、医疗服务网上获取等功能；在云计算的支持下，公众可以在社区或家里"进入"三甲医院看病。2013年也是上海"智慧城市"三年建设计划的收官之年。在这一年，"大数据"成为一个热门词汇。首先，上海市按照"铜线用户再提速、企业客户再优惠、智慧社区惠民生"的方式，对互联网进行了第5次提速，网络资费平均下降了30%。7月，上海市科学技术委员会发布了《上海推进大数据研究和发展三年行动计划》，未来三年上海将重点选取医疗卫生、食品安全、终身教育、智慧交通、公共安全、科技服务等具有大数据基础的领域，探索交互共享、一体化的服务模式，建设大数据公共服务平台，促进大数据技术成果惠及民众。此外，在智慧城市建设方面，上海还推出了市质监局、市建设交通委、市环保局三家试点单位共6个行政审批事项通过电子政务平台"双轨"运行，根据2013年6月底的统计，三家单位累计网上办理审批事项6833条，试点初见成效。上海还在2013年开始试点"智慧养老社区"，进一步扩大了智慧社区的数量，并公布了智慧社区指标体系，该指标体系涵盖了基础设施、平台运营、服务保障、智慧应用等四大方面，包括小区光纤接入、社区多媒体公共服务设施、用信息化手段处理政府基层业务、通过物联网技术实现各类管理等30项指标。在中国社科院信息化研究中心与国脉互联智慧城市研究中心联合发布的"2013年中国智慧城市发展水平评估结果"中，北京、上海、广州均位居前10名。

3.2 城市安全建设

2013年，北京的城市安全治理主要表现在防汛工程、生产安全和食品安全等方面。北京吸取了2012年"7·21"暴雨灾害的教训,在2013年汛期到来之前,出台了《2013年北京市城镇房屋安全迎汛工作要点》和《北京市2013年防汛工作方案》,组建了7个防汛专项指挥部,具体负责防汛宣传、住房和城乡建设、道路交通秩序、城市地下管线、地质灾害、旅游景区、综合保障等7个方面的具体工作,市长王安顺担任总指挥。在生产安全方面,北京市运用现代科技手段精细化管理,建立市、区县、街乡、企业的信息化网络平台,全市安全监管部门可以动态掌握17万家企业的基础台账,总业务数据量达到620万条。此外,还采用"物联网"技术,接入生产企业的数据,研究建立风险源分级预警处置管理模式,比如在烟花爆竹的零售网点运用音视频监控,在批发仓库运用物联网技术监管等。[①] 在食品方面,2013年4月1日,北京正式实施了《北京市食品安全条例》,对行政区域内的食品、食品添加剂、食品相关产品的生产经营、安全管理活动进行规范。

为推进城市平安建设,上海市以清单列举的方式推出了"2013上海平安建设实事项目",内容包括"整治非法客运、'群租'行为、电信诈骗、'城中村'管理、欺行霸市行为、物业保安管理、无证行医、高校周边综合治理"等9项内容。[②] 在2013年第25次上海市市长国际企业家咨询会议中,市长杨雄表示,安全是城市运行的底线,未来要把上海建设成为最安全的城市之一。城市安全同样是广州2013年的工作重点,在2月份国家出台的《关于开展安全发展示范城市创建工作的指导意见》中,广州成为全国10个"国家安全发展示范城市"之一。7月,广州市委常委会议审议通过了《关于创建全国安全发展示范城市的决定》和《创建全国安全发展示范城市实施方案》,提出了构建城市安全发展"八大体系"、44项工作任务和10项重点项目。

3.3 建设领域各有侧重

上海市2013年重点关注的是信息基础设施,这在很大程度上与本年度是上海"智慧城市"建设三年计划的最后一年有关。2013年是上海发布《上海市信息基础设施"十二五"发展规划》(2012年)后的第一年,在8月28日举行的"推进无线城市、光纤到户建设联席(扩大)会议"上,上海提出的信息基础设施建设的目标是,建成"宽带、泛在、融合、安全"的下一代网络。这意味着在两年内,将光纤铺设到所有家庭,用户最大接入带宽达到100兆,打造国际信息基础设施一流水平。

与上海不同,广州在2013年基础设施建设的重点是文化基础设施。广州市在3月份通过的《关于加强广州市"十二五"时期文化基础设施建设的工作意见》中,列出了39个文化基础设施建设项目,其中14项为重点文化工程,包括十"馆"

① 《北京:精细化管理保障城市安全运行》,新华网2013年6月21日。

② 周柏伊:《上海平安建设9项实事项目公布》,《新闻晚报》2013年5月19日。

（四大文化建筑、粤剧艺术博物馆、南汉二陵博物馆、海事博物馆、南粤先贤馆、十三行博物馆、市国家档案馆二期）、两“中心”（广州报业文化中心、孙中山文化中心）、二“园”（东园广场、岭南文化大观园）、大小马站书院群复建保护项目以及省非遗等项目。[①] 在很大程度上，广东加强基础设施建设是与其旅游资源的开发绑定在一起的。

2013 年，中国大都市的基础设施建设还有一个亮点，就是打破政府垄断，引入社会资本。北京将一些具备经营条件的市政基础设施领域向市场开放，在轨道交通、城市道路、综合交通枢纽、污水处理、固废处置和镇域供热等 6 个领域推出了 26 个试点项目。此外，北京还对具体操作做了详细说明，企业可以直接对号入座。与北京遥相呼应，广州市也在 2013 年发布了《关于进一步鼓励和引导民间投资加快发展的意见》，按照“非禁即入、公开公平、秩序规范、服务高效”的原则，鼓励和支持民间资本以多种方式参与城市基础设施投资建设。

四、基本公共服务均等化与政社合作：中国大都市治理的新形态

1. 中国大都市基本公共服务均等化的满意度比较

政府的社会职能在于为社会大众分配包括教育、医疗卫生、社会保障与社会福利、安全、秩序、平等、正义、自由等在内的各种公共利益，具体表现在组织社会经济活动，发展科学、教育、文化、卫生等事业，管理和发展社会公共事业等方面。恩格斯曾经在《反杜林论》一文中精辟地指出了这一点：“政治统治到处都是以执行某种社会职能为基础，而且政治统治只有在它执行了它的这种社会职能时才能持续下去。”[②]从此角度上讲，分配好、维护好、实现好市民的公共利益，是中国大都市政府的使命之所在，而其基本前提就是政府向市民提供无差别的基本公共服务。

相对于二线以下城市及乡村，中国的大都市经济实力更强，这为基本公共服务均等化创造了基础条件。但是研究发现，GDP 与市民的公共服务满意度之间并没有必然的直接决定关系。举例而言，在观测的 38 个城市里面，拉萨的 GDP 排名最后一位，但公共服务满意度排名第 1，满意度与 GDP 排名之间相差 37 位；厦门的 GDP 排名 25 位，满意度排名第 2，二者相差 23 位。就大都市而言，上海的 GDP 排名是第 1 位，满意度排名第 3 位，相差只有 2 位。北京和广州则截然不同：北京的 GDP 排名第 2 位，满意度却跌至第 14 位；广州的 GDP 排名第 3 位，满意度排名却只有第 19 位。其他城市的统计数字详见表 1。

---

① 张玉琴：《“十二五”将建 39 项文化基础设施》，《信息时报》2013 年 3 月 26 日。

② 恩格斯：《马克思恩格斯选集》第 3 卷，人民出版社 1972 年版，第 219 页。

表 1　2011 年 GDP 与公共服务满意度排名之间的差异①

城市	GDP（万元）	GDP 排名	满意度排名	满意度与 GDP 排名的差值	满意度得分
上海	191956900	1	3	2	66.30
北京	162519300	2	14	12	60.07
广州	124234390	3	19	16	58.58
深圳	115055298	4	22	18	58.21
天津	113072800	5	10	5	62.23
重庆	100113700	6	11	5	60.80
杭州	70190579	7	9	2	62.54
厦门	25393132	25	2	-23	66.59
海口	7133000	37	16	-21	59.35
珠海	14049305	31	13	-18	60.31
拉萨	2224192	38	1	-37	68.89

从表 1 可以看出，中国大都市的基本公共服务水平存在较大差距。表中 GDP 与公共服务满意度匹配最高的是上海市，二者之间只有 2 个位差；对比而言，北京和广州的 GDP 与满意度之间的排名差距都达到了两位数。这意味着，中国大都市基本公共服务还没有达到城市居民的需求水平，政策空间依然很大。

2. 中国大都市推进基本公共服务均等化的创新实践

2.1　社区基本公共服务全覆盖

社区基本公共服务均等化历来是北京市社区建设的重点，早在 2010 年北京市就出台了《社区基本公共服务指导目录（试行）》，提出了 10 大类 60 项基本公共服务项目，简称“1060 工程”。到 2012 年底，北京已经完成了 1967 个城市社区的基本公共服务建设工作，占总计划的 71%，并最终在 2013 年实现了 2700 多个社区基本公共服务全覆盖的目标。值得一提的是，北京市还首次提出了“非基本公共服务”的发展计划，主要在健康、医疗、教育、养老这些领域展开，以满足不同服务对象的需求。这意味着，北京将来可能会有更多的五星级酒店模式的医院和私立教育等机构。

2.2　探索社区基本公共服务“一口式”办理新模式

传统基本公共服务的办理模式是“一门式”。2013 年上海在全国率先实现了社区基本公共服务信息全共享，由“一门办理”升级为“一口受理”，市民凭一张身份证到社区事务受理服务中心，只要通过一个窗口就能办理各类民生事宜，内容

① 钟君：《城市基本公共服务评价与政策建议》，《城市管理与科技》2013 年第 1 期。表格有调整。

涵盖劳保、医保、民政、计生、工会等方方面面。目前,上海全市200余家社区事务受理服务中心已经全部实行“一口式”服务。[1]

2.3 专属医生全覆盖

上海市的专属医生有“家庭医生”和学校“对接医生”两类。上海市长宁区作为国家首批家庭医生制的试点区,已经实现了为每个居委会配备一名家庭医生,做到了家庭医生全覆盖,签约户近90%。这些配备的医生95%都是国家认证的全科医生。此外,上海的学校也配备了“对接医生”,全市共有1900多名临床医务人员和公共卫生专业人员与3200多家中小学和托幼机构建立了对接机制。特别值得注意的是,这些基本公共卫生服务并非上海本地人专有,其覆盖人群正在从户籍人口向包含户籍人口、外来常住人口、流动人口在内的全体实有人口扩展。[2]

2.4 细化制度安排,明确责任单位

2013年7月,广州市政府出台了《广州市基本公共服务均等化重点工作实施方案(2013—2016年)》,结合广州市的基本情况,对2012年省政府的《深入推进基本公共服务均等化综合改革工作方案(2012—2014年)》做了细化、量化安排。比如,“2013—2015年,筹集建设保障性住房5万套(户)”,“到2015年,住房保障收入线准入标准不低于我市城镇家庭年人均可支配收入的60%”,“到2016年,城市建成区绿化覆盖率达41.5%以上,人均公园绿地面积达16.5平方米”[3]等等。在广州市的政策安排里,最值得一提的是,在每项具体的公共服务安排之后,都注明了相应的负责单位,特别是有职能交叉的基本公共服务领域,这种安排为相关工作的顺利展开和最后的考核评估工作提供了便利。

3. 寻求基本公共服务均等化的社会合力

长期以来,中国大都市政府承担了基本公共服务垄断供给的职责。但随着市场经济的发展与完善,政府与市场、社会的边界开始变得清晰;再加上西方新公共管理运动的影响,中国的大都市开始寻求政府与社会、市场的合力。2013年,北京和上海都放宽了社会组织直接登记的门槛,同时在吸引民间资本方面出台了鼓励措施。

3.1 政府购买社会组织公共服务

在基本公共服务的供给方面,十八大要求“加快健全基本公共服务体系”,提出“加强和创新社会管理”、“改进政府提供公共服务方式”等。这意味着,中央“顶层设计”已经为社会主体参与基本公共服务供给敞开了大门。在行动方案的

① 《上海:社区公共服务信息全共享从“一门办理”升级为“一口受理”》,人民网2013年11月14日。

② 谈乐炎:《上海:公共服务与市民“零距离”》,《小康》2013年第3期。

③ 《广州市基本公共服务均等化重点工作实施方案(2013—2016年)》(穗府办[2013]36号),2013年7月31日。

安排上，2013 年 9 月 26 日，国务院办公厅发布了《关于政府向社会力量购买服务的指导意见》，对购买主体、承接主体、购买内容、购买机制、资金管理、绩效管理等提出了指导意见，成为各级地方政府购买社会组织公共服务的参照标准。

政府购买社会组织公共服务有一个前提条件，即社会组织在数量上要满足政府购买的需求，实现竞争性供给。但是按照我国 1998 年出台的《社会团体登记管理条例》，“在同一行政区域内已有业务范围相同或者相似的社会团体”，登记机关将不予受理，此即“一地一会、一业一会”的登记管理原则。在类似诸多原则的规制下，长期以来我国的社会组织发展活力不足，竞争乏力。

随着市场经济的发展以及由此产生的政府与社会关系的不断调整，我国很多地市已经开始探索突破社会组织传统登记管理模式的新路径。截至 2012 年底，北京、广东、安徽、浙江等 19 个省份已经试行了社会组织直接登记制，积累了较为丰富的经验。在 2013 年，社会组织登记管理简政放权的实践进一步深入推进。4 月 1 日，北京市将社会组织直接登记的范围扩大到四个大类：行业协会商会类、科技类、公益慈善类和城乡社区服务类，这四类社会组织以后可以直接向所在区县民政部门或市社团办提交资料申请登记注册。四类社会组织的数量占到了北京市社会组织总量的 95% 左右，这意味着北京绝大多数的社会组织正逐渐告别“双头管理”的时代。

上海市在社会组织直接登记管理的进度上比北京整整晚了一年，最终将日期确定为 2014 年 4 月 1 日，放开登记的社会组织类别与北京完全相同。但相比之下，上海市的配套措施更加到位，与放开登记同步发布了《上海市社会组织直接登记管理若干规定》，对登记机关、登记程序、登记变更与注销等做了统一规定，整个管理过程有章可循、平稳运行。

在社会组织直接登记管理方面做得最彻底的是广州市。广州早在 2011 年就出台政策，规定除依据国家法律法规需前置行政审批外，行业协会、异地商会、公益服务类、社会服务类、经济类、科技类、体育类、文化类社会类等 8 类社会组织等可以直接向登记管理机关申请登记，该规定于 2012 年 1 月 1 日正式实施。不仅如此，时隔不久，2012 年 5 月 1 日广州市规定除国家法律法规要求必须前置行政审批的情况外，①“全面铺开”社会组织直接登记。从北京、上海和广州“社会组织登记管理简政放权”的实践来看，社会组织直接登记管理已经是社会管理体制改革的大趋势，对于扭转我国社会组织发育“先天不足、后天畸形”的现状有着极其重要的现实价值，也构筑了政府购买社会组织公共服务的基础。

2013 年，中国大都市在政府购买社会组织公共服务上的投入资金与购买类别

① 主要指“教育、培训、卫生、博物馆类”民办非企业单位。

上也都进一步扩大。北京市最早在2010年就开始探索政府购买社会组织公共服务,2013年以前已经累计投入了2亿元,购买社会组织公共服务项目10029个。2013年北京市社会建设工作领导小组办公室用于购买社会组织公共服的投入资金总数达到8000万元,并且通过在线公开申报的方式向社会组织发出邀请。购买的内容围绕5个方面45个小类,涉及500个公共服务项目(比2012年增加了200个),购买的重点包括社会基本公共服务、社会公益服务、社区便民服务、社会管理服务等。上海市政府转移职能与购买社会组织公共服务的系统实践始于2012年,当年8月市政府出台了《上海市市级政府购买公共服务项目目录(2013年度)》。2013年是该目录的执行年。目前上海市在2013年度购买服务的基础上正在制定2014年的购买目录。广州是购买社会组织公共服务的先行者,投入资金从2008年的552万元增加到2013年的3.2亿元(实际购买3.61亿元)。在本年度购买的公共服务中,153项为家庭综合服务中心公共服务项目,投资额达到3.06亿元;12个专业项目,如社区救助、残障康复、社区矫正、社区戒毒等,投资额达到1600万元。①

在2013年的政府购买服务中,购买"社工服务"是一个颇具特色的方面。截至2013年底,全国用于购买社会工作的资金达到了17.3亿,比2012年增加了38%。② 在北京市发布的《北京市2013年政府购买社会组织服务项目指南》中,列出了"专业社工管理岗位项目"和"专业社工人才培养、评价、使用、激励试点项目"两个方面。此外,北京市"万名社区工作者培训计划"也在2013年全面启动;到2013年底,已对全市20415名社区工作者进行了培训。同样在2013年,广州市购买社工服务的力度也前所未有,在当年广州市本级财政购买服务经费3.61亿元中,花费最多的是"社会事务服务事项"中的"社工服务类",主要用于"政府委托社工服务项目的组织实施",投入购买资金14450万元。而且,从2008年到2013年底,广州市累计投入购买社工服务的资金达到7.7亿元。③

3.2 引导社会资本进入公共服务领域

按照公共物品与私人物品的划分标准,政府提供的大部分公共服务既不是私人物品,也不是纯粹的公共物品,而是介于二者之间的"准公共物品"。这类准公共物品具有不完全的排他性和竞争性,因此从理论上讲可以通过一定的市场机制来调配供给。在实践层面,西方国家自上世纪80年代兴起的新公共管理运动也在一定程度上实现了传统公共服务的市场化。虽然新公共管理运动受到了很多

---

① 谭秋明、汤南:《广州今年投3.2亿元购买165项公共服务》,《广州日报》2013年8月8日。
② 《2013年全国购买社工服务逾17.3亿元》,新华网2013年12月30日。
③ 谭秋明:《6年买7.4亿社工服务 市民欲知到哪找社工》,《广州日报》2013年8月16日。

批评,但其中内含的“市场”与“竞争”理念,对于习惯接受政府管控的中国公共服务供给来说,依然不乏启发价值。而且,随着中国政府与市场边界的日益清晰,政府职能转移、退出部分公共领域也是中国行政改革的必然方向。

在此背景下,我国开始尝试将社会资本引入社会公共服务领域。早在2010和2011年,温家宝在政府工作报告中就提及了“支持社会资本兴办医疗机构”和“放宽社会资本和外资举办医疗机构的准入范围”等问题;2014年的李克强政府工作报告又提到“创新社会资本办医机制”问题。实际上,在中国大都市治理中,引入社会资本的范围早已超出了“医疗”领域,几乎扩展到了整个城市基本公共服务的各个方面。

在2013年的政府工作报告中,北京和上海却把引入“社会资本”作为政府工作的重要内容。7月31日,北京市政府正式发布了《引进社会资本推动市政基础设施领域建设试点项目实施方案》,将社会资本扩大到市政基础设施建设领域,地铁14号线等126个市政基础设施项目向社会资本开放,涉及轨道交通、城市道路、综合交通枢纽、污水处理、固废处置、镇域供热等6个领域,总投资3380亿元,其中引进社会资本1300亿元。[①] 此外,北京市采取特许经营为主,特许经营、投资补助、政府购买服务相结合的方式,吸引社会资本参与经营性项目,逐步改变政府一家独大的垄断格局。2014年,北京市计划将社会资本进一步扩展到“科教文卫”等传统事业单位领域,改革进一步向纵深发展。上海2013年引入社会资本的重点在于“医疗事业”,在此方面,上海已有十余年的探索历史,但步骤比较缓慢,2013年是一个转折点。3月,上海市卫生局发布上海市政府制定的《关于进一步促进本市社会医疗机构发展的实施意见》,明确提出:鼓励社会资本参与公立医疗机构改制和管理,鼓励社会资本举办老年医疗护理、康复、精神卫生、儿科、产科等医疗服务供给不足的专科医疗机构,同时也鼓励社会资本在高端医疗服务领域、医疗资源配置薄弱的基本医疗服务领域举办医疗机构。[②] 最重要的是,上海在该实施意见里面提出了28条发展意见,形成了全方位优先支持社会资本办医疗机构的完整体系。与北京和上海相比,广州市2013年引入社会资本的力度更大,在医疗事业与城市基础设施两个方面同时展开。在6月3日通过的《进一步鼓励和引导社会资本举办医疗机构的实施办法》中,广州市从审批、规划、用地、经费、医保、人才、科研、监管、与公立医院合作以及外资办医等方面,全方位推出相应鼓励政策,引入民间资本推动医疗体系发展。同月,广州市政府又提出,将按照非禁即

---

① 牛瑾:《北京126个市政项目向社会资本开放》,《经济日报》2013年8月1日。

② 《市政府办公厅转发市卫生局等关于进一步促进本市社会医疗机构发展实施意见》(沪府办发[2013]6号),2013年2月7日。

入、公平公正、合理回报、试点先行的原则，鼓励和支持民间资本以多种方式参与城市基础设施投资建设。

在社会公共服务中引入社会资本，不仅是政府转变职能、推进行政管理体制改革的重要内容，也是创新社会管理体制的重要组成部分。中国的大都市治理引入社会资本、打破政府垄断已经走在了全国的前列，并且成为其他城市学习借鉴的样本。然而必须指出的是，中国大都市在公共政策的完善与跟进方面，还有待于进一步提高。仅以北京市为例，虽然 2013 年 4 月 1 日北京即已放开四类社会组织直接登记，但是由于相关政策细则到首日登记时间尚未出台，当天前来登记的社会组织无一获准通过，现场的工作人员只能充当咨询者角色，前来办理直接登记的社会组织只能暂时登记基本信息。此外，北京市 2013 年初就承诺在 4 月出台《北京市社会组织直接登记管理办法》，但迄今依然没有公布，相关部门将其公布时间限定到了 2014 年 11 月底。再比如，虽然广州市把购买公共服务的财政资金最大数量地投给了社工服务，但“社工难以深入社区，很多市民根本不知道如何使用属于自己的社工服务”①。

五、区域协同发展与合作共赢：中国大都市治理的新使命

1. 大都市协同发展战略的提出

大都市区域协调发展是市场经济发展到高级阶段的必然取向。市场本身具有逐利的本性，在一个自由开放的市场环境中，当大都市的市场经济发展到一定的规模后，市场要素就会在利益的驱动下开始外溢，逐渐形成一个以大都市为中心，向周围辐射发展的态势，并自然而然地形成一个区域城市群。在市场较为发达的西方国家，这种区域协同性已经突破了国界，出现了跨国区域一体化。

与市场经济自然发展形成的区域协同所不同的是，中国的大都市协同发展、城市圈的建设、东部优先战略等都是由政府行政力量推动的。1982 年 12 月 22 日，国务院决定成立我国国内第一个跨省市的综合性经济区——上海经济区，它以上海为中心，包括苏州、无锡、常州、南通和杭州、嘉兴、湖州、宁波（后来又增加了绍兴）等 10 个城市、55 个县。全区土地面积 74000 平方公里，为全国土地面积的 0.77%，人口 5059 万人，为全国总人口的 5%。这是中国政府通过行政手段来推进区域经济一体化的初步尝试。与此同时，国务院还作出了成立上海经济区规划办公室的决定，由其负责制定上海经济区内的经济与社会发展规划，协调区内部门之间、地方之间和部门与地方之间的关系。尽管当初的上海经济区已经消解，但由其奠定的跨区域经济共同体——长江三角洲经济区却越来越成熟，不仅

① 吴雪丽：《大洋网节目讨论社工服务》，《广州日报》2013 年 8 月 23 日。

覆盖范围包括江浙沪两省一市，人口、土地面积大为增加，经济总量占全国的比重不断提高，而且影响力不断向周边地区辐射和提升，并逐步形成了以上海为龙头的长江三角洲大都市带，为世界六大都市带之一。①

今天，长三角、珠三角和京津冀已经成为中国区域协同与一体化的典型。在以三个大都市为核心的区域协同发展中，珠三角与长三角相对领先。目前珠三角已经扩大到了包括广东、福建、江西、广西、海南、湖南、四川、云南、贵州 9 个省（区），以及香港和澳门两个特别行政区在内的“9 +2”区域合作模式。而长三角也在 2008 年正式向“泛长三角”迈进。相比之下，北京在京津冀区域一体化进程中显得政策乏力，直到 2013 年以后，京津冀一体化之路才正式开启。

2. “京津冀一体化”之路正式开启

2.1 纠缠不休的京津冀一体化之路

京津冀区域协同发展已经不是一个新鲜话题，甚至可以说是一个比较陈旧的历史问题。实际上，三地间的合作发展早已形成共识，但由于合作中的利益纠葛难以有效化解，导致实质性的突破始终付之阙如。

从京津冀三地一体化发展的历史进程来看，其纠缠不清的关系可以追溯到建国初期。1952—1958 年，出于城市发展的需要，我国将河北省的 11 个县划归北京市，天津市划归河北省，并将省会由保定市迁往天津。1966 年天津市成为直辖市，河北省会又由天津市迁回保定市。1968 年 2 月河北省确定石家庄市为省会，由保定市迁至石家庄市。1973 年国院批准将河北省的 5 个县划归天津市，原河北省的天津地区改为廊坊地区，把地区驻地由天津市迁到廊坊镇。正是这种行政区划的多次变化，逐步形成了目前京津冀地域格局现状，导致京津冀地区十分复杂的人缘、业缘、地缘关系。② 20 世纪 70 年代，中央提出各地建立自成体系的工业经济，燕山石化、石景山钢铁厂、东方红炼油厂等大型项目相继建立起来，这直接导致了北京与河北省同类产业争资源、争能源、争投资、争项目，使本来一些按经济规律和城市功能应投入河北省的建设资金和项目，投向了京津两市。③ 这样，在改革开放之前，京津冀之间的贫富差距就开始拉大，而且形成了基本同构的产业结构，区域化专业分工不足，为后来的利益冲突埋下了伏笔。

1982 年的《北京市建设总体规划方案》首次提出了“首都圈”概念。“首都圈”包括两个圈层：内圈由北京、天津和河北的唐山、廊坊和秦皇岛组成，外圈包括承德、张家口、保定和沧州四市。1986 年，时任天津市市长李瑞环提议加强环渤海区

① 唐亚林：《从行政分权到区域善治：长江三角洲区域政府合作模式的创新》，《政治与法律》2008 年第 12 期。

② 佚名：《京津冀区域经济发展的历史沿革与现状》，《经济研究参考》2004 年第 50 期。

③ 马海龙：《历史、现状与未来：谈京津冀区域合作》，《经济师》2009 年第 5 期。

域合作,成立了国内最早的地方政府区域合作组织——环渤海地区经济联合市长联席会(后改称“环渤海区域合作市长联席会”)。该联席会在京津冀区域合作中发挥了较大作用,但受到京津冀贫富分化严重、整体规划缺乏顶层设计等制约,很难改变大的区域发展格局。随后在 1993 年,河北省提出了“两环(环渤海、环京津)开放带动”战略,并将其确定为河北省的战略核心。但是,在 2004 年北京“绿色奥运”之前,“两环开放带动”战略并没有产生实质性效果。1998 年,时任北京市长贾庆林在政府工作报告中,首次表述了“首都经济”的提法,将发展“首都经济”作为北京经济发展战略规划。后来,清华大学两院院士吴良镛教授又提出了“大北京”概念,由其主持的“大北京规划”(即“京津冀北地区城乡空间发展规划研究”)于 2002 年通过建设部审定,其主要的构想是:以北京和天津“双核”为主轴,以唐山和保定为两翼,疏解大城市功能,调整产业结构布局,发展中等城市,增加城市密度,构建大北京地区组合城市。

2004 年是探讨京津冀合作发展最多的一年。先是国家发改委组织京津冀有关城市负责人,就京津冀经济一体化的一些原则问题达成“2 · 12 廊坊共识”,其后又有“5 · 21 北京建议”“6 · 26 廊坊框架”“8 · 30 环渤海论坛”,当年 11 月《京津冀都市圈区域规划》(迄今尚未发布)也进入编制调研阶段。此后 10 年间,京津冀区域合作始终在不断讨论之中:2005 年,《北京城市总体规划》提出京津冀应在多方面协作;2006 年,“十一五”规划中收入了京津冀区域发展问题,国家发改委正式启动京津冀都市圈规划的编制;2011 年“打造首都经济圈”写入国家“十二五”规划纲要;2012 年底,首都经济圈发展规划被列入国家发改委 2012 年区域规划审批计划。

在反复的讨论与合作中,尽管动作频仍,但始终没有实质性突破,“一亩三分地”意识表现突出,大量优势资源还是被吸引到了北京和天津,河北难以分得“一杯羹”。最终,京津冀区域被珠三角和长三角甩在后面。2013 年 11 月,上海交通大学城市科学研究院和社会科学文献出版社联合发布的城市群蓝皮书《中国城市群发展指数报告 2013》指出,在三大城市群综合指数排名中,珠三角城市群位居第一,长三角城市群居次席,京津冀垫底;报告认为,人口等资源发展不均衡成为京津冀最大软肋。①

2. 2 “京津冀一体化”发展的最新进展

长期以来,北京以其绝对优势地位,对人才、资金、技术产生了强力吸附作用,致使河北省出现了“大树底下不长草”的尴尬;北京与天津的发展不仅没有带来河北的繁荣,反而吸走了河北的资源。根据 2005 年亚洲开发银行的调查数据:在国

① 《三大城市群综合排名:京津冀垫底》,《北京商报》2013 年 11 月 19 日。

际大都市北京和天津周围，环绕着河北的3798个贫困村、32个贫困县，年均收入不足625元的272.6万贫困人口。2014年，当北京“已经成为现代化国际大都市”之际，河北省政府在2014年的工作报告中，仍将“环首都扶贫攻坚”作为这个京畿省份的工作任务。① 与此同时，北京也正面临着前所未有的尴尬。十年前，在北京出台的《北京城市总体规划(2004年—2020年)》中，城市人口规模确定为1800万人，然而截至2012年，北京市常住人口已达2069.3万人。与之相伴的是人口激增、土地紧张、环境污染、交通拥堵、房价高涨等各种“城市病”与社会矛盾。2013年初，环绕京津冀肆虐不去的严重霾天气让人不得不将目光再次投向区域合作问题。

2013年5月，习近平在天津调研时指出，要谱写新时期社会主义现代化的京津“双城记”。8月，在北戴河主持研究河北发展问题时，习近平又提出要推动京津冀协同发展。中央高层的指示，使京津冀一体化发展迎来了新的契机，甚至被一些媒体解读为“中国经济改革的一号工程”。5月20日，河北省与天津市签订了《深化经济与社会发展合作框架协议》。根据协议，两地将在推进区域一体化进程、完善交通网络体系、深化港口物流合作、提高水资源保障能力、推动产业转型升级、加强科技研发合作、加强农副产品对接、加快旅游会展融合、拓宽金融合作领域、建立合作协调机制十个方面进一步深化合作。时隔两天，河北省又与北京签署了《2013至2015年合作框架协议》和11个专项协议，根据协议，两地将在着力打造首都经济圈、共同推进北京新机场建设、共同促进首钢在唐山做大做强、全面开展科技创新和成果转化合作、共同创建区域优美环境、共同深化服务业合作、支持张家口承德地区产业发展等方面开展合作。② 9月，环保部及其他六部委发布《京津冀及周边地区落实大气污染防治行动计划实施细则》，对京津冀的大气治理提出要求。然而除此之外，整个2013年，京津冀一体化进程还是没有出现较大的改观，这一年似乎只是一个酝酿发酵的阶段。

“京津冀一体化”的真正起步始于2014年初。与2013年之前河北省“一头热”的情况不同，北京市在2014年显得格外主动。年初北京市已经全面启动编修新的《北京城市总体规划》，其中将把京津冀区域协同发展作为重要的战略目标，城市边界问题成为考虑的重要目标。顶层设计也正式提上日程，2014年2月26日，习近平在北京主持召开座谈会，专题听取京津冀协同发展工作汇报，强调实现京津冀协同发展是“一个重大国家战略”。习近平同时对京津冀协同发展提出了7点要求：一是要着力加强顶层设计，抓紧编制首都经济圈一体化发展的相关规划，

① 阚枫：《区域失衡倒逼协作共识　京津冀一体化迎新契机》，中国新闻网2014年4月3日。
② 《河北省分别与北京市、天津市签署合作框架协议》，网易新闻2013年5月23日。

明确三地功能定位、产业分工、城市布局、设施配套、综合交通体系等重大问题,并从财政政策、投资政策、项目安排等方面形成具体措施。二是要着力加大对协同发展的推动,自觉打破自家"一亩三分地"的思维定式,抱成团朝着顶层设计的目标一起做,充分发挥环渤海地区经济合作发展协调机制的作用。三是要着力加快推进产业对接协作,理顺三地产业发展链条,形成区域间产业合理分布和上下游联动机制,对接产业规划,不搞同构性、同质化发展。四是要着力调整优化城市布局和空间结构,促进城市分工协作,提高城市群一体化水平,提高其综合承载能力和内涵发展水平。五是要着力扩大环境容量生态空间,加强生态环境保护合作,在已经启动大气污染防治协作机制的基础上,完善防护林建设、水资源保护、水环境治理、清洁能源使用等领域合作机制。六是要着力构建现代化交通网络系统,把交通一体化作为先行领域,加快构建快速、便捷、高效、安全、大容量、低成本的互联互通综合交通网络。七是要着力加快推进市场一体化进程,下决心破除限制资本、技术、产权、人才、劳动力等生产要素自由流动和优化配置的各种体制机制障碍,推动各种要素按照市场规律在区域内自由流动和优化配置。一周之后,"加强环渤海及京津冀地区经济协作"出现在李克强总理的《2014 年政府工作报告》中。很快,北京市全面深化改革领导小组决定增加区域协同发展和大气污染治理 2 个专项小组,京津冀区域协同发展真正开启进行时。

3."珠三角"与"长三角"区域一体化发展的最新进展

3.1 绿色区域一体化协同推进

环境问题在 2013 年的大都市治理中占据显要位置。2013 年初,长三角城市经济协调会第十三次市长联席会全体会议在合肥召开,上海、南京、杭州、合肥等 22 个成员城市政府领导出席会议,首次通过并签署了《长三角城市环境保护合作(合肥)宣言》。该宣言确定了三大主要合作领域:(1) 构建区域环保体系。长三角城市群将共同制定区域环境保护防范体系标准,推进区域绿色发展、循环发展、低碳发展,大力发展绿色经济、循环经济和低碳技术,培育壮大节能环保产业,从源头上扭转生态环境恶化趋势。此外,区域内城市将共御环境风险,实施区域水环境综合治理、大气污染控制、危险化学品与危险废物管理、土壤污染等联防联控联治。(2) 建设环保交流平台。长三角城市将建设区域环保科技交流平台,实现环保科技资源共享和优势互补,在水生态修复、PM2.5 防治、机动车排气污染防治等城市环境保护重大项目科研上进行合作,重点抓好工业、农业、交通、建筑、公共机构等领域合作,控制能源消费总量,降低能耗、物耗和二氧化碳排放强度。此外,长三角城市将建立区域环境保护宣传教育合作机制,定期开设环境教育课程和经验交流,组织环保 NGO、环保社团进行培训等。(3) 共促环保市场开放。长三角城市将建立生态文明目标责任体系、考核办法、奖惩机制等,推动区域联合保护环境，建立健全资源有偿使用制度、生态补偿制度、环境保护责任追究制度和环境损害赔偿制度等体系；按照公平竞争原则，互相开放环评咨询服务和环保产业市场，组成环保产业联盟，区域内环保企业、技术、产品、资质互认，为环保企业在区域的经营、合作提供方便。[①]

3.2 优先发展区域交通网络体系

与京津冀和长三角相比，珠三角在交通网络上相对落后，优先发展交通成为珠三角和“泛珠三角”(9+2)各方共识，相关规划从2008年即已开始。2013年，作为珠三角一体化“一号工程”的城际轨道和绿道建设顺利推进；更重要的是，珠三角交通网络体系已经全面升级到“泛珠三角”地区，拓展后的交通网络覆盖国土面积约200万平方公里，人口4.46亿。2013年，国家重点支持的“五纵七横”高速主干线在“泛珠三角”区域内全部完工，武广、福厦铁路全线贯通，“连接南北、横跨东西”的交通网络初步形成，“一日交通圈”的构想在2013年基本实现。此外，在2013—2014年，8条跨省高速公路和跨黔、桂、粤三省的贵广铁路建设驶入“快车道”，连接珠三角、港澳地区的快铁客流、物流通道将被打通。广东省则提出打通跨省交通通道，将广东打造成为连接珠三角和“泛珠三角”省区的重要纽带。此外，2013年，广东省在建的高速公路有31条约2000公里，7个跨省铁路项目也已经动工。2014年以后，“泛珠三角”地区将基本形成以珠三角核心区为中心向外辐射的高速公路网络，珠三角区域与陆路相邻各省区将各有2条以上高速公路进出省区通道。[②] 另外值得关注的是，2013年“泛珠三角”交通广播区域协作网在广州成立，泛珠三角的9省区从8月起互播共享跨省航运、铁路、高速路交通信息，以及灾害性天气和重大突发性事件时的“泛珠三角”区域交通信息。协作网还将开发协助出行的手机软件，为用户提供路况、铁路和航班信息，乃至车辆业务办理、车辆保险、救援等信息。相比于珠三角，长三角的交通网络基础更好。2013年以上海市为核心的长三角地区，进一步发挥高铁枢纽中心的优势：5月，宁杭、杭甬高铁试运行标志着长三角“1小时经济圈”正式形成，上海、南京、杭州组成的“金三角”将为长三角的一体化发展注入更大的活力。

3.3 长远规划引导全面区域一体化建设

虽然环境与交通是区域一体化发展最突出的表现，但区域一体化绝非局限于几个单一的层面。2013年，广东省政府发布了《中共广东省委办公厅广东省人民政府办公厅关于印发〈实施珠江三角洲地区改革发展规划纲要实现“九年大跨越”工作方案〉的通知》(粤办发[2013]13号》以及《实施珠三角规划纲要2013年重点

---

① 《2013长江三角洲城市经济协调会》，新华网2013年4月13日。

② 郑焕坚、熊薇等：《珠三角一体化 大交通格局初成》，《南方都市报》2013年5月9日。

工作任务》,对加快珠三角地区一体化进程做了战略安排,其中在区域一体化方面确定的重点发展领域涵盖了基础设施一体化、产业布局一体化、城乡规划一体化、基本公共服务一体化、环境保护一体化和深化经济圈建建设等六个方面。① 在广东推动珠三角一体化进程中,广州市的表现是最活跃的。广州市早在 2009 年就开启了"广佛同城"(广州与佛山)的序幕,两地在建立健全同城化工作机制、交通基础设施建设、金融同城、联合保护区域生态环境、公共服务一体化等方面实施了大批同城化项目,其中广州投入的用于改善广佛交通的资金就达 130 亿元。2013 年,广州与佛山共同确定了在规划编制、项目安排、资源整合一体化等方面加强合作力度,将"广佛同城"化打造成为珠三角一体化乃至全国区域合作的典范。此外,"广清一体化"(广州与清远)也在同步推进。目前珠三角正在形成广佛肇、深莞惠、珠中江三大经济圈,承载着珠三角一体化的整体目标。

六、城市之魂与城市文化建设:中国大都市治理的新境界

1. 城市精神的提炼

城市是人类活动的聚居区,不仅承载着不可或缺的经济与社会职能,而且也以其独特的文化塑造着城市中的每一个人。正如美国城市社会学家帕克(Park, R. E.)所言:城市"决不仅仅是许多单个人的集合体,也是各种社会设施——诸如街道、建筑物、电灯、电车、电话等——的聚合体;城市也不只是各种服务部门和管理机构,如法庭、医院、学校、警察和各种民政机构人员等的简单聚集。城市,它是一种心理状态,是各种礼俗和传统构成的整体,是这些礼俗中所包含,并随传统而流传的那些统一思想和感情所构成的整体。换言之,城市绝非简单的物质现象,绝非简单的人工建筑物。城市已同其居民们的各种重要活动密切地联系在一起,它是自然的产物,而尤其是人类属性的产物"②。

城市精神是一个城市的灵魂,城市文化则是一个城市的气质;城市精神基于城市文化而产生,是城市主流文化在意识形态上的凝结,也是城市文化建设的重心。一般来说,每个城市都有与众不同的城市文化和城市精神,城市政府也越来越认识到城市文化"软实力"的价值,并基于自身特定的历史背景与现实机遇,提炼出准确体现城市主流文化的城市精神,以此凝聚城市发展的文化力量。

2011 年 11 月 2 日,北京市公布了"爱国、创新、包容、厚德"的北京精神,这是对首都长期发展建设实践中所形成的精神财富的概括和总结,体现了社会主义核

① 《广东省人民政府办公厅关于印发〈实施珠三角规划纲要 2013 年重点工作任务〉的通知》(粤府办[2013]28 号),2013 年 7 月 12 日。

② 〔美〕帕克:《城市社会学》,宋俊岭、吴建华译,华夏出版社 1987 年版,第 1 页。

心价值体系和北京历史文化的特征。

上海城市精神最早为“海纳百川、追求卓越”八个字，是上海市2003年精神文明建设工作会议在全市大讨论的基础上正式确定的。在2007年5月召开的上海市第九次党代会上，时任上海市委书记习近平同志在代表第八届上海市委所作的工作报告中指出，上海要“与时俱进地培育城市精神，大力塑造海纳百川、追求卓越、开明睿智、大气谦和的新形象，使全市人民始终保持艰苦奋斗、昂扬向上的精神状态”。从此，“海纳百川、追求卓越、开明睿智、大气谦和”成为上海精神的标准表述。

相比于北京和上海，广州精神迄今没有得到很好地凝练。早在1990年的时候，广州市文明委正式公布了“稻穗鲜花献人民”为广州人精神。随着时代的变迁，这个艺术化的表达已经不能适应新时期城市发展的需要，于是在2003年的广州市十二届人大一次会议上，政府工作报告提出，要使“敢为人先、奋发向上、团结友爱、自强不息的广州人精神得到弘扬”。然而，这个十六字精神依然没有得到广泛的认同，以至于在2013年的广州市政府工作报告中只提到“大力弘扬‘厚于德、诚于信、敏于行’新时期广东精神和‘敢想会干为人民，和谐包容共分享’的广州亚运精神”。而在2014年的政府工作报告中，广东精神、亚运精神和广州精神都没有提及。然而这些并没有妨碍广州在城市文化上的投入。

2. 市民文化：中国大都市文化建设的务实选择

城市精神与城市文化必须要有坚实的载体和体现方式。在此方面，以北京、上海和广州为代表的中国大都市都做出了比较务实的选择，文化建设不再停留在口头号召或形式宣讲，而是具体落实到了“市民文化”和“传统文化”两个方面，文化服务理念得以确立。

2.1 创新文化惠民服务

2013年，北京市文资办向市民推出了“文惠卡”，成为北京市2013年文化惠民活动的最大亮点。据北京演出行业协会统计，2012年北京市大型演出场馆平均票价692元，多功能综合性场馆的票价260元。然而普通观众可以接受的演出票价是50元至200元，这令大众对高品质文化消费望尘莫及。文惠卡发放后，北京市民可以持卡在签约影剧院、书店、博物馆、景点等文化活动场所消费，享受折扣优惠与积分活动，最高优惠额为5折。① 在广州，文化惠民服务也是市政府2013年工作的重要组成部分，并构成“广州市政府2013年十件民生实事”之一，其中的量化承诺有：“大力开展文化惠民活动，安排群众文化活动1000场、专业演出20场、农村数字电影放映1.3万场、展览150场。进一步加大市属公共体育场馆亚运赛

① 《2013文化产业重要事件盘点》，人民网2014年1月9日。

后惠民开放力度，享受优惠进场人数较 2012 年增加 10%。新建 100 条健身路径、50 片篮球场、50 个社区体育活动室、26 个幸福社区体育设施、9 项乡镇农民体育健身工程。新增 300 公里绿道。"[①]到 2013 年底，这项"文化"承诺已经全部兑现。上海 2013 年文化惠民的最大盛宴是举办了首届上海市民文化节。首届文化节以"百个社区大展示、万支团队大竞技、社会各界齐参与、千万市民共享受"为目标，内容涵盖音乐（合唱）、舞蹈、戏剧、美术、创意、摄影、收藏、书法、创作等类别，持续时间贯穿整个 2013 年，最终推选出优秀市民合唱队、优秀市民舞蹈队、优秀市民戏剧表演团、优秀活动运营团队、优秀少儿画家、市民创意设计师、优秀社区文化指导员、优秀群文原创作品、市民收藏家、市民摄影家、市民书法家等各 100 个，盛况空前。[②]

2.2 "文商结合"的市民文化模式

2013 年 9 月 3 日，由北京市文化局、北京市广播电影电视局等六家单位联合主办的首届"北京惠民文化消费季"开幕，主要内容包括"九大专项活动、九大转销板块和 16 区县专题活动"。主办方认为，举办惠民文化消费季的目的在于：一方面引导市民树立正确的文化消费理念和消费行为，另一方面为文化企业搭建直接与消费者对接的平台；最终实现市民与企业的共赢。从首届惠民文化消费季的"消费"数据来看，交易金额超过了 30 亿元；仅在"十一"黄金周期间，成交额就达到 11.35 亿元。[③] 上海也在探索"文化"与"商业"结合的新模式，2013 年是上海《营造城市文化氛围三年行动计划》的启动年，该计划以提高公共文化服务水平为目标，探索公共文化与商业模式相结合的发展之路，其中的一个典型案例就是上海市普陀区的"环球港"。可以说，在中国大都市中，商业已经成为文化发展的最大动力，这在广州也不例外。2013 年 9 月 28 日，广州市政府主办了以"千年商都，购物天堂"为主题的"广州国际购物节暨中法文化艺术节"，通过发动广州各商家联动促销和主题活动，将"艺术节"与"购物节"相结合，内容涵盖购物、文化、旅游、餐饮、娱乐等，并模拟再现了有"全球最美街道"之称的香榭丽舍大道以及法国风情小镇等法国地标建筑。[④]

2.3 "数字文化社区"建设

"数字文化社区"是北京市市民文化建设中的一个创新之举。所谓"数字文化社区"是一个多媒体、跨平台、多终端的服务平台，它依托高清交互有线电视网络和互联网络，结合无线网络技术，建设覆盖全市的文化共享工程数字服务网络体

---

① 《广州市政府 2013 年十件民生实事》，大洋网 2013 年 12 月 5 日。

② 《首届上海市民文化节实施方案》，人民网 2013 年 3 月 20 日。

③ 《文化消费成国庆期间北京市民消费新热点》，《中国文化报》2013 年 10 月 16 日。

④ 方晴、葛丹、林晓丽：《2013 年广州国际购物节开幕》，《广州日报》2013 年 9 月 29 日。

系，通过社区文化站基层点，向居民提供融资讯查询、艺术欣赏、文化传播以及交流互动为一体的公共文化数字学习空间，使基层群众便捷地享有和参与公共文化生活。[①] 数字文化社区已经在2012年成功试点，截至2013年，北京市已经建成了300个数字文化社区，300万册电子书、万种期刊、万集讲座通过电视数据网络输入到社区文化室。此外，以首都图书馆为核心，北京市2013年还建立了100个“通借通还”图书点，极大地方便了市民在家门口获取知识。与北京类似，广州市2012年推出了“广州图书馆24小时自助图书馆”后，2013年的工作重心转移到城域数字资源共享方面，即与各区县共同建设广州数字图书馆门户，实现城域网数字资源的共建共享，形成覆盖城乡的数字文化服务体系。

3. 传统文化：构筑中国大都市城市文化的特色品牌

3.1 历史民俗：首都文化的独特魅力

北京以其敦实厚重的历史形成了自身的文化品牌。在很大程度上，首都文化的魅力也正是“历史”与“民俗”的魅力。北京市市长王安顺在2013年《政府工作报告》中提出“大力传承优秀传统文化”，包括“加强历史文化名城整体保护，实施文物工作七大工程，加快钟鼓楼、地安门、前门东区等文保区修缮改造，继续推进中轴线、大运河申遗和‘三山五园’历史文化景区建设，加强非物质文化遗产、地下文物保护利用，推动‘老字号’振兴发展”等，全部都是对北京独特历史的挖掘。此外，在这份报告中，名人故居、胡同、四合院等也都占据了一席之地。2013年的北京市历史民俗活动也格外丰富多彩，春节前后，北京市围绕“历史”与“民俗”举办了庙会活动、图书馆联盟文化活动、公共文化活动以及一系列的展览活动，这些活动的大部分内容都与历史民俗有关，比如，图书馆联盟活动中的老照片展、非物质文化遗产展、传统猜谜与谚语等，而庙会活动几乎全部主打中国历史文化元素。6月，北京园博会主打“中国元素”，系五彩丝、画额祈福，绘彩蛋、画雄黄、耍中幡、舞龙狮、斗百草、观花车巡游、赏七彩玫瑰、听乐团演奏、看园博水舞等，十余项特色活动精彩展现，总共四大类、16项节庆民俗文化活动。主办方表示，本次游园会最大亮点是让广大民众在观赏园林的过程中感受到传统民俗文化的魅力。[②] 8月，北京又举办了第四届“前门历史文化节”，内容包括中轴诗会、天街亮宝会、前门购物季、前门文化之旅主题活动、台湾民俗文化展演季、《前门人家》话剧演出等系列活动。此外，形式各样的小型民俗文化活动、传统文化推介活动等都在2013年轮番推出，使历史民俗成为北京的一张经典名片。

3.2 海派文化：“经典上海”的核心元素

上海在中西交融的过程中形成了独具特色的“海派文化”。海派文化并非所

---

① 《北京市“数字文化社区”》，国家数字文化网2013年11月5日。
② 《北京园博园筹备16项民俗文化活动迎端午》，中国新闻网2013年6月7日。

谓的"小资情调"、张爱玲或鸳鸯蝴蝶派,这些只是海派文化的一小部分。海派文化是江南文化和西方文化融合的产物,其精髓在江南,特色在中西合璧,古典与现代的交融正是它的特质。近年来,上海的海派文化主要是寓于旅游产业中开发的,它既包含外滩、陆家嘴等体现现代风格的元素,也包括传统里弄、老街道等传统元素。在上海着力打造的"经典上海"品牌中,海派文化构成最核心的内涵。2013 年,上海的海派文化活动显得尤为活跃。6 月底,第三届海派文化艺术节"上海非物质文化遗产精品展"在台北举行,撷取上海市非物质文化遗产项目中反映城市文化特色、体现城市文化品位的传统技艺和传统美术 14 个项目 200 多件作品,其中包括海派玉雕、紫砂艺术、木版水印、嘉定竹刻、松江顾绣等非遗精品,凸显鲜明的海派文化特征。① 9 月底,在中华艺术宫展示中,"海上生明月——中国近现代美术的起源"从清末的"海上画派"到历经现代美术教育的文化启蒙,从新兴版画的救亡图存到商业美术的贴近生活,从新中国时期主题创作的宏大叙事到笔墨再造的时代新篇,展示的 600 余件近现代上海美术作品一定程度上也凝聚着中国美术的精粹,其中以吴湖帆《庆祝我国原子弹爆炸成功》、丰子恺《饮水思源》等最为典型。② 同样体现海派风格的"2013 上海当代工艺美术精品展"在上海工艺美术博物馆举行,被誉为"海派工艺文化大餐",展示门类囊括了牙雕、玉雕、竹雕、金属工艺在内的十多个工艺美术类别,共计约 260 件"海派"工艺美术精品。这次展览可以说是对改革开放以来上海"海派"工艺美术成果的一次检阅和展示。此外,在 2013 年,上海还举办了"上海话 · 上海情"沪语综艺大赛、豫园上海印象海派文化庙会、上海民俗文化节等体现"海派"风格的文化活动。

3.3 岭南文化:以广州为核心的文化品牌

岭南文化是一种源于农业文化和海洋文化的原生性文化,由广府文化、客家文化和潮汕文化构成,是中国华南文化的典型代表。为挖掘和发扬岭南文化的魅力,广州市在 2013 年推出了文化设施"四大馆"建设项目,即广州博物馆新馆、广州美术馆、广州科学馆、广州文化馆(岭南文化大观园),前期选址工作已经完成。广州美术馆、广州博物馆、广州科学馆建成后,结合现在广州塔南广场将形成"岭南广场",全力把广州市打造成为岭南文化中心。③ 与此同时,为岭南文化申遗也成为 2013 年广州文化品牌建设的重心,该计划早在年初的政府工作报告中就已经列为一个政府专项计划。2013 年底,广州市政府常务会议审议通过了《关于广州海上丝绸之路史迹申报世界文化遗产工作方案》,同时成立广州海上丝绸之路

---

① 《"第三届海派文化艺术节"于 6 月 29 日至 7 月 3 日在台北市成功举行》,中国上海官方网 2013 年 7 月 4 日。

② 《中华艺术宫:让人兴奋的不仅是首次露面的精品》,东方网 2012 年 9 月 19 日。

③ 《推进文化设施规划建设提升新岭南文化中心形象》,广州市规划局网 2013 年 5 月 23 日。

史迹申报世界文化遗产专家委员会。此前，广州市的南越王宫署遗址、南越王墓、光孝寺、怀圣寺与光塔、清真先贤古墓、南海神庙及明清古码头遗址等6处史迹点作为广州海上丝绸之路史迹，已先行列入中国世界文化遗产预备名单。预计在2015年，广州市将与国内其他城市共同将海上丝绸之路申报为世界文化遗产。[①]除了这两件大事之外，广州市还举办了各种类型的岭南文化活动。在6月举办的第二届岭南民俗文化节上，汕尾滚地金龙舞、揭阳英歌舞、惠州舞火狗、湛江舞鹰雄、湛江傩舞、云浮禾楼舞、高州木偶戏、东莞大朗木偶等民俗表演无不体现着岭南文化的气息，各种岭南特色文化吸引了日均16万的游客前来参加。12月举办的"岭南文化艺术精品年度展(2013)"，展出了具有岭南文化特色的书画、端砚、陶艺、"三雕一彩一绣"(木雕、牙雕、玉雕、广彩和广绣)、潮彩、潮绣、潮州手拉壶等艺术精品400余件，集中展示岭南文化艺术的魅力和风采。[②] 类似的活动还有"广州妈祖文化旅游节""广府庙会"等。

课题负责人

唐亚林，教育部哲学社会科学发展报告建设项目《中国都市化进程年度报告》课题组子课题负责人，上海交通大学城市科学院特聘研究员，复旦大学国际关系与公共事务学院大都市治理研究中心主任、教授、博士生导师，2012年国家社会科学重大项目首席专家。

课题组成员

薛泉，复旦大学国际关系与公共事务学院大都市治理研究中心研究人员、博士研究生。

① 周秋敏：《广州海上丝绸之路史迹将申遗》，《大洋新闻》2013年12月17日。
② 《岭南文化艺术精品年度展(2013)本月在广州开展》，《新快报》2013年12月8日。

全球设计之都创新发展报告

一、我国三大设计之都最新概况

近年来，世界各大设计之都纷纷制订规划，希冀凭借在设计创新能力的建设优化产业经济发展、改良城市管理、促进城市文化繁荣。我国三大设计之都在近年的大力推动下，得益于设计之都发展规划政策的支持（图 1），取得了长足的发展。

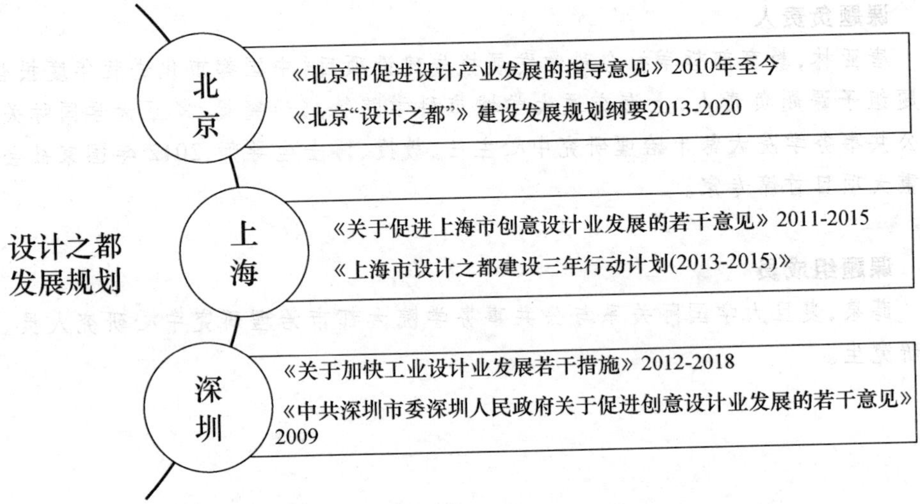

图 1　我国三个设计之都近年来颁发的发展规划（本研究整理）

自 2012 年正式加入联合国教科文组织（UNESCO）创办的全球创意城市网络，成为"设计之都"以来，北京实施了一系列政策来推动首都设计产业提升。2013 年为进一步推进设计之都建设，北京制定了设计产业发展的纲领性文件《北京"设计之都"建设发展规划纲要》（2013—2020）。北京 DRC 工业设计创意产业基地、中国设计交易市场等一批共性技术平台为设计创新提供了强大支撑。北京国际设计周与北京设计之都建设推进委员会共同举办的"设计之都北京年"成功举行，使得 2013 年北京跻身全球最具活力设计之都。

2010 年成为联合国教科文组织（UNESCO）"设计之都"网络一员的上海，在

2013 年制定了《设计之都建设三年行动计划》(2013—2015),为到 2015 年将上海建设成为亚太地区领先、全球知名的更具创新活力和国际影响力的“设计之都”明确了建设方向与路径。建构国际创意智库、搭建设计之都公共平台、上海设计“走出去”项目以及中国工业设计研究院和“上海—佛罗伦萨”中意设计交流中心的成立等多个项目的实施都将为上海成为设计高地发挥重要作用。

深圳自 2008 年成为我国首个被联合国教科文组织全球创意城市网络授予“设计之都”称号的城市以来,为进一步提升创意设计业的影响力和核心竞争力,促进创意设计与产业和群众生活融合,打造更具国际影响力的“设计之都”,于 2012 年正式出台了深圳工业设计专项政策:《关于加快工业设计业发展若干措施》(2012—2018),对深圳发展设计产业、成为世界先进制造业工业设计产品外包服务的国家级创意产业基地、加快转变经济发展方式具有重要意义。

另外,我国三大设计之都还注重发挥各自在科技、教育、文化、人才和产业环境与资源方面的优势,通过举办类型丰富的创意设计活动,推动城市建设、管理和服务创新,为打造设计之都、创意之都形象,形成国际品牌,丰富建设中国特色世界城市的内涵、加强与国际城市之间的交流与合作、提升中国的国际影响力和话语权发挥了作用。

二、我国三大“设计之都”的设计系统建设实施情况的综合分析

1. 当前我国创意设计产业背景

人类社会自工业革命开始,由农耕时代进入工业时代,而信息技术革命又让人类在 21 世纪步入以智能制造、互联制造、定制制造、绿色制造及信息民主化、工业民主化、管理民主化、金融民主化为特点的知识经济时代。在这一漫长的自我发展过程中,人类所形成的成器智慧在当代已经集中体现为设计。作为一种整合性创新活动的类型,其知识和内涵也不断发展演化。农耕时代的设计是功能结构和文化艺术的物化体现,工业时代的设计是科技、文化艺术与市场的融合推动,而知识经济时代的设计是体现物质、知识、信息、文化、技艺多者融合的个性化创造应用(表 1)。现代设计成果也呈现出更加智能、绿色环保、个性化、全球网络以及个性化可分享的趋势。设计对时代创新有了更为深刻的意义,设计产业的发展也成为政府关注的话题。李克强总理在 2014 年 3 月 5 日第十二届全国人民代表大会第二次会议的政府工作报告中指出,要“促进文化创意和设计服务与相关产业融合发展”。在印发的《关于推进文化创新和设计服务与相关产业融合发展的若

干意见》中，设计产业已经成为“支撑和引领经济结构优化升级”的重要抓手。①2014 年 5 月 14 日的国务院常务会议进一步部署了加快生产性服务业重点和薄弱环节发展、促进产业结构调整升级、在发展生产性服务的过程中鼓励设立工业设计企业和服务中心的工作，②为设计服务于国家当前的经济结构转型赋予了职能、提出了任务与要求。

表 1　设计的创新内涵演化③

		1950 始	1980 始	1990 至今	未来
		工业经济	**体验经济**	**知识经济**	**转型经济**
人的思维方式	**概念诉求**	产品所有权	体验	自我实现	有意义的生活
	视角	地域化	全球化	情境关联	系统化
	追求	实现个体生活的现代化	探索具有识别性的生活方式	提升个体的能力	关注集体
	效用	生产力和家庭生活	工作娱乐并重	个体潜力开发	成为有意义的贡献者
	核心技能	专门化技能	对体验的实验	创造力	变革思维
	实施路径	跟随文化潮流	突破社会禁锢	追求灵感	共情与合作
商业的思维方式	**经济动力**	大规模制造	市场与品牌	知识平台	价值网络
	焦点	产品功能	品牌体验	创造力的提升	意义的提升
	供给/成果	产品	产品—服务混合体	开拓创意力的工具	包容性价值网络
	价值主张	商品	目标化的体验	自我发展的促进	符合道义的价值交换
	实施路径	说服性购买	倡导品牌化的生活方式	促进参与和与分享	平衡与合作
	目标	利润	增长	发展	转型

2. 我国三大“设计之都”设计系统现状的综合分析

设计系统的主要职能在于通过呈现推动设计产业发展的各类相关主体、相互关系及其活动（行为），对创新主体及其相互作用与动态变化实施系统性的监测与评估，为设计产业创新发展中解决系统失灵的问题提供依据。作为欧洲制定设计政策工作框架的基础，Whicher 等人在研究前人的创新系统和设计系统相关成果、

① 《国务院关于推进文化创意和设计服务与相关产业融合发展的若干意见》，中国政府网 2014 年 4 月 24 日。

② 《文创产业国家再出新政策，鼓励设立工业设计企业和服务中心》，上海设计之都公共服务平台 2014 年 5 月 17 日。

③ Elke den Ouden：“*Innovation Design—Creating Value for People, Organizations and Society*”, Springer-Verlag London Limited 2012。

对欧洲的设计与创新政策展开研究[①]基础上进一步提出了一个包含9个构成要素的欧洲设计系统模型，分为设计供给与设计需求两个部分。[②] 这9个要素分别是：设计投资（公共及私人投资）；设计支持；设计促进；设计中心、协会、网络及集群；专业设计机构；设计教育；研究与知识转化；基金；政策、治理与监管。相对于前人的模型，该系统更为完整地描述了设计系统的主体与关系，被国家和地区所借鉴，用于各自国家、区域及创意设计之都的设计系统建设。本研究所涉及的设计系统以欧洲设计系统为基础，并根据我国国情进行了适切性调整（图2）。

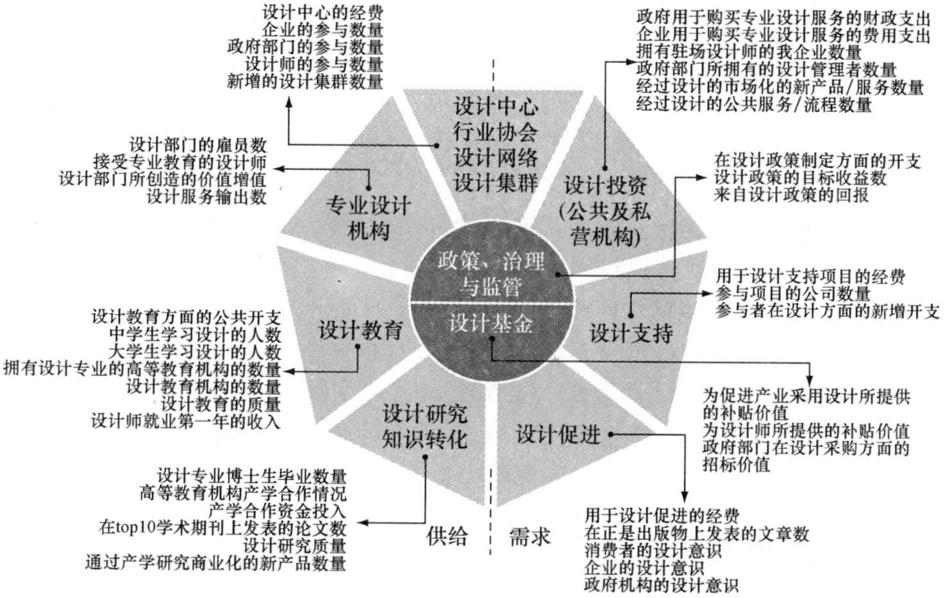

图2　设计系统框架及其评价指标结构（本研究整理）

系统研究世界设计之都的建设与发展，以我国三大设计之都为焦点，有助于总结设计之都建设经验、发现设计之都建设的问题与困难、为以设计之都建设为试点的我国国家设计创新能力建设提供思路与建议。本次报告将以国家设计系统为框架，对当前设计之都的建设情况进行分析，并据此发现问题、形成建议。

2.1　设计投入

在设计系统中，设计投入指标是对企业和政府等组织使用设计来解决产品开发、管理与发展过程中相关问题的情况的评价。设计服务的购买情况既反映着社

---

① Whicher, A.、Cawood G. and Walters, A.: "*Research and Practice in Design and Innovation Policy in Europe*", 2012 International Design Management Research Conference, 8—9 August。

② SEE PLATFORM: "*European Design Systems and Innovation Policy*", 7 September 2012。

会对设计服务的需求和需求被满足的程度，也反映出个人、组织和社会借助设计解决问题、应对复杂创新挑战的意识与文化。设计投入的评价指标如下（表 2）。

表 2　设计投入评估指标

要素	指标	备注
设计投入	政府用于购买专业设计服务的财政支出	政府在管理与服务中使用设计的情况
	企业用于购买专业设计服务的费用支出	企业在发展过程中购买设计服务的情况
	拥有驻场设计师的企业数量	企业在建设内部设计创新资源方面的情况
	政府部门所拥有的设计管理者数量	政府部门建设内部设计管理资源的情况
	经过设计的市场化的新产品/服务数量	企业与机构在设计投入方面的回报
	经过设计的公共服务/流程数量	政府部门在设计投入方面的回报

为促进设计服务与创新、发挥设计系统的作用，欧美发达经济体解决设计政策系统失灵的方案通常围绕大幅提升私营和政府机构及其他机构与组织购买专业设计服务的规模这一核心展开。创新政策的出台是经济增长模式转变的标志，设计已经显示出在这一转变过程中所独有的价值。

我国三大设计之都在设计投入方面出现了显著增长。虽然目前尚无直接反映设计采购情况的官方数据发布，但是最近几年以来大量设计企业的出现反映了市场对设计服务需求的巨大增长。至 2013 年，北京设计产业已形成工业、工程、建筑、服装和时尚设计等 12 个分支领域，各类设计机构 2 万余家①，其中规模以上设计企业超过 800 家。至 2012 年，深圳市拥有各类工业设计机构近 5000 家，2013 年增加至 6000 家。其中工业设计专业公司 500 余家，数量占全国近 60% 份额；各类设计工作室、方案公司和设计策划机构近 500 家；在钟表、珠宝、服装等优势产业，以及安防、汽车、消费电子和新材料、新能源、新一代信息技术等高新技术和新兴战略产业的企业内设设计部门近 4000 个。

2.2　设计支持

从政策效用层面看，设计支持计划尽管是面向所有的公司和企业，但会优先考虑一些创新型公司的需要，使计划更具效率。比如通过一些特别计划，为那些具有高增长性、出口外向型的企业、处于初创期的企业，及代表国家和地方未来方向的新兴产业、传统制造业或处于服务设计能力提升阶段的私营及公共事业机构提供政策支持。目前我国各个地方都制定了非常全面的鼓励设计机构申请知识产权和注册专利方面的专项支持计划就是一例。

设计支持所涉及的评价指标如下（表 3）。

① 童曙泉：《北京跻身全球最具活力设计之都 设计产业年收入超千亿》，《北京日报》2013 年 10 月 21 日。

表 3　设计支持评估指标

要素	指标	备注
设计支持	用于设计支持项目的经费	用于设计层级提升的经费规模
	参与项目的公司数量	设计层级提升的政策所覆盖的企业与公司数
	参与者在设计方面的新增支出	受政策支持的项目参与者增资的规模

欧洲和亚洲的一些主要国家几乎都有自己的设计支持计划来落实政府的设计政策。如英国的“设计要求计划”、丹麦的“破冰计划”及爱沙尼亚设计中心近年来推行的“设计推土机计划”等。我国的《关于促进工业设计发展的若干指导意见》和《文化产业振兴规划》也为推动创意设计业的快速发展发挥了重要作用。根据对设计的价值定位不同，设计政策可以分为四个层面：无明显的设计政策、设计工业设计的政策、设计服务设计的政策、设计策略设计的政策。① 根据国家设计创新能力建设的需要，英国和丹麦的设计政策到目前为止已经历了几个阶段的调整，进入到第三次甚至第四次调整期，其设计政策定位已经发展到推动设计进入企业和公共事业机构的战略制定过程的阶段。我国自 2010 年提出工业设计振兴计划以来，政策主体建立在企业设计创新意识的提高和服务于制造业竞争力提升的定位之上，设计政策总体处于第二层级为主体、向第三层级过渡的阶段。

北京、上海和深圳自 2012 年以来陆续推出多项促进文化创意和工业设计发展的专项支持项目。包括上海市促进文化创意产业发展财政扶持资金、深圳工业设计业发展专项资金支持项目等。三大设计之都所推行的设计政策中，设计支持所涉及的内容主要包括如下一些方面：

支持与设计产业发展有关的公共服务平台的建设和推广应用项目；支持建立和完善设计产业孵化器，对孵化器内初创期的设计企业给予资助；支持企业和专业设计机构的创新能力提升，鼓励通过与其他行业的融合发展改善产品和服务品质、催生新业态和推动产业转型升级；支持在重点领域中具有示范带动作用的创新项目，以及国家级和市级企业设计中心、企业；支持企业与专业设计机构对接；支持高等院校和社会培训机构开展设计类高素质创新人才的培训；支持设计产业的成果展示、推介和交流合作；支持设计企业开拓海外市场，扩大国际影响力；支持设计产业集聚和外溢发展，如具有示范带动作用的各类文化创意产业集聚区（园区）公共服务平台项目，以及为促进集聚区（园区）发展制定的发展战略、产业发展、功能定位等规划类项目，促进产城融合，实现外溢效应；支持开展设计产业相关课题研究、产业报告编制、发展规划制定等项目。

① SEE PLATFORM: “*Reviewing Innovation and Design Policies across Europe*”, SEE Report 2011。

表4 中国三大设计之都设计支持项目的范围(本研究整理)

范围对象	首都设计提升计划项目①	上海市促进文化创意产业发展财政扶持资金②	深圳工业设计业发展专项资金支持项目③
产品开发	■	■	■
服务设计(私人机构)	■	■	■
服务设计(公共机构)	■	■	■
社会化设计	■	■	
生态设计	■		
设计管理	■	■	
知识产权和专利支持		■	
支持出口		■	
培训指导设计师		■	■
资金和补贴渠道		■	■
设计投资的税收激励		■	

2.3 设计促进

设计促进的目的在于通过面向不同目标人群中开展活动来提高设计意识、对设计的理解和设计素养。面向不同的社会群体(公众、公共事业机构与企业)进行设计价值的教育和创新意识的培养是一件投入巨大的事业。通过像设计周、年度或双年的设计节、设计奖项、设计展览、设计会议、设计博物馆展开面向社会、组织及民众个体的宣传、培育公共的设计意识,会对国家和区域的设计产业发展营造可持续的、活跃的生态环境。在欧美国家,设计促进活动比设计支持项目更受社会欢迎。设计促进在提高人们的设计意识和理解设计在不同的人群中可以获得什么样的成功是很重要的,是推进设计政策的重要工具。对设计促进的评价包含如下四个指标(表5)。

表5 设计促进及其评估指标

要素	指标	备注
设计支持	在正式出版物上发表的文章数	在各类正式出版物上发表的有关设计价值传播的文章
	消费者的设计意识	消费者理解设计、利用设计处理问题的意识
	企业的设计意识	企业利用设计应对创新挑战的意识
	政府机构的设计意识	政府机构利用设计处理管理与发展挑战的意识

① 《关于征集2014年首都设计提升计划项目的通知》,市科委文科处网站2014年6月5日。

② 《2014年度上海市促进文化创意产业发展财政扶持资金申报指南》,东方文创网2014年4月4日。

③ 《市经贸信息委关于组织实施2014年深圳市工业设计业发展专项资金扶持计划的通知》,深圳市经济贸易和信息化委员会网站2014年6月17日。

上海自2012至2014年已举办三届设计之都活动周。2012年主题为“设计点亮生活”,在活动周上首次发布了上海“设计地图”,包括生活地图和产业地图,市民只要手握“设计地图”,便能找到上海最具创意设计特色的场所。[①] 在成功举办2013“设计智造生活”上海设计之都活动周的基础上,上海自2014年起将通过举办春秋两季的活动周充分展现上海创意设计的活力,以形成国际交互、全城联动、全民参与的具有影响力和知名度的品牌性活动。展示上海成为“设计之都”以来取得的建设成果。

2013年的“上海时尚创意市集”和2014年的“美学生活创意集市”都是探索设计产业发展方向,开拓新的盈利模式的有益尝试,为各类的新兴设计师和艺术家提供开放、多元的创作生态和交易平台,推崇个人创造和精神创新,鼓励创意立业,尤其强调以文化、艺术、设计等为产品或服务提供实用价值之外的文化附加值,是一个产生创意并使创意作品商品化的实验舞台。同时,提供新设计师和艺术家铺展事业的起点,有效构建设计师与品质生活引领者之间需求互动的交流平台。这些活动给原本以高端、学术、专业为特色的艺术设计活动增添了朴实浓郁的亲民、为民、襄民氛围。[②] 对增强全社会的创新意识,加快以设计推动自主创新的步伐,发现优秀人才,激发设计人员的积极性和创造性,激励和带动中国企业重视设计、开发有自主知识产权的原创产品,加速经济增长方式从“中国制造”向“中国创造”转变的进程具有尤为重要的意义。

自2012年成功举办国际设计周以来,北京每年举办的设计活动达400余场,吸引了来自近百个国家的设计师齐聚北京。中国设计红星奖、北京国际设计周等品牌活动有效提升了“北京设计”的国际影响力。到目前为止,北京国际设计周已举办4届,成为国际设计产业的重要活动。北京一年一度的798艺术节和首都大学生创意集市也持续在北京市文化创意产业发展和国际文化交流中发挥其独特的魅力。[③] 中国设计“红星奖”经过8年发展,参评国家累计达到29个,2013年更是吸引了包括美国哈曼、韩国三星、法国阿尔卡特、德国博世、瑞士ABB、丹麦丹佛斯等103家跨国企业在内的1000多家企业、5000多件产品参评。

到2013年为止,深圳已经成功举办六届“中国(深圳)国际工业设计节”。2013中国(深圳)国际工业设计大展以“变革者·全球设计共融”为主题,聚焦国际前沿设计,瞄准现代工业设计创新与变革趋势,展馆总面积15000平方米,是全

① 颜维琦、曹继军:《上海:“设计之都”名片闪亮》,《光明日报》2012年11月11日。
② 《走进百姓引领生活　上海艺术设计展举办“美学生活”创意集市》,上海艺术设计展网站。
③ 《大学生创意集市》,北京服装学院艺术设计学院网站。

球规模最大的工业设计大展，集中展示全球 20 多个国家 5000 余件挑战设计理念的展品，国际展区面积占整个展馆 60% 以上。

北京产权交易所产权经纪会员有 79 家，①上海有 71 家产权中介机构，②深圳联交所旗下有 8 所交易平台③，已经开始为市场提供设计交易服务，成为我国设计产业发展的新的市场要素。

于 2012 年 12 月市场正式开业的中国设计交易市场，提供国内外设计交易信息、设计交易撮合、结算及设计交易技术合同登记、展览展示、投融资等服务。交易市场的设计中心技术合同登记处自 2011 年底获批以来，经审查已完成了登记额近两亿元，并与技术市场办联合进行了全市设计合同额的登记统计工作，预计全年实现设计合同登记额 180 亿元。

2.4 设计中心、协会和设计网络

作为重要的辅助机构与载体，设计中心对多渠道推行设计政策、提高政策效力作用巨大。受宏观经济的影响，创新和创意产业已经成为欧洲国家和地区经济复苏计划的中心内容。政府开始认识到设计对于创新的贡献，无论是从就业情况还是从产值来看，设计都已经成为创意产业事实上的主体。④ 设计中心与政府部门是紧密的合作伙伴关系，在设计进入政府的政策议程中发挥了积极的作用。设计中心、协会、网络和设计集群是政府企业、设计部门、学术界和其他相关群体的纽带，是政策迭代环中政策受益人和政策执行主体网络之间的重要渠道。其核心职能是促进各类机构、产业和政府之间实现对话，在应对提升专业设计水平和满足产业及政府需求之间进行协调。以英国为例，英国建立了世界上唯一的设计专业标准，是国家规范设计师资源、响应国家设计资源诉求并实施设计资源管理的工具。如果要将设计应用于策略创新（设计能力的第四层级），那么相应的设计师必须接受能力培训，达到这一层级的专业标准之后才能承担这一职能。这一职能为实现设计供求平衡发挥了作用。

设计中心、协会、网络和设计集群的评价所涉及的指标如下（表 6）。

---

① 《产权经纪会员名录》，北交所网站 2008 年 1 月 16 日。

② 《产权经纪机构名录》，上海市产权交易管理办公室网站。

③ 《深圳联交所旗下交易平台》，深圳联交所网站。

④ UNCTAD and the UNDP："*CREATIVE ECONOMY REPORT* 2010"，United Nations2010。

表6　设计中心、协会和设计网络评估指标

要素	指标	备注
设计中心	设计中心的经费	确保设计中心正常运行所投入的经费
	企业的参与数量	参与设计中心的项目与活动的企业数量
	政府部门的参与数量	参与设计中心的项目与活动的政府机构数量
	设计师的参与数量	参与设计中心的项目与活动的设计师数量
	新增的设计集群数量	由设计中心的项目与活动带动的新增设计集群数量

2013年，在国家工信部指导与支持下，中国工业设计协会与上海市政府共建的合作项目——中国（上海）工业设计研究院是上海在设计中心建设方面的一次重要尝试，通过提供工业设计全产业链集成创新服务，打造以研究院为核心的工业设计产业服务平台，建成全国设计创新能力领先、服务体系完备、综合咨询实力雄厚的领军机构，形成区域工业设计产业聚集带，为上海和全国的产业经济结构调整和转型升级提供服务。[①] 中国（上海）工业设计研究院是工信部下属的国家级研究机构与全产业链创新服务平台（图3），为国家产业转型升级、转变经济发展方式服务，也为上海市实施“创新驱动、转型发展”战略提供有力支撑。[②] 研究院将以上海为基础，辐射全国服务业、辐射全国工业设计产业，整合行业专业力量及上海地方资源，通过政府资金引导、社会投资，搭建创意产品（项目）孵化基地、工业设计基础设施共享实验室、人才培训基地、用户体验中心、设计服务交易中心等公共服务平台。同时，关注知识产权保护政策、人力资源政策、需求政策、规制政策、教育政策等向设计服务业的扩展和延伸。[③]

另外，上海还于2013年组建了设计之都公共服务平台，形成面向设计产业的信息服务、展览展示、产业研究、人才服务、产业合作交流、投融资服务等核心功能。同时，指导和扶持设计产业相关行业性或专业性子平台建设，搭建形成全市设计之都公共服务平台的框架体系，并通过优胜劣汰的机制不断优化服务体系建设，完善服务功能。[④]

---

① 《上海市副市长周波调研中国工业设计研究院》，东方文创网2013年11月21日。

② 胥会云：《上海：2015年初步建成亚太设计之都》，《第一财经日报》2014年2月11日。

③ 《中国工业设计研究院落户上海》，中国工业设计协会网站2013年10月24日。

④ 《上海市以设计之都建设为契机积极推动工业设计发展》，工信部产业政策司网站2013年11月12日。

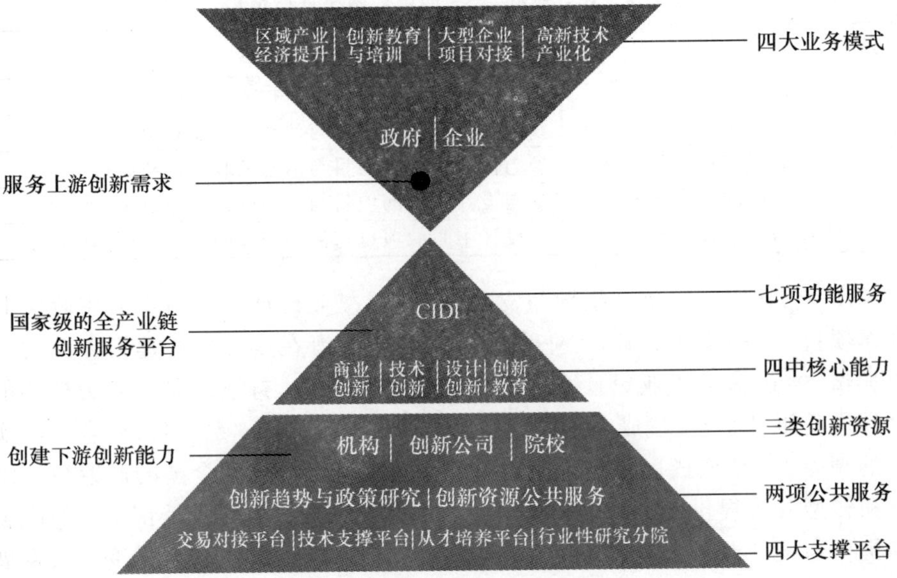

图 3　中国工业设计研究院①

2.5　专业设计机构

设计专业机构的主体是设计咨询公司和企业内部的设计职能部门,另外还有两种实施设计服务的单元形态,即设计工作室和自由设计师。他们共同构成了国家和地方设计资源的核心。由于设计活动的专业性要求较高,设计师通常都接受过高等教育。设计师专业经历是一个非常重要的观测内容,反映着设计机构的设计创新能力。体现在设计师的个人履历信息中,如专业发展过程中是否有与其他设计师合作的经历、是否有向新的设计领域如服务设计拓展的经历、是否具备基本的创业技能和运作公司的能力、与产业合作的沟通效率和与公共服务机构合作的经历等,都是设计师能力状况的表现,是设计资源构成的重要内容。专业设计机构的评级指标如下(表 7)。

表 7　专业设计机构评估指标

要素	指标	备注
设计专业机构	设计部门的雇员	企业设计部门雇用的设计师及相关人员数量
	接受过专业教育的设计师数	接受过本科、硕士及以上专业教育的设计师数量
	设计部门所创造的价值增值	设计部门为企业带来的附加价值规模
	设计服务输出数	设计机构提供的设计服务项目规模

① 《中国工业设计研究院简介》,宇海集团网站 2014 年 3 月 17 日。

2009 北京工业设计从业人员达 10 万人①,2012 设计产业从业人员近 20 万人②,2013 年设计从业人员近 25 万人。《北京“设计之都”建设发展规划纲要》的目标,2013 到 2015 年间计划引进 50 位以上设计拔尖人才,支持本土设计人才的国际化发展,培养一批复合型设计人才,形成一支规模可观、素质优良、结构合理的设计人才队伍,2015 年计划达到的设计师规模在 35 万人左右。③

在专业设计机构设计师的质量建设方面,《上海市设计之都建设三年行动计划(2013—2015 年)》确立了明确目标,包括:培育 100 个创意设计类领军人才、100 名左右市级工艺美术大师,引进 10 名以上有影响力的国际设计师和 100 名左右的海外设计人才。

根据深圳《关于加快工业设计业发展若干措施》,到 2017 年,深圳将建设和引进一批优秀设计创新团队和领军人物,培育一批国际化、高水平、具有创新活力的设计大师。近几年来,深圳进一步奠定了在设计产业尤其是工业设计业的领先地位。2011 年,深圳全行业年设计产值达 23 亿元(仅含专业设计企业设计产值),同比增长 32%,创造经济价值超千亿。2012 年,深圳工业设计产值达 31 亿元,同比增长 25.8%,创造着逾千亿的经济价值。2013 年,深圳工业设计产值达 42 亿元(仅含专业设计企业设计产值),同比增长 35.4%,工业设计规模产值占据全国 50% 份额,创造经济价值逾千亿。④

2.6 设计教育

设计教育所关注的类型并不仅限于大学和职业教育,实际上面向全部学龄期学生展开设计教育对全社会设计素养和设计意识培育是非常重要的。小学和中学阶段的设计教育质量对本科阶段的设计教育是十分具有影响力的。另外设计教育并不局限于将个人培训成为设计师。欧洲先进的大学是将多学科的教育融合到课程中,来自管理、计算机、人类学和艺术(包括设计师)等不同专业背景的人组成小组来解决问题。商科学生可以学习设计模块,设计师可以学习商业模块。设计教育的评价指标如下(表 8)。

---

① 《北京工业设计实力领跑全国从业人员达 10 万人》,北京通州市投资促进局网站 2009 年 12 月 1 日。

② 童曙泉:《北京跻身全球最具活力设计之都设计产业年收入超千亿》,《北京日报》2013 年 10 月 21 日。

③ 《北京“设计之都”建设发展规划纲要》,首都之窗——北京市政务门户网站 2013 年 8 月 26 日。

④ 《“大设计”概念引领最强工业设计》,《南方日报》2014 年 05 月 19 日。

表 8　设计教育评估指标

要素	指标	备注
设计教育	设计教育方面的公共开支	教育开支中专门用于涉及教育的经费规模
	小学生学习设计的人数	小学阶段选修设计相关课程的学生数
	中学生学习设计的人数	中学阶段选修设计相关课程的学生数
	大学生学习设计的人数	大学阶段学习设计相关课程的学生数
	拥有设计专业的高等教育机构的数量	拥有专业设计院系的大学数量
	设计教育的质量	拥有特色专业、学科、实验室等的数量
	新入职设计师第一年的收入	设计专业毕业生第一年的收入情况

我国的现代设计教育起步很晚，但发展很快，据不完全统计，截至 2012 年 1 月的统计，全国内地 31 个省市自治区共有高等普通本科院校 1134 所，其中开设艺术类专业的普通本科院校达到 819 所，占总数的 72. 2%，而这些院校中开设了“艺术设计”专业的占 739 所，比例高达 90. 2%。① 目前我国设计教育在校学生达 140 万人，每年的毕业生数量约 10 多万，在高校各专科中处于前四五位的规模，发展速度惊人，相比英国在校人数五六万，这是一个非常庞大的规模。②

北京科技教育资源优势明显。截至 2012 年底，北京地区拥有全国三分之一的国家级重点实验室、工程（技术）研究中心和企业技术中心，拥有清华美术学院、中央美术学院等一批在国际上有重要影响力的高等院校。全市科技活动人员约 60 万人，聚集了一批国际级设计大师和国内设计行业领军人才。在全市 112 所设有设计专业的高校和设计机构中，每年毕业生人数接近万名。

上海有超过 40 所以上的高校开设了设计相关专业，并计划 2015 年引进 1—2 个国际知名设计院校，培育 4—5 个全国有较强知名度的设计院校和专业，建立 10 个创意设计类人才实训（培训）基地。

2.7　设计研究知识转化

设计研究是设计产业系统的构成要素中最为薄弱的一环，其原因与设计的一些独特之处如跨学科性、艺术与科学的交叉等特点不无关系。设计研究跟不上一些已经较为成熟的领域如创新领域发展的步伐，以及设计知识的生产不足等因素都影响了设计实践的进一步发展。

另外，虽然人们已经逐步认识到设计在知识转化和问题求解方面的独特价值，但是很少有政府研究基金计划会兼顾到设计，如我国的国家自然科学基金和国家社科基金中都没有设计研究专项规划。在欧美国家，虽然政府工作议程中也

---

① 肖佩：《当代中国高校艺术设计教育》，湖南师范大学 2012 级硕士论文。

② 《中国设计教育论坛》，中国设计英才网。

还没有看到对国家和地方的设计研究能力进行评估的计划，但是与设计有关的学术和产业之间的知识转化和合作已经早有共识，而变得极为普遍。例如，爱沙尼亚创业(国家机构中的一个部门)实施了一项创新券计划，自 2009 年以来，已经有 690 家企业在创新券支持下展开了产学合作项目，创新券计划给予每家企业支助金额从 4000 到 16000 欧元不等。在这 690 家企业中，有 50 家借助这一政策与设计机构展开合作。① 大学也提供资金推进这一方面的发展，阿尔托大学的“设计工厂”项目鼓励学生通过合作应对商业挑战，并从中积累在商业背景下通过设计解决问题的经验。② 这类活动使设计专业学生获得了非常重要的与产业合作的经验，同时也将以用户为中心的设计理念带入到企业，为企业设计能力的提升带来知识与方法。另外，设计研究还应该致力于通过知识转化为设计活动融入新的知识，为现实的设计实践活动提供知识内容和服务。

设计研究知识转化的评价指标如下(表 9)。

表 9　设计研究知识转化评估指标

要素	指标	备注
设计教育	设计专业博士生毕业数量	获得设计学及相关博士学位(二级博士点)人数
	高等教育机构产学合作情况	高等院校与企业的产学合作项目数量
	产学合作资金投入	高等院校与企业的产学合作项目的经费规模
	在 Top10 学术期刊上发表的论文数	在国内外顶级专业期刊上发表的学术论文数
	设计研究质量	设计研究成果获奖数
	通过产学研究商业化的新产品数量	在产学研究中成果的产业化和产品化情况

2.8　基金

虽然存在各种各样的创新发展基金，但是许多企业并不知道这类基金也能用于设计服务的购买补贴。通常的原因是作为管理者的设计师缺少对创新基金申报和使用流程的了解。我国设置了有多种创新基金计划，但由于通常这类基金偏重于面向科技创新项目的支持，以及信息不对称方面的因素，致使许多有专业设计服务购买需求的企业并不知道可以通过这类基金来解决产品创新活动中采购设计服务所面对的财务问题。设计公司和设计师通常对基金申请不太敏感，意识薄弱，他们在与企业合作展开新产品开发和服务创新活动中，由于不熟悉政策规则和相关协议，往往与许多非常有价值的基金失之交臂。因此面向这类企业展开基金机制的宣传非常重要。

基金支持是刺激创新的最好工具之一。然而，设计常常被排除在研究实践这

① SPIN project：“Tools for Entrepreneurs in their business”。
② Aalto University Design Factory：“Aalto Design Factory Stories ANNUAL REPORT 2011—2012”。

种创新资金的主流之外。资金对设计系统的每个部分都有影响，基金的评价指标如下（表 10）。

表 10 基金评估指标

要素	指标	备注
基金	为促进企业采用设计所提供的补贴	为企业购买设计服务所提供的经费补贴规模
	面向设计公司的补贴	为设计公司提供设计服务所提供的经费补贴规模
	政府部门用于设计采购的招标价值	政府进行设计服务招标采购的紫荆规模

近年来上海面向设计产业一方面加大了财政资金投入，通过一些发展专项资金等财政性资金加大了对创意设计业的扶持力度，并通过创新资金的使用方式，重点支持设计创新示范企业、示范项目、公共服务平台和工业设计示范园区等的建设。另一方面，还加强了对创意设计业的金融服务，通过引导金融机构开发适合创意设计类企业需求的综合金融产品和特色金融服务、鼓励金融机构开展创意设计类企业知识产权质押融资业务试点，加大了信贷支持力度。一些政策还专门用于鼓励金融机构发展面向创意设计类企业的融资租赁业务、经营性租赁业务；鼓励信用担保机构为创意设计类企业提供贷款担保；将创意设计类企业纳入科技型中小企业信贷政策支持范围；鼓励风险投资等各类社会资本加大对创意设计业的投资；支持符合条件的创意设计类企业在境内外资本市场上市融资。① 上海市创意（设计）产业投融资基金联盟作为一个特设机构，是一个专门面向创意设计产业的、由银行、担保机构、投资基金等多方机构组成的多源的投融资体系。②

2.9 政策、治理和监管

政策、治理和监管涉及对设计支持计划、设计促进、设计教育、推进专业设计机构的发展和建立与设计中心和协会的合作伙伴关系等要素方面实施明确的定义与规划，有助于为设计产业的发展创造有效的政策、市场与法律环境。这些产业发展环境要素是否确保发挥作用，涉及创新政策与设计政策衔接是否到位、政府中创新的政策规定、设计的政策和准备范围，等等。政策、治理和监管方面的评价指标如下（表 11）。

① 《关于促进上海市创意设计业发展的若干意见》，上海税务局网站 2011 年 5 月 27 日。

② 《上海市设计之都建设三年行动计划（2013—2015 年）》，上海市经济信息化委 2014 年 1 月 8 日。

表 11　政策、治理和监管评估指标

要素	指标	备注
政策治理监管	在设计政策制定方面的开支	为设计产业发展研究与制定政策所投入的经费
	设计政策的目标收益数	设计政策的期望收益
	来自设计政策的回报	设计政策所带来的产业贡献

在欧美许多国家和地区，设计已成为政府创新政策和企业方针的一部分。如作为创新政策“知识推进爱沙尼亚”的一个特色，该政策对设计产业前景进行了规划，并为公共事业部门和私营部门进行设计投资提供指导。[①] 丹麦 2007—2010 年间的“设计丹麦”计划和 2011 年推出的“丹麦设计 2020 展望”等计划为将国家的设计能力向更高层级推动奠定了坚实的基础。英国 2011 年制定的“面向增长的创新与研究策略”规划也明确提出“设计通过引领和支持产品及流程创新带来企业的变革，设计是创新流程、科学技术商业化和公共服务变革的力量”[②]。

北京在《北京市促进设计产业发展的指导意见》和《北京“设计之都”建设发展规划纲要 2013》指导下，实施了对设计之都建设的政策指导和治理监管，包括：按照 UNESCO 相关要求，每两年对“设计之都”建设进展进行评估，确保各项工作顺利推进；加大知识产权的保护和宣传力度，组织设计企业和设计师进行知识产权等相关法律法规的学习培训，增强知识产权保护能力，尊重原创性设计成果，有效保护设计成果所有人权利[③]；加强政府采购支持，落实政府采购自主创新产品的各项制度，将经过认定的设计产品（服务）纳入《北京市自主创新产品目录》，扩大对设计产品（服务）的政府采购范围。[④]

《上海市设计之都建设三年行动计划（2013—2015 年）》则明确提出以创建国际著名的“设计之都”为方向，以提升产业规模和集聚辐射能力为发展主线，通过创造、创新和创意，到 2015 年，初步建成亚太地区领先、全球知名的、以技术先进、文化多元和面向国际为主要特征的知名设计之都。进一步的对设计支持计划、设计促进、设计教育、推进专业设计机构的发展和建立与设计中心和协会的合作伙伴关系等要素方面的规划都已进入实施程序。

---

① Estonian Ministry of Education and Research：“KNOWLEDGE-BASED ESTONIA：Estonian Research and Development and Innovation Strategy 2007—2013”，Tartu 2007。

② BIS—Department for Business，Innovation and Skills：“Innovation and Research Strategy for Growth”，2011。

③ 《〈北京“设计之都”建设发展规划纲要〉解读》，《北京日报》2013 年 10 月 25 日。

④ 《北京市促进设计产业发展的指导意见》，北京市人民政府网 2010 年 10 月 12 日。

三、对我国当前加强设计创新能力建设的建议

2013 年我国制造业已占全球制造业的 20% 以上，居世界首位，成为举世公认的制造大国。航天航空、高铁北斗等的蓬勃发展标志着我国重大工程装备系统集成创新和设计制造能力已居国际前列。但是从设计产业的角度看，我国还不是设计强国。

2008 年以来的全球经济衰退和随之而来的复苏努力正在加速科技创新和产业变革进程，西方国家以工业 4.0 或第三次工业革命为理念的回归实体经济的努力与实践不仅会因可再生能源、分布式能源生产和配置、氢能存储和新能源汽车等技术的变革为创新带来新的机会，也会借助大数据、人工智能、机器人、数字制造等对未来制造范式带来的影响等新兴技术改变人们的造物理念和方式，随着大数据、智能制造、3D 打印机等新技术的加速应用，由资源、信息、物品和人相互关联所构成的“虚拟网络—实体物理系统（Cyber-Physical System，CPS）”将实现产品全生命周期的整合和基于信息技术的端对端集成，开启设计创新活动新的领域。这些趋势都将给我国的创新竞争能力带来新的挑战。

随着发达国家回归实体经济，资源、能源和人力资源等要素成本的上升、中国制造将面临发达国家重振高端制造和新兴发展中国家低成本制造竞争的双重挑战。目前，中国与欧美发达国家站在“第三次工业革命”同一起跑线上，不仅会推动技术基础、生产组织和生活方式的变革，也会引发管理变革和社会资源配置机制的变革。近年来，中国制造、中国两化融合、两化深度融合、战略性新兴产业与产业转型升级等战略的提出正是对这一全球产业变革的响应，处在这一宏观背景之下的工业设计需要发挥更大的价值。未来 10 年将是我国全面深化改革，实现发展方式转型，提升发展质量效益，实施创新驱动发展战略，迎接新产业革命的机遇和挑战，加快创新型国家建设的关键时期。

为应对这些全球范围内的新挑战，提升我国设计创新能力成为必然的选择。发展设计竞争力，必须将设计纳入到国家创新政策之中，并且作为重要的内容制订实施行动计划和工作路线图；加大国家、组织、社会对设计的投入；重点支持与设计创新相关的基础前沿和共性技术研究和开发，重点支持物联网、大数据和云计算在设计创新方面的研究与建设；建设一批具有前瞻性的设计创新重点实验室、设计技术中心和网络公共服务平台。立足长远，加快实施设计支持计划、设计促进、设计教育、推进专业设计机构的发展和建立与设计中心和协会的合作伙伴关系等要素方面的规划与推进。

同时，我国当前正在实施的《国家新型城镇化规划（2014—2020 年）》也为展开设计之都建设、提升设计创新能力提供了新的导向，增强设计对当今世界与城

市可持续发展的作用与价值，为城市带来物质与技术的便利、制度和秩序的保障，使城市成为人的幸福之所和梦想之地，应是设计及其产业系统的责任。

1. 将设计之都建设与国家新型城镇化建设相结合，通过设计能力建设为智慧城市建设服务。

立足于设计的视角，进行物质形态智慧化的体系、管理与技术路线规划的前瞻研究，通过对技术体系的梳理、技术成熟度评估，利用物联网、大数据和云计算等核心技术，用设计解决城市发展过程中的造物挑战。

立足于设计的视角，进行社会管理智慧化的体系、管理与技术路线规划的前瞻研究，利用设计展开社会创新和城市管理模式的创新，面向未来城市生活所引发的城市生产生活、公共服务如医疗、教育、卫生、养老、金融服务、社会保障等的运行与管理的发展需求，展开设计创新活动。

立足于设计的视角，进行文化服务智慧化的体系、管理与技术路线规划的前瞻研究，面向世界城市语境下的社会文化演化的趋势、数字技术所引发的文化产品的形式与内容的发展趋势（如 UGC 模式、文化产品的参与式生产、开放式合作等等对文化产品的影响）、城市对文化服务新的需求的趋势、文化与服务消费的新趋势，实施以文化为中心的设计创新。

2. 进一步加强国家设计系统建设，增强国家设计体系的竞争力。

国家设计系统的主要职能在于通过呈现推动设计产业创新发展的各类相关主体、相互关系及其活动，对创新主体及其相互作用与动态变化实施系统性监测与评估，为设计产业创新发展中解决系统失灵的问题提供依据。设计活动的相关主体包括：在设计活动中积累知识与能力的组织，如设计服务企业、市场中介服务组织、设计中心、行业协会、设计网络与集群等；或对设计产业发挥政策性引导作用、提供资金资助的相关主体，如政府或公共部门，非营利组织等。国家设计系统的相关主体既涵盖了政府公共部门、非营利组织，也涵盖了市场中介服务、设计企业等私人部门。我国的国家设计系统在推动工业设计产业发展的过程中，仍然存在着国家层面的主体缺失和社会中介服务机构的能力缺陷。这些体系的缺陷与不足都制约着国家设计创新能力建设。为此，应加强国家对工业设计的组织、规划和引导，通过市场配置资源促进设计中介服务组织的发育完善。

3. 加强工业设计的理论研究和设计创新成果转化

欧美国家的工业设计产业发展始终保持着与关联产业的密切互动，因此在当代工业设计从面向制造的设计到面向市场的设计及以人为中心的设计发展过程中，完成了从理论到实践的自然过渡与转型，各阶段在工业设计理论、方法及工具上具有明显不同。我国的工业设计直至改革开放才开始接触市场，同时又由于技术发展滞后，导致工业设计作为创新的工具难以实现其为产品增值的功能。目前,欧美国家完成技术能力和市场能力建设,已经进入到工业设计服务引领创新时期,我国的工业设计需要应对国际市场的全面挑战。在这种境况之下,就需要我们通过工业设计理论研究,引领实践寻找出适合我国工业设计发展之路,加强工业设计产业发展的理论与应用研究成为当务之急。

以设计创新理论与方法体系研究为基础,促进科研、教育、工业设计知识产权与成果的产业化融合。建设面向设计研究与教育的质量评价系统,促进设计研究机构提升品质。推进设计创新领域的跨学科协同研究,加强设计学术高地的建设,加快认知科学、心理学等人文社会科学与设计研究的融合,推进设计与工程技术的深度融合。

加强设计创新研究与知识转化尤为重要,应鼓励立足国际视野,反映国家需求,加速设计与制造生产和服务的整合;加强先进设计理念基础上的产学研合作,建立以用户为中心的设计理念在设计服务中的导向、渗透与深入。

4. 加强设计创新与科学技术的紧密融合

德国提出的工业4.0包括将信息物理系统技术一体化应用于制造业和物流行业,以及在工业生产过程中使用物联网和服务技术,将对价值创造、商业模式、下游服务和工作组织产生影响。新一代的工业革命带来了设计对象、设计目标、设计成果、设计过程、运作方式和创新活动者构成的变化,为应对新的创新挑战,迫切需要加强设计创新与科学技术之间更加紧密的结合。如欧美许多国家基于开源的开放式共同创造活动发展日趋蓬勃,一些国家和地区的设计创新领域甚至提出在此基础之上的新工业化理念,即利用开源软件、硬件、设计和桌面制造系统,将制造从生产型企业带入到社区甚至是用户桌面,激发和释放数以百万计的创想者们所积聚而成的创意阶层的集体智慧与潜能,驱动区域的制造业复苏。而这一新的创造性活动将与现有的商业模型和社会文化模型形成强烈互动,引发未来人类生活形态的改变。加强设计创新活动在知识、方法、工具、形式方面与新兴技术的融合,是提升我国在当前国际竞争中获得优势的当务之急。加快设计计算(信息技术与工业设计的融合)思想、方法与工具在设计创新中的应用推广,如参数化设计、生成式设计、人工智能设计等在设计创新活动中的应用;展开对引发社会生活方式巨大变化的技术变革与设计的整合,如基于大数据的设计创新、基于物联网和环境智能技术的设计创新等;加强战略性新兴产业中设计创新与技术创新的协同与合作,等等,都将为工业设计在与科学技术融合过程中发现创新机会、展开整合创新提供有利条件。

5. 加强设计教育与工业设计创新人才培养

美国、英国等发达国家都非常重视创新人才的培养,希望通过教育和培训,树立从业人员的全面创新意识。2010年中国工程院“创新人才”项目组对未来十年的中国创新型工程科技人才的需求态势进行了研究,提出我国创新型工程科技人才需求呈现出多样化特征,首次提出对三类人才,即技术交叉科技集成创新人才、产品工业设计人才和工程管理经营人才的迫切需要;从创意创新人才可持续发展角度,提出应在基础教育阶段加强工业设计教育,将创意创新理念融入基础教育中;应该站在国家战略的高度,从培养创新型人才的目标出发,在法规、制度、培养体系等方面厉行改革,加大对中小学生进行科学、工程、设计理念与文化的熏陶,加强对中小学生创新理念、创新方法与创新文化的教育。①

作为工业设计的核心,设计学是涉及文学、工学、管理学和艺术学的一级学科,虽然归属于艺术学门类,但具有非常鲜明的交叉学科特征。长期以来,由于工业设计活动涉及的内容极为庞杂,对其设计实践及设计理论的研究多集中在具体的二级学科和专业方向上,这些学术研究成果(包括理论、方法和工具等)已经不足以支持国家与地方产业转型战略与政策的实施。这就需要将对设计学的理解提升到一个更为宏观的层次加以理解和看待,将设计学设为一级学科,既是学科发展的需要,更是国家发展战略的要求。因此,我国发展工业设计业、建设工业设计学科必须建立在国家的相关资源构成和发展规划的基础上。工业设计学科的建设既要遵循学理,也应该响应社会与产业发展规划的现实要求。另外,寻求有效的途径解决设计学的学科体系与学术体系之间的矛盾,也将有助于大学更好地培养交叉学科的工业设计人才。②

6. 加强工业设计产业生态建设

约翰·霍金斯的创意生态理论认为,创意生态系统至少包含四个内容:创意经济环境条件、生产者、消费者、分解者。他认为脱胎于“以物为本”的传统经济生产关系已经不适应当前“以人为本”的创意经济生产力发展的要求。③ 从“创意生态”三原则,即“人人都有创造力、创造力需要自由、自由需要市场”来分析,社会个体的创造力价值的体现是需要多重条件准备的。我国不仅需要进行工业设计能力的建构,同时也需要进行工业设计消费市场的建设与培育,使得创意产出与消费、分解得以平衡并持续均衡发展,这需要一个优良的生态环境加以支持。在工业设计环境中,设计方、生产实现方和支持方(他们提供创意及实现工具,如软件、设备等)共同构成了工业设计活动的主体,创意的成果需要消费,创意成果的形成与消费需要环境,政府作为管理者承担的是工业设计生态环境的监护者的角色,因此营造良好的设计产业生态环境是主要责任。

---

① 《中国工程院“创新人才”项目组走向创新——创新型工程科技人才培养研究》,《高等工程教育研究》2010 年第 1 期。

② 张法:《艺术学在中国的体系性混乱》,美学研究网 2007 年 10 月 27 日。

③ 《霍金斯创意生态理论将改变中国创意产业》,创网 2009 年 2 月 22 日。

另外，加强工业设计价值的公众认同、培育消费市场，以及鼓励市民参与设计创意活动和从创意生态建设的角度进行政府角色定位、将工业设计产业政策从"定点扶持"变为"生态化培育"，也将有利于一种可持续的工业设计创新、生产和消费的良性循环的形成。

7. 加强设计创新资源要素整合，实施产业合理布局

加强国家、区域设计创新中心、设计行业协会、设计网络和设计集群建设。开展设计需求分析，以确保设计机构、设计网络和集群的活动能够满足需求；建立专业设计标准，通过多种途径提高设计师的创新创意能力，鼓励设计师不断提升专业能力，提高接触大型客户、承接大型项目的能力；提高设计机构的商业化运营能力和创业能力；推动提升社会设计意识、设计知识推广普及的资源能力建设，如现代设计博物馆、艺术与科学展示馆、新材料新技术展示馆等展馆的建设；召开设计创新各种主题的论坛、研讨会和工作坊，促进设计知识交流、促进设计、商业、科技、人文与社会的互动与合作；展开设计创新网络社区建设，通过线上线下互动，鼓励设计资源的流动与合作；鼓励相关机构加强新型设计工具的开发；加强工业设计统计数据采集工作，鼓励设计协会网络采集会员的年度数据。

应实施工业设计产业的合理布局。发展工业设计产业，一是要考虑区位优势、资源优势、产业基础和环境优势，特别是人才的准备和积累；二是要根据地区的产业实际发展需要，不能跟风，更不能拔苗助长。要加强设计产业引导，切实围绕建设创新型国家的要求来规划工业设计产业的发展蓝图，通过促进工业设计与制造业融合，真正实现我国制造业转型升级和品牌提升，把设计创新与提升国家品牌形象、城市品牌形象，为人民创造美好生活结合起来。

课题负责人

张立群，教育部哲学社会科学发展报告建设项目《中国都市化进程年度报告》课题组子课题负责人，上海交通大学城市科学研究院研究员，上海交通大学媒体与设计学院设计管理研究所所长，副教授，硕士生导师。

课题组成员

王丹，上海交通大学媒体与设计学院硕士研究生。

中国城市设计发展报告

一、2013年中国城市设计基本状况

1. 关于城市精神文化主题设计

城市精神既在历史岁月的沉淀中涵养、滋润着城市人，又在城市人日积月累的创造中丰富充盈。城市连通着过去、现在和未来。如何将各城市的城市精神进行主题上的准确凝练和演绎设计，使城市精神外露为城市气质，内聚为城市灵魂，最终获得城市老市民的认同和新市民的追随，在2013年成为了中国城市文化设计的热点问题。

上海精神具体表述为十六个字“海纳百川、追求卓越、开明睿智、大气谦和”。其已被公认为是对长期以来上海市民在各项建设中表现出的精神面貌与处事行为的精炼总结。上海近代期间曾经是世界多国殖民势力争相聚集之地，外国人设租界、建教堂、办教育、开舞厅的同时也带来了各国城市文化。同时，长江三角洲地区的城市传统也深深影响着上海，综合形成了海派文化讲究实用、精于算计而又细腻、精致的特质。在此基础上形成的城市风格，是多种城市风格与江南地区城市民俗的综合，它们共同造就了海纳百川的上海城市精神。与此相比，2010年11月，290万余首都市民投票选出了北京这座现代化古都的城市精神——以“爱国”为核心、以“创新”为精髓、以“包容”为特征、以“厚德”为品质，诠释了处在历史与未来交会点上的当代北京所具有的气质与灵魂，表达了广大市民对北京的实际感受与价值认知。这样的城市精神，对于把北京更好地建设首都、建成世界瞩目中西融汇的世界城市，有着独特的内在驱动力。①

在理想状态下，城市形象应该在传承城市文化遗产的前提下进行积极的更新和再阐释，而完整的城市文化有着如下共性：

(1) 代表本城市多数人的文化观念；

(2) 具有文化层面上的特质；

(3) 由城市本身长时间历史所形成的文化模式，必须根植于市民的日常生活之中；

① 《我们需要怎样的“城市精神”？》，新华网2011年11月4日。

（4）城市人所共享的文化知识与习得经验；

（5）根植于城市人特有的自组织生活方式，如特殊的语言与交流体验、特定的交往关系、特有的婚丧嫁娶行为等；

（6）同外来文化形成一定程度上的区别，并具有吸纳异质性文化的功能；

（7）在总体模式下存在着多元发展的状态和可能性。

从当代所特有的经验来看，特别需要强调的是，城市的精神价值品质的获得不应该以急功近利的“政绩观”或者在“文化产业快速发展”的诉求下进行过多干预和创造，而必须经过潜移默化、日积月累、自然而然的人文演进过程和量变积累过程。城市的精神价值品质建设首先必须投入大量精力对已有的物质文化遗产与非物质文化遗产进行摸排和调研，而非挖空心思地去用数个空洞的概念来对城市精神进行“生搬硬套”。在当下城市精神的造就有以下数个渠道：

（1）重要机遇对城市精神的促进作用。在 2001 年，上海成功承办 APEC 会议，形成了“顾全大局、通力协作；积极参与、争做主人；兢兢业业、不辞辛苦；认真负责、恪尽职守”四种城市精神。通过举办世博会这一活动，上海市实现了提升上海市民的国际意识以及创造街道、创造城市的意愿。多元性的创造、宣传文化的能力将是超越世博会所具有的暂时性而实现城市持续发展的源泉。事实证明，一个让生活更美好的城市必须依靠更加具有持续性的城市精神来进行支撑。世博会已成功举办，然而城市文化是否能够在较长时间段内实现“城市，让生活更美好”的命题，某种程度上说取决于上海精神的深度和高度。

（2）塑造城市精神需要全体市民参与。一个城市的现代化不仅是形态、功能的现代化，更重要的是人的现代化、文化的现代化。从某种程度上来说，市民就代表着市容市貌，市民的形象是城市的活写真，市民素质是城市品牌的外在表现，这是城市品牌形象不断优化的源泉。

（3）城市精神的塑造要体现信息时代发展的价值取向，体现开放、博大和多彩的特色。青岛自 1991 年举办第一届国际啤酒节以来，规模逐渐变大，影响力逐渐深远。政府关注这一节日的群众性、国际性、高品位，企业希望借助啤酒节直接获利或塑造形象，大众则满足于一年一度的啤酒节畅饮。啤酒节作为青岛这个城市的名片，已经逐步深入人心。这可以说是城市文化精神塑造的较成功案例。国际啤酒节内容的丰富性，特色的鲜明性，文脉的相依性，使其超越了单纯旅游产品的范畴，成为青岛的代表性城市文化活动。啤酒节期间，大量的外地游客涌入青岛，旅行社、宾馆、饭店、交通、商场等行业生意火爆，直接获益。同时，啤酒节美化了青岛的旅游形象，提高了青岛的知名度和美誉度，改善了青岛的旅游投资环境，对城市形象起到了巨大的间接促进作用。[①]

2. 城市设计过程的保障体系建设

总体城市设计导则被视为能够塑造具有整体性和特色性的城市空间环境、对城市建设活动进行系统控制引导所编织的技术性控制框架和艺术性统调原则。从2013年来看,主要有以下问题:

(1) 城市设计缺乏法定上的强制性

自上世纪90年代以来,城市化快速推进,在"经营城市"理念和"土地财政"政策引导下,城市被一个个大型项目所割据,其主张推行的是消费主义文化和空间资本化,使得城市固有的地方特色和生活气息迅速消失。[②] 城市设计缺乏法律上的强制性、控制性。详细规划两个最重要的指标是土地性质和容积率,其对于城市建设行为仅能作为参考而非硬性规定,这就造成了城市在发展中脱离原始设想的可能。不少地方城市设计无调性展开日益凸显,挂历性现象渐成普遍,仿古怀旧与先锋试验交错并行,编制总体城市设计导则显得尤为重要和紧迫。但是至今,我国仍缺少对总体城市设计导则编制方法的研究。这也导致许多城市设计无法顾全大局,对城市规划和市民生活造成很大的负面影响。因此,必须迅速制定支持城市设计健康发展的"三制"保障体系建设:即城市设计的体制、法制与机制建设,以适应城市化的高速健康发展。

(2) 多个城市已拟定城市主色调,但具体实施有困难

城市色彩是城市规划不可忽视的元素,能不能挖出自己的色彩文脉,是彰显一座城市艺术品位非常重要的"一笔"。

西安为与古城的整体自然环境色彩相协调,同时又突出鲜明的地域特色,将西安城市建筑主色调定为以灰色、土黄色、赭石色为主的色彩体系,在今后城市建设中,这三种主色调将成为西安的城市主色调。

从灰色系列的色彩体系来说,西安作为中国十三朝古都,拥有众多的历史遗存建筑,而这些建筑中,灰色所占比重较大,如钟楼、鼓楼、明清传统民居、西安城墙等。灰色体现出浓郁的文化气息,符合西安的古都特色,在未来西安城市建设当中,历史地段将以灰色为主色调。从土黄色系列的色彩体系来说,西安处在黄土地上,同黄河文明密切相关,土黄色与地貌一致,令人感到平和、稳重,是典型的关中地方色彩,大雁塔与小雁塔的墙面就是土黄色。将城市建筑主色调定为土黄色,色相级数有扩大空间。从赭石色系列的色彩体系来说,赭石色是汉唐建筑木

---

① 《如何塑造城市精神》,中国城市发展网2011年3月11日。

② 张杰、张弓、张冲、霍晓卫、张飏:《向传统城市学习——以创造城市生活为主旨的城市设计方法研究》,《城市规划》2013年第3期。

作色彩的主色，形成了汉唐建筑庄重、典雅、鲜明的建筑色彩。西安城市建筑主色调定为赭石色，表达对传统古建筑的尊重，也能体现古都西安浓郁的历史文化氛围。

另外，哈尔滨、厦门、杭州等城市也都定下了主色调。哈尔滨市为米黄色、杭州主色调为灰等都是有益的尝试。有专家表示虽然已经有规划，但规划和实施之间有差距，尤其是在短期内，按照色彩规划来建设实施几乎没有什么可能性。最主要的原因是由于建筑色彩的控制长期未受重视，也没有专门的管理机构，短时间来看，建筑的颜色使用与管理是很难控制的。①

3. 城市行为规范文化设计

3.1 中小城市乃至乡镇对居民行为规范的引导

早些年，一些大中城市已出台相关规范，引导市民行为走向文明。近年来小城市以及乡镇也开始关注人们行为的现代化、文明化建设。2013 年 4 月，安徽凤台县城关镇为营造城乡一体化文明创建工作氛围，共建共享洁净、舒适的生活环境，推出三项举措规范市民文明创建行为。② 2013 年 7 月，江苏省宿迁市制定《宿迁市市民文明行为规范》，旨在提升市民素质和城市文明程度，推进城市文明建设，培育社会文明风尚，加强社会公德、职业道德、家庭美德和个人品德教育，促进社会进步。③ 2013 年 8 月，陕西省咸阳市为了提高广大市民文明素质和城市文明程度，拟在全社会广泛开展咸阳市民文明行为规范“十要十不要”表述语征集活动。④ 河南省漯河市为了充分调动群众参与型和认同性，在制定《漯河市民文明公约》《漯河市民文明行为规法》的过程中，广泛地开展有奖修订、征集活动。⑤

3.2 理性 + 柔性地对待城市中的各种违规行为

不管是中国式过马路、还是房价下跌要求退房打砸售楼处，或是因为子女高考集结起来自行封路，都是中国式法不责众的典型案例。尤其是“广场舞”的兴起，老年人健身的同时确实也存在着扰民现象。面对广场舞队伍的强大，相关部门往往对其扰民行为束手无策。据《焦点访谈》报道，有极端的市民自费 26 万元重金购置了一套“高频喇叭”，与广场噪音进行对轰，但这毕竟不是解决问题的办法。广场舞引起的各种纠纷，有诸多因素，但归根结底在于社会资源缺乏、社区管理的不完善上。早些年中国城市兴起“广场建设风”，其中比较严重

① 《中国城市色彩规划》，安徽频道，新华网 2007 年 03 月 21 日。

② 《“三项举措”规范市民文明创建行为》，《安徽新闻》，中安在线网 2013 年 04 月 08 日。

③ 马陵中学政教处：《宿迁市市民文明行为规范》，《德育天地》，马陵中学 2013 年 09 月 10 日。

④ 《征集市民文明行为规范“十要十不要”表述语活动》，咸阳新闻网 2013 年 09 月 06 日。

⑤ 《〈漯河市民文明公约漯河市民文明行为规范〉修订、征集活动启事》，漯河文明网 2014 年 01 月 27 日。

的问题之一就是将广场建设局限于硬件建设而忽视了市民的参与度。以此观之,"广场舞"现象也是一种市民公共参与的进步。针对这一现象,不止是需要各类人群的相互理解和包容,更需要在管理、制度和自律上的重视。现提出如下建议:

其一,完善小区活动管理,对广场舞与类似活动进行限时段、限音量、限区域、限设备规定。将时间段控制在不影响他人休息和正常生活之内,将音量尽量调低到市民可接受水平。在地点的选择上尽量避免车流量人流量大的区域,同时可以在居住小区绿地等公共空间中划定适合跳舞的区域或者建立专门活动室,避免影响他人。

其二,成立社区广场舞自律协会,加强统一管理和监督。自律协会不仅能够及时向相关管理部门反映其存在的困难并申请合理的区域进行活动,更有利于在出现纠纷时的及时沟通和解决,使广场舞的参与者能够在合适的时间和地点进行锻炼,消除不良影响。

其三,完善社区活动设施,建立统一的活动中心。因此,在城市规划和建设的过程中,应提前预留出可供群众利用的问题活动区域,对已经建成的设施进行升级改造,不断满足公众的文化生活需要。①

其四,从城市特殊产品设计开发上寻找破解密钥。有关专家表示,有源定向扬声器能够把声波控制在特定区域内,在区域之外声波就会很弱,甚至没有。如果广场舞者使用这种扬声器播放音乐,其扰民"尴尬"就能迎刃而解。除作为广场舞噪音的"逼停神器"外,有源定向扬声器还可用在广告会展、候机厅、公交车站等多种场景,实现声音针对特定人群的定向播报。②

此外,面对已进入"法不责众"怪圈的违规行为,2013 年的中国城市又出现了新举措。在 2013 年"十一"长假期间,针对不遵守交通规则的行人,上海市采取了让十几个交警站成一列,在红灯时封住马路的做法。公民的行为源于历史,面对法治观念基础较弱的市民,严刑峻法虽见效快,但也极易反弹,长远来看并非良策,且已引起市民的异议。在此情况下这种以提高执法成本的方法化解纠纷、纠正不当行为的措施颇可圈可点。但毕竟,任何行为都要付出成本,可以预期的是,城市违规行为的纠正对于实践教育民众、推动社会转型的作用。③

---

① 《2013 年河南政法干警面试热点预测:如何看待广场舞引发的纠纷》,京佳教育网 2013 年 11 月 27 日。

② 《复旦教授发明广场舞噪音"逼停神器"》,光明网 2014 年 4 月 28 日。

③ 刘远举:《如何看待"广场舞"》,南都网 2013 年 11 月 29 日。

4. 关于城市视觉识别文化设计

4.1 城市视觉设计的必要性彰显

在现代城市化进程的热潮中，城市间的竞争愈演愈烈。城市竞争不仅是经济、技术的竞争，也是城市整体形象与综合实力的较量。城市视觉形象作为城市视觉识别文化，直接体现着城市的外观形象，是城市理念和行为的外在表现。城市视觉形象包括城市的地理位置、地形地貌、城市布局、建筑风格及色彩调性、绿地空间、景观小品、标志指示系统设计、环境卫生乃至居民穿着举止等。对城市进行视觉形象识别设计的目的就是城市在视觉上产生良好的第一印象，也是区别于其他城市的重要途径。

2013 年 3 月，山东省滨州市为打造黄河三角洲中心城市、现代化生态园林旅游城市，根据《滨州市城市总体规划(2005—2020)》(以下简称"《总规》")等文件，结合滨州市城区各区域实际情况与未来发展目标，制定《滨州市建筑色彩控制技术导则》等色彩规划，将对滨州市城市色彩进行规范管理，深入挖掘滨州市独具特色的"四环五海"生态景观、丰富的历史资源景观，通过色彩表达强化滨州市"生态园林城市"的特色印象和个性特征，形成城市色彩文化，彰显城市特色景观，提升城市文化内涵。[①] 2013 年 5 月，重庆合川区规委举行会议，审议《合川城市色彩设计方案》等 3 个规划方案，《合川城市色彩设计方案》中主色调的选择结合了合川的历史文化和山水特色，在具体操作上提出了以下几点：其一是对所有的城市色彩构成因素统一进行分析规划。因此在城市色彩设计中，不仅要对建筑色彩进行设计，还要对道路、灯杆、桥梁、绿化、餐饮船、公交车等其他物体的色彩进行分析规划。其二是城市色彩规划确定了城市主导色调，对建筑色彩方案的制订给予引导，在具体实施过程中应考虑增加可操作性，如在方案中对色相、明度、饱和度等重点概念和控制标准要进行详细说明。其三是城市色彩既要服从城市的功能，又要有一定的区别，把握既多样又统一的原则，做到既有共性又有个性。[②] 2013 年 4 月，广东清远正式启动"行走清远游你所想——2013 清远城市口号及标识征集大赛"。2013 年 8 月清远城市口号和全新的城市标识正式发布，"北江明珠，清香溢远"成为城市口号。城市标识的整体造型是一颗水珠，主体标识还加上了英文字体"QINGYUANCHINA"的印章图形，与书法"清远"结合，意境深远。[③]

随着城市基础设施建设质量的提升，LED 电子显示屏、楼顶广告牌、路牌这些为市民提供信息的户外广告在市民视线中出现的频率越来越高，但同时也出现了

① 《滨州城市发展将有色彩规划》，滨州大众网 2013 年 09 月 12 日。

② 《区规委会举行 2013 年第 3 次会议审议〈合川城市色彩设计方案〉等 3 个规划设计方案》，合川门户网 2013 年 5 月 28 日。

③ 《清远城市口号与标识正式发布"北江明珠清香溢远"》，清远信息港 2013 年 8 月 1 日。

乱象丛生的局面，直接影响了城市的视觉效果。开封市近年来一直致力于户外广告的整治工作，2010 年，开封市对宋城路、夷山大街、大庆路、魏都路、五一路等路段户外广告、门头牌匾进行了集中整治。经过整治，户外广告及门头牌匾逐渐与城市景观相协调，达到了整齐划一、规范有序的效果。2011 年，开封市又对书店街街景进行整治，为 260 余家商户设计、制作了新牌匾。2012 年，为迎接河南大学百年校庆，对河南大学周边环境进行综合整治。2013 年，为进一步规范市区户外广告、门头牌匾设置及管理，对包公湖景区广告牌匾和鼓楼街、寺后街门头牌匾进行了专项整治。开封市的数年努力换回了较大成效，但仍存在一些问题，如在中山路、滨河路、宋城路、迎宾路等街道，一些沿街灯箱广告牌、店铺霓虹灯、电子广告牌等不仅没有起到扮靓城市的效果，反而令城市形象大打折扣。这足以证明户外广告的整治、规范、美观，是一项长时间的任务，需要持续关注。①

4.2　仍难摆脱的“千城一面”

目前，我国许多城市的规划部门，由于对城市形象视觉识别文化设计体系缺乏整体、明确的认识，对城市的地域文化缺乏深刻探究和发掘，从而使城市的整体视觉形象缺乏统一规划与设计，并没有凸显城市的个性和特色。这种现状极大地影响了公众对城市形象、城市文化的视觉识别，淡化了公众对城市的印象和记忆，不利于城市形象的树立和宣传，从而影响到城市的竞争力。近年来，我国城市追求“国际化大都市”的热潮已经退去，但是“千城一面”“千村一面”的负效应仍旧存在。主要有以下表现：

摩天大楼遍地开花，各地争相建“第一高楼”，而这又恰恰成为政绩攀比的工具，一些地方官的虚荣心决定了城市的天际线。这一问题基本属于在追求“国际化大都市”过程中的历史遗留问题。

复古仿古成风。近年来，不管是新区开发还是旧城改造，新一轮城市建设和旅游开发大吹“复古风”，越来越多的明清老街、唐宫宋城如雨后春笋般冒出，仿古街、仿古建筑层出不穷，愈演愈烈。同济大学教授阮仪三教授表示：我国的历史文化名城最大的特点就是“多样性”，城和城、镇和镇完全不一样，由于所处的地形地貌不一样，文化背景不一样，这些在历史上不同时期诞生的城镇也不一样。就好像北京和南京不一样，西安和延安不一样，洛阳和开封不一样，扬州和绍兴不一样，现代却搞“拆旧建新”，旅游开发了，把城镇弄成了一样的面孔，这是可悲的。②

山寨洋建筑层出不穷。杭州立起了大约矮了三分之二的“埃菲尔铁塔”，苏州搭起了一座多了两座塔楼的“英国伦敦桥”，还有“美国白宫”，从安徽小城阜阳到

① 《整治户外广告牌匾　提升城市整体形象》，《开封日报》2013 年 11 月 4 日。
② 《我国 200 座余城市被指千城一面：山寨遍地开花》，新华网 2013 年 8 月 21 日。

沿海特区深圳,不少地方都莫名其妙的树起了本该出现在大洋彼岸的欧式建筑。“凡尔赛宫”“白宫”“威尼斯小镇”等纷纷拔地而起。山寨洋建筑的盛行在一定意义上也是国人文化不自信的表现,建筑是一种文化,也是一种艺术,更是一个地区历史文化的宝贵凝结。[①] 林徽因、梁思成曾在其《平角建筑杂录》中写道:“无论哪一个巍峨的古城楼,或一角倾颓的蓂基的灵魂里,无形中都在诉说,乃至于歌唱,时间上漫不可信的变迁;有温雅的儿女佳话,到流血成渠的杀戮。”[②]而后现代式的机械性、简单化复制或照搬照抄,都是文化不自信和不负责任的表现。[③]

5. 城市公共产品设计

5.1 公共产品设计更需要点睛之笔

2014 年 3 月 18 日,联合国教科文组织创意城市网络 2013 深圳创意设计新锐奖的优秀作品展在华侨城的华·美术馆开幕,来自全球 16 个城市的年轻设计师通过近百件作品展现了其设计探索。有意思的是,在这些作品中,对公共设施的设计占了相当大一部分,如何在公共空间内注入设计能量以提升人们生活品质,也成为本次展览延伸出来的热点话题。[④]

近年来的国内设计界也在反思类似问题:我们的设计不应该仅仅停留在美化阶段,而应该以设计为手段提升生活品质,或是给人们带去一种良好的生活方式。其中我们所处的城市环境便是最需要设计力量的地方。深圳是中国领先的宜居城市,公共产品的设计需求极为强大:自助图书馆、公共自行车系统、爱心雨伞供应点等。除了需要政策的力挺、设计力量的参与外,还需要民众的分享,后续的维护等等,这些都已经超过了设计行为本身,进入“社会大设计”的范畴。[⑤]

5.2 城市公共艺术品增加

城市公共空间的美化能够提升城市形象,提高公众艺术欣赏力以及幸福感,也体现了公众与所在城市的互动。近年来,城市公共艺术品数量增加,2013 年间,深圳、珠海等城市开始让艺术品走进人们的身边,“水湾 1979”与中央美术学院牵头的“千里之行”延伸项目——“《践行》艺术计划”结合,邀请艺术家在深圳开展公共空间的美学实践,开始打造艺术社区[⑥];珠海市将于 2013 年 12 月 28 日至 2014 年 3 月 20 日举办 2013 珠海公共艺术城市空间站活动,场地是在珠海市情侣路经拱北口岸至横琴大桥沿线的公共空地,其主题为“可观的未来”,珠海拟借这

① 《山寨洋建筑折射文化不自信》,中国文化传媒网 2013 年 6 月 9 日。

② 梁思成、林徽因:《梁思成、林徽因讲建筑》,湖南大学出版社 2009 年版,第 97—98 页。

③ 《山寨洋建筑折射文化不自信》,中国文化传媒网 2013 年 6 月 9 日。

④ 《深圳创意设计新锐奖 18 日颁奖》,深圳信息港 2014 年 3 月 17 日。

⑤ 《公共产品设计更需要点睛之笔》,中国新闻网 2013 年 3 月 19 日。

⑥ 《王宁:2013 之公共雕塑》,雅昌网 2013 年 1 月 30 日。

次活动为契机，提升珠海的城市品位和文化软实力[①]；杭州联合中国美院打造“城市纽扣”，为城市窨井盖设计图案。拱墅区城管局市政园林管理所计划在2013年12月26日前将主要对董家路、灯彩街、潮王路、香积寺路、绍兴路、教工路6条道路人行道上的市政雨、污检查井盖进行窨井盖图案美化及更换试点工作，整个工程共更换美化窨井盖73套。[②]

5.3 公共文化设施建设受到重视，但也出现盲目跟风现象

随着文化事业的大力发展，各地都开始重视文化场所的建设。根据各地上报的2013年第二季度地市级公共文化设施建设情况调查数据显示，截至2013年6月30日，纳入“十二五”规划《全国地市级公共文化设施建设规划》的532个地市级公共图书馆、文化馆和博物馆建设项目中，已开工建设项目165个，占规划项目总数的31.0%，分别比2013年第一季度底增加了9个和1.7个百分点；未开工建设项目367个，占69.0%。其中已经启动前期准备工作的项目149个，占规划项目总数的28.0%。[③]

西安是中国历史上建都时间最长的城市。这使得西安有着深厚的文化积淀和富饶的文化古迹资源。保护好这些珍贵的文化遗产是西安市长久以来的重要工作。至2013年底，西安市已实现百座博物馆的建设布标，已基本形成了以国有博物馆为主导、行业博物馆为骨干、民营博物馆为补充，各种所有制并举、门类新颖齐全的博物馆事业发展格局，[④]为我国历史文化的保护工作做出了重要贡献。但有些城市博物馆建设也出现了盲目跟风、超前建设现象，重建筑轻功能、重建设轻运营的“两重两轻”问题，馆藏文物保护现状不容乐观。[⑤] 相关专家认为，我国博物馆建设盲目超前、攀高比大的现象比较突出，且这种趋势还在从国家级馆和省级馆向地市级馆蔓延。“比如，温州建了一个2万多平方米的博物馆，宁波建了一个3万多平方米的博物馆，无锡现在又建了一个7万多平方米的，比很多省馆都大，而且都是上亿元的巨额投资。”很多博物馆设计达不到这样的境界，既成为不了地标，也没达成内部空间合理化，结果造成巨大的浪费。[⑥]

5.4 公共物品建设与设计的人文关怀缺失

（1）盲道设计的不合理

盲道建设是衡量一个城市文明程度的指标之一。但我国很多城市的盲道有

① 《珠海举办公共艺术城市空间站打造公共艺术之都》，深圳商报2013年9月8日。
② 《杭州给窨井盖穿“潮服” 打造最炫“城市纽扣”》，中新网2013年12月25日。
③ 《全国地市级公共文化设施建设进度情况》，中华人民共和国文化部财务司网站2013年7月31日。
④ 《西安市文物局：西安2013年实现百座博物馆建设目标》，陕西文化产业网2013年1月14日。
⑤ 《博物馆建设热的冷观察：盲目跟风超前建设浪费严重》，网易财经频道2013年5月20日。
⑥ 《透视博物馆建设热：盲目跟风超前建设浪费严重》，中新网2013年5月20日。

的被车辆占用、有的直通下水有的被电线杆或电话亭截断，有的设计成弯弯曲曲状，直接导致盲人根本不敢走盲道，盲道有名无实。从总量上来说，我国的盲道铺设已走在世界前列，以北京为例，至2013年，盲道近1600公里，总长度等于从北京到长勺的距离，但有量无质的现象接踵而至。盲道的建设多为政绩工程，很多地方政府仅在意盲道铺设的数量而忽略质量，在设计和铺设中不推行严谨的规划，“无障碍工程”成了“形象工程”。①

(2) 公共哺乳室的缺乏

目前，我国公共哺乳室及相应设施十分缺乏。这种公共设施的缺乏与城市中母乳妈妈的需求形成了一定矛盾。公共场所设置哺乳室是城市文明的标志，也是对女性权益的维护，以西方国家为例，在加拿大，几乎所有商家都会准备一个房间作为育婴室，几乎所有的女性公共洗手间里都配备了专门给婴儿换尿布的凹槽大平台。在法国，有公厕的地方几乎都能找到育婴室，无一例外。甚至在法国的高铁上，每节车厢之间都设有专门的育婴室。这应当是城市建设者应当考虑的问题。②

6. 关于城市环境生态文化设计

6.1 国家重视生态文明建设

2014年3月18日，中国生态文明研究与促进会在京发布2013年度中国生态文明建设十件大事，分别为：党的十八届三中全会要求紧紧围绕美丽中国建设深化生态文明体制改革；中共中央政治局就大力推进生态文明建设进行第六次集体学习；全国雾霾污染严重，国家积极推进大气污染防治行动；中央首次召开城镇化工作会议，对生态文明建设做出新部署；把生态文明建设纳入地方党政领导班子和领导干部政绩考核工作；国务院常务会议部署推进一批重大生态工程；中央批准生态建设示范区项目更名为生态文明建设示范区，生态文明建设示范创建活动进一步深化；生态文明法制建设不断加强；生态文明贵阳国际论坛、中国生态文明论坛相继召开；我国生态文明理念引起国际社会关注。③

2013年中国生态建设可圈可点的大事如下：④

(1) 我国统一发布PM2.5监测信息

环境保护部表示，自2013年1月1日起，公众可通过网络实时查询PM2.5、臭氧等监测信息。同时，国家环境空气质量监测网络各站点的监测数据除在各城市发布外，还会从国家层面进行统一发布。这一举措顶着“数据可能会难看”的压

① 《中國式盲道不幫盲》，香港成报网2013年年10月18日。

② 《设立专门哺乳室，体现社会人文关怀》，亲亲宝贝网2013年5月27日。

③ 《“2013年度中国生态文明建设十件大事”发布》，新华网2014年3月18日。

④ 张妍：《2013年中国生态建设印记》，《民主与法制时报》2014年1月6日。

力，将全国环境空气质量预报 PM2.5 标准纳入，使保障公众环境保护知情权迈出了新的一步，同时也凸显了我国直面污染现实、敢于接受监督的勇气，以及加快调整能源结构、淘汰落后产能、倒逼产业转型升级的决心。

（2）三类企业须投保环境污染强制险

2013 年 1 月 21 日，环保部与保监会联合制定了《关于开展环境污染强制责任保险试点工作的指导意见》，明确涉重金属企业、按地方有关规定已被纳入投保范围的企业、其他高环境风险企业 3 类企业必须强制投保社会环境污染强制责任险，否则将在环评、信贷等方面受到影响。运用保险工具，以社会化、市场化途径解决环境污染问题，有利于促使企业加强环境风险管理，减少污染事故发生；同时有利于迅速应对污染事故，及时补偿、有效保护污染受害者的权益。这种保险“模式”将有效遏制能源环境问题的持续恶化。

（3）六大重污染行业被限值排放

2013 年 2 月 19 日，环境保护部决定，对包括 47 个地级及以上城市在内的重点控制区，对火电、钢铁、石化、水泥、有色等重污染行业及燃煤工业锅炉的新建项目，火电、钢铁、石化工业以及燃煤工业锅炉的现有项目实施特别排放限值。尽管排放限值的实施短期内可能会增加企业的生产成本，但从长远看，其在促进经济发展方式转型、改善人民生存环境上的收益将更为可观。

（4）生态文明成全国两会热词

党的十八大报告首次将生态文明建设纳入中国特色社会主义建设“五位一体”的总体布局之中，并把“美丽中国”作为生态文明建设的宏伟目标。如何推动生态文明建设，打造“美丽中国”，在 2013 年的全国两会上，已成为代表委员们热议的话题。民众期待全国两会掀起“环境监管风暴”，从而带来更为严厉的监管措施和更加清洁的空气。民众的心声也正是代表委员们的呼声和责任。我们相信，通过凝聚智慧、真抓实干，我国的生态文明建设必将越来越好，“美丽中国”的目标也一定能实现。

（5）2013 年中华环保世纪行启动

2013 年 5 月 17 日，2013 年中华环保世纪行宣传活动启动仪式在京举行。宣传活动以“治理大气污染，改善空气质量”“保护饮用水源地，保障饮用水安全”和“大力推进可再生能源产业健康发展”为专题和重点。中华环保世纪行宣传活动开展多年来成效显著。然而，环境问题的解决、环境质量的改善往往不是一朝一夕之功，需要持续关注、持续建设。建议环保世纪行宣传活动继续通过密切跟踪、长期监督等方式促使各项整改措施落实到位。

（6）七部委联合开展“治排”专项行动

环境保护部、国家发改委、工信部、司法部、住房城乡建设部、工商总局和安全监管总局联合印发了《关于 2013 年开展整治违法排污企业保障群众健康环保专项行动的通知》，决定于 2013 年 5 月—11 月在全国组织开展整治违法排污企业、保障群众健康的环保专项行动。由于几乎所有的环境污染事件的源头都掺杂着诸多因素，因此利用当前政府机构改革之机，调整和优化环保执法体系，使“各自为战”转变为环保“拳头”，显然也是治污组合拳中的必要一环。

(7) 百亿元支持资源枯竭城市转型

据财政部网站 2013 年 7 月 3 日的消息，中央对地方资源枯竭城市转移支付总规模为 168 亿元，比 2012 年增长 5%。接受补助的地方政府可统筹安排此项资金，重点用于生态环境治理、城市基础设施建设、社会保障等领域。当前，许多资源枯竭型城市正在努力形成多元化产业，但受资金、人才、技术等因素制约，经济发展的内生动力不足，需外界支持才可走上良性发展的道路。上述转移支付政策的实施，无疑为资源枯竭型城市走出困境注入了一针强心剂。

(8) 我国规范突发环境事件损失评估

2013 年 8 月 2 日，环境保护部印发《突发环境事件应急处置阶段污染损害评估工作程序规定》，将“突发环境事件应急处置阶段污染损害评估”定义为“对突发环境事件应急处置期间造成的直接经济损失进行量化，评估其损害数额的活动”。其中直接经济损失包括人身损害、财产损害、应急处置费用以及应急处置阶段可以确定的其他直接经济损失。我国环境总体恶化的趋势尚未根本改变，一些地区污染排放严重超过环境容量，环境安全保障压力持续加大，突发环境事件高发频发。这一规定的出台，希望对相关事件的级别判定、损害评估，以及环境应急全过程管理的实现、环境管理的战略转型起到重要作用。

(9)《大气污染防治行动计划》发布

2013 年 9 月 12 日，国务院发布了《大气污染防治行动计划》，确定了 10 项具体措施，为当前和今后一段时期全国大气污染防治工作提供了行动指南，并设定了大气污染防治工作目标，计划经过 5 年努力，使全国空气质量总体改善，重污染天气较大幅度减少；京津冀、长三角、珠三角等区域空气质量明显好转。力争再用 5 年或更长时间，逐步消除重污染天气，全国空气质量明显改善。针对目前我国的大气环境状况，此前“十条举措”的出台，以及此次“史上最严”大气治理行动计划的发布，足见新一届中央政府在环境治理上的极端重视。

(10) 十八届三中全会重申生态文明建设

十八届三中全会审议并通过了《中共中央关于全面深化改革若干重大问题的决定》。全会公报提出，要紧紧围绕建设“美丽中国”，深化生态文明体制改革，加快建立生态文明制度，健全国土空间开发、资源节约利用、生态环境保护的体制机制，推动形成人与自然和谐发展的现代化建设新格局。建立系统完整的生态文明制度体系，健全自然资源资产产权制度和用途管制制度，将成为我国今后10年全面改革的重要内容。如此高频率地提及"生态环境保护"和"生态文明建设"，并提出"划定生态保护红线""深化生态文明体制改革""健全生态环境保护的体制机制""建立系统完整的生态文明制度体系""用制度保护生态环境"等一系列具体措施，足见党中央和新一届中央领导集体对生态环境保护的重视。这也预示着，中央政府下一步将采取更为有力、更行之有效的措施，切实解决这一事关经济社会可持续发展和人民生活质量的重大问题，以确保"美丽中国"梦的如期实现。

6.2　各城市对"生态""人文""经济"和谐发展的逐渐重视

近年来我国对生态城市建设愈加重视，许多城市也开始注重公园绿地建设。许昌市至2013年年底每位市民已拥有8.5平方米的公园绿地。泉州市更是完成植树造林总面积31.18万亩，中心市区建成区绿化覆盖率达到42.5%，人均公园绿地面积为13.9平方米。使得泉州城市、县城空气质量达到国家Ⅱ级标准。[①] 天津市、山东省德州市等许多城市也都在2013年新建了多处公园绿地，为改善城市空气质量做出了较大努力。

地处南京市西北部，核心区范围约27.5平方公里的浦口新城建设在2013年吸引了人们的目光。新城枕山臂江，自然资源丰富，人文底蕴深厚，拥有"江、湖、泉、山、林、苇"优越的自然条件，呈"北部山体、中部丘陵、南部水网平原"地形特点，是南京最能充分体现"山、城、江"生态格局的黄金宝地。新城的开发建设将立足高起点、高品位、高标准，按照"依山面江、带状组团"的空间拓展态势，遵循显"山"露"水"、营"城"造"市"的理念，尊重和合理利用山水资源，延续"山—城—江"脉络，合理布局新城功能区，展现"山水相连""依山傍水""江山一体"的城市魅力，彰显山水滨江新城特色。新城重点打造"一核、两轴、三带、四片"。"一核"即在中央公共活动中心区打造万里长江第一广场；"两轴"即总长度10里、面积约2300亩的中央绿道和连接主城的总部大道；"三带"即滨江休闲景观带、七里河商业休闲带、城南河文化休闲带，构成与江南呼应的"北秦淮"风光带；"四片"即珍珠泉片区、核心片区、城南河片区、三桥片区。[②]

6.3　城市生态环境建设存在的问题

2013年6月20日，《生态城市绿皮书中国生态城市建设发展报告(2013)》发布。专家指出：创建生态城市，是生态文明的重要实现途径和具体表现形式。中国社科院学部委员李景源教授强调，不是绿化了就生态了，节约才是生态；生态城市是一种文明而不仅仅是种树。生态城市的文化建设应包括如下内容：一是城市

① 《泉州中心市区2013年人均公园绿地面积13.9平方米》，泉州网2014年3月31日。
② 《浦口新城一座"人文、生态、宜居"的现代化滨江城市》，浦口新城网2013年12月6日。

领导人要有高尚的精神文化追求，市民有比较高的思想道德和科学文化素质，城市政府要有促进文化繁荣的政策措施、较好的机制体制保障；二是城市有比较完善的科普教育文化设施；三是有比较发达的文化事业和产业；四是文物古迹和文化遗产得到较好的保护和传承，这既包括对物质文化遗产的保护，也包括对非物质文化遗产的保护。专家们指出我国生态城市发展中存在以下问题需要高度重视：

生态城市发展战略的研究缺乏高度。目前，中国对生态城市发展战略的研究还处于相对较低的水平。很多城市提出的发展战略基本雷同，其结果只能是重复建设，造成资源的浪费和环境的破坏。一些城市的发展战略没有充分体现生态和环境优先的原则。有的城市则过分强调了某一个方面，如植树种草、环境保护或旅游开发，而忽视了社会、经济和人文等因素。

系统的生态城市规划和政策体系尚未形成。目前，我国生态城市建设规划与生态城市建设的保障措施明显缺乏。实践中，大中城市各类开发区、大学城、科技园、软件园、旅游度假村等独立规划的现象给城市的健康持续发展埋下了隐患，使当前中国建设低碳生态城市陷入了循环困境：一方面，地方政府没有经验，寄希望于中央的政策文件指导，以向中央取经；另一方面，国家同样没有经验，寄希望于通过地方实施，以观地方试点经验。受困于经验的缺乏，城市低碳发展政策结构趋于零散性和尝试性。从低碳发展政策来说，处于探索阶段的城市低碳发展政策实施出现了政策价值认定片面化、政策结构不合理、政策执行功利化及政策评估结果不透明等一系列误区。

生态城市政策法律体系不够健全。尽管中国现已初步形成包括宪法、法律以及相应的行政法规、规章和地方性法规所构成的保障城市生态化建设的法律法规体系，但与国外较完善、成熟的规范城市生态化建设的法制相比，中国的相关立法还处于较低层次，某些法律、法规有待制定和颁布。国外立法将可持续发展、尊重生态规律、预防污染、污染者负担、污染物综合控制，尤其是公众参与、经济发展与生态保护综合决策等原则全部纳入立法中，而中国并没有完全纳入。如土壤污染、化学物质污染、生态保护、遗传资源、生物安全、臭氧层保护、环境损害赔偿、污染责任保险和环境监测等方面的法律法规，有关清洁生产方面的法规、有关重点区域生态整治的法律法规、有关资源保护再生的法律、有关环境保护基金的法律等专项立法都有待建立与完善。尽管中国绝大多数地级以上城市都把“生态城市”作为建设目标，但缺乏类似于《生态城市促进法》的生态城市建设综合立法。而现有的与生态城市建设有关的法律法规只针对一般城市建设所设。例如《环境保护法》只规定“政府对环境质量负责”，但哪个具体部门来执行，哪个具体部门来监督，出现管理重合之处应怎样划清界限这一系列问题都需要制定相应的细则。

《可再生能源法》确立了国家实行可再生能源发电全额保障性收购制度，但由于缺乏相应的法律规范，全额保障性收购不能得到很好的贯彻执行。同时一些法律条款与生态城市建设的宗旨相背离，如中国《循环经济促进法》明确规定，国家鼓励和支持农作物秸秆的综合利用，但从农田的可持续利用角度考虑，农作物秸秆应当尽可能还田，而不是利用。

生态城市建设的配套法规制度缺失。当前开展生态城市实践的大部分城市没有就生态城市建设制定相关的配套法律法规，缺乏对生态城市建设的制度保障。国外生态城市的建设从国家层面到地方层面都对生态城市建设的立法工作极为重视。比如：通过立法，为生态城市建立了一套绿色（或生态）法律保障体系，包括绿色秩序制度、生态激励制度、绿色社会制度等。因此，中国生态城市建设过程中的法制建设亟待加强，从生态规划、生态投融资、生态城市建设和机制保障等方面制定相关法律法规。

行政执法不力。这表现在三个方面：一是组织管理体制不健全。生态城市的建设工作涉及多个管理机构，应由各部门协同参与。因此，建立综合的生态城市建设管理部门，将有利于有效地保证国家、省、市政策法规的贯彻执行。二是行政执法制度不完善。中国对行政执法制度的规定散见于各单项的法律、法规之中，既不统一，又不明确，给执法造成了混乱。三是执法监督机制不健全。由于受以行政权力为中心的政治传统及其他因素的影响，在执法实践中，监督机构并不能完全起到作用。可见，要确保生态城市建设顺利进行，光有目前这些法律法规还不够，还必须针对各地的特殊实际需要，完善健全相关的法律法规体系。①

7. 关于城市节事庆典活动设计

节事活动可以扩大举办国（地）的影响，提高举办城市的知名度，促进举办城市的市政建设，吸引旅游者，给举办城市的旅游业、餐饮业、商业服务业带来商机。节事活动彰显的特色文化和艺术魅力，是举办地精神文明的重要体现。我国是节庆大国，每年举办的节事活动有近万个。各种节庆活动相互交融，传统、民族、宗教节庆活动与时俱进，不断创新，现代节庆活动也吸取了许多传统、民族因素。法定节庆活动也在不断寻找独特内容和表现形式来充实自己。

7.1　节庆活动走向“务实”“节俭”

过去很长一段时间，我们的节会庆典，盲目追求大投入、大制作、大手笔。一些地方官员更是把活动作为一次腐败的机会，利用节会活动多，繁杂的特点，巧立名目、损公肥私，一时间各地节日如雨后春笋，各种千奇百怪的节日应运而生。一些心有杂念的官员以办好节会为名，名正言顺地大手花钱，而花多少钱则缺乏监

---

① 《社科院2013年〈生态城市绿皮书〉发布会》，中国网2013年6月20日。

督和约束，于是节庆活动就成为挥霍浪费公款一个巨大的漏斗，成为某些地方官员大肆鲸吞公款的节日盛宴。2013年，我国各地节庆活动在中央狠刹“四风”、要求厉行节约的大背景下，掀起“务实风”“节俭风”。5月10日，“兰州桃花旅游节”迎来“而立之年”。在兰州市安宁区旅游景区仁寿山广场，没有红地毯，没有鲜花礼炮，没有“大腕”出席，只有镂空桃花图案装饰的简朴舞台，但前来参会的群众仍然是热情高涨，将现场围得水泄不通。同时甘肃省其他的几个大型的节庆活动也都摒弃“大操大办”。如皋兰县“什川梨花旅游节”索性取消了开幕发布仪式，由园区企业自发组织活动，期间古梨树吉尼斯授牌暨皋兰与英国康沃尔郡友好城邦缔结仪式、华美达五星级酒店项目签约活动等依然有序进行，没有邀请领导和宾客，也没有安排庆祝宴会。在同样“以花兴会”的永登县，“中国玫瑰之乡永登苦水旅游节”也参照安宁区和皋兰县的模式，节俭办会，节约成本。①

7.2 节庆活动存在的问题

节庆活动的确是打造一个地方文化品牌、提升一座城市总体形象、搞活一方地域经济的方法之一。但是大部分节庆旅游活动是亏本的，投入与收入是不成比例的，很多纯属主办者的自娱自乐。我国目前众多的节庆活动存在问题主要如下：

一是太多太滥，全国每年有1万多个节庆，中国人每天过30个节；

二是缺乏创意，樱桃节、葡萄节、猕猴桃节、水蜜桃节，节节雷同；

三是脱离群众，节庆与广大群众脱“节”，成为官员和精英的聚会；

四是过于功利，对节庆活动经济效益的期望值太大。②

7.3 节庆并非地区经济发展的“万能膏药”

办一场隆重的节庆，让一个地方快速“冒尖”，乍一看是个好办法，似乎能激活一个地方的巨大潜能，盘活闲置资源，但在实践中可谓“几家欢喜几家愁”。以上海郊区的节庆为例，有大获成功的，更有昙花一现、得不偿失的，且后者居多。成功者如浦东新区的桃花节，不仅使当地旅游经济得到蓬勃发展，还打开了浦东农产品的销路，如今成为上海郊区乡村游的知名品牌。而更多的节庆，似乎只是一办了之，几天热闹之后，并没有留下什么，至多成为有关部门年终总结中的一大“政绩”。还有的节庆，几个地方重复办，不讲错位竞争，既令市民游客犯糊涂，当然也不能打响地区品牌。所以办节也需要进行后期评估，算一算投入产出比，看看到底为地方留下什么。单个一场节庆，实际上大多数是亏的，关键要看有没有“捆绑式开发”。当地还需要整合各类资源，全面对接节庆这辆已趋动的“马车”。

① 《甘肃市县节庆活动劲刮“节俭风”》，新华网2013年5月10日。

② 武旭峰：《让节庆活动回归民间》，南方日报数字报2013年11月7日。

比如奉贤区庄行镇，原本只是个默默无闻的远郊小镇，近几年却声名鹊起，形成包括菜花节、伏羊节、新米节、民俗节在内的四季节庆，硬是把一批又一批市民游客吸引了过去。在办节的背后，当地下了许多功夫，不仅打造出了一系列乡村景点，还挖掘出了土布制作工艺、伏羊饮食等文化资源，兴建一批乡村酒店，逐渐成为了乡村游的集聚区。①

8. 关于城市品牌传播文化设计

近几年，全国各地逐渐开始建设历史文化名城，开始为地方戏申请"非物质文化遗产"，开始将著名的歌曲注册为城市的"市歌"，还开始城市精神的提炼和推广，并拍摄城市宣传片在中央电视台和各种传播平台上播出。文化软实力、城市综合竞争力等概念逐渐成为城市主要领导在各种重要会议上的讲话的关键词。毋庸置疑，城市品牌的凝聚力、吸引力、和辐射力集结起来会大大增强城市的竞争力，因此，城市品牌无疑是一笔巨大的无形资产，拥有巨大的价值。2013 年，各个城市在快马加鞭地推进城市品牌传播的力度，塑造良好的城市形象。

8.1　从简单的城市形象宣传片到城市形象系统的建立

（1）武汉举办系列活动持续致力于城市品牌建设

2013 年武汉市积极推进城市形象主题口号和标识的宣传推广，拍摄制作系列武汉城市旅游形象宣传片及武汉城市招商形象宣传片；举办"中国 · 武汉微电影大赛"，展播和评选优秀微电影作品以及组织微电影交易、举办颁奖典礼，打造在国内最具影响力的文化品牌；建立全国性的电影交易平台，积极促成北京电影学院电影培训基地落户武汉，推进武汉影视文化产业化、规范化、国际化建设。组织举办"2013 亚洲城市论坛——全媒体时代城市媒体发展战略"高峰论坛，围绕城市媒体发展战略和城市形象宣传主题，邀请国内外主流媒体负责人、传媒界和城市营销领域知名专家学者进行研讨交流，为武汉市媒体发展和城市形象宣传工作提供智力支持。

另外，武汉市还将于 2013 年 5 月在美国洛杉矶举办"美国 · 中国武汉文化周"海外推介会暨武汉专题片开播典礼等系列对外活动，通过凤凰卫视向全球推广武汉城市形象，扩大武汉在海外的知名度和影响力；开展"热爱武汉"主题活动，向从武汉高校毕业的大学生、研究生颁发武汉 Logo 纪念章和证书。在权威媒体上开设"我的大学 · 我的城"专栏，邀请他们写一段在武汉求学的美好记忆，记一段与武汉难忘的情缘等，在此基础上开展评选"百名热爱武汉的使者"活动，使他们成为传播武汉城市形象的使者。②

① 《节庆并非地区经济发展一剂"万能膏药"》，万景会展网 2011 年 8 月 17 日。
② 《2013 年武汉 6 大活动推进城市形象宣传工作》，长江网 2013 年 3 月 4 日。

(2) 贵阳发布 5 项系列外宣产品

2013 年 7 月 16 日,贵阳市召开新闻发布会,对外发布包括贵阳新版城市宣传片、《贵阳故事》城市纪录片、《天下贵阳》航拍手册、《中国城记 · 爽爽的贵阳》及《贵阳打造避暑城市形象品牌实践报告》在内的 5 项外宣产品。新的贵阳城市旅游宣传片摒弃了传统宣传片对景点简单的串联的方式,着重体现了各地游客在贵阳这座城市感悟到的真情实感和人文气息,从不同的角度,用不同的方式体验贵阳,了解贵阳,爱上贵阳。宣传片通过综合篇、旅游篇、商务篇的故事穿插叙述,大大增强了影片的趣味性、可看性和体现性。①

8.2 重视城市品牌的文化建设

(1) 上海致力于全球文化强市行列

2013 年,上海为进一步丰富城市文化内涵,增加城市人文气息,加快上海进入全球文化强市行列,下发了《关于营造上海城市文化氛围方案》和《营造上海城市文化氛围三年行动计划》。根据《方案》和《行动计划》,上海营造城市文化氛围的活动将分 10 类、100 余个项目展开,主要有发展广场绿地文化,在城市重点广场绿地等公共区域举办春之声、夏之魅、秋之恋、冬之韵四季音乐会;开展文化进地铁,开辟地铁文化长廊,利用地铁空间举办艺术作品展览和小型音乐会、植入壁画和雕塑等文化元素;将美术、演艺、非遗、群文展示、展览和展演活动融入七大商圈;依托繁华城区集中培育一批收藏艺术、平民艺术、学生艺术集市;在重点城区的步行街、景观道路、开放式广场绿地等人流聚集区,有条件地开展街头艺术表演试点并逐步推广,同时开展上海街头艺人表演立法调研。此外,此项工作还包括设置并利用中华艺术宫等若干户外大屏幕,创办上海市民影像艺术节;推动全市影院公益文化类宣传片放映,在主要城区、农民工居住区、旅游景点建立露天电影公益放映网点;推动环人民广场若干规模不等、错落有致的剧场群建设,推动博物馆典藏精品进入浦东、虹桥国际机场,举办贯穿全年、覆盖全市、面向百姓的上海市民文化节,实现文化成果百姓共享。②

(2) 宜昌高度重视非物质文化遗产的保护与传承

宜昌市作为全国首批民族民间文化保护工程综合性试点城市,高度重视非物质文化遗产保护和传承,多年来始终坚持"保护为主、抢救第一、合理利用、传承发展"的方针,科学保护与利用非遗文化资源,进一步提升了城市文化品位,丰富了城市文化内涵。

面对当前非物质文化遗产资源难以保存、快速消失的现状,宜昌市在非遗抢

① 《贵阳发布 2013 新版城市宣传片等 5 项系列外宣产品》,新华网 2013 年 7 月 16 日。

② 《上海大力营造城市文化氛围丰富城市文化内涵》,人民网 2013 年 2 月 26 日。

保过程中,放弃过去手记笔录的传统办法,充分利用录音、录像、摄影、光盘等科技手段,将民间艺人口头传授和文书档案记载的民间故事、民间歌曲、民间音乐、民间美术等作品拍录成音像资料,原样原貌、原汁原味地保存起来。

在文化资源发掘上,实现从低俗型向高雅型发展。民间文化来源于广大人民群众的生产生活实践,受社会文化风尚、群众文化素质的影响,再加上缺少加工提炼,以及流传中的扭曲变异,往往存在精芜相杂、瑕瑜互见的现象,思想上、艺术上难免带有一定的局限性。宜昌市在发掘非遗资源时坚持去粗取精,重点保留积极健康、志趣高雅的元素,着力彰显民间文化的先进性。同时充分尊重民间文化艺术口传心授活态传承规律,设立了"优秀民间艺人奖""带徒传艺奖""学艺有成奖",在全市先后举办了7次"民间艺术师徒大赛",对优秀师傅和优秀徒弟给予奖励,鼓励支持非遗中个体性传承方式。同时,通过建立传承基地、课堂教学等方式,推动更多人学习民间文化技艺。宜昌市充分利用非遗资源大力发展文化事业,组织非遗项目文化惠民活动,进一步丰富了群众文化生活。同时积极探索发展文化产业的新途径,大力推进"历史文物成景点,非遗文化进景区",以三游洞、屈原祠等景区为重点,运用现代传播手段再现历史记忆,以三峡人家、清江画廊、车溪等景区为重点,建设非物质文化遗产传承和展示基地,整理、创编、研发非物质文化遗产产品、演艺节目、旅游商品,有力地推动了文化旅游业加快发展。在非物质文化遗产传承人的带动下,部分手工技艺转化为文化产品走向市场,采花毛尖、三峡奇石、步步升布鞋等实现产业化、规模化发展,如入选省级非物质文化遗产名录的采花毛尖年产值上亿元,带动五峰及周边地区茶农10余万户,昔日传统制茶手工艺如今变成富民大产业。①

8.3 通过举行大型活动助推城市品牌建设

(1) 成都2013年举办展会502个

得益于一系列国际会展活动的举办,成都已从一个西部内陆城市一跃成为广泛参与国际交流合作、越来越受国际关注的重要城市。在2013年,财富论坛、华商大会等100余个国际会展活动的举办,强有力地助推了成都的城市品牌营销,成都的国际知名度和影响力获得显著提升。

成都市统计局数据显示,2013年成都共举办重大展会活动502个,其中国际性展览53个,较上年增加15个,同比增长39.5%;国际性会议论坛104个,增加28个,同比增长36.8%。一批首次进入中西部,甚至首次走进中国的重量级国际会展项目落户成都并成功举办,为成都带来了众多外宾、外企和外资,也为成都赢得了更多的国际聚焦。财富论坛和华商大会的举办是成都城市和会展业国际化

① 廖达风:《保护非遗文化资源丰富城市文化内涵》,《光明日报》2013年10月2日。

进程中最具影响力的大事件。财富论坛吸引了 100 余家世界 500 强企业参会,全球 600 多位政商领袖出席;论坛期间成都共签约世界 500 强企业和知名跨国公司投资项目 74 个,投资总额 1120 亿元。华商大会吸引全球 105 个国家和地区的 3000 余名华商参会;共签约合作项目 241 个,总投资额 1323 亿元。不仅如此,2013 年成都还举办了第十四届中国西部国际博览会、第 21 届国际核工程大会、第 35 届国际水力学大会、2013 年亚洲教育论坛年会、2013 年 PATA 旅游交易会等多个国际知名会展项目。①

（2）天津举办多场有影响力的会议与展览

2013 年由天津市政府主办的活动有:中国·天津第二十届投资贸易洽谈会暨第九届 PECC 国际贸易投资博览会、第七届中国企业国际融资洽谈会——科技国际融资洽谈会、2013 年全国职业院校技能大赛、第六届津台投资合作洽谈会暨 2013 天津·台湾名品博览会、第五届中国·天津华侨华人创业发展洽谈会暨第三届海外天津人联谊大会、2013 中国旅游产业博览会、2013 中国国际新闻出版技术装备博览会、2013(第十五届)中国国际矿业大会、2013 中国国际石油化工大会等。其中"中国(天津滨海)国际生态城市论坛暨博览会"每年举办一次,2013 年为第四届,"2013 国际生物经济大会""第二届中国·天津国际直升机博览会""第十三届中国(天津)信息技术博览会"等展会均为隔年举办。此外中美省州长论坛、第六届东亚运动会、2013 国际脱盐协会世界大会三项活动均为首次在津举办。

（3）中小城市纷纷拍出城市形象宣传片

近年来,在央视播出的大量城市形象宣传片以强烈的视觉冲击力和影像震撼力、说服力,树立起"美丽中国"大中小城市多姿多彩的形象,展现了它们不同的地域文化特色,具有极高的艺术和唯美表现。"好客山东欢迎您""江西风景独好""多彩贵州"等多个系列、数十座城市的形象片,博得了观众的喝彩,也吸引了国内外无数游客。

山西晋城

为进一步提升城市形象,繁荣旅游市场,展示"国际花园城市"的独特魅力,晋城市重拳出击,在 2013 年中央电视台多个黄金时段全年投放城市形象广告。"晋善晋美·尽在晋城"的旅游品牌效应将在全国范围得到进一步彰显。

河南南阳

自 2013 年国庆节起,南阳城市形象宣传片正式在中央电视台及北京地铁、公交移动电视和楼宇电视面向海内外观众播出。进一步宣传推介南阳,叫响"文化南阳""生态南阳""南水北调中线渠首"等城市品牌,对扩大南阳在海内外的影响

---

① 《【会展】助推城市品牌营销,2013 年成都举办展会 502 个》,会展在线网 2014 年 1 月 13 日。

力和美誉度将发挥积极的作用。

安徽蚌埠

2013 年 12 月，蚌埠推出 5D 城市形象宣传片《蚌埠印象》，宣传片以蚌埠的历史故事为背景，贯穿各个阶段文化、经济和地理标志，展现了蚌埠的发展与变迁。该片较多地融入本地新兴的产业发展元素、发达的商贸元素、独特的民俗文化和时代风尚，结合先进科技，全面反映了蚌埠的特质、特色、品味，充分体现了蚌埠的“精气神”。[①]

二、2013 年中国城市设计突出特点

1. 继“美丽中国”理念进入 18 大报告之后，2013 年《国家新型城镇化规划》出台，城市规划设计进入新阶段

以城市规划的眼光来看，新型城镇化主要有以下三种转变：

第一，规划理念的转变。要从工业文明时代“效率优先”转变到生态文明时代的“以人为本”，强调了城市规划设计的多元化、综合性与特色化。

第二，城市规划设计更强调大中小城市的协调、协作发展。走多元化的城镇化路径呼之欲出。

第三，城市公共空间逐渐成为衡量城市整体建设水平的重要标志。随着中国新型城镇化的不断发展，注重环境保护和生态平衡，追求回归自然，已成为新型城镇化的重要特征。因此城市公共空间逐渐成为衡量城市整体建设水平的重要标志，其建设和发展也成为城市规划与建设的关键问题和人们关注的热点。创造回归自然的完美的城市公共空间和人居环境，提高人类生存质量，进而达到诗意般的安居环境，找回城市中失落空间，让城市更有生机和活力，也是新型城镇化下对城市公共空间设计的要求和诠释。

城市公共空间的构成要素种类多，形态异，分布广，包括街道、广场、公园、绿地、运动场等，是城市物质环境巨系统中重要的分系统。为了使这一系统更好地强化其城市功能，必须在整体上，从宏观、中观和微观三方面把握好公共空间系统的规划与建设。首先，要注重城市公共空间系统的可持续发展，不仅要从城市结构方面做好整体的战略性空间规划，还要从邻里、社区、街区级到地区、城市级做好各层级的公共空间的规划，实现公共空间的系统化和网络化；其次，考虑城市的地域文脉特色和注重场所精神的营造，一个城市的文化不断积淀，必然构成该城市传统公共空间的特色内涵，好的城市公共空间环境景观可以成为沟通现代和历史的一个桥梁，唤起人们对历史的追忆和感知，成为传承历史文化的一个重要载

① 《蚌埠首部 5D 城市形象宣传片出炉》，《安徽新闻》，中安在线网 2013 年 12 月 9 日。

体。最后,公共空间的设计必须要注重生态化,将环境友好、生态优先的战略原则贯彻到城市公共空间建设的始终。①

2. 中国几大城市群发展受到关注,规划设计进入新阶段

2.1 我国城市群已形成一定的规模

目前我国已经形成了 10 个城市群,分别是京津冀、长三角、珠三角三个国家级城市群,以及七个已经形成一定规模的城市群,包括辽中南、山东半岛、海峡西岸、中原、长江中游、关中、川渝城市群。按照发改委的目标,下一步京津冀、长江三角洲和珠江三角洲城市群将向世界级城市群发展,在更高层次参与国际合作和竞争。另外再打造哈长、呼包鄂榆、太原、宁夏沿黄、江淮、北部湾、黔中、滇中、兰西、乌昌石等 10 个区域性城市群。上述已经形成的 10 个城市群并非全部集中于沿海,其中东部地区 5 个,东北地区 1 个,中部地区 2 个,西部地区 2 个。据统计,这 10 个城市群面积占全国 960 万平方公里的 10%,人口占全国人口的 39.44%,GDP 占全国的 67.68%。②

2.2 我国城市群发展仍处于初期阶段,问题较多

首先,目前我国城市群的发展发展模式仍呈现简单化和粗放型的特点,即内涵上的简单化和形态上的粗放型。从内涵上讲,理想的城市群发展模式,应该包括空间上合理拓展、经济上均衡增长、管理体制上综合创新三个方面,当前我国城市群的发展模式往往只偏重一个方面尤其是空间上的拓展。与内涵上的简单化相联系的是形态上的粗放型。

为在长远上解决这一问题,其一应精细规划。目前我国城市群的规划不同程度地存在粗放简陋、相互因袭和大而无当等问题,不仅直接导致发展理念、发展路径的混乱,也带来城市群产业结构与空间形态的同质竞争。事实上,城市群的规划应基于自身独特的区位优势和资源条件,力求精细和专业,符合城市群内在发展需要。在规划上,应摒弃浮华、回归理性,不能沉溺于“眼球效应”,从玩弄概念转向求真务实。其二应提高效率。在度过了早期相对比较无序的阶段后,当前我国城市群的发展应更加注重效率、内涵和质量,改变过去“摊大饼”式的模式,以加强内部管理、调整产业结构、转变增长方式为主要手段,科学处理城市区域与非城市区域的关系,综合考虑经济、交通之外的其他城市要素,提高城市群发展的效率。

其次,区域合作尚处于“浅表合作阶段”。近年来,我国各城市群在推进区域一体化和协同发展上不断取得共识,相关政策与制度措施不断推出。但总体上

① 《新型城镇化下的城市公共空间设计》,中国建设报数字版 2014 年 3 月 12 日。
② 《多地竞逐城市群指标两区域城市群或升级》,南都网 2013 年 6 月 2 日。

看，各大城市群的区域合作尚处于浅层、表面的“浅表合作阶段”，有时甚至是“面和心不和”“明争暗斗”。像珠三角城市群由于基本上隶属于同一省级行政区，各种合作比较容易实现，而京津冀城市群、长三角城市群各种合作相对就比较难。

再次，我国城市群的环境污染问题比较突出。城市群由于集聚了更大规模的人口和经济活动，这个问题的严重性也就更加突出。像京津冀城市群，根据环境保护部发布的2013年5月空气质量状况数据看，其空气质量平均达标天数比例仅为27.4%，低于全国32.7个百分点。事实上，我国几大城市群均存在“先污染、后治理”的问题，在经济快速增长的同时环境污染的魔咒也越念越紧。

最后，我国城市群仍未能形成有效的文化融合。当前传统的以人口、经济和交通为支撑的城市群正在发生重大变化，“文化城市群”逐渐浮出水面。由文化资源、文化传统、文化发展水平等构建的城市生活方式，将在深层次上决定着一个城市群的兴衰。就我国几大城市群的形成而言，均不同程度地得益于其固有的文化底蕴和根基，如北方文化之于京津冀城市群、岭南文化之于珠三角城市群、江南文化之于长三角城市群。但目前在区域文化协调和联动上，做得比较好的是珠三角，文化为其区域一体化提供了内在支持。在京津冀和长三角，文化对区域一体化的贡献并不大。①

2.3 城市群规划要向科学的方向合力推进

城市群规划应成为我国区域规划系列中常态化的一种形式，其理念为“顶层设计、统筹谋划、城际合作、区域共赢”。自组织生成的“一群城市”才能真正提升为高质量的“城市群”自然离不开宏观规划管理。简单地说，城市群规划的理念就是如何通过顶层设计、统筹配置，扬城市群之长，避城市群之短。城市群规划必须科学认知城市群的基本特征。其一，城市群内部各城市之间要处理好关系。其二，如果发达的城市群地区与周边生态安全保障地区在社会经济发展水平方面存在较大的差距，往往矛盾就更加复杂，必须处理好城市群区域同相关区域之间的关系。其三，城市群是当今“流”空间的源和汇，即人流、物流、金融流、技术流、信息流等各种要素的汇集地和发出地，通过各种流在全国乃至全球发挥着城市群影响力和控制力，必须处理好城市群作为局部区域同其影响的大区域、全国乃至全球之间的关系。②

3. 智慧城市建设加快，设计构建进入新阶段；国家战略和相关代表性城市发展状况

2013年，“智慧城市”仍是个火爆的词汇。国家相关重大政策陆续出台，国家

① 《我国城市群发展面临的挑战》，《人民日报》2013年7月14日。
② 《城市群规划要科学》，《光明日报》2014年3月27日。

领导对智慧产业高度重视，各政府机构和社会组织的智慧城市试点活动、会议论坛层出不穷，相关标准体系建设有序推进，智慧城市建设投资日益高涨。

（1）国务院出台政策推进智慧城市建设

2013 年 8 月，国务院出台了《关于促进信息消费扩大内需的若干意见》，明确提出要加快智慧城市建设，并提出在有条件的城市开展智慧城市试点示范建设。未来，在促进公共信息资源共享和开发利用、实施"信息惠民"工程的同时，要加快智慧城市的建设，鼓励各类市场主体共同参与智慧城市建设。除此之外，工信部、国家发展改革委等八部委也联合起草《关于促进我国智慧城市健康发展的指导意见》的征求意见稿，旨在加强部际协调，推进智慧城市有序发展。

（2）住建部开展智慧城市试点工作

2013 年 1 月 29 日，住房和城乡建设部公布首批国家智慧城市试点共 90 个，其中地级市 37 个，区（县）50 个，镇 3 个。8 月 5 日，住建部公布 2013 年度国家智慧城市试点名单（第二批），确定了 103 个城市（区、县、镇）试点。12 月 13 日，住建部数字城市工程研究中心与微软中国共同宣布将组建"住房和城乡建设部数字城市工程中心智慧城市技术解决方案联合实验室"，共同打造中国未来城市智慧发展重要技术支撑平台。

（3）中欧城镇化伙伴关系论坛确定合作试点城市

2013 年 11 月 21 日，在由发改委、工信部联合主办的中欧城镇化伙伴关系论坛上，双方围绕智能、可持续城市发展的主题，确定了各自的 15 个试点城市，共同作为中欧智慧城市合作试点城市。至此，住建部，工信部，发改委，科技部等部委都涉及了智慧城市试点或相关工作。

（4）国家旅游局将 2014 年定为"智慧旅游年"

2013 年 11 月 5 日，国家旅游局发布了《关于印发 2014 中国旅游主题年宣传主题及宣传口号的通知》，"美丽中国之旅——2014 智慧旅游年"成为 2014 年旅游宣传主题。鼓励各地要结合旅游业发展方向，以智慧旅游为主题，引导智慧旅游城市、景区等旅游目的地建设，尤其要在智慧服务、智慧管理和智慧营销三方面加强旅游资源和产品的开发和整合。

（5）第三方机构积极推动智慧城市建设

2013 年 10 月 10 日，在工信部的指导支持下，中国智慧城市产业联盟在京成立。该联盟由中国电子商会、中国航天科工集团等国内百余家大中型企事业单位、研究机构发起并建立。至此中国与智慧城市相关的国家级联盟达到四个，分别是：中国智慧城市产业联盟、国家智慧城市产业技术创新战略联盟、中国智慧城市规划建设推进联盟、中国智慧城市发展促进工作联盟。此外，中国智慧科学研究院、中国智慧城市网、国脉互联智慧城市研究中心等门户和研究机构纷纷组建，工信部、住建部、发改委等下属的支撑机构、行业组织、标准制定机构等也都按照自身定位加快智慧城市布局，中国智慧城市建设的第三方推进力量愈加强大。

（6）金融资本青睐智慧城市建设

2013 年“智慧城市”概念在资本市场上引发了炒作热潮。例如住建部智慧城市试点启动后，A 股市场中包括互联网、智能电网、触摸屏在内的“智慧城市”相关概念板块均出现了逾 2% 的涨幅。4 月，继国开行提供不低于 800 亿元的投融资额度后，又有多家商业银行表示将支持智慧城市建设，相关投资超过 4400 亿元。根据目前的投资水平估算，“十二五”期间全国建设智慧城市的总投资规模将会达到 2 万亿元左右。

（7）智慧城市建设拉动产业快速发展

总体而言，智慧城市建设从两个方面拉动了产业的发展，通过基础信息网络、数据中心、云平台，社会应用服务系统建设，一方面是带动了软件和信息服务、云计算、物联网、电子信息制造、移动互联网等“智慧型产业”的发展，另一方面也带动了装备制造、农业、化工、机械加工等“传统行业智慧化”，为产业发展创造了巨大的需求市场。随着“智慧城市”基础设施的完善，包括智能交通、智能建筑、平安城市、电子政务、数字医疗等众多应用领域将受到带动，从而对云计算、物联网、安防、数据挖掘及处理等产业链上下游软硬件企业起到一定的促进作用。智慧城市不仅可以催生跨领域、融合性的新兴产业形态，还可以引发相关产业链的垂直整合。面对巨大的市场需求，使企业之间的合作不断深化与加强。预计智慧城市的发展将带来上万亿元的相关产业增加规模，这些产业伴随着智慧城市的推进而壮大，将成为我国经济长期增长的重要推动力量。

（8）智慧城市标准制定工作加速推进

2013 年，电子标准化研究院、住标委、电信研究院等部门纷纷加快部署智慧城市标准体系建设，出版了相关标准或报告。11 月，国际标准化组织（ISO/IEC JTC1）在全会中正式通过了我国提议成立“智慧城市研究组”的决议，并由工信部电子工业标准化研究院有关人员担任召集人和秘书，美国、法国、韩国、日本、加拿大、荷兰、德国、英国、新加坡均表示将积极参加研究组工作。此项决议的通过是我国在智慧城市国际标准化工作中的重要突破，对于建立我国在智慧城市国际标准领域的领导地位、促进国际国内智慧城市标准协调开展具有重要意义。

（9）国内外企业争相抢滩中国智慧城市规划和建设市场

智慧城市概念提出以来，国内外企业纷纷加强了在智慧城市领域的布局，抢滩智慧城市规划和建设市场。如 IBM 建立了智慧城市研究院，加快在全国布局，微软提出 CityNext（未来城市）的全球计划。除欧美跨国巨头之外，连日本 NEC 以及韩国 KT 等公司也纷纷瞄上了中国智慧城市市场。从国内情况来看，三大运营商纷纷提出智慧城市战略，抢滩顶层规划和建设市场，国内的太极、神州数码、文思海辉、中软等企业纷纷建立智慧城市研究院。软件和产品开发商、信息技术服务提供商、系统集成商、管道提供商、平台运维商纷纷抢滩智慧城市市场。加之各类研究机构、行业组织也纷纷布局智慧城市，智慧城市规划建设的竞争异常激烈。

（10）地方政府智慧城市建设如火如荼

2013 年，乘着智慧城市建设的东风，各地政府在各种智慧城市试点工作的引导下，按照政府主导、市场运作、设计参与的模式在全国范围内掀起了智慧城市建设的热潮。这里面既有宁波、上海、无锡、杭州、北京、深圳等东部城市和地区，也有像牡丹江、绵阳、广安、安阳、敦煌等中西部地区。2013 年 10 月 25—31 日于沪举办的“上海智慧城市体验周”让市民亲身感受、体验、了解到智慧城市的种种便捷。以厦门为例，其借助大数据、云计算以及互联网信息技术，建设了交通云、医疗云、教育云、移动互联网四朵云，为全市提供公共服务，有力支撑了“美丽厦门”和“幸福厦门”建设。在无锡，提出了“一个中心 + 三个平台 + N 个应用”的智慧城市建设架构，在智慧基础设施建设、智慧民生、智慧管理等方面的突出表现获得了智慧城市评估机构的连续垂青。同时中部城市安阳也提出以工业设计促进信息消费，带动智慧城市建设的思路。西部城市广安，建设了智慧广安门户网站，为小平 120 周年诞辰献礼。①

“智慧城市”建设过程中，各个城市应该从自身特色出发，照准智慧城市的切入点，做好顶层设计和运行规划，创新体制机制，保障信息安全，找到一条适合自身发展的智慧城市发展道路。“智慧城市”最早于 1999 年在 IBM 实验室出现。21 世纪是高科技的时代，信息技术高速运转，我们希望天资聪慧的“婴儿”在如此的环境中耳濡目染，探索与学习，一步一步成长，为城市与城市人造福。

4. 设计之都引领作用加强，发展进入新阶段

2004 年，联合国教科文组织创建全球创意城市网络，陆续在全球选择一批创意城市加入，并授予“设计之都”“音乐之都”等称号，旨在倡导和推动全球城市在不同创意文化领域的发展。

4.1 深圳

2003 年，深圳开始实施文化立市战略，并且提出把“两城一都一基地”（即图书馆之城、钢琴之城、设计之都和动漫基地）建设作为文化立市最主要的工作抓手。其中“设计之都”建设和教科文组织的倡导不谋而合。2008 年，深圳被批准加入全球创意城市网络，获得“设计之都”称号，这是我国也是发展中国家首个获得这一荣誉的城市。“设计之都”作为一个平台可以使深圳加入到国际一流创意

① 《盘点 2013 年智慧城市建设的那些大事》，新华网 2014 年 1 月 8 日。

城市俱乐部，在国际舞台上和顶尖创意城市交流、合作，既可以学到先进的思想和理念，又拓宽了创意产业的国际发展空间和市场，还可以通过这个平台，增强深圳对创意资本和人才的号召力、凝聚力，促进创意产业各要素向深圳聚集，促进创意产业更大的发展。另外，通过这个平台，将设计意识渗透到市民的日常生活中去，在市民中唤起普遍的创意觉悟，给广大市民提供发挥创意的空间，增强城市对持续创新的自信。

深圳把“设计之都”作为一个品牌来建设，使深圳跨入国际品牌城市行列，进一步增加深圳的先锋、时尚、创意的色彩，提高深圳的国际知名度和美誉度。同时也把“设计之都”城市发展的动力。推动深圳的自主创新和创意文化产业发展，使深圳在平面设计、工业设计、装饰设计等领域的实力得到认可，又将给深圳增添动力，不断推动深圳自主创新型城市建设和创意文化产业的发展，促进社会各界形成对创意带动城市发展，创意提高生活质量的共识。①

4.2 上海

2009 年 4 月，上海启动了加入联合国教科文组织“创意城市网络”的行动。2010 年 2 月 10 日，联合国教科文组织总干事依琳娜·博科娃发函，正式批准上海加入联合国教科文组织“创意城市网络”，成为“设计之都”。上海结合世博会的举办，把创意产业作为促进经济发展方式转变、产业结构调整、促进社会进步，提升城市文明的重要举措，进一步加强创意产业整体规划，大力发展设计产业和时尚产业，促进创意优秀人才和企业集聚。上海积极发挥上海国际大都市和长三角的资源优势，开展国内外交流与合作，为国内外创意企业和创意人才创造更多发展机会，以提升我国国际形象及将上海打造成为亚太地区创意中心城市。②

若以生物科学来比喻设计，“设计”是干细胞，具有再生各种组织器官的潜在功能，肩负着推动上海可持续发展的重任。2014 年新春，九木传盛邵隆图与王帅将流行语与设计结合，为南京路第一食品商店打造“吃货”的主题设计。类似“老字号”借助设计重焕新生案例在这几年屡试不爽，成功案例层出不穷，从化妆品、服装、生活用品到食品，涵盖诸多上海本地老品牌。实际上并非只有传统品牌需要设计再造，面对“新品牌”的塑造，新的商业空间再激活，设计才是真正的核心竞争力。事实上，2013 年上海围绕创意设计的国内外展览活动已超过 300 场，2014 年上海设计之都活动周（春季）系列活动中，以国际设计互动为核心的设计展也已超过 10 场。由于上海设计的能级与接纳度不断提高，到上海注册的国内外设计机构正不断增加，除国际独立设计机构在上海设立工作室外，部分跨国企业也将

① 《副市长闫小培介绍深圳申请“设计之都”的思路过程》，中国网 2008 年 12 月 7 日。

② 《上海被联合国教科文组织命名为“设计之都”》，人民网 2010 年 5 月 21 日。

全球/亚太设计中心放在上海,辐射亚洲乃至全球,如宜家家居的设计中心、宝马汽车的设计中心等。①

三、2013 年以来中国城市设计主要问题思考

1. 国家顶层规划设计战略如何落地

强国崛起需"顶层设计"。"顶层设计"在中共中央关于"十二五"规划的建议中首次出现。本为一个工程学术语,本义是统筹考虑项目各层次和各要素,追根溯源,统揽全局,在最高层次上寻求问题的解决之道。我国进入改革攻坚阶段,全方位改革需要"顶层设计"。"顶层设计"不仅对指导经济发展与改革意义重大,而且对多领域改革也有重要意义。在城市设计领域同样需要科学前瞻的顶层设计。但目前国家已经出台的相关城市顶层规划设计战略如何落地值得认真思考。

2. 区域经济与城市群发展不均衡问题突出

2.1 区域经济发展不平衡现状

21 世纪以来,中国区域发展不平衡程度呈现出先持续较快上升,然后经过短暂快速下降,再趋于平稳、缓慢下降的过程。以 2004 年为分界点,在此之前,区域发展不平衡程度趋于上升,之后趋于平稳并缓慢下降,总体上升幅度大于下降幅度。从趋势上看,区域发展不平衡程度持续下降的趋势基本形成。这种新的变化趋势在一定程度上说明中国为缓解区域发展不平衡所实施的西部大开发战略、促进中部地区崛起战略、振兴东北地区等老工业基地战略,以及有关政策措施的效果从 2004 年开始显现,区域发展不平衡的程度得到了一定控制。

以京津冀为例,由京津冀三地专家共同撰写的 2014 年《京津冀蓝皮书》于 2014 年 3 月 25 日发布,蓝皮书认为,京津冀城市群超大城市高度集聚,呈明显的"极化"效应,中小城市吸纳力不足、城镇体系结构不合理,导致京津冀发展缺乏支撑力。2011 年京津冀城市群 35 个城市中,100 万以上的大城市共 8 个,50—100 万的中等城市 3 个,50 万人口以下的小城市 24 个,城市数量呈"哑铃"形。据介绍,2011 年,北京和天津常住人口容纳了整个地区的 60.82%,人口规模呈"倒金字塔"形。有关专家认为这种不合理的城镇体系结构,将导致区域发展缺乏支撑力。②

从经济实力来看,2012 年北京和天津两市地区生产总值之和占整个京津冀城市群的 53.7%;从经济区位度来看,2000—2010 年,北京和天津的经济区位度都有较大上升,与北京、天津相邻的廊坊、承德和唐山的经济区位度也有所上升。而距

① 《上海设计之都活动周助力上海设计"走出去"》,东方文创网 2013 年 10 月 11 日。

② 《京津冀区域性城镇体系发育迟缓经济落差大》,中国网 2014 年 3 月 25 日。

离北京、天津较远的城市(如石家庄、邢台、邯郸)的经济区位度却在近几年有所下降,这某种程度上反映了北京和天津两市极化效应的持续作用,区域不平衡性仍在强化。① 蓝皮书编委会主任、首都经贸大学教授文魁指出:"未来应重点促进城市间交融与融合。"促进京津冀城市群空间优化与质量提升,应以谱写京津"双城记"为突破口,打造世界级城市群;优化空间结构,在"点、轴、带、圈"上实现重大突破;突出市场主导,强化空间网络联系,提升城市群质量;培育新增长点,完善新城及中小城市功能,探索新型城镇化道路;加强科学规划,完善内部协调机制。②

2.2 如何解决城市群发展不平衡问题

总体来看,当前各地城市群发展现状与新型城市群的目标仍有一定差距,要大力发展新型城市群,需要上下一心,破除固有局限,开拓创新,推动以人为本的新型城镇化发展。

大力发展新型城市群,需要统筹兼顾,遏制过度竞争。近年来,不少地方政府忙于招商引资,产业布局上一味贪大求全,产业同构明显,交通、电信、工业园区等基础设施存在重复建设现象,资源浪费严重,地方政府间已进入过度竞争的阶段,影响了城市群的健康发展。为此,在建设新型城市群的过程中,维护区域间的有序竞争刻不容缓。这就需要完善监管机制,确立法律保障体系,严格约束地方政府的无序竞争;因地制宜调整考评指标,降低国民生产总值增长等硬性指标在考评体系中的分值;结合主体功能区规划,提倡区域差异化发展思路,引导地方政府在有序竞争中共同提高,特别是中西部地区要树立国际化发展观念,一方面要积极承接东部沿海及国际先进特色产业,吸收高素质劳动力;一方面要立足于中亚、欧亚大陆区域大合作思想,积极探索构建丝绸之路经济带的大区域合作战略,打造具有国际战略意义的增长极。

大力发展新型城市群,需要齐心协力,加强区域合作。新型城市群的核心是城市群一体化发展,而一体化的推动需要"利益共享、成果共担"机制的保障,需要城市群各成员、各城市群之间齐心协力。要自上而下地引导区域合作,从统领全局的战略高度,发挥顶层设计的宏观职能。城市群成员之间、城市群与城市群之间应当加强互联互通,积极开展区际联席,达成合作共识,在交通、电网和信息平台等基础设施方面大力推进共建共享,在招商引资、资源开发等方面树立"利益共享、成本共担"的理念,在社会保障等公共服务方面贯彻平等互利原则,积极开展同一层面的区域合作。

大力发展新型城市群,需要解放思想,创新协调机制。改革是社会进步的灵

---

① 《京津冀蓝皮书今发布专家:应建世界级城市群》,中华网 2014 年 3 月 25 日。
② 《地区发展不平衡掣肘京津冀一体化》,中国产业经济信息网 2014 年 4 月 1 日。

魂,制度创新是改革前进的动力。要打造新型城市群,需要大力发展制度创新,释放改革红利,尤其是创新协调机制与区域合作模式,加强城市群、城镇体系、土地利用、生态环境等相关规划的结合,破除行政壁垒和垄断,促进区域环境联防联控联治,完善区域间互利合作,实现资源的高效配置和开放共享,推动新型城市群建设。①

3. 智慧城市建设重智轻慧现象严重

我国在智慧城市建设上存在诸多问题,如国家层面缺乏协调、发展思路不成熟,对智慧城市的认识存在误区,重复建设、资源浪费,技术标准服务规范缺失,建设运营模式单一、商业模式缺乏创新,政府投入为主,智慧城市产业带动效果不明显等多种问题。为此提出如下建议。

第一,要从国家层面制定智慧城市发展纲要,尽快探索、制定与在建城市特征相适应的智慧城市建设管理制度与标准体系,完善信息化管理的法律法规,实现信息化与信息安全协调发展。第二,要确立牵头主管部门,进行合理有序布局。根据各区域产业发展基础、生态环境承载能力和基础设施配套条件等,加快布局调整,优化空间结构,合理布局产业与各项配套功能,发挥集聚效应,鼓励在智慧城市各相关领域组建产业联盟。第三,组建国家级研究院,携手政府展开合作。聘请覆盖核心技术、经济、公共管理等领域的国内外知名专家,组建国家级智慧城市研究院,并与高校、企业、专业培训机构相互配合,共同建设合理完善的智慧城市人才培养体系。第四,发挥试点先行示范效应,逐步提升整体水平。建议将智慧城市项目列入国家有关计划,并鼓励该项目的试点城市进行先行示范。此外,各城市在规划与实施智慧城市项目时,要从自身实际出发,重视发展人(组织)的综合素质,探索经营管理新模式,加快推进新技术的集成优化,妥善处理好本地区出现的新问题。②

4. 城市规划设计中割裂、忽视乡村,设计理念上存在城乡二元思想

我国城乡呈现典型的二元结构特点,特别是在社会领域的二元割裂极为严重。我国城乡之间的巨大差距,不仅严重影响了社会公平,而且对于我国经济社会的持续健康发展也产生了不利影响。其中有很多已经被相关法律法规固化下来,具有很强的稳定性,并持续影响着我国城乡协调发展的进一步推进。对乡村在城镇化中的意义与作用不够重视,导致我国当前城乡协调发展存在如下问题:

(1) 城乡割裂的社会保障和福利制度。构建城乡统一的社会保障和福利制度,是追求社会公平的内在要求。受历史原因影响,我国的社会保障和福利制度

---

① 林博亮、林爵权:《新型城市群发展前景广阔》,《解放军报》2014年3月26日。

② 《智慧城市建设中"智慧"面临哪些挑战?》,中国信息产业网2013年9月10日。

在城乡之间差别巨大,成为阻碍城乡协调发展的关键问题和矛盾。在《中华人民共和国劳动保险条例》等法律法规中,社会保障和福利制度直接与城市户口联系起来。国家机关、事业单位工作人员的劳保待遇,也以病假、生育、退休、死亡等单项规定的形式逐步完善起来。城市的集体企业,大都参照国有企业的办法实行劳保。除此之外,20世纪50年代形成的城市社会福利制度还保证了具有城市户口的居民可享有多种补贴。而广大具有农村户口的农民被排除在外,不能享受任何相关的社会保障和福利制度,只能靠自己出钱。

(2) 城乡割裂的财税制度。新中国成立初期,我国采取了重工业优先发展和城市优先发展的战略,并采取一系列抑农促工、强城弱乡的财税手段来保障这战略的实施,造成我国城乡差距的迅速扩大。一是在财税收入上加大农业和农村剩余向工业和城市转移。1952—1989年通过工农业产品价格"剪刀差",国家从农业中获取了9716.75亿元。加上农业税1215.86亿元,共达10932.61亿元。二是在财政支出上重点向工业和城市倾斜。在城市,一切公共设施的建设经费和开支均由国家、政府和全民单位负担。但在农村,农民必须自己出钱办中小学、医疗、文化事业、道路、水电几乎农村中的一切公共设施。这种城乡严重割裂的财税体制,严重制约着城乡协调发展。①

(3) 不对称的城乡土地制度。城乡土地的不对称性使农村无法与城市平等地分享由发展机遇带来的资源收益。首先农民土地包括宅基地的使用权收益和附着物所有权收益难于流动,很大程度上限制了农民的流动。应当尝试对公共利益和私人利益的边界进行界定,对征用土地用途进行严格限定,缩小国家强制性征地范围,以使其更符合现代市场经济的需要。其次缺乏对农村强制征地的严格限制,而且对失地农民的补偿标准偏低。现行的补偿标准配合广为施用的征地权利,而且征地后的土地增值收益大都流向了城市,已经导致社会的不满和政府对征地权的滥用。再次农村土地承包法虽然为承包农民提供了更大的交易土地的自由,但没有提供以承包权进行抵押的法律基础。最后与城市居民拥有的处分其房屋的权利相比,物权法草案对农民在处理房屋及其房屋下面的宅基地方面的权利限制过于严格。

(4) 城乡有别的户籍管理制度。目前,我国户籍制度对于推进城乡协调发展的阻碍主要表现在以下几个方面。一是依附于户籍制度上的城乡有别的各种劳动就业、教育培训、社会保障等制度,这一系列的政策保障大部分都是政府应该提供的基本公共服务,但实际却是拥有城市户口的可以享受,农村户口的则不能享受。二是户籍制度中对居民户口身份迁转的严格限制。根据政策规定,只有少数

---

① 《我国城乡协调发展面临的问题与推进策略》,新华网2008年10月31日。

几种特殊情况才有资格申请将农村农业户口转为城市非农业户口并迁入城市享受相应待遇。三是城乡有别的户口管理制度削弱了户籍制度在人口信息统计方面的功能。我国户籍管理制度是根据居民的城市户口或农村户口身份进行建立的，这样，在城市基础设施和服务设施建设方面，不能很好地考虑城市的实际居住人口规模情况，造成城市特别是大城市的教育、医疗、交通基础设施实际人均占有量低，不能满足当地居民特别是长期居住在当地而没有当地户口居民的需要。①

四、结语

综合以上内容，2013 年以来，中国城市设计具体体现出以下几大突出趋势：

（1）国家重视城市规划的顶层设计，城镇化发展进入新阶段；

（2）中国城市群发展广受关注，城市规划设计进入新阶段；

（3）智慧城市建设加快，相关设计构建进入新阶段；

（4）设计之都发展进入新阶段。

但也存在如下主要问题：

（1）国家顶层规划设计战略落地实施方法须深入探究；

（2）区域经济与城市群发展不均衡问题继续凸显；

（3）智慧城市建设实践中重智轻慧现象严重；

（4）在城市规划设计实践中，对乡村的意义与作用认识不足。

对此，本报告提出以下建议：

（1）建立正确的聚居生存观、城市发展观和规划设计观。无论城市还是乡村，其实质是人类聚居模式的具体体现，只有贯彻天人合一而非天人相争，城乡有机而非城乡二元的程式设计理念才适应城市规划设计的新需求。未来新型城镇化规划设计必须在“绿色”“有机”“文化”前提下进行实践，方能构建城乡一元生命体系统。

（2）城市群规划设计须协调联动，京津冀城市群尤其需要进行系统设计以实现协同发展，并发挥城市群中设计之都的引领和辐射作用。

（3）智慧城市建设发展应“智”与“慧”并举。加强在科技信息化硬件设计投入的同时，重视文化与设计建设。特别强调本土文化、历史文脉、非物质文化、服务文化、伦理文化等的保护挖掘策划设计再提升。

课题负责人

于炜，教育部哲学社会科学发展报告建设项目《中国都市化进程年度报告》课

① 《我国城乡协调发展面临的问题与推进策略》，新华网 2008 年 10 月 31 日。

题组子课题负责人，上海交通大学城市科学研究院研究员，华东理工大学艺术设计系主任，副教授，硕士生导师。

课题组成员

孔铎，教育部哲学社会科学发展报告建设项目《中国都市化进程年度报告》课题组子课题负责人，上海交通大学城市科学研究院研究员，上海交通大学媒体与设计学院博士；

方田红，华东理工大学旅游管理系副教授，硕士生导师；

潘波旭，华东理工大学艺术设计与传媒学院硕士生；

宋佩茜，华东理工大学艺术设计与传媒学院硕士生。

城市科学发展趋势与中国科研实力排名报告

城镇化是现代化的必由之路，是解决农业农村农民问题的重要途径，是推动区域协调发展的有力支撑，是扩大内需和促进产业升级的重要抓手。据国务院印发的《国家新型城镇化规划（2014—2020年）》所提供的城镇化历史背景，“改革开放以来，伴随着工业化进程加速，我国城镇化经历了一个起点低、速度快的发展过程。1978—2013年，城镇常住人口从1.7亿人增加到7.3亿人，城镇化率从17.9%提升到53.7%，年均提高1.02个百分点；城市数量从193个增加到658个，建制镇数量从2173个增加到20113个”①。针对我国城市化进程飞速发展，2013年以来，中央政府针对城市化进程提出了一系列连环举措。2013年3月，国务院总理李克强指出城镇化是我国经济增长的巨大引擎，是本届政府的工作重点，新型城镇化是以人为核心的城镇化，特别强调要防止城市病。同时要解决城市内部的二元结构，也要降低城镇化的门槛，不能一边是高楼林立，一边是棚户连片②。同年党的十八届三中全会、中央城镇化工作会议、中央农村工作会议相继召开，三大会议都着力强调坚持走新型城镇化道路，突出以人为本。其中中央城镇化工作会议详细提出了推进城镇化的六大主要任务。2014年3月16日，新华社发布中共中央、国务院印发的《国家新型城镇化规划（2014—2020年）》，作为今后一个时期指导全国城镇化健康发展的宏观性、战略性、基础性规划。城市建设的加速与进步激发了城市科学学术研究前进的步伐，其中的优秀学术研究成果值得分析和借鉴，因此，课题组以2004年至2013年（十年）CSSCI（中文社会科学引文索引）核心期刊发表的城市研究论文为对象进行计量分析，探索中国城市科学研究现状、学术热点及发展趋势，并从热点研究主题、研究机构和科研人员科研产出、科研基金资助等方面对国内科研情况进行对比分析。

一、数据采集范围与分析工具

中国城市研究的相关学科中，既包括城市地理学、城市社会学、城市规划学、

---

① 《中共中央国务院印发〈国家新型城镇化规划（2014—2020年）〉》，中华人民共和国国务院网站2014年3月16日。

② 《李克强：新型城镇化以人为核心》，新华网2013年3月17日。

城市人口学、公共管理、传播学等社会科学,也包括近年来新兴的文化研究、文化产业学、文化遗产学、都市文化学、城市设计、城市哲学等交叉研究,此外,还吸引了中国文学、历史学、艺术学、哲学等人文学科的参与。本文选用中国知网(CNKI)数据库平台的“期刊数据库”作为数据来源,针对 CSSCI 期刊进行检索,按 CNKI 数据库平台文献分类目录选择相关学科领域,文献采集的时间范围从 2004 年 1 月 1 日至 2013 年 12 月 31 日,采用检索策略如下,对主题字段中含有“城市、都市、城镇、城乡”的文献进行搜索,检到文献 46526 篇,清理后获得有效文献 44635 篇(以下简称“样本文献”)。

所选用的文献分析工具中,除了 CNKI 平台自带的分析功能外,本文还采用了汤森路透公司的 TDA(ThomsonDataAnalyzer)数据分析工具和微软公司的 EXCEL 软件,对数据进行可视化分析处理。

二、中国城市科学发展趋势与研究热点

1. 论文产出年代分布

近十年中国城市研究论文产出数量庞大,按年代对样本文献进行分析可以看出,论文年产出量总体呈上升趋势。① 从 2007 年开始,论文年产出量超过 4000 篇,从 2010 年开始,年产出量超过 5000 篇。从增长幅度来看,2006 年至 2010 年间文献年增量相对较大,从 2011 年开始,年增量相对较小(如图 1)。

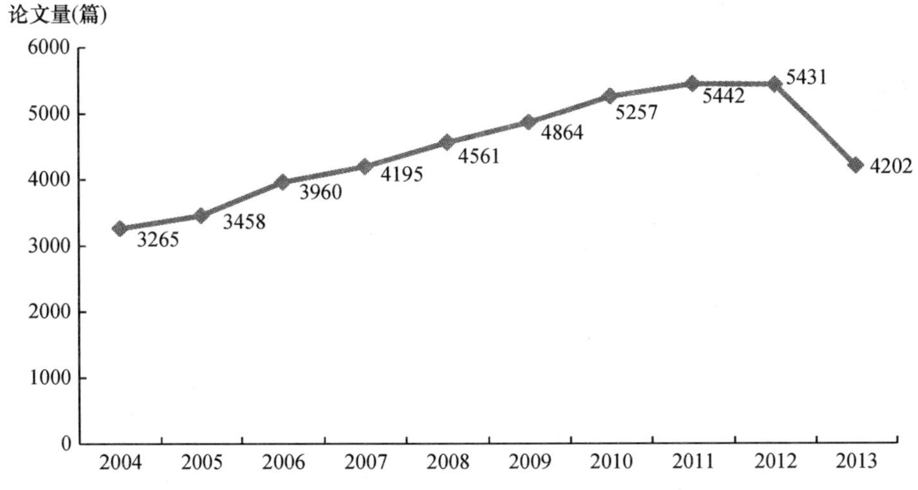

图 1　2004—2013 年中国城市研究论文产出趋势

① 由于文献滞后收入 CNKI 数据库,2013 年文献不全。

课题组曾利用 Web of Science(WOS)数据库平台的 SSCI(Social Sciences Citation Index,即社会科学引文索引)和 A&HCI(Arts & Humanities Citation Index,即人文艺术引文索引)两个子数据库作为数据来源,分析了 2003 年至 2012 年全球城市科学研究论文产出趋势(如图 2),将图 1、图 2 进行比较可以看出,中国城市研究论文在 2003 年至 2012 年间增幅平稳上升,而全球城市研究论文在 2003 年至 2008 年间增幅较小,而在 2008 年至 2011 年间增幅较大,但从总体趋势来看,近十年中国城市科学发展与国际发展趋势是基本吻合的。

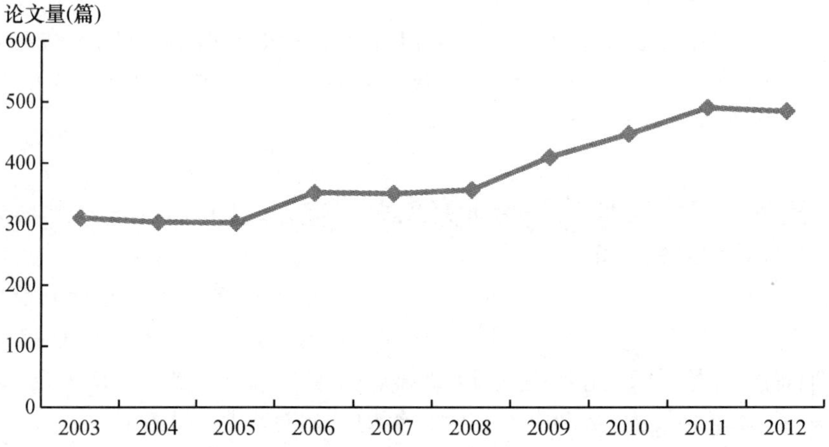

图 2　2003—2012 年全球城市科学研究论文产出趋势①

2. 城市科学研究热点

为了进一步探寻中国城市科学的热点研究方向,笔者对文献的关键词进行了分析。从 CNKI 数据库导出的样本文献记录中,利用 TDA 抽取到 99% 的文献关键词,共计 67955 个(以下简称"样本关键词"),其中 3 篇以上(含 3 篇)文献关联的关键词有 12333 个,占比 18.15%,而 100 篇以上(含 100 篇)文献关联的关键词仅 158 个,由此可见,近十年来中国城市科学的研究热点比较分散。

为了分析中国城市科学研究相对较为集中的主题,以样本关键词作为科研热点分析的数据源,首先对关键词进行分类,将城市或省份等地理名称关键词从样本关键词中抽取出来作为一组数据进行分析,剩下与学科主题相关(以下简称"主题关键词")的关键词作为另一组进行分析。通过对主题关键词进行统计分析,选出了排名前十的关键词(如下图 3),出现频率比较高的关键词揭示出了中国城市科学研究领域的热点所在。研究发现,城市科学最热门的研究方向是"城市化",

① 汤莉华、兰小媛、张书成:《城市科学发展趋势与全球科研实力排名报告》,《中国都市化进程报告 2013》,北京大学出版社 2014 年版,第 127 页。

其次是"城镇化""农民工""可持续发展""城市规划""城市发展""城乡统筹""经济增长""城乡一体化""新农村建设"等。文献显示的热点研究方向与政府决策基本吻合。2012 年 11 月 28 日,李克强表示,"我国未来几十年最大的发展潜力在城镇化",并强调要走"工业化、信息化、城镇化、农业现代化同步发展的路子"①。2012 年 12 月 4 日,中共中央政治局会议在分析 2013 年经济工作时,再次提出"要积极稳妥推进城镇化,增强城镇综合承载能力,提高土地节约集约利用水平,有序推进农业转移人口市民化。……在今后的十年二十年,城镇化将是经济的增长点,也是推动积极发展的新动力,城镇化仍将是我国未来十年决策层的战略着眼点"②。除了"城市化""城镇化"作为国家战略的关键词进入学术研究领域之外,"可持续发展""城市发展""城乡统筹""城乡一体化"等一直停留在政策口径上的关键词也越来越多的在学术领域寻找理论框架的支撑,这说明了政策制定日趋科学化。另外,由统计分析可见,"农民工""新农村"问题作为新型城镇化建设的重要问题受到了学界极高的关注,人的问题是本次城镇化战略实施落地的重要问题。"城市群"作为《国家新型城镇化规划(2014—2020 年)》明确提出的战略议题开始受到越来越多的关注。

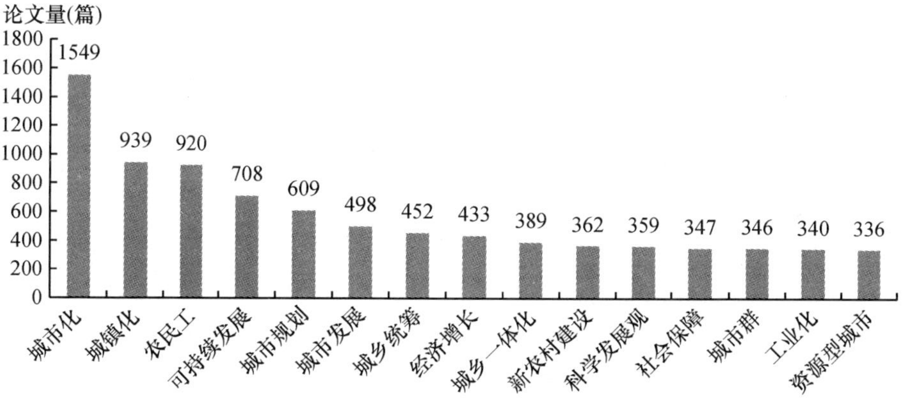

图 3　2004—2013 年中国城市研究热点主题

通过对地理名称关键词进行词频统计分析,排名前十五的高词频地区分别是上海、北京、南京、重庆、广州、江苏省、深圳、河南省、武汉城市圈、新疆、长株潭城市群、西安、武汉、珠江三角洲、吉林省(如下图4)。其中,上海、北京、广州、深圳作为中国的四座特大城市榜上有名理所应当,随着官方公布的中国城市化率已经超过 50%,学界对城市的关注日趋升温。对北上广深的研究首当其冲,研究角度是

① 《李克强:未来几十年最大发展潜力在城镇化》,新华网 2012 年 11 月 30 日。

② 《专家谈中央经济会议:城镇化是中国未来发展的新动力》,人民网 2012 年 12 月 16 日。

多方面的。同时统计数据所给出的排名非常鲜明地展示了城市群作为地理单元在研究中极高的关注度，以及典型城市群中的典型城市也是研究的重点。比如长三角中的南京、西部重点城市群——川渝城市群中的重庆，中原城市群中的河南、长江中游城市群中的武汉城市圈以及长株潭城市群，新疆作为独特的有代表性的西部省份也是关注的焦点。不可否认，这些城市关注度高也有作为研究机构驻地的原因，但这些城市更多是真实地代表了中国城市化的进程。

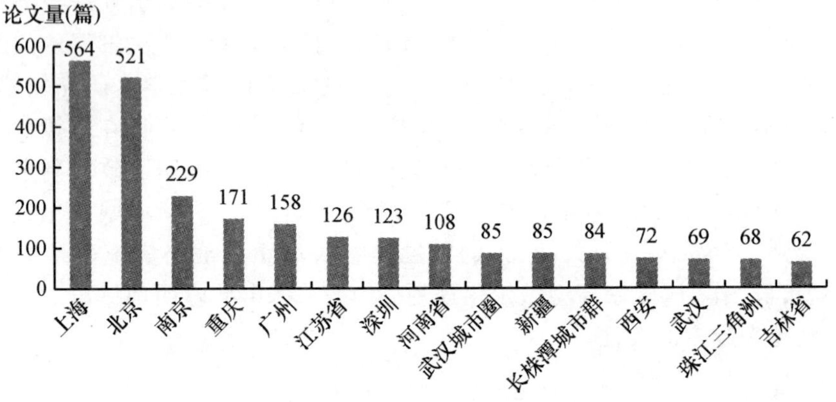

图 4　2004—2013 年中国城市研究热点地区

三、中国城市科学研究机构与作者实力排名

1. 城市科学研究机构排名

以文献署名的第一责任机构(即作者原始署名单位)统计，共有 14572 家机构发表相关文献，研究机构相对比较分散。从研究机构性质来看，隶属于大专院校的机构有 10364 家，占比 71.12%，另外城市规划机构有 393 家，环境保护机构有 155 家，也有少数国外研究机构发表了相关论文。

针对发文量排列在前二十的文献署名机构，核对其署名单位名称，并对相同主体单位合并(例如南开大学经济学院发表的 333 篇文献，是合并了南开大学经济学院，以及其下属学系或研究所等 27 个署名单位发表的文献的总量)。对合并后的机构发文量排序，南开大学经济学院发文量位列第一(333 篇)，同济大学建筑与城市规划学院位列第二(329 篇)，北京大学城市与环境学院位列第三(274 篇)，中国城市规划设计研究院位列第四(247 篇)，中国科学院地理科学与资源研究所位列第五(232 篇)，南京大学城市与资源学系位列第六(210 篇)，四川大学经济学院位列第七(208 篇)，南京大学社会学系位列第八(202 篇)，西北大学经济管理学院位列第九(190 篇)，武汉大学经济与管理学院位列第十(177 篇),详见图 5。

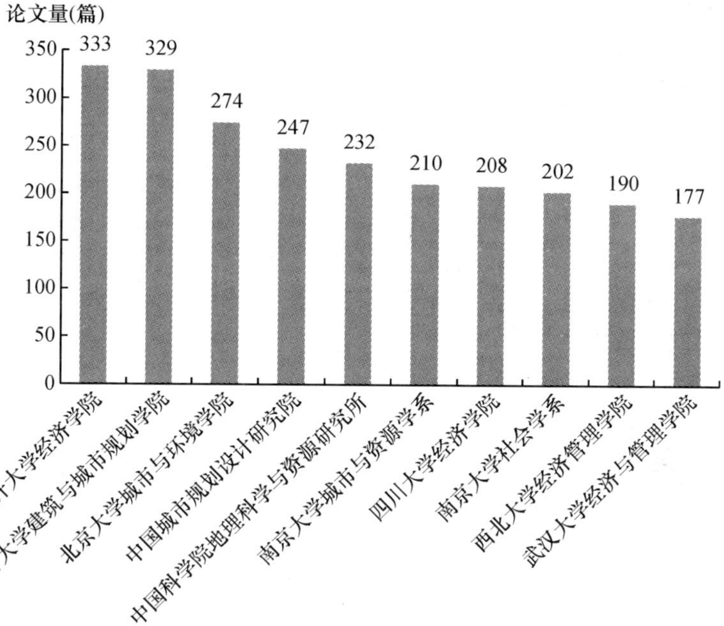

图 5　2004—2013 年文献署名主体研究机构发文量前十名

按作者署名主体机构的上一级机构合并后进行统计,研究机构有 5000 多家。针对这些研究机构的发文量进行排序发现,南京大学位列第一(1064 篇),中国人民大学位列第二(1032 篇),北京大学位列第三(1007 篇),中国社会科学院位列第四(748 篇),南开大学位列第五(641 篇),中国科学院位列第六(638 篇),北京师范大学位列第七(630 篇),四川大学位列第八(620 篇),同济大学位列第九(614 篇),华东师范大学位列第十(598 篇),详见图 6。从这些研究机构的来源看,位列前十名的机构主要分布在以人文社会科学研究见长的综合性高等院校,其中南京大学因南京大学城市与资源学系(210 篇)、南京大学社会学系(202 篇)、南京大学经济学院(77 篇)等多个署名机构的强势支撑而成为全国城市科学研究实力最强的研究机构。

2. 城市科学发文作者排名

以文献作者(不区分作者次序,未考虑团体作者)发文量统计,南京大学张京祥位列第一(68 篇),华中农业大学张安录位列第二(61 篇),上海交通大学刘士林位列第三(56 篇),清华大学顾朝林位列第四(55 篇),国家住建部仇保兴位列第五(51 篇),中国城市规划设计研究院石楠、北京大学吕斌并列第六(48 篇),北京大学赵民位列第八(42 篇),中科院南京地理所姚士谋、河南大学王发曾并列第九。

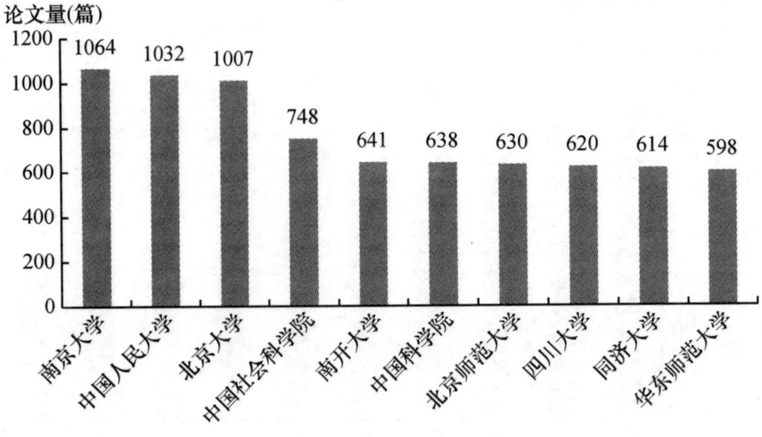

图 6 2004—2013 年署名主体机构所属单位发文量前十名

(41 篇),见图 7。

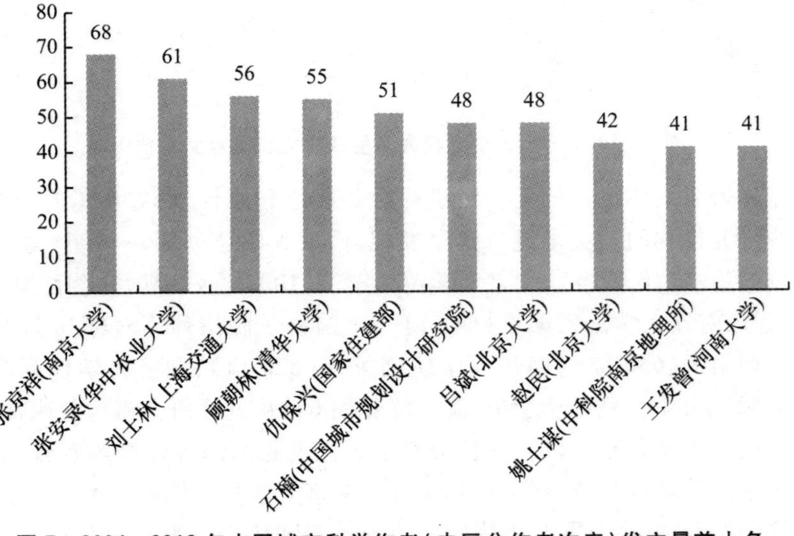

图 7 2004—2013 年中国城市科学作者(未区分作者次序)发文量前十名

以文献的第一作者(未考虑团体作者)发文量统计,上海交通大学刘士林位列第一(52 篇),国家住建部仇保兴位列第二(51 篇),中国城市规划设计研究院石楠位列第三(47 篇),南开大学王家庭位列第四(29 篇),南京大学张鸿雁位列第五(28 篇),西北大学任保平位列第六(27 篇),清华大学顾朝林、厦门大学许经勇并列第七(25 篇),复旦王桂新位列第九(24 篇),上海师范大学杨剑龙位列第十(23 篇),见图 8。

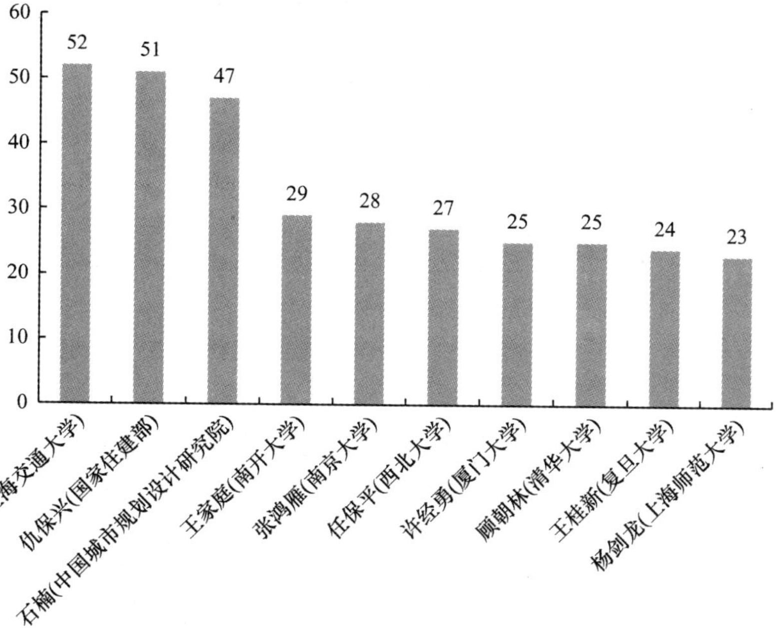

图 8　2004—2013 年中国城市科学第一作者发文量前十名

从发表文献的数量和对单篇文献的贡献度来看,对比图 7 和图 8,同时位列两个统计前十名的作者有上海交通大学刘士林、国家住建部仇保兴、中国城市规划设计研究所石楠、清华大学顾朝林四人。

从第一作者发文量排名来看,首先是以王家庭、张鸿雁、任保平、许经勇、王桂新为代表的城市经济学派,几乎占据第一作者发文排名前十的半壁江山,当然这五位作者也有涉及城市社会学领域的研究,但以经济学为主,足以说明城市经济研究在城市科学中的举足轻重之地位。其次是以仇保兴、石楠、顾朝林为代表的城市规划学派占据三席,表明规划研究在区域经济与城市发展领域的重要地位。而文化城市理论在刘士林等人的领衔下,正在城市科学领域展露出巨大的理论魅力。这也反映出城市发展正由“政治型、经济型城市”向“人文型城市”逐渐过渡的研究趋势,代表性文章如《文化城市与中国城市发展方式转型及创新》《文化都市的历史源流与当代阐释》《都市文化学:结构框架与理论基础》《论中国都市化进程与都市文化研究》等。

3. 核心作者影响力排名

针对第一作者发文量前十名的作者,以其所发表文献的在 CNKI 数据库中的被引次数统计(未排除自引),仇保兴位列第一(被引 1598 次),顾朝林位列第二(被引 721 次),王桂新位列第三(被引 648 次),刘士林位列第四(被引 410 次),任保平位列第五(被引 393 次),张鸿雁位列第六(被引 383 次),石楠位列第七(被引 327 次),王家庭位列第八(被引 311 次),许经勇位列第九(被引 307 次),杨剑龙位列第十(被引 47 次),见图 9。被引次数超出 400 次的有 4 人,其中仇保兴的学术影响非常突出,遥遥领先于其他人。

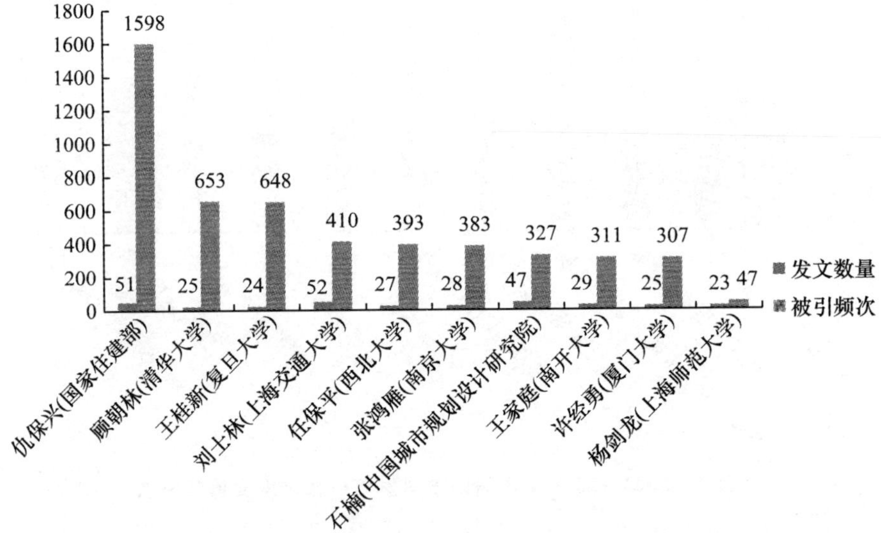

图 9 2004—2013 年中国城市科学第一作者发文量前十名发表文献和被引频次

综合考量作者发文量和被引频次,作为第一作者发文量突出同时具有较高影响力的学者是:国家住建部仇保兴、上海交通大学刘士林、清华大学顾朝林。

结合城市科学研究机构和作者进行对比分析,从图 5—图 9 可以看出,在城市科学研究领域,综合实力最强的机构是南京大学,不仅拥有科研实力强大的二级研究机构(如南京大学地理与海洋科学学院、南京大学经济学院、南京大学社会学院、南京大学建筑与城市规划学院、南京大学商学院、南京大学政府管理学院等),而且还拥有发文量和影响力都比较突出的个人(如张京祥、张鸿雁),从而使得南京大学无论是作者发文量还是机构发文量都位列前十名;发文量位列第二的是中国人民大学,但该校在作者发文量和被引频次方面却缺乏较为突出的个人;与中国人民大学情况正好相反的是上海交通大学,其整体排名虽然靠后(位列第 41),却拥有发文量与影响力都比较突出的个人,其中主要以上海交通大学刘士林为代表。

在第一作者发文量排名与署名主体机构所属单位发文量排名中,共涉及 18 所高校或院所,其中只有 3 家既拥有较强的综合实力又拥有突出个人,分别是南京大学、北京大学、南开大学。从高校性质上来看,综合实力较强的学校绝大多数为中央部门(单位)直属,西北大学为省部共建“211 工程”重点院校,上海师范大学为上海市重点大学。

四、全球科研基金与学术期刊排名

1. 科研基金排名①

在全部 44635 篇文献中,有 19681 篇文献受到各类科研基金资助,受资助论文占比 44%。由于一篇文献通常会受到超过一项基金资助,为了便于分析,我们将每篇文献资助的基金拆分开来,进行数据清理后可得,全部 19681 篇文献受到 31381 项基金资助。这些基金既包括国家社会科学基金、国家自然科学基金、教育部、科技部等纵向基金,也包括来自于中国烟草总公司、中国人民银行、通用汽车等单位的横向基金。除中国国内的科研基金资助外,还有部分文献受到国际基金或者中外合作基金资助。基金项目最多的三个来源分别是全国哲学社会科学规划办公室(国家社会科学基金)、教育部(包括教育部哲学社会科学基金、新世纪优秀人才支持计划等)、国家自然科学基金委员会(国家自然科学基金)。从基金来源的角度,可以将其分为来自国家级单位(含各部委)、各省市自治区、各市区县、高校、国际合作和其他来源共计六种,这六种分类互斥,并相互不重合。

(1) 国家单位(含各部委)

所有文献共受到来自全国哲学社会科学规划办公室、教育部、科技部等 44 个国家单位的基金资助。基金项目前十位的来源分别为:全国哲学社会科学规划办公室、教育部、国家自然科学基金委员会、科技部、国家博士后管理委员会、国土资源部、住建部、国家体育总局、环保部、农业部。如图 10 所示。

(2) 各省市自治区基金

我国全部 23 个省、4 个直辖市、5 个自治区以及香港、澳门、台湾都对城市科学研究进行了资助。排名前 10 位的地区是:上海、江苏、北京、湖南、广东、浙江、陕西、河南、山东、河北。基金资助情况如图 11 所示。在这 10 个省份中,江苏、湖南、广东、浙江、河南、山东、河北 7 个省份的 2013 年 GDP 排名全国前 10 位;上海、江苏、北京、广东、浙江、山东 6 个省份 2013 年人均 GDP 排名全国前 10 位;上海、江苏、北京、广东、浙江 5 个省份 2013 年城镇化率排名全国前 10 位。可见,经济较发达或城市化进程较快的地区在投入相关研究的基金方面力度较大,同时也从侧面说明,这些地区相对来说更为重视城市科学研究。

① 由于科研基金级别的划分没有统一标准,故本文只关注基金来源,不考虑基金级别。

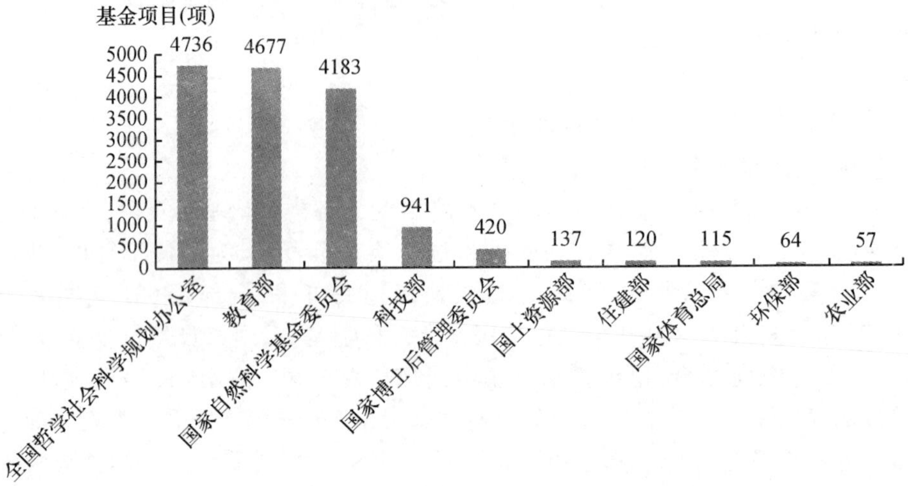

图 10 2003—2013 年国家单位(含各部委)资助基金前十名

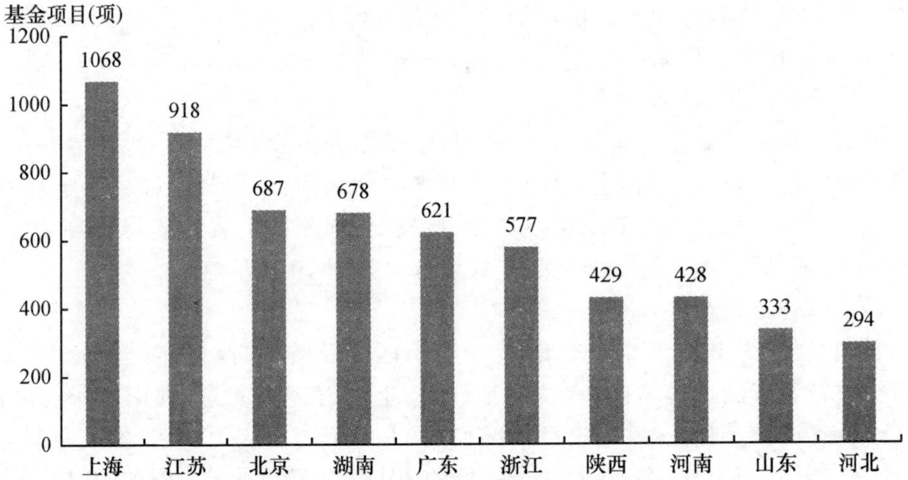

图 11 2003—2013 年各省市自治区资助基金前十名

(3) 各市基金

全国共有 117 个市对城市科学研究进行了资助。排名前 10 位的城市是:广州市、武汉市、西安市、杭州市、南京市、宁波市、青岛市、成都市、温州市、大连市(并列)、深圳市(并列)。基金资助情况如图 12 所示。浙江省有杭州、宁波、温州三个城市上榜。并且这 11 个城市中,除西安、温州外,其余 9 个城市 2013 年城市 GDP 排名全国前 20 位,可见各市区县对城市科学研究资助力度与城市经济发达程度密切相关,经济较发达的地区资助力度相对较大。

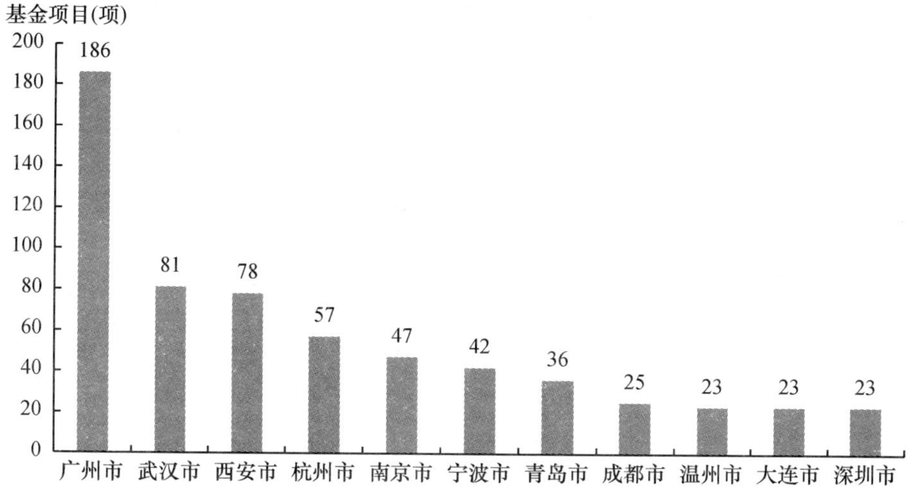

图 12　2003—2013 年各市区县资助基金前十一名

（4）高校基金

共有 416 所高校对城市科学研究进行了资助。资助排名前十名高校是：中国人民大学、复旦大学、中山大学、吉林大学、西南财经大学、上海财经大学、南京大学、南开大学、陕西大学、北京大学（见图 13）。这 10 所高校集中于北京（2 所）、上海（2 所）、广东（1 所）、吉林（1 所）、四川（1 所）、江苏（1 所）、天津（1 所）、陕西（1 所）8 个地区，对比资助排名前 10 位的省市自治区可知，新增了吉林、四川、天津三地，这三个地区的 2013 年 GDP 排名分别为 21、8、19，人均 GDP 排名分别为 11、24、

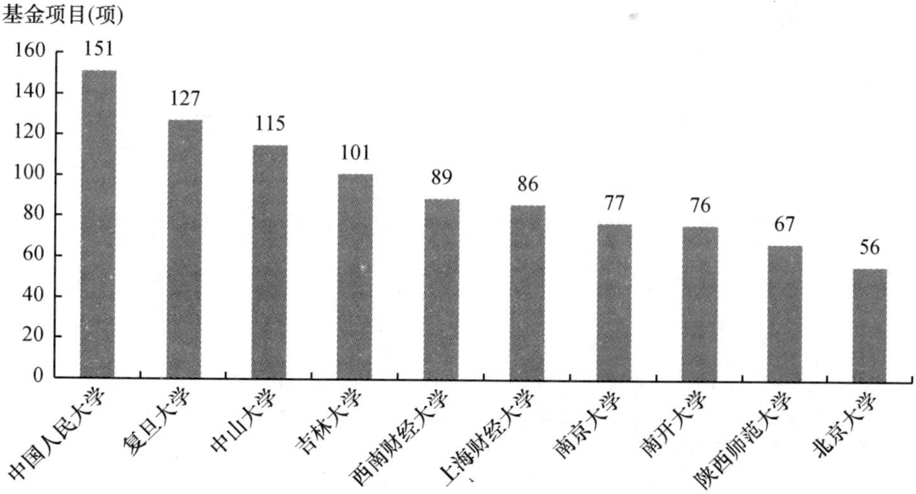

图 13　2003—2013 年各高校资助基金前十名

1,基本符合经济发达定律,同时高校对相关研究的投入也在一定程度上对各省市自治区的投入进行了补充。

(5)国际合作

包括美国、欧盟、日本、德国在内的 20 个国家和地区对城市科学研究的中文文献进行了资助,排名前 3 位的国家和地区为美国、欧盟、日本,这三个地区同时也是目前全球最大的三大经济体。如表 14 所示。

表 14　2003—2013 年国际合作资助基金前三名

排名	来源	基金项目(项)
1	美国	109
2	欧盟	33
3	日本	27

2. 学术期刊排名

经统计,全部 44635 篇文献发表于 482 种中文核心期刊(CSSCI),刊均发文量 92.60 篇。发文量超过 100 篇的有 128 种期刊,占全部期刊的 26.56%,发文数合计为 32983 篇,占全部文献的 73.84%,基本符合二八定律。其中,发文量超过 1000 篇的有 4 种期刊,发文数合计为 5849 篇,占全部文献的 13.10%。发文量超过 500 篇的有 12 种期刊(见表 14),发文数合计为 11299 篇,占全部文献的 25.31%,这 12 种期刊集中于人文、经济地理,经济学,环境科学,统计学四个学科领域。各高校学报 76 种,共发文 4972 篇,约占全部发文量的 11.14%。其中综合性学报 47 种,共发文 2807 篇,另外 2165 篇文献分别发表于法学、经济学、民族学与文化学、体育学、新闻学与传播学、艺术学、政治学等 7 个领域的相关期刊上。

表 14　2003—2013 年中文核心期刊发文量 500 篇以上的期刊列表

发文排名	期刊名	发文量	选稿侧重研究方向	主要栏目
1	城市发展研究	1734	城市空间结构研究、城市产业发展研究、城市规划、城市产业与管理研究、城市社会研究、城市交通研究、城市可持续发展研究、城市土地利用与管理制度研究、城乡发展研究、城市文化遗产研究、城市文化研究	城镇化、城市空间、土地问题、城市经济、城市规划、城市建设、城市交通、城市文化、历史街区、理论研究等

（续表）

发文排名	期刊名	发文量	选稿侧重研究方向	主要栏目
2	城市规划	1670	城市空间结构研究、城市文化遗产保护研究、城市产业与管理研究、城市社会治理研究、城市规划研究、城市设计、城市改造与更新研究	规划研究、遗珠拾粹、历史文化保护、住房规划、城市空间发展、城市化研究、规划研究、城市管制、国外规划研究等
3	城市问题	1388	城市管理研究、城市规划研究、城市社会研究、城市土地利用与管理研究、城市环境问题研究、城市产业经济研究、外国城市发展经验译介	城市科学、城市建设与发展、经济与社会、城市管理、城市瞭望、外国城市等
4	经济地理	1057	区域经济、产业经济、城市与城市群管理、土地问题、城乡问题、生态研究、城市旅游	区域经济理论与方法、城市与城市群、产业经济与产业集群、“三农、土地与生态”、旅游开发与管理等
5	城市规划学刊	859	城市空间开发与管理研究、城市交通研究、城乡规划、城市设计、区域经济社会发展研究、城市可持续发展研究、城市规划史	区域与城乡空间发展、城乡规划研究、城乡交通研究、城乡规划编制、城乡可持续发展规划历史等
6	统计与决策	805	区域经济社会发展研究、城市经济产业研究、城乡互动研究、城乡人口研究	理论新探、决策参考、方法应用、统计观察、经济实证、财经纵横、企业管理等
7	生产力研究	780	城市产业研究、区域发展研究、城市管理研究	经济理论问题、财政与金融、产业与区域经济、企业经济、决策参考、产业论坛等
8	人文地理	627	城市空间集聚演化研究、城市人口研究、城市社会研究、城市文化遗产研究、城市旅游	进展与动态、文化、社会、城市、区域、经济、乡村、旅游等
9	生态经济	613	城市环境生态研究、城市低碳经济研究、城市可持续发展研究、城市设计、城市旅游	城市经济、城镇生态、环球视点、绿色经济、生态环境、绿色设计等
10	中国人口·资源与环境	612	城市空间集聚演化研究、城市经济、城市治理研究、城市低碳可持续发展研究	社会·经济·生态、低碳化发展、发展与决策、资源管理与减排、就业与人力资本等

（续表）

发文排名	期刊名	发文量	选稿侧重研究方向	主要栏目
11	地域研究与开发	604	城市空间集聚演化研究、区域发展研究、城市土地利用与管理制度研究、城市生态环境研究、中原经济区专题研究	城市研究、区域研究、农业研究、人口研究、土地研究、旅游研究等
12	环境保护	550	城市可持续发展研究、城市生态环境研究、	聚焦、政策、观点、一线、业务、视野、国际等

五、研究结论

综上所述，课题组从不同的角度对 2004 至 2013 年（十年）CSSCI（中文社会科学引文索引）核心期刊发表的城市研究论文进行计量分析，探索中国城市科学发展趋势与研究热点，比较机构与个人论文产出，衡量科研基金资助情况与核心期刊发文情况，各项分析以翔实的数据作为基础，通过严谨的科学计量，揭示了中国城市科学研究中值得关注的特点与现象，其中，归纳起来主要有如下几点需要强调：

首先，近十年中国城市研究论文产出数量庞大，论文年产出量总体呈上升趋势。从 2007 年开始，论文年产出量超过 4000 篇，从 2010 年开始，年产出量过 5000 篇。发文量逐年上升昭示了近十年中国城市科学发展逐年升温的整体趋势。

其次，从研究内容来说，中国城市科学研究领域宽泛，研究热点比较突出。其中，最热门的研究方向是“城市化”，其次是“城镇化”“农民工”“可持续发展”“城市规划”“城市发展”“城乡统筹”“经济增长”“城乡一体化”“新农村建设”等。文献显示的热点研究方向与政府决策基本吻合。除了“城市化”“城镇化”作为国家战略的关键词进入学术研究领域之外，“可持续发展”“城市发展”“城乡统筹”“城乡一体化”等一直停留在政策口径上的关键词也越来越多地在学术领域寻找理论框架的支撑，这说明了政策制定日趋科学化。另外，“农民工”“新农村”问题作为新型城镇化建设的重要问题受到了学界极高的关注，“城市群”开始受到越来越多的关注，比如长三角中的南京、西部重点城市群——川渝城市群中的重庆、中原城市群中的河南、长江中游城市群中的武汉城市圈以及长株潭城市群，新疆作为独特的有代表性的西部省份也是关注的焦点。不可否认，这些城市关注度高也有作为研究机构驻地的原因，但这些城市更多是真实地代表了中国城市化的进程。

再次，通过研究机构和人员科研论文产出对比分析发现，在第一作者发文量排名与署名主体机构所属单位发文量排名中，共涉及 18 所高校或院所，其中只有

3家既拥有较强的综合实力又拥有突出个人，分别是南京大学、北京大学、南开大学。从高校性质上来看，综合实力较强的学校绝大多数为中央部门（单位）直属。而作为第一作者发文量突出且具有较高影响力的学者是：国家建设部仇保兴、上海交通大学刘士林、清华大学顾朝林。从第一作者发文量排名来看，首先是以王家庭、张鸿雁、任保平、许经勇、王桂新为代表的城市经济学派，几乎占据第一作者发文排名前十的半壁江山，其次是以仇保兴、石楠、顾朝林为代表的城市规划学派占据三席，表明规划研究在区域经济与城市发展领域的重要地位，而文化城市理论在刘士林等人的领衔下，正在城市科学领域展露出巨大的理论魅力。这也反映出城市发展正由“政治型、经济型城市”向“人文型城市”逐渐过渡的研究趋势。

最后，通过基金资助发文统计分析发现，所有文献共受到来自全国哲学社会科学规划办公室、教育部、科技部等44个国家单位的基金资助，以及全国23个省、4个直辖市、5个自治区以及香港、澳门、台湾都对城市科学研究进行了资助，此外还有416所高校对此进行了资助。其中，以全国哲学社会科学规划办公室、教育部、国家自然科学基金委员会对城市科学研究的资助较大，上海市、江苏省等经济较发达或城市化进程较快的地区投入相关研究的基金资助力度也比较大，总体来说，经济较发达或城市化进程较快的地区在投入相关研究的基金方面力度较大，同时也从侧面说明，这些地区相对来说更为重视城市科学研究。在高校科研经费投入上，中国人民大学、复旦大学、中山大学在城市科学研究的投入比较多，也基本符合经济发达定律，同时高校对相关研究的投入也在一定程度上对各省市自治区的投入进行了补充。

课题负责人

汤莉华，教育部哲学社会科学发展报告建设项目《中国都市化进程年度报告》课题组子课题负责人。上海交通大学城市科学研究院研究员，上海交通大学图书馆学科馆员，副研究馆员。

课题组成员

杨翠红，上海交通大学图书馆学科咨询馆员；

刘宁静，上海交通大学图书馆学科咨询馆员；

张书成，教育部哲学社会科学发展报告建设项目《中国都市化进程年度报告》课题组子课题负责人，上海交通大学城市科学研究院研究员，上海交通大学媒体与设计学院博士研究生；

孔铎,教育部哲学社会科学发展报告建设项目《中国都市化进程年度报告》课题组子课题负责人,上海交通大学城市科学研究院研究员,上海交通大学媒体与设计学院博士研究生;

周诗思,教育部哲学社会科学发展报告建设项目《中国都市化进程年度报告》课题组成员,上海交通大学媒体与设计学院硕士研究生。

日本城市公共文化设施调研报告

日本自明治维新开始就把改善国民体质作为强国运动的基础,开始注重普及新式学校的体育设施及强身训练,规定每所学校都必须开设体育课,并拥有体育馆,如此措施有效地增强了日本少年的体质。1945 年战败后的日本改变了国家发展方向,在美国的保护下埋头发展经济,在成为世界第二经济强国的同时,注重提高国民的生活质量与生活便利程度,取得了举世瞩目的成功。据日本消防厅 2005 年的统计,日本各级地方政府投资建立及参与管理的公共设施,如公立学校、保育所、儿童馆等教育设施,公民馆、体育馆、图书馆、博物馆、老人中心等社会设施,在全日本各地有 44 万 5 千 8 百余所。加上中央政府经管的各类公共设施,在一亿两千七百余万日本总人口中,不到 300 人就拥有一所公共设施,这在全球发达国家中也是名列前茅的。[①] 本文就公共文化设施方面提出调研报告,从日本城市公共文化设施的发展历程中探索成败经验教训,为当下的中国城市文化设施建设提供他山之石。

一、日本公共文化设施的范围

公共文化设施(日语:"公の施設"),在日本《地方自治法》第二百四十四条规定:"以增加居民福利为目的而供居民利用的设施"[②]。这里的公共文化设施不一定专指"公立",也包括民营设施。从日本总体的发展来看,公共文化设施的设立和发展,同国家和地方自治团体的政策措施有密切关系。因此,本文探讨的对象主要为"公立的文化设施"。

如果查阅各个地方自治团体(行政单位)的对其文化设施的描述,可以发现每个行政单位所设定的文化设施范畴并不是一致的,不存在统一的概念。在此本文参考两个有关针对公共文化设施提供服务的机构的定义。第一个是公益社团法人全国公立文化设施协会。该机构设立的目的是:"在全国公立文化设施(指演出音乐、戏剧、舞蹈、电影等或振兴文化艺术为目的而设立的设施)的协作下,谋求振

---

① 〔日〕德永高志:《公共文化施設の歴史と展望》,晃洋书房 2010 年版,第 210 页。

② 日语原文:"住民の福祉を増進する目的をもって、その利用に供するための施設。"

兴地区文化，有助于我国舞台艺术的发展。”[①]在表明该机构设立目的的同时，还对公共文化设施下了定义。第二个是财团法人地域创造。该机构的设立目的是："在地方团体的要求下，援助振兴文化艺术，建立有创造性的地区。”[②]该机构对全日本公立文化设施进行情况调查，对象为各地的会馆、美术馆、练习场、创作工坊以及包含这些场所的复合设施。在日本国内，上述两个机构针对公共文化设施的各种服务管理活动已经得到了广泛的认可，其公开的调查报告等信息一直是行政单位了解全国文化设施情况的主要依据。鉴于这两种定义，本文将主要探讨的“文化设施”范围定为有可以演出文化艺术功能的会馆设施以及美术馆。此外，日本大部分居民区都设置了图书馆，这也是在日本国民生活中起到重要作用的城市公共文化设施，因此本文也将各级公共图书馆列入城市公共文化设施的范围。

二、国家的文化振兴政策

1. 总体性方向

在日本，文化振兴一直是最重要的国家政策之一。二战后 1947 年开始施行的《日本国宪法》第二十五条第一项规定："所有的日本国民均享有健康、文明的最低限的生活的权利。”[③]该条文是日本国民拥有“文化权”的法律依据。为保障国民文化权，政府令地方自治团体承担采取具体措施职责。《地方自治法》第一条之二第一项规定："地方公共机构以增加居民社会福利为基本方针，广泛承担并主动实施行地区行政工作的职责。”[④]下面，具体展示日本政府主导的国家文化振兴政策的发展轨迹。

1968 年，日本在文部省(日本的文化教育部)之外设置了文化厅，承担进行文化以及国际文化交流振兴的任务。1979 年，时任首相大平正芳在第八十七次国会上发表施政方针演说，以“文化时代的到来”为题强调重视发展文化。大平提出，经过战后三十多年的奋斗，日本已经取得了经济建设的丰硕成果，但是在发展过程中并没有充分考虑到提高国民精神上的生活价值。目前的日本，到了从以经济为主的时代需转到重视文化生活时代的转折点。他表明："将重视文化、恢复人性作为所有政策的基本理念，通过充实家庭基础、推动田园城市计划，全力以赴地实

① 日语原文："全国の公立文化施設(音楽、演劇、舞踊、映画等の上演、文化芸術の振興等を目的に設置された施設をいう)の連携のもとに地域文化の振興を図り、わが国の舞台芸術の発展に寄与する。"

② 日语原文："地方団体の要請に応えて文化・芸術の振興による創造性豊かな地域づくりを支援。"

③ 日语原文："すべて国民は、健康で文化的な最低限度の生活を営む権利を有する。"

④ 日语原文："地方公共団体は、住民の福祉の増進を図ることを基本として、地域における行政を自主的かつ総合的に実施する役割を広く担うものとする。"

现公正而高尚的日本型福利社会。”①1980年,在第九十一次国会施政方针演说中,大平正芳重申重视文化设施的理念并提及具体事项:“将充分设置、充分供给利用艺术、社会教育、体育等的各种文化设施,通过培养指导层人才等的方式,促进展开地区文化活动。”②该施政方针演说成为日本设立各种文化设施的直接根据,之后设立的日本各地的公共文化设施也因此大多称为“文化会馆”。③

2. 管理和经营方面的改革

虽然日本政府一直提倡由地方自治团体积极开展国家文化振兴,但一开始并没有取得显著的社会效果。后来日本政府意识到单靠官方资源开展全国文化振兴活动十分困难,因此从20世纪末开始,陆续推出了允许民营企业介入公共设施管理经营的政策。

1998年,日本政府颁布了《特定非营利活动促进法》。所谓特定非营利活动,又称为NPO(Nonprofit Organization的简称,是进行社会有益活动的非营利团体机构的总称)法人活动。该法律允许NPO取得法人资格,从而促进了NPO法人进行福利、教育、文化、城市计划、环境等的社会有益活动。

1999年,又颁布了《关于活用民间资金促进整顿公共设施的法律》(PFI法),之后几经修改,至2013年最后确定。PFI(Private Finance Initiative)法,是允许利用民营企业的资金促进公共设施事业的法律。但与已经获得显著成效的英国PFI相比,日本1999年颁布执行的PFI法虽然主要借鉴英国PFI而制定,但一开始并没有放宽到“委托民营机构受直接管理公共设施”的程度(这是英国PFI成功的重要因素之一)。因此日本一开始采用PFI法管理的公共设施单位并不多,也未见突出的效果。但也有少数成功事例,可以参见东京都杉并区的杉并公会堂(见后述)。

2004年,为弥补不完善的PFI法,政府对《地方自治法》又有部分修订,推出了“指定管理者制度”,并规定公共设施应在施行日起三年以内转成新制度。地方自治法第二四四条原条文是:“普通地方公共团体认为会有效达成公共设施设置目的时,根据条例,可以将其管理委托给普通公共团体投资的法人,或政令所规定的

---

① 1979年大平正芳:第八十七次国会施政方针演说《文化時代的到来》的原文如下:
“経済中心の時代から文化重視の時代に至ったものとみるべきであります”、“文化の重視、人間性の回復をあらゆる施策の基本的理念に据え、過程基盤の充実、田園都市構想の推進等を通じて、公正で品格のある日本型福祉社会の建設に力をいたす方針であります。”

② 1980年第九十一次国会施政方针演说的原文如下:
“芸術、社会教育、体育など各種の文化施設の充実と活性化を図り、指導者の育成などを通じて、地域における文化活動の展開を促進してまいります。”

③ 参见〔日〕《大平正芳回想录资料编》,大平正芳回想录刊行会1982年刊行,第185页。

单位,或公共团体或有公共性的团体。"[①]这次修订,改为可以将城市公共文化设施的管理权委托给"法人或其他团体,而由当地普通地方公共团体指定"[②]。这次修订终于解脱了对公共设施管理者的限制,一般株式会社、公益法人、NPO 法人或者任意民间企业团体都可以成为公共文化设施的管理者。

根据公益社团法人全国公立文化设施协会进行的《第八次公立文化设施现况调查》(2007 年)证明此次修订法律的效果非常显著。该调查对象 1177 个公共文化设施中(调查 1276 个,其中有效回答的 1177 个),2003 年引进指定管理者方式的只有 5 个,法律施行两年后的 2006 年,已有 545 个设施引进了指定管理者制度。到调查年度的 2007 年为止,占总体 55.7% 的 656 所文化设施采用了指定管理者制度。加上正在考虑引进该制度的公共文化设施,超过 60% 的日本文化设施的管理权,已委托给了地方自治团体之外的私人机构。[③]

3. 具体文化振兴方针

2001 年,日本《文化艺术振兴基本法》颁布。其前言指出:"从现状看,虽然我们已达到享受经济富裕的时代,但让文化艺术真正起作用的基础配备和环境还不能说已经完善。"[④]因此制定该法律的目的就是:确定振兴文化艺术的基本理念,明确国家以及地方公共团体的职责,制定文化艺术振兴政策基本项目,促进文化艺术活动者的自主性活动,有助于实现充实精神的国民生活和有活力的社会。该法律还强调:应当十分尊重进行文化艺术活动者的自主性;凡是国民,不受居住地的限制而都能享受、欣赏、参加和创造文化艺术。需要为之配备环境,促进以居民为主体的文化艺术活动以及有地方特色的文化艺术的发展。

《基本法》第二条提倡和关注八个基本理念:

其一,尊重进行文化艺术活动的人的自主性;

其二,尊重进行文化艺术活动的人的创造性和提高其地位;

其三,完善鉴赏、参与、创造文化艺术的环境;

其四,日本以及世界文化艺术的发展;

---

① 日语原文:"普通地方公共团体は、公の施設の設置の目的を効率的に達成するため必要があると認めるときは、条例の定めるところにより、その管理を普通地方公共团体が出資している法人で政令で定めるもの又は公共团体若しくは公共的团体に委託することができる。"

② 日语原文:"法人その他の团体であって当該普通地方公共团体が指定するもの(以下「指定管理者」という)に、当該公の施設の管理を行わせることができる。"

③ 〔日〕《公立文化施设现况调查第 8 回(平成 19 年度)》,公益社团法人全国公立文化设施协会 2007 年刊布;《平成 19 年度(2007 年)地域的公立文化设施实况调查报告》,财团法人地域创造 2008 年刊布。

④ 日语原文:"現状をみるに、経済的な豊かさの中にありながら、文化芸術がその役割をはたすことができるような基盤の整備及び環境の形成は十分な状態にあるとはいえない。"

其五，多重文化艺术的保护和发展；

其六，地区特色的文化艺术的发展；

其七，日本文化艺术向世界的传播；

其八，反映国民意见。

进入21世纪之初推出的该项法律，与先前的文化政策最大的不同就是充分承认、重视和支持进行文化艺术活动中的人的自主性。20世纪的日本国家文化振兴政策是由政府主导制定并筹备硬件建设的；而进入21世纪后的日本国家文化振兴政策，则是以充实的硬件为基础，支持的对象转向到文化事业的软件和人。之后，日本政府根据现状拟定未来五年的文化计划，至今为止已推出了2002年、2007年、2011年的三次文化发展基本方针。这三次文化发展计划都是根据现实需要而修订的，因此真实地反映出了日本文化政策施行的状态和急需解决的问题。①

3.1　第一次基本方针：

2002年，根据前一年开始施行的《文化艺术振兴基本法》，制定了关于文化艺术振兴的基本方针（第一次基本方针），明确了日本文化艺术振兴的基本方向，首先是提出文化艺术振兴的必要性。从"人类为了实现理想的生活以及享受文化成果"这个方面看，振兴文化的意义如下：

其一，成为有尊严生活的精神食粮；

其二，形成共同生活的社会基础；

其三，实现高质量的经济活动；

其四，真正对人类发展有贡献；

其五，构建世界和平的基础。

该方针还强调，文化艺术不仅是艺术家、文化艺术团体或部分爱好者的活动，而且还是所有国民在实现精神充裕的生活过程中不可缺少的部分。从这一意义上看，文化艺术可以说是全体国民的共有社会财产。因此，个人、民办单位、团体、地方公共团体、国家均应该意识到自己是文化艺术的旗手，进而携手进行各种文化艺术振兴活动。该方针主要提倡继续配备文化艺术振兴的环境设施和充实各个环节的艺术活动，积极展开老年人、残疾人、青少年、学校中的文化艺术活动，提高公共文化设施的利用率。

① 〔日〕《我国文化政策平成25年度版》，日本文化厅2013年公布；《关于文化艺术振兴的基本方针》（平成14年内阁会议决定），日本文化厅2002年公布；《关于文化艺术振兴的基本方针（平成19年内阁会议决定）》，日本文化厅2007年公布；《关于文化艺术振兴的基本方针（平成23年内阁会议决定）》，日本文化厅2011年公布。

3.2　第二次基本方针：

2007年，日本政府制定了第二次振兴文化的基本方针。第二次方针根据第一次方针实施后的情况修订，并重新策划综合方针。其描述的五年变化是：民营企业和行政机关分担任务，使之推进地方分权，地方公共团体的文化经费减少。由于放松了一些限制，民营单位可以参与一些新的文化领域，提供高效的多种服务。由于非营利活动、自愿活动的推广，民营企业和行政单位携手合作的机会越来越多。尤其是企业加入 mecenat 活动（企业文化赞助）[①]越来越多，社会效果也越来越显著。已有的各类公共文化设施，由于推进了指定管理者制度，吸引了民营单位的加入，出现了不少高效率经营单位。但也出现了一些令人忧虑的现象，比如一些带有地域特色的文化艺术活动，因经济效益的问题而出现了减弱甚至停顿的生存困难。

鉴于这样的现状，第二次基本方针强调：眼下是开拓文化力的时代；提高国家的文化力，实现精神充裕有活力的社会；推进国际文化交流从而促进外国对日本的理解，让日本文化艺术贡献于世界；应该让世界充分了解日本文化艺术的特征，展开长期、持续的研究策划，以地域文化力振兴日本；地域文化的丰富必然丰富整个日本文化，提高日本的文化魅力，振作日本人的精神力量。让日本国民在全国各地都可以接触各种各样的文化艺术，也能够创造更丰富的地域文化艺术；认真筹备一代人都能享受并便利参与文化艺术的社会环境，为此国家、地方、民营单位应该携手，共同促进当代日本文化艺术的兴盛。

3.3　第三次基本方针：

2011年，制订了第三次基本方针。方针分析了日本社会近五年来的变化：各地继续推广民营单位和行政单位的任务分担改革。有些地方由于少子高龄化而人口减少，城市单身家庭增加，使得小区社会衰退，而文化艺术担任者的越来越缺乏，也使得支撑小区文化艺术的基础脆弱化。政府担心随着周边国家的经济、文化的快速发展，日本在国际上地位会逐渐降低。该方针强调，作为成熟发达的社会，日本文化艺术振兴的重点应从筹备硬件到支持文化软件和人，追求提高国民的生活质量。之前对文化艺术的政府支持，往往只被认为是经费资助；而今后作为对日本社会发展必要的战略性投资，除了政府的资金援助，更进一步明确了政府公共政策的重要位置。

---

① 20世纪初，“Mecenat”一词被定义为企业对艺术的保护和赞助，此后企业与艺术的结合观念一直被倡导。为了连接愿意做赞助活动的企业和需要这些赞助的艺术团体或者艺术机构，世界各个国家和企业都设立了 Mecenat 机构。尤其在被称作“文化世纪”的21世纪里，更多的企业开始关心企业社会责任（Corporate Social Responsibipty，简称 CSR）的概念，而担当企业社会责任之一的 Mecenat 活动也受到被普遍重视。

作为下一步的国家发展战略，日本政府近年来还提出了文化艺术立国的设想。比如近些年广受关注的全球“创造性城市”活动，日本政府就极为敏感，也非常重视，积极响应跟进。作为新成长战略的重点，日本推出“COOL JAPAN”计划。从传统文化、设计、时尚服装到饮食文化，都积极组织和传播丰富多彩的日本传统文化和现代文化，同时培养集聚这些领域的创造性人才。

第三次方针确定了六个重点战略：

其一，有效支持文化艺术活动；

其二，培育有能力创造、支撑文化艺术的人才；

其三，以孩子、青少年为对象充实文化艺术的振兴政策；

其四，文化艺术的向下一代的继承；

其五，文化艺术的地域振兴，与地域观光、产业振兴的结合活用；

其六，传播日本文化，充实国际文化交流。

2012 年，日本国《剧场、音乐堂等的活性化的法令》公布。其中明确规定：“剧场、音乐堂等是继承、创造、以及传播文化艺术的场所，是人们聚集，带给人们感动和希望，培养人们的创造性，形成人们共同生活密切联系的地域文化根据地。”①该法令条例还认为，剧场、音乐堂等公共文化设施有促使小区社会创新再生，支撑地域社会经济发展的功能。这些阐述显示出日本政府已经在反省之前有限施行配备文化设施的政策，今后将重视加强演出和经营剧场、音乐厅以及人才培养，使大多数国民都意识到个人和整个社会都承担着振兴文化艺术的责任和活动。

条例第一条就表明了制定该法令的目的：“有助于实现精神充裕的国民生活和有活力的地域社会的养成，促进国际社会的和谐发展。”②第十五条还具体规定：“国家以及地方公共团体在学校教育课程中，必须为学生提供鉴赏艺术演出或参与演出提供机会或采取必要的措施。”③

① 日语原文：“劇場、音楽堂等は、文化芸術を継承し、創造し、及び発信する場であり、人々が集い、人々に感動と希望をもたらし、人々の創造背を育み、人々が共に生きる絆を形成するための地域の文化拠点である。”

② 日语原文：“心豊かな国民生活及び活力ある地域社会の実現並びに国際社会の調和ある発展に寄与することを目的とする。”

③ 日语原文：“国及び地方公共団体は、学校教育において、実演芸術を鑑賞し、又はこれに参加することができるよう、これらの機会の提供その他の必要な施策を講ずるものとする。”

三、20 世纪日本公共文化设施的变迁（根据日本文部省 2010 年公布的统计资料整理而成）

1. 表格一

分年度公立文化设施开馆数

	调查数	—1959 年	1960—1964	1965—1969	1970—1974	1975—1979	1980—1984	1985—1989	1990—1994	1995—1999	2000—2004	2005—2008	无回答
设施数	3683	64	63	147	238	296	487	439	699	673	402	137	38
总计设施数	3908	64	64	149	242	304	505	462	747	736	438	157	40
会馆数（合计）	3074	52	59	138	211	262	424	371	573	549	299	102	34
专用会馆	1211	23	36	72	82	74	142	127	264	240	109	38	4
其他会馆	1863	29	23	66	129	188	282	244	309	309	190	64	30
美术馆	617	10	4	9	21	33	70	70	137	120	101	38	4
练习场、创作工坊	217	2	1	2	10	9	11	21	37	67	38	17	2

调查对象是会馆、美术馆、练习场、创造工坊以及包括这些场所的复合设施。专用会馆指以上演舞台艺术剧等为主要用途的文化设施。

其他的会馆：主要用于舞台艺术表演以外的文化活动。

美术馆：不受博物馆法的限制，而进行艺术作品展览会的专用设施。

练习场、创作工坊：用于舞台艺术的练习或创造美术作品的专用设施场所。

2. 表格二

公立文化设施数量的进展（近 50 年统计资料累计）①

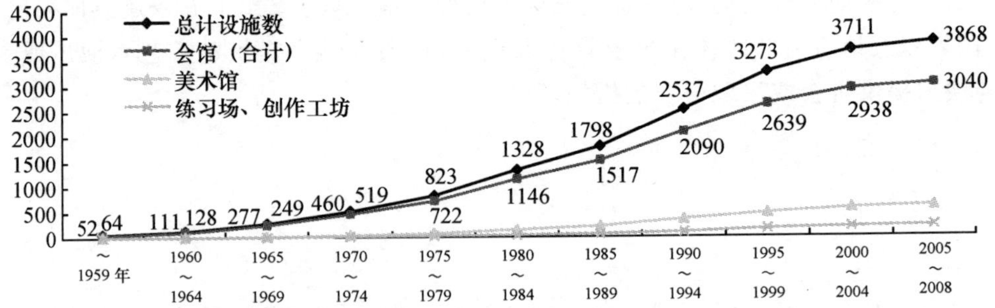

3. 概念和作用的变迁

二战前后，为召开各种会议或举办大会，日本各地的地方行政机关在自己管

---

① 数据根据日本《平成 19 年度（2007 年）地域的公立文化设施实况调查报告》整理而成（2008 年 3 月发表）（财团法人地域创造统计公布）。

辖区域设立了公会堂。这些公会堂是居民聚集的地方,也作为居民之间的交换信息的场所,官民双方都积极利用。20 世纪 50 年代开始,公会堂的角色发生了变化:从专为会议的设施逐渐转变到有剧场功能的文化设施。在居住地有了剧场功能的公会堂,当地居民就可以方便地观看和接触各类文化艺术活动。60 年代以后,日本全国盛行建设能够演出多种艺术的“多目的”会馆。这些会馆不仅能演出现代话剧,还可以举行音乐会、西方歌剧、音乐剧、日本传统歌舞伎等演出活动。进入 80 年代,重新考虑修建多目的会馆意义的看法越来越多。一来是居民的文艺鉴赏要求提高,他们希望观赏到水平更高、更专业的文艺表演;二来是在文化设施全国普及建设的过程中,行政机关意识到需要建立更有特色的文化艺术据点以便有效展开城市文化发展计划。此后在日本各地陆续修建了为演出专业文艺(如古典音乐会、戏剧、舞蹈、歌剧、芭蕾舞等)而设计的建筑设施。90 年代后,居民接触文艺的方式有明显改变,从被动地鉴赏文艺演出,转变到自己参与创造文艺活动,并发表成果的主动方式。为支持居民自己展开文化艺术活动,之后在日本各地修建的公共文化设施,大多是以支持创造性文艺表演的设施(包括小剧场、排练厅等)为主,主要提供给本社区居民作为创造、发表文艺作品的公共场所。

日本现有的公共文化设施,根据其作用可以分为以下三种:

其一,专业文化设施:明确表明为振兴文化艺术事业而修建,目的就是为了积极展开区域文化艺术活动。为演出特定文化艺术而设计的专用会馆大多是属于此类,居民主要以作为鉴赏者而参与文化艺术活动;

其二,支持创造的文化设施:以支持地域的创造性文艺活动为目的的社区设施。本区域居民除了在此鉴赏文艺演出以外,还可以参与经营设施事宜,或利用设施举办各类文艺活动;

其三,出租性文化设施:直接租借给居民,提供文艺鉴赏和居民自创文化艺术活动的场所设施。此类设施场所既有公办,也有民营。

四、地方自治团体的文化振兴

这里介绍几种在日本有代表性的地方自治体公共文化政策以及城市文化设施建设实例。

1. 东京都

日本政府认为,凡是本国国民不管住在哪里,都应该享受到文化艺术。东京都还认为,东京作为日本的首都,需要集中设立高等级的文化设施,充分发挥其作用,从东京向全国甚至全球发出有创新性的文化艺术信息。

早在 1983 年,东京都就制定了《东京都文化振兴条例》,明确东京都政府对文化振兴的基本理念。条例表明,都政府认为东京都居民是城市文化的旗手,应该最大限度地尊重每个人的自主性和创造性。都政府在施行该条例时,应十分注意政府不得干预、干扰市民文化内容的原则。

随着 2001 年日本《文化艺术振兴基本法》的颁布,东京都的文化政策转变了基本方向,即从向居民提供文化艺术,变成为市民创造文化艺术提供支持。同时,东京都府开始着手调查文化创造场所存在的问题。2005 年 2 月开始,东京都每年召开数次“座谈文化措施”会议。2006 年,东京都推出了《东京都文化振兴指针》,以“产生创造性文化的城市——东京”为目标。该项文化振兴指针规划了从 2006 年到 2015 年的十年计划,表明东京都对文化振兴的基本想法和努力方向,成为一份文化振兴的规划蓝图,至今仍然是东京都发展文化的指导政策。

这份指针的前言指出:东京是 1200 万人的大都市,流动人口平均每日 300 万,海外旅客每年达到 400 万人次,是世界著名的巨大城市之一,在政治、经济、社会各个方面都牵引起整个日本社会。随着当代全球经济的一体化,世界各大城市之间各个方面的竞争越来越激烈。东京的发展如果输给其他大城市(特别是亚洲的大城市,如首尔、上海、北京、香港),势必会导致东京甚至日本的整体地位下降。东京必须成为世界人民的文化交流根据地,因此东京不仅要在经济发展上保持优势,还需要作为创造新文化的东亚城市而被世界注目、并取得好评。

东京都文化振兴的各项指针还设计出了东京城市文化特征与发展课题:

(1) 集中存在各种各样的文化设施。

课题:充实配备支撑创造文化、发出文化新信息的软件环境。

(2) 由多种主体开展各种各样的文化活动。

课题:与多种活动主体的合作和明确东京都的角色。

(3) 有许多文化艺术人才,国内外的访客。

课题:发掘更多年轻艺术家,促进文艺人才之间的交流,促进发展。

(4) 在每个地区开展富于文化魅力的城市策划。

课题:文化政策和城市经营战略的有效合作。

(5) 许多居民参与文化活动。

课题:增加东京都居民接触文化艺术的机会。

关于东京市民利用城市文化设施的方式,东京都认为今后应该从原来的文化鉴赏、专业人员创作,发展到以主动支持市民参与创造城市文化为主。鼓励东京都居民对艺术文化积极进行评价,给艺术家、文艺团体各种各样的关心和支援(如足球的球迷支持者一样)。

(6) 调研和保存大量的历史性建筑物和各类传统文化形式。

课题:继承、发展东京的历史和文化。

根据上述的特征描述和课题设计,东京都政府提出了“产生创造性文化的城市——东京”的总目标，并进一步制定了如下的分类发展目标：

其一，让东京成为被世界认可的文化魅力城市。具体包括支持崭露头角的年轻艺术家；扶植原创性的文化艺术项目；培养支撑艺术文化后续发展的广泛人才；

其二，让东京成为居民为其丰富的文化而感到骄傲的城市。具体包括培养孩子们丰富的感受力；促进居民的文化活动；继承和发展本土市民文化；

其三，让东京成为日本文化创造的基地城市。具体包括发展城市观光、产业振兴、与国内外各大城市之间的紧密合作；改善东京都文化设施以及增加设施的魅力；修正城市文化振兴推进体制。

2. 东京都的公共文化设施

下面介绍东京都政府管辖的一些城市文化设施项目，从中可以了解东京都实施城市文化振兴方针所取得的实效。

2.1 【トーキョーワンダーウォール(Tokyo Wonder Wall)】

为发掘现代艺术人才，根据当时的东京都知事石原慎太郎动议，东京都从2000年开始公开募集艺术作品，十二位艺术家的最佳入选作品在东京都政府大楼里进行展示，每次作品展期为一个月，提供给市民免费参观。

2013年东京都府获奖的作品(部分)展示：

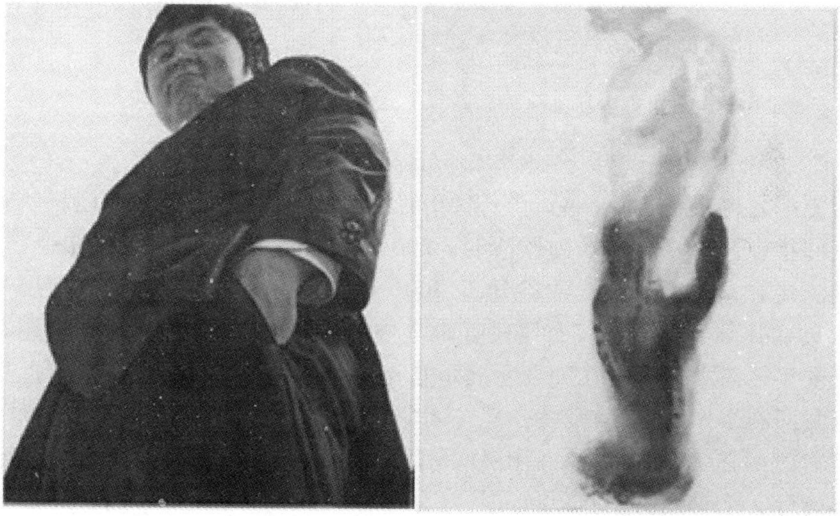

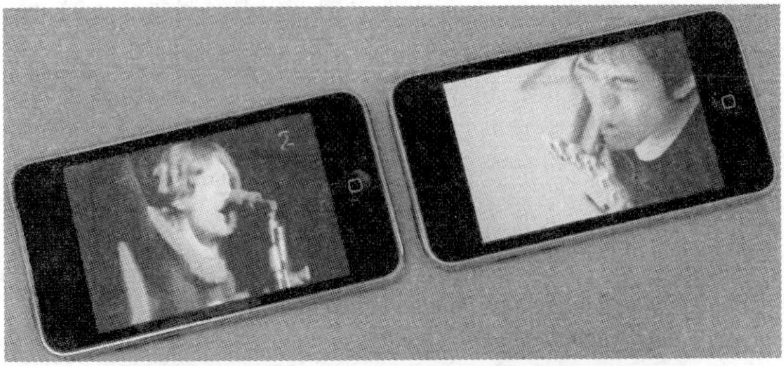

（照片载自东京都生活文化局网站）

2.2 【トーキョーワンダーサイト（Tokyo Wonder Site）】

为更深入地展开 Tokyo Wonder Wall 的活动，东京都决定设置专门场所支持住在东京的年轻艺术家的艺术创作活动。2001 年，Tokyo Wonder Site（略称 TWS）本部设立。接着，2005 年 TWS 涩谷分部、2006 年 TWS 青山分部设立，全面展开东京都艺术交流活动。TWS 不仅有居民近距离接触和鉴赏文艺创作的功能，还有让住在东京的年轻艺术家有机会和场所展示自己的艺术作品，并让孩子们与世界一流艺术家共同制作作品，以及支持年轻艺术家的策划等多种功能。TWS 是之前的日本未曾有过的艺术创作中心，是由公共团体管理的艺术活动支持单位，也是东京都具体施行文化政策的实验单位。

TWS 提出如下五条使命，并积极展开活动。

其一，发掘、培养年轻艺术家，其从东京发出创新性文艺作品的信息；

其二，作为亚洲以及世界的艺术网络枢纽，做好东京的大平台；

其三，支持东京的活力源艺术、促进城市文化的多样性发展；

其四，与东京都文化政策协调，作为文化战略计划施行措施，开展调查，提供实验的场所，展开各类文艺活动；

其五，长期培养从事城市文化艺术的各类人才。

（照片载自日本 Tokyo Wonder Site 网站）

2.3 【东京都江户东京博物馆】

江户东京博物馆设立目的，是“在保护江户东京的历史遗产的同时，回顾东京的历史和文化，从而思考未来的东京”。1993 年 3 月 28 日开馆后，不到四个月入馆人数就达到一百万人，七年以后达一千万人次，说明该博物馆很快得到东京都及日本全国民众的认可。2006 年，财团法人东京都历史文化财团被指定为指定管理人。2009 年，由财团东京都历史文化财团、鹿岛建物综合管理株式会社、朝日啤酒株式会社构成的财团集团，成为江户东京博物馆的指定管理人。

江户东京博物馆常设展的参观券是 600 日元（大约 36 元人民币），日本六十五岁以上老人、大学生、高中生有优惠价。全国小学生免费，住在东京都或上东京都内的学校的初中生也免费。东京都内的小学中学校团体参观也免费。常设展示室有江户区和东京区，分别展示根据详细调查研究而复原的与实物一样大的城市生活模型，重新布置当年东京城市生活情况的缩尺模型。还有江户时代及东京市民使用过的大量实物及文献资料，借此可以详细了解从江户城到东京市老百姓的实际生活情况。

展示室

江户时代大杂院银座炼瓦街

（照片载自江户东京博物馆网站）

2.4 【东京都庭园美术馆】

东京都庭园美术馆原是 1933 年修建的“朝香宫”宅邸（朝香宫是皇族久迩宫家第八王子鸠彦受赐的宫号）。与东京都内其他宫殿不同，朝香宫委托法国的 Art Déco 设计师 Henri Rapin 设计室内装修。朝香宫夫妻参观过 1925 年在巴黎举办的 Art Déco 博览会，Henri Rapin 是作为 Art Déco 协会副会长积极参与举办该博览会事宜，同时设计了博览会的多所展馆。二战后，朝香宫宅邸曾作为首相宅邸及国家迎宾馆使用。1983 年其管理权转给东京都，变成东京都美术馆。该美术馆与别的美术馆不同，建筑物本身就是艺术品，与美术馆周围的庭园起到相互映衬作用，入馆可以同时鉴赏自然环境、优美建筑物和打量美术作品。该美术馆展出的作品与其鉴赏空间，产生了互相映衬的新的美术鉴赏方式。该美术馆从 2011 年 11 月 1 日因重修而长期闭馆，预计 2014 年重新开馆。

东京都庭园美术馆外观

电灯楼梯扶手上的装饰
（照片载自东京都庭园美术馆网站）

2.5 【东京文化会馆】

东京文化会馆的设立，是为了满足"东京都也需要既可以看歌剧，又可以看芭蕾舞的专业性的音乐会馆"这一东京都居民的需求设立的。其作为东京都政府开都五百年纪念事业的策划，在1961年4月份开馆（开都五百年从1457年太田道灌修建江户城开始算起，至五百年后的1956年）。在东京文化会馆一直有世界著名的各种剧团艺术家演出歌剧、芭蕾舞、古典音乐等。其音响效果极佳，被赞誉为"奇迹"，而得到了世界音乐界的认可。除大演出厅（2303座）和小演出厅（649座）以外，还配备彩排室、会议室、音乐数据室等。除了有名艺术家的演出以外，东京文化会馆还进行了各种各样的教育普及活动。如东京音乐比赛入选者演出，或由年轻演奏家直接指导小中学生等。为实现"世界闻名的文化创造城市东京"这一目标，作为东京都政府策划的"东京文化创新计划"的一部分，东京文化会馆实施"青少年舞台艺术体验节目"，给幼儿、小中学生以及学音乐、舞台艺术的青少年提供接触高质量的舞台艺术演出的机会。

大演出厅音乐数据室

（照片载自东京文化会馆网站）

3. 东京二十三区的公共文化设施

东京二十三区是东京都管辖的市中心二十三个特别区的合称。特别区的行政权限与市相同。以下分别介绍杉并区和新宿区文化设施的建造背景和活动内容。

3.1 【杉并公会堂】东京都杉并区

杉并公会堂是1957年杉并区以文化振兴为目的而修建的公会堂。虽称公会堂，其主要目的还是给居民提供鉴赏高质量文化艺术演出的机会，其卓越音响效果被称为“东方第一音乐殿堂”。在公会堂的大礼堂、小礼堂和排练厅，分别配备

大礼堂

世界三大名牌钢琴 Steinway、Bösendorfer、Bechstein。1994 年与日本爱乐乐团签订友好合作关系后，除了进行乐团的定期演出以外，还免费开设以区内小中学生为对象的音乐鉴赏教室。2006 年，杉并区在日本首次引进 PFI 重建公会堂，利用民间资金和专业技术给居民提供更高质量的公共文化服务。公会堂是日本人谁都可以申请使用的，只是对在杉并区居住、上学、工作的人，可以比其他地区的人有优先使用权。

杉并公会堂建筑外观

（照片载自东京都杉并公会堂网站）

3.2 【新宿文化中心】东京都新宿区

新宿文化中心是根据本区居民的要求（居民需要展示自己文化艺术活动成果的场所），纪念新宿区成立二十五周年而修建的公共文化设施，于 1979 年正式开馆。在大音乐厅配备钢琴、大键琴和管风琴，可演出古典音乐、芭蕾、歌剧等。还有小音乐厅、排练厅、展示室、会议室等提供给本区居民免费使用。其他区域的民众也可以申请作为发表文化艺术活动成果的场所而使用。新宿文化中心的经营单位是公益财团法人新宿未来创造财团，该财团是以“针对新宿区居民以及东京都居民，提供历史、文化、艺术、运动等的‘终身学习’的机会，促进居民的主动参与和互相交流”为目的的公益财团法人。除了文化中心的设施之外，新宿区内的终身学习、文化、运动等公共设施，均由该财团管理经营。

大音乐厅展示室

（照片载自新宿文化中心网站）

五、日本国民文化意识调查(日本内阁府进行的全国调查)

日本内阁府每七年进行一次对于民众文化意识的全国调查。以下介绍 2009 年的调查结果,以便了解目前日本国民普遍的文化意识。调查对象是在全国二十岁以上的成人当中,随机抽出的三千人的国民,以一对一的会面方式调查。有效回答人数为 1853 份。

1. 文化艺术的鉴赏活动和创作活动

问 1:这一年直接鉴赏过的文化艺术是什么?(可多选)

音乐	24.2%
美术	24.2%
戏剧	10.5%
电影	37.2%
传统技艺	5.3%
历史建筑物、古迹	22.6%
没鉴赏过	36.9%

问 2:这一年通过电视、广播、CD、DVD、网络鉴赏的文化艺术是什么?(可多选)

音乐	55.6%
美术	20.8%
戏剧	13.5%
舞蹈	7.3%
电影	57.3%
传媒艺术(电影除外)	10.3%
传统技艺	12.4%
表演艺术	23.2%
历史建筑物、古迹	27.5%
没鉴赏过	13.2%

问 3:这一年去了几次美术馆、博物馆?

1—2 次	26.8%
3—5 次	11.5%
6 次以上	3.9%
没去	57.5%

问4:你认为怎样才能使人更经常去美术馆、博物馆?(可多选)

自己居住地域或其附近有(增加)美术馆、博物馆	37.0%
门票降价	35.7%
早一点开馆、晚一点闭馆	13.9%
举办全国或世界闻名的艺术家的展览会	18.9%
举办与居住地域有缘的艺术家的展览会	11.7%
提供更容易了解举办展览会的信息	24.7%
消除参观过程的拥挤状态	11.5%

问5:你除了鉴赏文化艺术以外,有没有自己创作或参与过文艺活动,或参加过文艺志愿者的活动?(可多选)

创作、参与过文学、音乐、美术、戏剧、舞蹈、电影	7.4%
学习过音乐、舞蹈、华道、茶道、书法	7.3%
参加过地域的技艺、庙会、文化节	10.1%
参加过对孩子们文化艺术体验的支持活动	4.2%
没有特别的	76.1%

2. 小区文化环境

问6:你对居住地域的文化环境满意吗?

(鉴赏的机会、文艺创作、参与机会、文化遗产及传统街道的保存等)

满意	14.1%
大体满意	38.0%
不是很满意	22.9%
不满意	12.4%
不知道	12.6%

问7:为了改善居住地域的文化环境,你想需要些什么?(可多选)

会馆、剧场、美术馆、博物馆等文化设施的充实化	28.3%
演出、展览会、艺术节等文化事业的充实化	20.0%
继承、保存地域文化的技艺、庙会、文化节	28.6%
有效利用历史建筑物、古迹的城市计划推进	23.8%
支持艺术家、文化团体的活动	10.7%
孩子们接触文化艺术的机会的充实化	38.9%
没有特别必要	14.8%

问 8:小区文化环境充实之后,你还期待什么?(可多选)

居民能寻求生活价值	38.4%
增加居民之间的交流,增加参加社会性活动的机会	37.8%
培养对居住地的爱	32.3%
更好的人才聚集	18.1%
居民的创造性提高,连接到地域社会,经济的活性化	24.7%
孩子们感情丰富地成长	50.2%
小区的形象提高	28.6%
从其他小区或外国的访问者增加	9.6%
没有特别期待的	10.1%

3. 孩子的文化艺术体验

问 9:你有没有孩子(未满二十岁)?

有	28.4%
没有	71.6%

(对有孩子的人)你的孩子体验过什么样的文化艺术活动?(可多选)

学校举办的文艺鉴赏演出	59.0%
学校举办的戏剧创作	39.8%
学习音乐、舞蹈、华道、茶道、书法等	45.4%
在会馆、剧场、美术馆、博物馆等小区文化设施的鉴赏或学习	44.6%
音乐节或戏剧节等参加小区举办的文化活动	36.6%
参加小区的表演技术、小区节	41.4%
参观历史建筑物、古迹	37.6%
没有体验过	13.1%

问 10:你认为孩子的文艺学习体验活动重要吗?

重要	93.1%
不重要	2.1%
不知道	4.9%

如重要,你认为什么样的事最重要?

在学校举办的演出等鉴赏体验的充实化	58.3%
在学校举办的戏剧等创作体验的充实化	38.1%
学习机会的充实化	30.3%
在会馆、剧场、美术馆、博物馆等地域文化设施的鉴赏或学习	49.5%
音乐节或戏剧节等参加小区举办的文化活动	41.0%
参加小区的表演技术、小区节	46.0%
增加学习历史建筑物、古迹的机会	39.9%

问 11:关于孩子的文化艺术体验,你期待什么?

培养审美观等的感受性	51.9%
提高交流能力	37.9%
能够理解、想象别人的心情	38.6%
提高对学校的生活的自信	20.8%
提高遇到困难时的解决能力	18.4%
了解日本文化,对国家、生活小区感到难以忘怀	60.2%
提高对别的国家和文化的关心	35.7%
没有特别期待的	4.4%

4. 为文化艺术振兴的捐款

问 12:这一年,除了买门票外,有没有做过对文化艺术振兴的捐款?

有	9.1%
没有	90.9%

问 13:为了养成国民踊跃为文化艺术振兴捐款的环境,你认为需要什么?(可多选)

对捐款的人采取纳税优惠措施	21.7%
积极地提供捐款对象的文化艺术团体信息	30.5%
捐款方式的简易化,如网上结算等	15.0%
充实对捐款的人表示谢意的方式,如宣传纸上发表名字	9.6%
明确捐款的收入和支出	42.3%
能够指定利用捐款的范围、内容	24.8%

5. 针对文化艺术振兴的意识、要求

问 14:你认为让世界感到自豪的日本文化是什么?(可多选)

音乐(不包括流行音乐)	13.5%
流行音乐	6.2%
美术	24.7%
传媒艺术	25.3%
传统技艺	64.7%
历史建筑物、古迹	56.4%
文学	18%
生活文化	25.3%
食文化	31.5%
戏剧、舞蹈、表演艺术	28.8%
没有特别的	2.6%

问15:对在日常生活当中体验文化艺术,或自己进行文化艺术活动,你认为重要吗?

非常重要	28.6%
一定的程度重要	59.8%
不怎么重要	6.3%
一点也不重要	0.8%
不知道	4.4%

问16:通过捐助和支持文艺活动,使国民参与文艺,养成和发挥文艺感受性、创造性,因而促进社会活性化和经济振兴和,你认为这样的想法怎样?

同意	33.9%
大概同意	44.8%
不怎么同意	9.2%
不同意	3.9%
不知道	8.1%

问17:为今后振兴日本文化艺术,你希望政府应该重视哪些方面?(可多选)

支助高水平的舞台艺术表演及传统技艺	29.7%
支助对文化遗产地点的维持管理	41.9%
举办音乐节、戏剧节、电影节等市民文化活动	24.7%
支撑文化艺术的人才培养	44.2%
儿童文化艺术体验的充实化	48.6%
国立博物馆,美术馆等代表国家水准的文化设施的整备和充实化	25.8%
日本文化的创新,国际文化交流的推进	27.1%
文化艺术振兴捐款的纳税扣除等纳税优惠措施	14.9%

(该调查资料见日本内阁府官方刊布①)

① 〔日〕《关于文化的舆论调查》,内阁府大臣官房政府广报室2009年刊布。

从上述日本国民调查结果可以看出,当代日本国民普遍认为让儿童从小多接触文化艺术活动是非常重要的。日本儿童最初接触文化艺术的渠道多数是在学校。基于这样国情,当代日本各类学校很注重开设普及文艺技能的课程,让中小学生普遍得到这方面的训练和熏陶,并将此作为提高未来国民素质的重要事项对待。此外日本各类城市公共文化设施经常举办面向市民的各类文艺鉴赏活动,同时无偿提供场地和信息,为市民的参与城市文艺创造性活动提供有效的服务。在当代日本城市,文化艺术全民普及的工作开展得有序、有效,取得了显著的成就。

六、日本的图书馆

关于图书馆的设置,日本政府在 1950 年就颁布了《图书馆法》。后经数次修订,现行的图书馆法共有 3 章 29 条,与之相关的还有《图书馆法施行令》,以及《图书馆法施行法则》。日本图书馆法对图书馆的公益性质做了明确规定:"图书馆是地方公共团体、日本红十字社或者一般社团法人或一般财团法人设置的,收集、整理、保存图书、记录以及其他必要数据,提供一般公众利用,从而帮助国民提高修养、调查研究、娱乐等的设施。学校附属的图书馆或图书室另设法规。"[①]在日本,地方公共团体设置的图书馆叫做公立图书馆,日本红十字社或者一般社团法人或一般财团法人设置的叫做私立图书馆。

日本的图书馆法明确规定,图书馆有收集资料、整理编目、传播知识的责任,并有义务向一般民众开放供其使用。在日本,一般民众利用公立图书馆是免费的,图书馆法第 17 条规定"公立图书馆不得征收入馆费及其他任何利用图书馆资料的等价费"。图书馆法第 28 条同时规定私立图书馆可收取等价费用,日本的图书馆绝大部分都是公立的,所以日本国民基本上都可以免费利用图书馆获取资料,包括著名的日本国会图书馆、内阁文库等。下面介绍日本几个代表性行政区里的图书馆设置情况,从中可看出日本不同政区设置图书馆的不同做法。

1. 东京都中野区

东京都二十三区面积 621 平方公里。人口 13283225 人。(根据 2013 年 9 月 1 日东京都厅公布信息)其中中野区的居民人口 314053 人(根据 2013 年 10 月 1 日中野区役所公布信息),面积 15.59 平方公里。中野区的人口密度是 20144 人/平方公里,占日本第二位。该区是住宅区,离市中心近,而且租房价也相对便宜,是东京都城区内生活非常方便的居住区。中野火车站周边目前正在实施新城市计划,今后还将修建更多的商业大厦、办公楼、大学等。

中野区内,一共设置 8 个图书馆。只限于中野区和其邻接区的居民借阅,包

① 参见日本国立国会图书馆主页 http://www.ndl.go.jp/。

括在中野区上学、工作的住民(含外籍居住者)。区中央图书馆收藏近 50 万本书籍,其他街道图书馆各收藏 6 到 7 万本书籍。

2. 东京都世田谷区

居民人口 867718 人(根据 2013 年 10 月 1 日世田谷区役所公布信息),面积 58.08 平方公里。世田谷区也是住宅区,在日本人口最多的行政区。区内设置 16 个图书馆和 5 个街道图书室。借书没有居住地的限制,但是个别图书馆服务的对象限于本区居民。区中央图书馆收藏 47 万本书籍,其他街道图书馆各收藏 10 万本左右的书籍。

3. 东京都千代田区

居民人口 53821 人(根据 2013 年 10 月 1 日千代田区役所公布信息),面积 11.64 平方公里。千代田区是日本的政治、经济中心。皇居、日本国会、最高裁判所以及中央行政机构大都位于该区内。日本许多著名跨国公司的总部也设在该区。该区的白天上班人口多,晚间实际居住人口少。根据 2010 年的国家人口普查,千代田区的白天人口是 819247 人,而晚上人口只有 47115 人。区内设置 3 个图书馆和 2 个街道图书馆。此外还设置居民图书室和信息图书馆。区内的日比谷图书文化馆,除了具备图书馆功能以外,还包括历史民俗数据馆的功能,该馆常年积极开设各种讲座、研讨会,有着高水准的各类文化设施。该区图书馆的借书和各种服务都没有居住地的限制,且对外籍住民开放。

阅览室儿童书房

(照片载自千代田区立图书馆网站)

4. 滨松市天龙区

滨松市住民人口 32270 人(根据 2013 年 10 月 1 日滨松市役所公布信息),面积 944 平方公里。其中滨松市的天龙区,人口密度 34.18 人/平方公里,是日本全国行政区内人口最少、人口密度最低的区。该区虽然人口少,但是该区面积在日本各区排名中占第二位,可谓地广人稀。区内设置 5 个图书馆,只限于在滨松市居住、上学、工作的住民使用借阅。滨松市的图书馆都由滨松市政府统一管辖。

5. 大阪市

大阪市人口2683487人（根据2013年10月1日大阪市役所公布信息），面积223平方公里。大阪市内的各类图书馆皆由大阪市府设置的大阪市立图书馆统一管理。大阪市下设24个行政区。有趣的是大阪市不管其下属各区的面积、人口有多大差异，每区只设一座图书馆。大阪市中央区图书馆收藏197万本书籍，其他23个地区图书馆各收藏6到10万本书籍。此外，大阪市还拥有两台“流动图书馆”车，每月巡回大阪市内的100个地点，以便居住地离图书馆较远的居民借还书籍。

大阪市面积最大的区是住之江区，面积20.77平方公里，人口124655人，人口密度6002人/平方公里。面积最小的区为浪速区，面积4.37平方公里，人口66246人，人口密度15159人/平方公里。人口密度最高的区为城东区，面积8.42平方公里，人口164904人，人口密度19585人/平方公里。人口密度最低的区为此花区，面积16.94平方公里，人口66351人，人口密度3917人/平方公里。人口最多的区为平野区，面积15.30平方公里，人口197839人，人口密度12931人/平方公里。这些区内除了统一设置一个公立图书馆之外，还有一些数量不等的私立小型图书馆。

大阪市流动图书馆车

（照片载自大阪市立图书馆网站）

日本民众爱读书的风气久盛不衰，从国会制定读书节法规大力倡导读书，到文化教育出版行业的大力推行，至今日本城乡仍然随处可见民众凝神阅读的场景。书籍伴随着日本民族经历了一百多年来的兴衰沉浮，无论穷富、无论逆顺，始终被捧在手心。日本全民爱读书的风景令人肃然起敬，这也是大和民族至今仍然保持强大内聚力和创新力的根由所在，东亚各国有识者于此不可不深思。

七、结语

综上所述，日本城市公共文化设施的设立与整个国家的文化振兴政策的修订同步进行，呈现出以国家为主导进行的基本方式。从城市文化普及的角度看，由政府主导推广各项文化措施活动是最有效率的方式，战后日本的文化普及政策推行持之以恒，已经积累了相当多的成果和经验。

在完成文化设施基本普及之后由于各个地方行政区的城市环境、经济状况及文化建设预算不同，发展方向及速度难免会出现地区差异。从日本全国的情况看，一些边缘地区的中小城市由于人口减少及经济衰落，在公共文化设施普及后却出现了城市文化活动减少的现象，这也成为日本政府要面对的现实难题。

为了解决这些难题，也为了探寻通过振兴文化促进经济发展的新途径，日本文化厅从 2007 年以来在全国市区镇村开展评选“文化艺术创造城市”活动。这一活动由各级政府和所在地区居民、企业、大学共同参与，其宗旨是将该地区特有的文化艺术创造性活动有效利用于该地区的经济振兴（观光、产业等），以解决该地区存在的问题（如人口减少、产业发展减缓等），并获得显著进步效果。总而言之，在当前日本各地进行的各种各样的城市文化艺术活动中，公共文化设施作为市民参与及展现成果的舞台，已经成为日本城市文化发展中不可缺少的社会公益性机构存在。

回顾近五十年来日本政府推行的文化艺术振兴政策，对公共文化设施功能作用的认识和规定有着明显的变化和提升。二战后的日本政府首先强调的是保障国民文化权，城市文化和公共文化设施被认为是国家提供给国民的，国民只是被动地接受和享受者。上世纪 70 年代后期，随着日本经济实力的突飞猛进及社会的繁荣发展，建设公共文化设施成为日本各地振兴区域文化艺术的主要措施，其政策重点从过去的为国民提供文艺鉴赏活动场所，转变为让国民自己创造、普及和继承文化。21 世纪以来，日本政府与学界已认识到文化力就是国力，文化资源是经济成长的源泉，城市文化与区域产业振兴直接相关。政府对文化振兴的资助已不再被认为是一种单向付出的经费，而是一项富有远见的战略投资，文化振兴对日本国家经济发展作出了重大贡献。总之，从设施保障到文化战略的思路转变，是政府决策和民间参与的关键点，也是半个世纪以来日本公共文化事业持续发展、不断创新的重要原因。其中的成功经验及失败的教训，都值得其他国家尤其是东亚周边国家的重视和借鉴。

课题负责人

严明，教育部哲学社会科学发展报告建设项目《中国都市化进程年度报告》课题组子课题负责人，上海交通大学城市科学研究院特聘研究员，上海师范大学人文与传播学院教授，博士生导师。

课题组成员

山本景子，日本东京大学博士，上海师范大学人文与传播学院客座教授；
胡欣，上海师范大学人文与传播学院博士研究生；
于贞贞，上海师范大学人文与传播学院硕士研究生；
王婷婷，上海师范大学人文与传播学院硕士研究生；
王泽凤，上海师范大学人文与传播学院硕士研究生。

全球都市文化发展报告

当代城市发展所面临的挑战主要来自两方面,从城市居民方面来讲,全球城市人口趋向集中在少数大中型城市,新移民的大量涌入使城市向更加密集的方向发展,城市居民对于服务的迫切要求与供给严重滞后形成矛盾。从城市发展方面来讲,城市的建设和政府的管理也遭遇到不少难题,如二元城市化、交通堵塞、废物管理、资源利用和城市犯罪等,全球化进程下城市对于资金、资源以及创意人群的争夺也日渐加剧。在此背景下,城市发展需要更加合适的规划、设计、财政、建设、管治和服务方案,本报告从都市政策和规划、城市社会发展以及城市文化发展三个方面来对 2014 年世界都市发展的情况进行概述。

一、都市政策和规划

1. 西雅图的绿色发展政策

西雅图居民的环保意识较强,政府也采取了一系列绿色发展措施。2007 年西雅图通过了一项“零废物”战略,在降低垃圾数量的同时增加回收利用率,位于西雅图 SODO 社区中心的大型废物处理系统采用领先的技术,每日可以处理 750 吨物资,这些物资经处理几乎在几天的时间内就可以重新利用,并回到国内国际市场上。在西雅图市到处可见私用和公用的电动汽车充电桩,使越来越多的市民可选择节能型汽车。此外西雅图已经禁止使用塑料购物袋和泡沫塑料饭盒,社区电力服务中心还可以免费上门为居民评估家庭用电状况,以提出咨询建议来提高能源利用效率。[①]

2. 昆士兰:以城市知识经济为内涵推动智慧城市发展

澳大利亚的昆士兰市围绕知识经济政策框架来开展智慧城市的建设。知识经济是经济合作组织(OECD)于 1996 年提出的一个概念,通过创造、传播和应用知识来创造价值并营造网络化社会,在知识经济社会中,获取和使用知识的渠道及能力决定着个人和企业的社会经济地位。

1998 年昆士兰开始在九个大学和研究机构投资建设知识性的基础设施,2003 年昆士兰公布智慧城市建设纲要,提出九个战略投资和建设方向,分别是运用知

① 《绿色环保政策》,城市联盟网站 2013 年 7 月 9 日。

识来推动经济增长、提升居民知识技能、提供科学教育、建设科学和研究设施、加快研发和创新的商业转化、促进环境科学的发展、管理知识和信息经济活动、通过政府机构的活动来推动研究和创新发展、广泛建立战略性合作关系,此外,在九个框架的背景下通过加快创意和研究活动的成果转化来激活创意领域,自纲要发布的四年中,拟增加的相关项目投资达到 2.2 亿美元。①

昆士兰智慧城市的发展途径不同于其他的设施供给和政策导引,旨在发掘社会中知识和研究领域的力量,加快研发成果的商业和社会转化,以知识经济为内涵建设智慧城市。

3. 巴西城镇化率已达 85%

"据世界银行提供的《2013 世界发展指数》显示,金砖国家中城镇化率最高的是巴西,近 85%,其次为俄罗斯,达到 74%。据联合国预测,2050 年巴西的城镇化率有望达到 90.7%。1960 年至 2000 年是巴西城镇化迅速发展的时期,半个世纪的时间,巴西城镇化率由 44% 蹿升到 85%。"②然而,过快的城市化导致了很多问题。随着大批乡村人口涌入城市,城市环境和设施面临极大压力。在全球化背景下,各国掀起了产业转型浪潮,过快的城市化使得城市无法调整发展政策并协调各种矛盾,空气污染、交通堵塞、城市设施和服务供给不足、区域发展不均衡、社会不良流动性等问题频发。"巴西城镇化程度严重不均。巴西城市部的数据显示,巴西现有 5565 个城市中,38 个大城市的居民人数超过 50 万,占全国总人口的 30%,3914 个城市的人口不到 2 万,仅占全国总人口的 17%。此外,目前巴西境内收入悬殊等现象仍然非常严重,极富阶层的收入是极贫阶层的 175 倍以上。巴西国内 5.2% 的极富人群掌握着 30.2% 的财富,而贫穷人口仅拥有国内 0.2% 的财富。"③

4. 日本城市转型的绿色智能之路

在全球城市的产业转型发展中,日本的目标是逐步引导曾经的重工业城市转变为绿色智能城市。位于日本九州地区熊本县最南端的水俣市最具代表性,据统计,在"窒素水俣工厂"发展的鼎盛时期,水俣市的成年居民中有一大半为该企业的员工,或者从事着与该企业相关的工作。"窒素水俣工厂"几乎成为水俣市的代名词,但其排出的化工废料甲基汞也酿成了人类历史上首例"公害病"——"水俣病"的悲剧,今天的水俣市制定和执行了全日本乃至全世界最为严格的环境保护和资源回收标准,在一片普通的居民小区,生活垃圾分类回收的种类区分竟然多

① 《知识型城市发展:信息时代的规划和应用》,IGI Global 出版社 2008 年版,第 116—118 页。
② 《过快城镇化引发诸多矛盾》,《环球时报》2014 年 1 月 11 日。
③ 《过快城镇化引发诸多矛盾》,《环球时报》2014 年 1 月 11 日。

达24种。此外，小仓市享有日本“钢铁之都”的美誉，1963年在日本城镇化高速发展的时期，小仓市与其周边地区的另外4个城市合并为现在的北九州市。目前北九州市充分运用现代科技成果，运用最新的IT智能控制技术，“地区节电所”实时地掌握着北九州市各个区域的电力供给和需求情况，并且能够通过调用气象资料和历史记录等方式，智能地预判所在地区的电力消耗高峰和低谷，分别相应地调整不同电力消耗情况下的电价。同时利用炼钢过程中产生的大量氢气，在全世界首创了以社区为单位的“氢气站”，通过埋藏于地下的管道将氢气作为清洁能源输送至社区的家庭、办公楼和公共设施，2012年，北九州市被经济合作开发机构(OECD)确定为亚洲地区首座“绿色成长型城市”。①

5. 伦敦创业型新城区模式

伦敦是世界顶级城市，其商业环境的优势主要在于人才资源以及城市所提供的各种设施和服务。伦敦科技城是位于东伦敦的创业园区，然而随着创业公司的不断涌入也出现了许多问题。

英国政府兴建伦敦科技城的初衷是在伦敦东区贫民窟上建起一座创业园区，通过鼓励科技创业企业为英国首都的经济注入新动力，如今在东伦敦已经密布了3200家创业公司，创造了超过5万人的就业岗位，过去三年间，伦敦的科技企业数量膨胀了76%，从原有的近5万家增长到8.8万家，如今在伦敦城中，有超过58万人为科技企业工作，约占全伦敦就业岗位总量的27%，与此同时，亚马逊、谷歌、Facebook等科技巨头的英国分店也纷纷在伦敦开张营业，如今在科技城的核心区域——硅谷环岛(Silicon Roundabout)四周的街巷里，每周都有有关创业者的聚会和论坛举办；然而，根据地产服务公司Colliers International的统计数据，2012年以来，伦敦科技城周边的写字楼租金已经增长46%，催生了不少公共办公空间提供者的诞生，比如谷歌就在科技城租下了一幢7层写字楼，建成“伦敦学院”(Campus London)，为创业者提供成本低廉的办公空间。创业者支付每月275英镑的租金就可以在这幢大楼里拥有一张办公桌，同时享有高速宽带和技术设备等资源；但也有人因为高昂的租金而选择离开科技城，比如针对帮助大学毕业生创业者的孵化器公司Student Upstarts就把公司地址搬到了毗邻国王十字火车站(King's Cross Station)的一幢写字楼内，附近不远处，谷歌的伦敦总部预计在2年内竣工。②

6. “底特律破产”是城市发展的转折而非终结

2013年7月18日，美国城市底特律向密歇根州申请破产，有关的破产申请文件在当天即得批准，由于巨额债务和不断恶化的财政状况，底特律成为美国至今

① 《日本城镇化追求清洁智能》，《光明日报》2013年12月17日。

② 《在全球最贵的城市创业》，金融时报中文网2014年3月11日。

为止最受瞩目的城市市政破产案例。“一度是美国最繁荣的制造业中心的底特律,如今衰败的状况令人触目惊心。美国通用汽车全球总部设在底特律的闹市区,福特和克莱斯勒的总部在底特律的近郊。但随着近年来美国汽车制造业的衰落、‘汽车之城’的人口外流,以及房地产市场的彻底崩溃,底特律市陷入严重财政危机。从闹市区往外,成片闲置的住宅区犹如打过仗的废墟。由于治安混乱,外人一般不敢进入。3 月 14 日,密歇根州州长斯奈德宣布,任命企业破产重组专家凯文·奥尔为紧急财政管理人,接管底特律。25 日,奥尔顶着各方压力正式上任。美国媒体认为,底特律被州政府接管,将进一步打击这座城市的形象。美联社称,底特律因暴力犯罪多发、失业率高等原因,被《福布斯》列为‘2013 美国最悲惨城市’。”①同样值得注意的是,底特律都市区在过去十年中一直保持人均 GDP 的增长,可见其经济活力并不落后,底特律的破产本质上是城市中心市政经济的垮台,足见城市中心与都市区发展的差距。如果能够改变发展思路以及机制和架构,这或将成为底特律城市发展的转折点。

二、城市社会发展

1. 世界生活成本调查:新加坡居榜首

2013 年,经济学人智库(Economist Intelligence Unit)经调查评选发布了全球生活成本最高的城市排行榜,新加坡高居第一,巴黎是全球生活成本第二高的城市,排在第三至第五位的城市分别是奥斯陆、苏黎世和悉尼。

该机构追踪了截至 2013 年 9 月部分商品和服务的价格,包括食品、交通、公用事业、酒精饮料、烟草、私立学校和家政服务等,未考虑房地产价格或收入所得税,但将销售税和烟酒税纳入评价体系,以此对全球 131 个城市进行比较排名并制成指数,纽约被赋值 100 并被设置为基准指数。② 新加坡以 130 分的成绩荣登榜首,这意味着新加坡的生活成本比排在第 26 位的纽约高 30%,同去年相比,新加坡的排名上升了 5 位,分析表明促成这一结果的因素主要有两个,一是新加坡的交通成本占到 20%,二是酒精饮料价格偏高,一瓶佐餐葡萄酒在新加坡的售价大约在 25 美元,几乎是东京售价(约为 12.40 美元)的两倍。③ 而中国内地城市在排行榜上名次有所上升:上海在此次调查中的排名第 21 位,上升 9 位,得分为 101,意味着上海目前的生活成本比纽约高 1%;其他排名靠前的内地城市分别是深圳、大连和北京。④

① 《底特律破产》,环球网 2014 年 3 月 10 日。
② 《世界生活成本调查》,华尔街日报网站 2014 年 3 月 20 日。
③ 《世界生活成本调查》,华尔街日报网站 2014 年 3 月 20 日。
④ 《世界生活成本调查》,华尔街日报网站 2014 年 3 月 20 日。

2．大型治理机构的“日落条款”或向新兴市场倾斜

牛津马丁委员会在近日的一份报告中指出，全球各个治理机构亟须改革以适应 21 世纪的需要，如果无法再发挥应有的作用，应该终止其运作，将资源用于更适合的机构和组织，称为“日落条款”。前任世界贸易组织（WTO）总干事，现任牛津马丁委员会主席的法国人帕斯卡·拉米（Pascal Lamy）表示：“社会缺乏一致看法削弱了应对当前全球挑战的能力”，“20 世纪的许多架构和机构是按照过时的地缘政治原则设立的，其中地位日益衰落的参与方仍把持着过高的权力，许多重要的新兴强国实际上无法参与关键决策，必须改变这种状况以更好地反映当前和未来的需求”①。

报告还呼吁大型国际组织和机构应适应时代的需要，更好地反映全球经济及其他事务的重心向新兴市场倾斜的再平衡进程。同时建议联合设立一些新的平台和机构来应对新世纪的挑战，这包括：创建一个由 20 国集团（G20）、30 家公司和 40 座城市组成的联盟来抵御气候变化，推出新平台 CyberEx 共享网络威胁信息；消除对碳氢化合物和农业的“不正当”补贴，建立“健康城市”（Fit Cities）网络来抵御非传染性疾病的增加，以及创建“世界统计局”来提高数据贫乏地区的数据收集能力。②

3．伦敦租房人群中 35 岁以上年龄段居多

从传统上讲，英国的私房拥有观念较为普遍，但是随着房屋成本不断增加，越来越多的人选择租房。“全英国所有的房屋中，有 62% 属于私房，这个比例仍高于德国的 56.2%，但低于法国（63%）、意大利（72.5%）以及整个欧盟国家的平均值（73.5%）。尽管私房拥有比例不断下降，但仍大大高于美国的城市——纽约住房部 2011 年所做的研究表明：全市私房比例为 31.9%。在伦敦，成年租房者不断增多，35 岁（包括 35 岁）以上年龄段的租房人数最高，过去 10 年间该数量几乎翻番。因此，伦敦本地的房主及开发商不断针对成年人量身打造其名下拥有的出租房源，这些成年人通常更具经济实力，可能会优先考虑设计更合理、租期更长的房屋以及学区房。伦敦最新开发、以期吸引更成熟房客（家庭）的出租赁小区是东村（East Village），其为昔日的奥运村，毗临斯特拉特福德奥林匹克公园。”③

4．教育预算缺口迫使芝加哥小学生转学

2014 年，美国教育经费紧缺问题继续存在，芝加哥这类依靠联邦拨款的学区受到的冲击尤为突出，该学区近 20% 的收入来自华盛顿。为了应对教育行业出现

① 《大型治理机构的日落条款》，金融时报中文网 2014 年 3 月 11 日。
② 《大型治理机构的日落条款》，金融时报中文网 2014 年 3 月 11 日。
③ 《伦敦租房人群中年人居多》，金融时报中文网 2014 年 3 月 11 日。

的10亿美元预算缺口，芝加哥关闭了约50所小学，成千上万的芝加哥孩子将转到不同的学校就读，除了在关闭学校之前裁减的约一千人之外，该学区又解雇了两千多名教职员工，芝加哥所采取的是各学区中较为极端的措施。从全美来看，该市的做法并非个案，为准时开学，费城被迫举债5000万美元，而6月份该学区刚刚关闭24所学校，裁减将近4000名员工。虽然由于人口缩减，2010年以来底特律的学生人数已经减少了3.3万以上，但底特律教育系统仍发行9200万美元的一年期债券，为新学年筹措经费。①

5. 美国仍是全球最主要的移民目的地

美国智库皮尤研究中心最新发布的《全球移民和汇款模式变革》显示，近几十年来，全球移民和汇款的模式发生巨大改变，移民人数和汇款数量都出现大幅增长，越来越多的移民居住在美国、德国等高收入国家，而来自印度、墨西哥等中等收入国家的移民数量也不断增长，全球移民数量已经从1990年的1.54亿人增长至2013年的2.32亿人。美国依然是全球最主要的移民目的地国，全球约有1/5的移民居住在美国。2013年，在美国居住的移民人数达到4600万人，排名第二位的俄罗斯只有1100万人，据纽约市长布隆伯格公布的"最新纽约移民报告"，过去几十年纽约各族裔移民构成大洗牌，欧洲裔比例下降，其他族裔增长，华裔人口达35万，仅次于多米尼加裔的38万，预计未来几年将超过多米尼加裔，成为最大少数族裔。② "而2013年，输出移民数量最多的国家是印度，达到1420万人，其次为墨西哥，输出移民数量为1320万人，报告分析了来自联合国和世界银行的数据，指出中国在移民输出国排行榜上，从23年前的第7跃升至第4，移民人数从410万人增加至920万人，排在俄罗斯(1080万人)之后。"③

6. 创业城市特拉维夫

特拉维夫是以色列的一个城市，因推广其"创业城市"的理念和形象受到关注，希望以此来吸引人才、投资和其他发展机会。"2010年，在特拉维夫市长办公室的主导下，以提升特拉维夫全球地位与国际形象为目标的特拉维夫全球城市办公室(Tel Aviv Global City initiative)成立。为鼓励创新、完善的创业生态，特拉维夫全球办公室2011年接收了位于市中心的Shalom Tower办公大楼七楼的旧公共图书馆。经过整修，这个旧图书馆被改造成一个专门为创业者提供的公共办公空间(co-working hub)。每半年这个由特拉维夫市政府赞助的公共办公空间(被命名为"图书馆")会选择10个创业公司，以每月250谢克尔(约人民币435元)的价格

① 《芝加哥小学生被迫转学》，金融时报中文网2014年3月11日。
② 《中国成全球第四大移民输出国》，《环球时报》2013年12月20日。
③ 《中国成全球第四大移民输出国》，《环球时报》2013年12月20日。

将这一空间租赁给选出的 10 家创业公司，为他们营造良好的创业社群氛围。除'图书馆'外，特拉维夫地区还有多处类似的公共办公空间。集聚性和社区交流的特点，吸引了大量以色列创业公司前来特拉维夫。据特拉维夫全球办公室统计，全国 67% 的种子阶段的创业公司在特拉维夫—雅法都市地区，特拉维夫还吸引了来自世界顶级跨国企业（如谷歌、微软等）前来设立研发中心。"①

三、城市文化发展

1. 拯救伦敦特色出租车

国际旅客调查（IPS）经过抽样调查认为伦敦是全世界游客造访次数最多的城市，尽管伦敦早已位列顶级世界城市中心，但是保持传统特色依然非常重要。据报道，伦敦出租车公司生产的 TX4 气派、宽敞、造型仿佛"老爷车"，一直以来都是来自世界各地的游客心目中"伦敦"的代名词，但代表伦敦传统的老爷车式黑色出租车并未得到保留，伦敦街头的出租车已是五颜六色，车型也五花八门，如得到沃伦·巴菲特（Warren Buffett）投资的中国汽车制造商比亚迪近期宣布，它将向伦敦投放一批"迷你出租车"，在比亚迪之前，日产和 Frazer-Nash 集团旗下的 Metrocab 也计划向伦敦出售出租车，而梅赛德斯—奔驰（Mercedes-Benz）旗下的威霆（Vito）乘用车已经获得出租车牌照，成为伦敦街头的常见面孔。② 传统老爷车式车型受到威胁的主要原因有两个，一是其制造商和经销商因财务状况不佳先后被其他公司购入，现已被中国的吉利收购；二是伦敦市长鲍里斯·约翰逊正努力改善伦敦的空气污染状况，坚持要求伦敦的出租车在 2018 年底前实现零排放，而比亚迪、日产和 Metrocab 将推出电动出租车，不过吉利也随后表示，它也计划生产电动出租车。③

解决这个问题或许可以效仿伦敦地铁和巴士的更新方式。伦敦地铁在更新自己的 logo、列车和路线图时，都一直保留着原有外观中那些可辨识度非常高的元素，伦敦 Routemaster 巴士的更新，也在设计上仿照了旧车型，目前日产的 NV200 出租车将尊重传统设计，虽然该车型外观看上去更加现代，但仍然能让人一眼认出这是伦敦出租车，Metrocab 的设计看上去也遵循类似的原则，但比亚迪的 e6 似乎没有注意到这个问题。④

2. 大多数美国人仍青睐纸质阅读方式

随着数字媒体和数字出版的发展，纸板书大有被电子书取代之势，然而近期

① 《特拉维夫：创业城市的全球推广》，《上海经济评论》2014 年 1 月 14 日。

② 《伦敦街头特色出租车》，金融时报中文网 2014 年 3 月 11 日。

③ 《伦敦街头特色出租车》，金融时报中文网 2014 年 3 月 11 日。

④ 《伦敦街头特色出租车》，金融时报中文网 2014 年 3 月 11 日。

的一项调查显示大多数美国人依然青睐纸质的阅读方式。据报道,美国皮尤研究中心公布的一项调查显示,尽管电子书在美国的受欢迎程度不断上升,但纸版书的主导地位依然不可动摇。至少在 2013 年,绝大多数美国人依然选择传统的阅读方式。皮尤研究中心调查了 1000 多名 18 岁以上美国成年人,结果发现 76% 的美国人在 2013 年阅读过某种形式的书,平均阅读数量为 12 本,其中 70% 的人阅读过纸版书,相比 2012 年上升 4 个百分点,另外,28% 的人阅读过电子书,比上年增长 5 个百分点,调查也发现大多数阅读电子书的美国人也会阅读纸版书,只有 4% 的人表示只读电子书,调查报告称,阅读电子书的美国人比例在增加,但很少有人已完全用电子书取代纸版书。①

3. "棱镜""碟火"折射城市数据空间的安全隐患

2013 年 6 月,据英美媒体报道,美国国家安全局和联邦调查局从 2007 年开始"棱镜"监控计划,事件爆出者斯诺登透露这一项目通过雅虎、谷歌、苹果等九家互联网公司监听和挖掘视频、文档以及邮件、电话等通信信息,被监控的国家不仅包括欧洲国家这样的盟友,也包括拉美、亚洲这类新兴市场国家,这一秘密监控计划被爆出后引起轩然大波。而后据英国媒体报道,斯诺登又披露了"碟火"监控项目,该项目主要是国安局利用收集到的手机短信挖掘机主位置、机主联系人网络以及信用卡信息等。按《卫报》说法,"碟火"尽其所能收集一切可收集的信息,主要收集和分析自动发送的信息,例如未接电话通知短信、话费通知信息等。借助这些信息,"碟火"可采集到用户的位置等数据,借助手机银行发送给用户的信息,"碟火"可分析出手机用户的银行卡密码,其每日接触到的短信近两亿条。② 随着当代信息技术在城市生活中的不断渗透,城市数据网络已经发展成为城市空间中一个独特的维度,"棱镜""碟火"事件折射出城市数据空间的安全隐患。

4. 法国文化创意产业创收高于汽车产业 7 倍

法国经济部与文化部公布的一项联合调查显示,2011 年法国文化产业总产值达 1050 亿欧元,占法国国内生产总值(GDP)的 3.2%,是汽车工业的 7 倍。据法国经济类日报《论坛报》报道,2011 年法国文化产业创造了 578 亿欧元增值额,与农业和农产品加工业水平相当,是电信业的 2 倍、汽车工业的 7 倍,法国文化产业主要包括表演、古迹文物、视觉艺术和新闻媒体、书籍、视听行业和广告业、建筑设计、电影、影像与音像工业、知识与其他文化部门如图书馆、档案馆等,文创产业在法国创造了 67 万个直接工作岗位,占全国就业总数的 2.5%,此外还创造了 87 万

① 《多数美国人选择纸质书》,新华网 2014 年 3 月 3 日。
② 《英媒体披露"碟火"计划》,《解放日报》2014 年 2 月 28 日。

个间接工作岗位。①

5. 日本福岛辐射后遗症:没有户外活动的一代

据美国《大西洋月刊》报道,日本福岛核电灾难之后,核污染物渗入陆地和海洋,日本政府划定了 19 英里的"禁区",同时政府建议减少孩子们每天户外活动的时间,两岁以下的孩子每天户外活动时间建议在 15 分钟之内,而三到五岁的儿童每天的户外活动时间也不要超过半小时。② 由此引发了一系列的儿童健康问题,如福岛教育委员会在其年度调查中发现,当地儿童的体重超过全国平均水平。同时对由辐射导致的癌症问题也增加了当地居民的不信任感。据当地医疗机构的调查,儿童和青少年的甲状腺疾病病例也有大幅上升。

6. 芝加哥大学的创新教育制度

芝加哥大学的城市教育学院通过创新型的教育制度来应对城市教育中的问题和挑战。美国公立学校的学生尤其是来自低收入家庭的孩子很难进入或者完成大学教育,25 岁的年轻人中只有 8% 公立高中的学生完成大学教育,而其中只有 3% 是非洲裔或者拉丁裔男性。③ 城市教育学院的工作主要包括四部分:一是通过相关研究指标和模型追踪城市教育制度的发展和变化,分析并评估城市教育的质量;二是实施芝加哥公立学校示范性教师项目,为芝加哥和全国培养优秀教师做出示范并且测试,这是一个为期两年的研究生项目,毕业生经过三年的课堂培训进入芝加哥的各所学校,在芝加哥市各学校的任教率超过国家水平;三是特许学校项目,帮助低收入或者弱势学生完成中小学教育,共有四个校区,分别提供不同年龄段学生的教育课程,特许学校的录取没有任何选择条件,并招收约 1700 名低收入家庭的非洲裔儿童;四是一些相关模型和教育工具的创新。④ 城市教育学院希望通过创新教育制度来帮助这些贫困或者弱势学生,将这些做法和模式模型化,推广到全国,提升美国国家的教育质量和生活质量。

课题负责人

盛蓉,教育部哲学社会科学发展报告建设项目《中国都市化进程年度报告》课题组子课题负责人,上海交通大学城市科学研究院研究员,上海交通大学媒体与设计学院博士研究生。

---

① 《法文化业创收是汽车业的 7 倍》,《环球时报》2014 年 1 月 7 日。

② 《福岛附近儿童的户外活动时间》,《大西洋月刊》2014 年 3 月 11 日。

③ 《芝加哥大学创新方案》,芝加哥大学官方网站 2014 年 3 月 5 日。

④ 《芝加哥大学创新方案》,芝加哥大学官方网站 2014 年 3 月 5 日。

资源报告

城市建设、生态与资源报告

2013 年，国家各领域改革不断深化，可谓步步为营，中国城市建设、城市生态与城市资源在此背景下呈现出以下三个态势：一是城市基础设施建设逐渐转型升级；二是城镇人居生态环境备受关注；三是城市节能减排与新能源利用不断推进。2013 年作为中共十八大结束后的开局之年，以及伴随着十八届三中全会的召开，中国城市建设、城市生态与城市资源在配合城市综合管理，预防和治理“城市病”，推进城镇化健康发展上均可圈可点。但在发展中也有新的问题不断涌现，不容忽视。

一、城市建设状况与问题

城市建设和千家万户关系密切，它涉及每个居民的切身利益。同时，城市建设又与国家、与社会息息相关，影响着国家整体发展与社会安定。2013 年，中国城市建设问题一直是各方关注的焦点，诱发因素有很多，比如区域性城市群规划、新型城镇化规划、新城建设、旧城改造、房地产走势等。这些问题的解决都关乎城市建设的终极目的，即是否能够为居民提供良好的居住环境，帮助人们更好地实现各种社会活动。具体可以从以下几个方面回顾 2013 年的城市建设状况与问题。

1. 宏观区域规划与管理

2013 年，国家深入实施区域发展总体战略，区域规划和区域性政策文件分类指导特征更加明显，国家区域政策体系更加完善，国土整治、扶贫开发、区域合作等方面工作扎实推进。2013 年区域规划与管理情况具体表现在以下几点：

（1）重点地区发展的规划引导和政策支持得到加强

2013 年，国家对已出台区域规划和政策性文件的贯彻落实强化督促检查，组织开展区域规划和区域性政策文件实施的评估。比如开展《黄河三角洲高效生态经济区发展规划》《广西北部湾经济区发展规划》实施中期评估试点工作，落实《国务院关于大力实施促进中部地区崛起战略的若干意见》，继续推进中部地区“三基地、一枢纽”建设。落实承接产业转移政策措施，支持中西部地区承接产业转移示范区和产业园区建设。同时，逐步实化细化区域政策，编制了《苏南现代化建设示范区规划》《郑州航空港经济综合实验区发展规划》《黑龙江和内蒙古东北部地区沿边开发开放规划》,印发了《浙江嘉善县域科学发展示范点建设方案》,按照国务院要求起草了《新区设立审核办法》。有序推进首都经济圈发展规划编制工作,启动环渤海地区发展规划纲要前期研究,编制完成珠江—西江经济带、赣闽粤原中央苏区、晋陕豫黄河金三角区域、洞庭湖生态经济区等区域规划。

(2) 区域规划与建设在国内与国际两个层面展开合作

首先是推进国内区域合作。指导长三角、珠三角、长江中游城市群等重点地区一体化发展。推动建立统筹推进前海、南沙、横琴建设的联席会议制度。推动建立宁夏内陆开放型经济试验区建设部际联席会议制度。组织召开福建平潭综合实验区建设部际联席会议。继续指导连云港国家东中西区域合作示范区建设。其次是推动国际区域合作务实开展。深化中欧区域政策对话机制,与欧盟委员会共同举办第8次中欧区域政策对话会,组织召开加快建设我国面向西南开放重要桥头堡等部际联席会议及中国图们江地区开发项目协调小组会议。组织开展丝绸之路经济带和21世纪海上丝绸之路建设战略研究。积极推进可持续发展国际合作事务。

(3) 国土开发整治工作被提上区域规划管理的重要议程

一是加强国土开发利用基础性工作。2012年,国家土地督察机构针对地方人民政府建设用地审批、园区用地、土地抵押融资、征地补偿安置等重点问题开展了监督检查,发现943个项目涉及违规抵押贷款1039.22亿元,涉及土地面积29.63万亩。[①] 为此,2013年国家有关部门完成了《全国国土规划纲要》编报工作,编制下达了2013年全国土地计划和基础测绘计划,以此督促个别土地违规使用的地区在规定时间内整改查处。二是对重点流域综合治理的规划引导和项目管理不断加强。编制了千岛湖及新安江上游流域水资源和生态环境保护综合规划、太湖流域水环境综合治理总体方案、兴凯湖综合保护规划,推进实施《丹江口库区及上游水污染防治和水土保持规划》,组织开展重点流域"十二五"水污染防治规划的实施考核工作。研究制定《重点流域水污染治理项目管理暂行办法》,下放重点流域水污染治理项目的审批权限。

(4) 国家对特殊困难地区的扶持和对口支援力度加大

国家继续实施集中连片特殊困难地区区域发展与扶贫攻坚规划,以工代赈。同时协调做好新疆、西藏和青海等省、自治区的藏区工作。召开第四次全国对口支援新疆工作会议,编制实施喀什、霍尔果斯经济开发区总体发展规划。落实支持革命老区振兴发展的政策,印发中央国家机关和有关单位对口支援赣南等原中央苏区实施方案,召开支持赣南等原中央苏区振兴发展部际联席会议第一次会

① 王立彬:《国家土地督察发现违规抵押贷款逾千亿元》,《文汇报》2013年3月22日。

议。编制了《丹江口库区及上游地区对口协作工作方案》,推进建立对口协作工作协调小组并召开第一次全体会议。

(5) 国家将城市群逐渐作为推进城镇化的主体形态

2013年,《国务院关于城镇化建设工作情况的报告》指出,今后在城市群发展中,要力求优化提升东部地区城市群,培育发展中西部地区城市群。国家发改委对城市群的发展目标是京津冀、长江三角洲和珠江三角洲城市群将向世界级城市群发展,另外再打造哈长、呼包鄂榆、太原、宁夏沿黄、江淮、北部湾、黔中、滇中、兰西、乌昌石等10个区域性城市群,在这10个城市群中,中西部地区占据大半名额。① 城市群将由此逐渐作为推进城镇化的主体形态,这符合全球化背景下的城镇化的一般规律,符合我国资源环境承载能力的基本特征。

综上所述,2013年,国家在宏观区域空间规划与建设方面取得了很大的成绩,脚步坚实。但由于我国在整体区域规划方面起步较晚,规划意识与规划技术相对发达国家还较弱,所以仍有一些问题需要解决,反映在以下几个方面:

(1) 整体协调的规划观念在实际操作中显得薄弱

2013年,雾霾、水污染等生态问题充分考验着中国的城市化进程。我国经济发达地区的城市化进程中,种种现实矛盾表明:土地资源紧张,农业发展面临挑战,环境污染全面扩散,生态环境破坏严重等现象都不可能单靠一个城市、一个地区来解决,新的环境形势下,各个城市、地区在各自的规划中必须增加整体观,增加区域协作观,以整体规划共同应对挑战。

(2) 城乡规划体制分割,城郊结合部建设混乱

由于城市郊区的规划管理没有具体细则,在城市总体规划编制过程中只能将其划成空白地带。实际工作中,部分规划部门与土地管理部门有时采取分而治之的办法,使得城郊结合部成了"两不管"的脏、乱、差地带,造成引人注目的"城市郊区病"。所以,城乡融合、协调发展越显重要。要求在规划编制中明确城市和乡村布局上合理,功能上既有分工、又有合作,避免盲目发展和重复建设。

(3) 宏观区域规划的理念与技术有待提高

面对新形势,中国应从发展的角度进一步论证宏观区域发展的经济基础和发展条件,制定区域社会经济发展目标。运用新理论、新工具进一步科学预测城市发展规模,选择城市发展方向,建立新的城市发展空间形态,合理确定未来城市的布局结构。

2. 城市空间规划与建筑

"以人为本"当之无愧应该作为2013年度"城市空间规划与建设"的关键词,

① 原金:《发改委证实中国将再打造10个区域性城市群(名单)》,《每日经济新闻》2013年7月12日。

这不仅是从国家的政策规定来看,也是民众对城市建设发展的期许。从中国城市化长期目标看,城市需要让人幸福,而科学合理布局城市结构,人性规划城市发展空间对于实现以人为本,增强国民的幸福指数意义重大。2013 年城市空间规划与建设在“量”与“质”上都有很大的提高,但仍有如下一些突出的问题需要关注:

(1) 城市规划设计对城市发展的调控作用需重塑权威

城市规划设计对城市发展的调控作用经常失效,这种“规划失效”表现为两方面:一方面是许多城市总体规划尚未到期,但城市建设规模已经完全突破原定的框框,许多城市为期 20 年的规划指标在 5 年内“完成”已成为“常态”。另一方面总体规划的实施进程滞后于规划的期限。所以城市规划的权威性需要塑造,但从根本上说城市规划的前瞻性与科学性需要加强。

(2) 城市盲目重复建设遭民怨,政府项目浪费亟待遏制

2013 年,城市建设“短命工程”频发。据报道,河南省新野县投资千万元的公园为了给五星级酒店项目“让路”,尚未建好就被毁掉,而该县短短三年多的时间,因重复建设毁掉的新建项目就多达五个,总造价超亿元。[1] 决策规划“走形式、不透明”致使“短命工程”频发,遭到当地群众的一片怨声。同年,陕西省西咸新区沣东新城的“阿房宫重建”也因公众的诸多质疑声而成为文化热点事件。截至 2013 年底,阿房宫如何建设尚未敲定,但强烈的质疑声反映了公众对政府盲目地进行城市规划建设而不满。有关专家认为,地方盲目重复建设,不但反映出城建规划工作的不尽科学,也暴露出相关职能部门责任意识的缺位,规划建设“随心所欲”,必然注定某些城市建设项目短命。国家急需“严管”与“严惩”并举,力促地方发展规划、项目落地的“透明化”,遏制政府“三拍”(拍脑袋决策、拍胸脯保证、拍屁股走人)项目所造成的盲目重复建设和巨额财政浪费。[2] 另外,基础设施不能合理布局和相互衔接也是民众抱怨的重要问题,反映在道路建设上就是修了挖,挖了又修,老百姓戏称为“城市道路应安上拉链”。

(3) 各类奇、特、怪建筑不绝于目,反映民族文化自信的欠缺

近年来不断有被媒体、网络曝光的“最牛”建筑呈现在公众面前,比如在多个省市出现的“白宫”“凯旋门”甚至“故宫”。2013 年,东南大学等机构的一项调查数据显示,对北、上、广的城市核心区约一平方公里的区域进行图片搜索发现,上海区域内的 26 幢建筑,除 3 幢为香港建筑师设计外,其他均由西方建筑师设计;广州区域内 12 幢建筑中的 3 幢为国内设计,其他也均由西方建筑师设计;北京区域

① 陆欢、魏莘、李鹏、姜亮:《“短命工程”频发,3 年“造掉”上亿元》,《新华每日电讯》2013 年 11 月 12 日。
② 陆欢、魏莘、李鹏、姜亮:《“短命工程”频发,3 年“造掉”上亿元》,《新华每日电讯》2013 年 11 月 12 日。

内的8幢建筑则全部由西方建筑师设计。① 这些奇特、夺人耳目的仿造建筑以及众多的国外建筑设计在深层次反映的是对本土文化的不自信。盲目崇拜及模仿国外的某些建筑,照搬传统建筑形式的符号和构件,都属于错误的城市建筑倾向。新型城镇化过程中要做好建筑文化的传承与创新,但传承不等于模仿复制,创新也不能背离基本原理。"地域文化和环境的缺失导致城市出现特色危机,呈现出'千城一面'的雷同。"②眼下的中国建筑创作不仅仅缺少地域文化的自信,而且在多元化和跨文化的大背景下,中国建筑在面对西方建筑思潮时也缺少文化自信,这导致本土建筑文化话语权的弱势,在全球化过程中面临被边缘化的危险。

(4) 城市规划的公众参与度有待提高,要强调弹性,适应多变性

政府作为公共利益的代表,必须通过对市场强有力的调控,来保证城市在发展中"坚持以人为本,追求和实现城市、人、自然的和谐统一",让广大市民参与到城市规划中,才能避免公共利益被资本侵蚀,才能保证城市发展能够为民众而不是只为资本"谋求更多的福祉"。随着现代社会的快速发展,人们生活水平的提高,对于自身的衣食住行的要求也越来越高,特别是建筑业方面,不再是简单的遮风避雨,而是从质量、美观、环保等多方面来要求。强调弹性设计,是针对传统规划只集中预测一种的倾向,缺乏弹性和灵活性的问题而提出的,在用地布局上考虑"相容性"以综合区替代功能区,以保证市场经济条件下既能满足现实建设需要,又有为远期、远景的发展奠定规划软环境,而且能增强边境城市在国防等方面的应变能力。

(5) 文化城市建设成为城市规划发展新趋势

2013年,越来越多的城市规划设计开始朝着文化城市方向发展,文化城市、人文城市成为越来越多城市的发展目标。文化城市对于实现经济转型发展,以及中西部部分城市的跨越式发展具有重要的战略意义。2013年12月,《中原文化城市群建设研究》一书出版,标志着我国以区域城市群为主体的文化城市研究正式成型。我国有诸多的历史文化古城,具有一定文化历史积淀的城市在规划和建设时,要注重协调古城保护与经济发展、城市建设的关系,这也是新型城镇化建设的要求。

3. 旧城区改造与更新

近20余年来随着社会经济的发展,城市化进程高速推进,我们的许多城市在城市新区不断扩展建设的同时,"旧城改造"亦日益成为一个刻不容缓的课题。2013年,延续城市建设的火热,城市旧城区改造与更新成就颇多,但问题也不少。

---

① 《多位院士批建筑求洋求怪盘点各地造型奇特建筑》,人民网2013年11月26日。

② 卢庆雷、吴春燕:《奇、特、怪是建筑文化自信的欠缺》,《光明日报》2013年12月11日。

3.1 土地短缺推动旧城改造

近年来，在我国规模大、速度快、集中性强的城市化背景下，城乡建设用地严重不足的现状日趋严重。2013年，北上广深四个一线城市，中心城区的土地存量所剩无几，城市更新逐渐成为土地的主要供应方式。以上海为例，根据《上海市土地利用总体规划(2006—2020年)》，至2020年全市建设用地控制在2981平方公里。然而据统计，截止到2011年，上海全市建设用地规模达到2961平方公里，已占全市陆域面积的46.7%，可利用建设用地只剩下20平方公里，形势极其严峻。

3.2 棚户区改造取得实质性进展

棚户区改造是重大的民生工程和发展工程。2013年6月26日，李克强总理主持召开国务院常务会议，研究部署加快棚户区改造，促进经济发展和民生改善。2013年7月12日，国务院又印发了《关于加快棚户区改造工作的意见》(国发[2013]25号)，要求为适应城镇化发展的需要，以改善群众住房条件作为出发点和落脚点，加快推进各类棚户区改造，重点推进资源枯竭型城市及独立工矿棚户区、三线企业集中地区的棚户区改造，稳步实施城中村改造。

截至2013年11月底，我国棚户区改造已开工323万套(户)，超过2013年计划开工量的6%；基本建成218万套(户)。国家计划，五年内要改造各类棚户区1000万户，其中2013年改造304万户。政府希望通过改造这些住房老旧拥挤、基础设施不健全的棚户区，改善更多生活困难人群的居住条件，并拉动投资和消费需求，扩大就业，推动新型城镇化。2013年，中央财政为棚户区改造及配套基础设施建设投入资金超过700亿元人民币，比2012年增长8.8%。同时，税费减免优惠政策也进一步完善。①

3.3 旧城改造中拆迁矛盾多，利益问题是要害

2013年是国务院590号令公布的《国有土地上房屋征收与补偿条例》实施的第三年，但拆迁引发的矛盾仍是社会焦点。2013年，中央对房地产市场的政策思路和管理方式有了重大转变，“调控”已不再是主旋律。新型城镇化和土地制度改革成为热点，对拆迁领域产生了正负两方面的重要影响。分析2013年的拆迁形势，我们无法回避的是，土地财政这个拆迁的主要推动力，仍然在增长。虽然目前国内房屋拆迁以合法征收为主要形式进行，然而从各地拆迁活动来看，非法拆迁活动仍较多。而背后主要是利益平衡问题，矛盾的产生也源于旧改中拆迁户的利益无法被满足，特别是农民的利益。

3.4 旧城改造须注意文化保护

长期以来，因为对于城市作为一种“生命有机体”的认识不足，更由于我们对

① 《中国2013年棚户区改造开工计划超额完成》，国际在线专稿2013年12月26日。

城市发展问题的看法太过短视,致使我们的许多旧城改造实际上都采取了简单化的大拆大建的做法。人们常常把“旧城区”看作是城市的“包袱”和“毒瘤”,而旧城改造就是要清除这些“毒瘤”;再加上强大的商业利益的驱动,在旧城改造中采取不分良莠、大肆拆迁、平整土地、重新建设的做法,就显得“效益明显”“顺理成章”。但是,这种改造往往直接瓦解了城市原有的社会结构和文化脉络,其市场化运作对高回报率的追求,又屡屡突破城市规划对建设的控制,导致城市历史格局、肌理的破坏和传统风貌的丧失。像山东聊城、湖南岳阳、云南大理、河北邯郸等历史文化名城,甚至已经没有原汁原味的历史文化街区。旧城被当作房地产开发对象,最终老街道变成步行街、假古董,看似“发展”了,实际却丢掉了城市的历史,切断了城市的文化肌理。在今后的旧城改造中,我们应当尽可能避免这种令人痛心的事情发生。①

4. 新城新区规划与建设

2013 年,全国新城新区建设仍旧热火朝天。据悉,国家已经通过行政手段严控新城新区的规划与建设,根据预测,这种火热发展在一定程度上属于规划建设的尾声。总结看来,2013 年全国新城新区规划与建设有如下几个特点:

4.1 造城运动愈演愈烈,行政管控效果尚未显现

2013 年 9 月,国家发改委城市和小城镇改革发展中心的一份报告显示,所调查的 12 个省份的 156 个地级以上城市中,有 145 个提出新城新区建设,占 92.9% 。12 个省会城市全部提出要推进新城新区建设,共规划建设 55 个新城新区,其中沈阳要建设 13 个新城新区,武汉也规划了 11 个新城新区;144 个地级城市中,有 133 个提出要建设新城新区,占 92.4%,共规划建设 200 个新城新区,平均每个地级市提出建设 1.5 个新城新区。161 个县级城市中,提出新城新区建设的有 67 个,占 41.6% 。大多数城市已经将新城新区建设付诸行动,并非仅仅止于规划。②

4.2 新城新区规划面积和人口普遍超越现实

据 2013 年统计,在地级以上城市规划建设的 255 个新城新区中,公布规划建设用地面积的共有 96 个,公布的建设用地面积共计 6105 平方公里,平均每个新城新区规划建设用地面积为 63.6 平方公里。根据《2012 年中国城市统计年鉴》数据,上述 12 个省份平均每个地级市建成区面积为 115 平方公里,也就是平均每个规划中的新城面积相当于现有城市面积一半多,有的城市还规划了多个新城。比如贵阳城市规划中,提出建设 3 个新区和 5 个新城,规划建设总面积达 1267 平方

① 《旧城改造别切断文化肌理(纵横)》,人民网(北京)2013 年 7 月 15 日。
② 《造城运动愈演愈烈中央定调城镇化:以人为本》,《中国经济周刊》2013 年 12 月 31 日。

公里，而 2011 年贵阳市建成区面积仅 162 平方公里，考虑到贵安新区部分涉及安顺，即使贵阳、安顺两个市建成区面积合计也仅 198 平方公里，相当于要增加 6 个贵阳和安顺。①

在 145 个规划建设新城新区的地级以上城市中，共有 121 个城市全部或者部分公布了新城新区的规划人口，合计 9672 万人，平均每个城市新城新区规划人口为 80 万，而根据《2011 年中国城市建设统计年鉴》数据，抽查的 12 省份平均每个地级市城区人口 88.4 万，规划的新城新区人口基本相当于现有城市人口。②

4.3 新城新区建设被盲目当作国家新型城镇化的抓手和突破口

新城新区建设被众多地方政府当作了城镇化的抓手和突破口。国家发改委指出，中央城镇化政策的出发点在于解决人口城镇化问题，但一到地方，城镇化往往被理解成城镇建设。比如辽宁省发文在以沈阳为核心、7 个地级市组成的沈阳经济区推动新城新市镇建设，提出了 25 个新城建设的目标。贵州省提出 2013 年全省要启动 100 个城市综合体建设，实现县级全覆盖。

如火如荼的新城新区建设，几乎都是规划标准高，投资规模大。在各地有关新城新区的文件规划中，一般都提了较高的建设标准，生态城、智慧城、科技城、现代城等比比皆是，建设配置标准大多是国内和国际领先标准。比如广州南沙新区提出陆地绿化率不低于 60%，各方面的硬件设施都是按照国际最先进水平进行配备。河北唐山、江西九江等诸多城市也规划建设各类高端生态城。高标准的规划建设也需要地方政府进行大规模投资配套，唐山南湖生态城 2010 年完成投资 180 亿，2011 年完成投资 200 亿；作为县级市的江西省丰城市新城区也规划投资 160 亿等，新城建设俨然演变成为地方政府拉动投资的手段。

4.4 新城新区建设的混乱无序促使“鬼城”泛滥

因房产泡沫陷入了“鬼城”尴尬境地的内蒙古鄂尔多斯，被外界普遍认为是城市过快扩张惹的祸。值得一提的是，鄂尔多斯“鬼城”现象在内蒙古仅是一个缩影。目前，“鬼城”现象在国内蔓延之势愈演愈烈。据报道显示，2013 年，国内又出现了 12 座新“鬼城”，在这些城区内，多数楼房都是空置率极高，鲜少有人。在“鬼城”排行榜中，除内蒙古占有多席之外，江苏、河南、湖北、辽宁、云南等地均有城市榜上有名。③ 在新一轮城镇化建设的大潮中，借助推进城镇化之名，大搞基础设施建设和房地产开发投资的城市越来越多。但是，“没有产业支撑，没有人流物流集聚，这种发展模式是不可持续的”，我国很多地区的“城市供给”已经过剩，“有

① 《造城运动愈演愈烈中央定调城镇化：以人为本》，《中国经济周刊》2013 年 12 月 31 日。

② 《造城运动愈演愈烈中央定调城镇化：以人为本》，《中国经济周刊》2013 年 12 月 31 日。

③ 《2013 年国内出现 12 座新鬼城楼房空置率极高》，《中国产经新闻报》，2014 年 3 月 4 日。

城无业，有城无市，有城无人”的“三无”现象严重。[①]

总之，目前的新城模式存在以下几个问题需要引起政府、业界、学界的关注：一是过多过大过滥，在竞争条件下很难实现规划目标。二是标准过高，没有那么多可支撑的高素质产业和高素质人口。三是政府财政压力增加，风险逐渐显化。四是新城新区建设冲淡了中央城镇化战略解决人口城镇化问题的初始目标。[②] 这些问题如果处理不好势必会影响我国整体的城镇化建设与现代化进程。新城新区建设导致的“鬼城”问题，已成为我国城市盲目开发建设的严重后果，为杜绝此类现象的一再出现，科学论证和规划新城新区显得十分紧迫且必要。首先，暂停审批建设新城新区。自2000年以来，几乎每个城市都在建设新城新区，在很大程度上已能够满足城市未来一段时期内的发展需求，因此，在当下应暂停各种新城新区的审批，主要工作应该集中在两方面：一是反思我国新城新区中出现的问题与矛盾，为未来的新城新区建设总结经验；二是给在建的新城新区一定的缓冲时间，看看它们建成后的实际效果，再考虑是否规划新的。其次，细化新城新区申报管理办法。针对中西部新城新区建设中出现的问题和矛盾，研究出台细致的新城新区申报管理办法，设定硬性指标，例如老城区人口密度、人均建设面积等，不符合条件的实行一票否决。对已有在建项目的城市，暂不批准新的新城新区建设项目等。最后，将新城新区纳入全国城镇化的总体规划中。我国幅员辽阔，区域差异很大，区域发展不能搞一刀切，新城新区建设是实现城镇化的重要内容，应纳入全国城镇化的总体规划中进行设计和规划。如东北地区沃野千里，适合发展农业，但目前我国通行的系列工业考核指标，却使当地官员不得不弃农从工，在“攥得出油”的黑土地上建收效甚微的工业园。又如西北地区土地贫瘠，亩产不高，但囿于18亿亩耕地的红线，却不能通过大力实施城镇化以实现产业转型。这些现象与鄂尔多斯现象一样，表明我国急需出台具有分类指导意义的城镇化总体规划，只有不搞一刀切，放弃形式主义，才能促进我国新城新区建设有序健康发展。

2012年，我国城镇化率已超过52%。城镇化水平从20%提升到50%，英、美、法三国分别用了100年、60年和65年，而我国仅用30年。有全国政协领导指出：“在取得明显成绩的同时，发达国家城镇化过程中分阶段出现和化解的问题，在我国集中、叠加和交错出现。”[③]所以，急风暴雨式的“造城运动”亟须降温，从而冷静分析我国新型城镇化建设的路径与模式。

5. 城市基础设施建设与管理

城市规划离不开城市的交通、信息等发展，为此规划应当调整城市用地的功

① 《中国被曝已“鬼城”遍布　盘点各地有城无市的“无人区”》，人民网—图片频道2013年8月8日。
② 张伟：《2013年中国城镇化发展综述》，经济网—中国经济周刊2013年12月31日。
③ 吴晶晶：《不能搞急风暴雨式的“造城运动”》，《新华每日电讯》2013年7月18日。

能布局、交通网络系统和重大基础设施建设，重点加强城市的交通、水利、电力、电信等基础设施建设，提高城市基础设施的适应能力和现代化水平。

5.1 防止城市内涝，杜绝“逢雨就看海”

2013 年 7 月 5 日至 7 日，武汉遭遇连续暴雨。据武汉市水务局介绍，造成 7 月 7 日内涝的主要原因在于降雨量大幅超过全市现有排水设施承受能力。2013 年 5 月 28 日凌晨，西安突降大雨，尽管雨量只有 20 多毫米，依然出现多处“看海”景观。西影路灯具城门口一片汪洋，积水深处达 20 厘米，车辆和人员无法通行。管网设施欠账是西安城市容易发生积水的主因。西安主城区排水管网大多是上世纪五六十年代布局，管径设计较小，许多老城区路段设计标准很低，一些新建城区的管道也不能满足发展需求。2013 年 7 月 19 日，在 2012 年“7·21”特大自然灾害中积水严重的北京广渠门桥，雨水箅子都清理干净，雨水将汇入 200 多个雨水箅子，通过管道，流经泵站抽入方沟，再流入不远处的东护城河。

告别内涝，既要应急之计，更需长久之策。各地应该加快雨污分流改造，提高城市排水防涝水平，大力推行低影响开发建设模式，加快研究建设海绵型城市的政策措施。转变发展理念是根本。无论是旧城改造还是新区建设必须树立尊重自然、顺应自然、保护自然的生态文明理念。有专家说：“排水是一项系统性工程，但是我们现在的发展理念，甚至管理体制，都存在人为分割了大自然的完整性。”“力争用 5 年时间完成排水管网的雨污分流改造，用 10 年左右的时间，建成较为完善的城市排水防涝工程体系。”国务院办公厅今年 3 月底发出的通知，为治理城市内涝列出了时间表。人们有理由期盼，内涝将不再是中国发展之痛。[①]

5.2 高温“烤”验城市管理

2013 年 7 月 26 日，飙升至 40.6 ℃的高温一举打破上海 79 年的高温纪录。酷暑令汽车自燃、爆胎、电器老化等事故引发火灾频发。[②] 同样，北京、南京等大城市也在 2013 年出现极端高温天气。

高温之下我国城市中的一些民生管理的薄弱环节和“老大难”问题也暴露无遗。极端高温的环境对公用事业部门确保市民生活用水、用电、用气，公安、交通等部门加强管理，保障地面交通、轨道交通、长途客运的有序运营都提出了新的要求。同时安监等部门安全生产的管理重担也不轻，提醒企业加强相关设施、加强设备检修防止自燃、爆燃等事故等都面临着更大的压力。

5.3 管线爆炸提醒城市工业布局要科学人性化

2013 年 11 月 22 日，青岛黄岛区输油管线破裂爆炸。这一事故暴露出诸多问

---

① 新华社：《暴雨下，城市为何不堪一击》，《文汇报》2013 年 7 月 22 日。

② 曹继军、颜维琦：《高温“烤”验城市管理》，《光明日报》，2013 年 8 月 7 日。

题:输油管道与城市排水管网规划布置不合理;安全生产责任不落实,输油管道疏于管理;泄漏后的应急处置不当,且未按规定采取设置警戒区、封闭道路、通知疏散人员等预防性措施。总而言之"是一起十分严重的责任事故",事故调查组的初步结论显示,这起事故既有工业生产安全的重大责任,亦有城市规划、建设与管理的严重失职。

青岛爆炸案发生后,发生原油泄漏的输油管道已被下令永久停止使用,黄岛区政府负责人也承诺当地居民考虑搬迁事宜。但这只是短期手段。放长眼光,在追求城市化和工业化的过程上,必须遵循科学化、人性化原则,才能保证城市化和工业化的成果是符合人民群众要求,形成"人与自然和谐发展现代化建设新格局"。中国过往三十余年经济快速成长,人民生活大幅改善,但为经济发展付出的代价正在逐步显现,出现了许多关系群众切身利益的问题,其中就包括生态环境、安全生产等。青岛爆炸悲剧正是这些问题的一个集中体现。①

5.4 城市基础设施建设相关政策出台

地陷、内涝、桥断、燃气管道爆炸,严重威胁人民群众生命财产安全,影响城市正常运行。2013 年 9 月 16 日,《国务院关于加强城市基础设施建设的意见》发布,这是改革开放以来,首次以国务院的名义就城市基础设施建设发文,具有标志性意义。《意见》明确了当前加快城市基础设施升级改造的重点任务:一是加强城市供水、污水、雨水、燃气、供热、通信等各类地下管网建设和改造。开展城市地下综合管廊试点。到 2015 年,建设完成污水管网 7.3 万公里,完成全国城镇燃气 8 万公里和北方采暖地区城镇集中供热 9.28 万公里老旧管网改造任务。二是加强城市排水防涝防洪设施建设,解决城市积水内涝问题。到 2015 年,重要防洪城市达到国家规定的防洪标准。用 10 年左右时间建成较完善的城市排水防涝、防洪工程体系。三是加强城市污水和生活垃圾处理设施建设。到 2015 年,全国所有设市城市实现污水集中处理,城市污水处理率达到 85%,生活垃圾无害化处理率达到 90% 左右,污水处理设施再生水利用率达到 20% 以上。四是加强城市道路交通基础设施建设。发挥地铁等的公共交通骨干作用,到 2015 年,全国轨道交通新增运营里程 1000 公里。积极发展大容量地面公共交通,增强城市路网的衔接连通和可达性、便捷度。尽快完成城市桥梁安全检测和危桥加固改造。加强行人过街、自行车停车等设施建设。五是加强城市电网建设。到 2015 年,全国中心城市基本形成 500(或 330)千伏环网网架,大部分城市建成 220(或 110)千伏环网网架。推进城市电网智能化,提高电力系统利用率、安全可靠水平和电能质量。六是加强生态园林建设。提升城市绿地蓄洪排涝、补充地下水等功能。到 2015 年,

① 赵剑飞:《黄岛人祸与城市发展模式》,财新网 2013 年 11 月 30 日。

设市城市至少建成一个具有一定规模,水、气、电等设施齐备,功能完善的防灾避险公园。

《意见》要求,要保持城市基础设施规划建设管理的整体性、系统性,坚决杜绝"拉链马路"、窨井伤人现象。在科学规划和充分论证的基础上,加快在建项目建设,积极推进新项目开工,做好后续项目储备。落实地方政府责任,省级人民政府要加大监督、指导和协调力度,结合已有规划和各地实际,出台具体政策措施并抓好落实;城市人民政府要切实履行职责,科学确定项目规模和投资需求,抓好项目落实,接受社会监督。中央各有关部门要加强协调配合,完善法规政策,强化监督指导,严格责任追究,确保各项任务落到实处。①

6. 城市建设用地与房地产

十八届三中全会通过的《中共中央关于全面深化改革若干重大问题的决定》强调指出,"完善城镇化健康发展体制机制""从严合理供给城市建设用地,提高城市土地利用率"②。提升城镇化质量是项复杂的系统工程,其中,土地问题是绕不过去的门槛。当前,国家在推进城镇化过程中面临土地供需失衡、利用率低下以及地方政府过度依赖土地财政等难题,特别是对新增建设用地的刚性需求有增无减,土地利用的结构性矛盾等尤为突出。2013 年在城市建设用地方面有以下几点值得注意:

(1) 问题聚焦点:土地供需矛盾突出

数据显示,近年来我国各项建设用地扩展很快,年均占用耕地 20 万至 35 万公顷,利用粗放、浪费土地的情况十分严重。而城市用地效率低下的现象也同样存在,目前城市中有 5% 是闲置土地。③"供而未用"的闲置土地在很多省份都存在。国土资源部提供的数据显示,截至 2013 年 5 月 31 日,全国闲置土地 3.55 万公顷,其中房地产闲置土地 1.07 万公顷。④ 在土地供需矛盾突出的局面下这些闲置土地给城镇化建设造成了巨大的资源浪费。中国土地学会专家认为,一些城市一方面反映供地紧张,另一方面闲置土地不能充分利用,与城市管理者往往习惯走外沿扩张粗放利用的路子有关。闲置地情况长期存在的原因主要在两方面。一是部分企业企图通过捂地的方式来实现土地溢价、增值。另一方面也和政府监管部门的监管不力,或者说清理的举措不及时有关。⑤

① 《国务院:10 年时间解决城市积水内涝问题》,《新华每日电讯》2013 年 9 月 17 日。

② 《中共中央关于全面深化改革若干重大问题的决定》,新华社 2013 年 11 月 15 日。

③ 《城镇化用地首重"盘活存量"》,《经济参考报》2013 年 8 月 26 日。

④ 陈仁泽:《海南闲置土地年内将处置过半》,《人民日报》2013 年 11 月 2 日。

⑤ 胡健:《盘活城镇土地存量 多地严查闲置用地》,《每日经济新闻》2013 年 8 月 22 日。

（2）主要解决思路：加快盘活存量土地，提高土地资源利用效率

据数据分析，在我国土地制度的形成与变革进程中，提高土地资源的利用效率始终是核心问题。在此基础上，归纳城镇化土地管理制度改革完善的内容大致包括：在保留现有征地制度的前提下，缩小征地范围，改产值补偿为市场价值补偿；在保持用途管制的前提下，规范农村经营性集体建设用地的流转；依托现有土地交易机构，建立城乡统一的建设用地市场；推进节约集约用地，对增量建设用地和存量建设用地出让方式等领域，进行差别化管理等。值得注意的是，中共十八届三中全会已将“建立城乡统一的建设用地市场。在符合规划和用途管制前提下，允许农村集体经营性建设用地出让、租赁、入股，实行与国有土地同等入市、同权同价。缩小征地范围，规范征地程序，完善对被征地农民合理、规范、多元保障机制”①写进《决定》。

由于我国一再强调保护“18 亿亩耕地红线”，通过扩大增量土地来满足城镇化的需求已难以为继，各地已将解决问题的着眼点放在存量土地上。国土部围绕促进和保障城镇化健康发展，将“推动土地高效配置、节约集约利用”作为新型城镇化发展下的用地要求，以土地利用和管理方式的转变促进城镇化转型发展。当前土地管理制度改革工作重点包括：提高存量用地在建设用地供应总量的比重；扭转城镇建设对新增土地出让收益的过多依赖；建立起有利于存量建设用地盘活利用的制度和政策体系等。

（3）困难存在的根源：制度性障碍与资金困难

盘活存量土地，促进二次开发并非简单顺利，究其根源，多在于存在制度性障碍与资金困难。例如，盘活国企手中的存量用地比较难，因为他们担心招拍挂之后会失去土地，并不配合土地的二次开发，除非有制度监督。工业园区方面，当前园区土地收储成本过高，一些地价补贴政策存在体制障碍，不管是自己转让还是政府回收都有困难。农业土地方面，土地流转问题目前尚未有具体操作可行的制度支撑，所以农业用地的开发利用以及农民的收益是很大的问题。但最新报道显示，安徽日前出台《关于深化农村综合改革示范试点工作的指导意见》，②将 20 个县、区作为开展农村综合改革工作的示范试点，有望在具体制度建设上迈出重要一步。

资金方面，工业用地动迁成本太高，以桃浦为例，如果对工业用地进行转让升级还要额外配套很多设施，开发成本太大。另外土地转让升级会有额外税收，压力也很大。农村土地归并遇到的最大问题就是资金缺口，以上海奉贤区新叶村为

① 《中共中央关于全面深化改革若干重大问题的决定》，新华社 2013 年 11 月 15 日。

② 叶琦：《安徽 20 县区农村集体建设用地可流转》，新华网 2013 年 11 月 14 日。

例，因为新建成的小区水电煤有线电视都按照商品房收费，所以建设成本很高，资金难以平衡。政府虽然给予2.4亿补贴，但建成要花3个多亿，缺口很大。

(4) 解决问题的关键：利益平衡，充分保障原土地权利人权益

中共十八届三中全会《决定》指出："推进城乡要素平等交换和公共资源均衡配置。""维护农民生产要素权益，保障农民公平分享土地增值收益"，"建立兼顾国家、集体、个人的土地增值收益分配机制，合理提高个人收益。完善土地租赁、转让、抵押二级市场"①。赋予农民更多财产权，这样的尝试势在必行，因为土地是农民的生活和生产资料，要让宅基地、农民的自留地、农民的承包地能够以某种形式在市场上流转，形成这样的收益以保障农民的生活。② 为鼓励且顺利实现土地二次开发，实施中要保障原土地权利人权益，充分发挥原土地权利人主体作用。以广东、福建的"三旧"（旧城镇、旧村庄、旧厂房）改造为例，其政策包括：允许改造后土地出让纯收益主要用于原址企业或村民经济发展；允许"三旧"土地以协议方式出让给原土地权利人自行改造或与他人合作改造、开发建设。《节约集约利用土地规定（草案）》（征求意见稿）日前公开向社会征求意见。指出"对于农村闲置宅基地，要求实行自愿有偿退出。集体经济组织可以根据有稳定的其他居住条件的宅基地使用权人申请，采取置换、奖励、补助或者城镇购房补贴等方式协商收回空闲或者多余的宅基地。退出的农村宅基地依法优先用于满足本集体经济组织成员符合规定申请宅基地的需求，或者按照有关规定进行整理、复垦和利用"③。这些措施对于平衡原有土地使用人的利益都是很好的尝试。

(5) 经验借鉴：土地管理政策创新要因地制宜

各地涌现出一些成功的土地管理创新政策值得参考，但在借鉴过程中要因地制宜，不可生搬硬套。盘活国有企业手中庞大的存量土地。十八届三中全会《决定》指出"扩大国有土地有偿使用范围"，即允许国有土地，特别是工业用地从事更多其他类型的土地开发。国企在经过改制以及多次外延扩展和结构调整之后，很多土地被释放出来。农地市场化流通，突破农民补偿问题。十八届三中全会指出，"城乡二元结构是制约城乡发展一体化的主要障碍"④。当前，一些城市已经开始在农地的市场化道路上，尝试一些打破"二元制"的探索。"农地"通过招拍挂等方式进行市场化流通，使土地权益进行市场化分配。但涉及补偿问题的征地制度一度是最大障碍。一系列征地制度改革新政也有望在近阶段出台。受此影响，未来农地征补过程中，农民不仅有望获得较高的补偿收益，还可以逐步成为农地入

① 《中共中央关于全面深化改革若干重大问题的决定》，新华社2013年11月15日。

② 参见《十八届三中全会公报9处新提法及点评》，人民网2013年11月13日。

③ 陈仁泽：《海南闲置土地年内将处置过半》，《人民日报》2013年11月2日。

④ 《中国共产党第十八届中央委员会第三次全体会议公报》，新华社2013年11月12日。

市的交易主体。

城市建设用地日趋紧张，与之伴随的则是2013年中国房地产的持续高温。2013年，大多数城市房价都实现了“逐月上涨”，成为继2009年以来，楼市最为疯狂的一年。根据国家统计局发布的2013年12月70个大中城市住宅销售价格变动情况，在新建商品住宅方面，环比（较上月）、同比（较上年同期）价格上涨的城市分别达到了65个和69个。全年房价不出意外地在一片上涨声中落下了帷幕。2013年的房地产呈现以下几个特点：

（1）“调控”字眼消失，行业政策趋于平缓

在2013年的政府重要会议中，均未提及“调控”二字，类似“高房价问题”这样的提法也再未出现在任何公开场合，这同从前的房地产政策形成鲜明的对比，释放的信号即是以更加市场化的手段来解决房地产的问题。

2013年房地产行业政策面有两件意义深远的事情值得关注：其一，在中共中央政治局第十次集体学习中，明确了以市场化为主，以保障房为辅的住房供应体系建设，在提到供应体系建设时，会议前所未有地用了“千方百计增加住房供应”的措辞，促进供应被放到了前所未有的高度。其二，在十八届三中全会最终公布的决定中，对房地产行业虽无明确扶持表态，但诸如“处理好政府和市场的关系，使市场在资源配置中起决定性作用”“建立城乡统一的建设用地市场”“完善城镇化健康发展体制机制。推进以人为核心的城镇化”等内容均毫无悬念地将对未来行业发展起到巨大推动作用。

（2）一线与二、三线城市房价分化凸显

在民众关心的房价方面，一方面是一线城市持续“高烧”，调控“抗药性”凸显。北京、上海、广州、深圳等一线城市房价持续上涨。北京刚现每平方米7.3万元的单价“地王”，沪杭随即又拍出数百亿的总价“地王”。另一方面是三线城市房价开降，二线城市趋稳，“鬼城”再现。住建部政策研究中心专家在2013年中国房地产品牌价值研究成果发布会上表示，目前房地产市场的分化格局已经形成并将成为常态，一线城市和部分二线城市房价上涨较快，绝大多数城市房价相对平稳，少数城市处于下跌状态。少数城市由于热衷造新城，出现了板块性“鬼城”，楼盘空置很严重。[①]

二、城市生态状况与问题

在城市化过程中，城市发展与生态环境以及与人的发展之间的冲突日益凸显。以城市为中心的人口聚集带来持续的资源消耗与环境污染，如水环境污染、

① 叶前、王政、张紫赟：《一线与二、三线城市房价分化凸显》，《新华每日电讯》2013年9月27日。

空气污浊、噪声污染、垃圾包围、温室效应、酸雨危害、毒物及有害废弃物扩散等城市污染问题成为民众日渐关心的议题。[①] 2013 年的城市生态状况与问题主要体现在以下几个方面：

1. 城市空气污染

2013 年年初，全国多地出现严重雾霾天气，北京 PM2.5 指数濒临“爆表”，由此发布史上首个雾霾橙色预警。2013 年底，重度雾霾再次卷土重来，横扫华北到中部乃至黄淮、江南地区，12 月 6 日，上海 PM2.5 指数破 600，普陀区监测站数据高达 726。这样的数据令人不禁开始担忧个人的健康问题，谁也不知道雾霾会持续多久，由此造成的后遗症也未知。“无处可逃”迫使中国的城市陷入深刻的反思。

（1）雾霾里的中国城市

新华网发文称，自 2013 年 1 月 1 日我国 74 个城市按空气质量新标准开展监测并实时发布 PM2.5 等数据以来，我国第一批 74 个率先实现空气质量新标准监测的城市中，半数以上出现空气质量连续超标现象；长三角区域城市的 129 个国家网监测点位约有 1/3 出现空气质量连续超标现象，其他直辖市及省会城市的监测点位也有不同程度空气质量超标。据上海《第一财经日报》报道，《迈向环境可持续的未来——中华人民共和国国家环境分析》指出中国最大的 500 个城市中，只有不到 1% 的城市达到了世界卫生组织推荐的空气质量标准，世界上污染最严重的 10 个城市有 7 个在中国。

（2）雾霾相关舆情与观点分析

2013 年，重度雾霾分别在年初和年底袭击中国，关于雾霾的舆情风向也发生几次扭转，特别是境外舆论，从开始解读雾霾的成因和经济发展模式，逐渐转为关注中国官方、媒体和民众积极应对雾霾污染。总结起来，当前的舆论主要分为以下几条支流：

雾霾天气是粗放的经济发展所付出的代价，调整经济结构与能源结构，转变经济发展方式迫在眉睫。《中国日报》(China Daily)年初发文，“北京将日益以‘北京咳’(Beijing Cough)而闻名”。台湾《工商时报》称，若要雾霾尽速散去，经济转型迫在眉睫。台湾《旺报》也指出，只治理 PM 2.5 是治标不治本。香港《文汇报》指出，“雾霾弥漫，何人能‘自强不吸’？是告别‘环保基本靠风’的时候了”。李克强总理在 2013 年 1 月表示，治理环境问题必须“有所作为、公开透明”，需要“全民参与、共同治理”。《人民日报》心系全局，曾用头版展示雾霾笼罩中东部的大幅图片，自问自答“我们的空气怎么了”。

① 侯雪静：《社科院绿皮书：中国生态城市建设存五大问题》，《经济参考报》2013 年 6 月 24 日。

(3)“美丽中国”需要先拯救雾霾里的城市

着眼于不算乐观的现实,怎样令美丽中国不变成空谈,让建设美丽中国不沦为无望努力,必须重新摆正发展与环境的关系。而发展与环境的关系反映在以下三个关系中:

首先是现代化与城市化。发展与环境的关系是中国现代化进程中的主要关系之一。中国的现代化应该是“新四化”的结合,新型工业化、信息化、城镇化、农业现代化道路同步发展。城市化与现代化存在辩证的互动关系,是现代化进程的主要推动力。雾霾天气主要集中于大城市正体现了城市化进程中环境问题已经相当棘手。密集的人口,拥挤的交通加剧了粗放经济而引发的大气污染。构建科学合理的城市格局,合理规划城市布局与结构对于处理城市化进程中环境与发展的关系有重要意义。

其次是城市化与生态文明。城市化进程中杜绝拉美模式的“虚假城市化”,防止以破坏环境为代价推动城市化已然成为共识。从2012年中央经济工作会议开始,全国上下已经掀起如火如荼的城镇化建设,必须警惕的是,城镇化建设要坚持理性,循序渐进,切不可因为政策督促而掀起浮夸风式的建设,否则必将会导致走以破坏环境发展GDP的老路。未来5年是中国全面建成小康社会的关键时期,如何推动“健康的城镇化”,把对环境的伤害降至最低,势将成为一大挑战。“生态文明”不应仅仅是一个口号,它与城市的发展密切联系,息息相关。

最后是生态文明与政治文明。大范围、长时间的雾霾天气再次警示人们,粗放的经济增长方式再也不能继续下去,以牺牲生态环境为代价的经济发展,必然给人类自身带来疾病、灾难甚至毁灭。而面对这一切,政府必须有所作为。雾霾并非“不治之症”,能否打赢这场持久战,关键在于城市管理部门有没有长期的应对机制,如推行用缴费换污染的盈利模式,城市供暖要分户计量,强推公共交通等。如果雾霾过后一切照旧,那么这个治理过程注定会更漫长、更痛苦。事实上,雾霾天气持续,空气质量下降,并不是今年的新现象。近几年来,每到秋冬特别是入冬以后,我国中东部地区不时会遭遇这样的情况,所以,政策的制定与实施要有持久性,不能使法律政策随着雾霾的解散而消失。政府监测数据要真实、透明化,将监测社会化,利用第三方数据比对政府进行监督。同时也应积极借鉴国外经验。在雾霾笼罩北京、上海的60年前,英国伦敦出现了“大烟雾”。1956年,英国政府通过洁净空气法案,采取大规模改造城市居民的传统炉灶,冬季集中供暖,在城市里设置无烟区,禁止烧煤,发电厂和重工业设施被迁到郊区等一系列措施,使城市大气污染程度降低了80%。中国应该认真思考英国这段历史。即便是最严峻的环境问题,也能得到解决。

(4) 治霾需部门配合,区域协同

2013 年 9 月 12 日,国务院发布《大气污染防治行动计划》(简称“大气国十条”),提出力争在五年内改善全国空气质量,使重污染天气较大幅度减少,使京津冀、长三角、珠三角等区域空气质量明显好转。9 月 17 日,环保部等 6 部门又联合发布《京津冀及周边地区落实大气污染防治行动计划实施细则》,对该地区每个省份防治目标均提出明确要求,该实施细则显示了治理雾霾开始以区域协同的理念、方式进行,大气污染的特性不允许“各人自扫门前雪”;9 月 18 日,北京、天津、河北、山西、内蒙古、山东等六省区市与环保部签订大气污染防治目标责任书。2013 年,河北省政府已经采取异常严厉措施狠治相关城市的工业污染,确保不以牺牲环境为代价换取经济效益。有评论认为,签订目标责任书是继国务院“大气国十条”出台后,京津冀及周边地区抓政策“落地”迈出的关键一步。

2. 城市水污染

近年来有关河水被“染色”的消息频频见诸报端,表明国内突发性水污染事故呈多发态势。2013 年可谓是水污染事件的爆发年。下面就 2013 年发生的水污染事件作下回顾。

(1) 山西长治苯胺泄露污染河流

2012 年 12 月 31 日 7 时 40 分,位于山西省长治市潞城市境内的山西天脊煤化工集团股份有限公司发生一起因输送软管破裂导致的苯胺泄漏事故,泄漏苯胺随河水流出省外,致漳河流域水源被污染。事故造成山西沿途 80 公里河道停止人畜饮用自然水,河北邯郸因上游来水被污染,致使大面积停水。受此事件的影响,红旗渠等部分水体有苯胺、挥发酚等因子检出和超标,安阳市住建等部门采取了切断水源,暂停沿途人畜饮水等措施加以应对。

(2) 昆明东川小江变“牛奶河”事件

2013 年 4 月 1 日消息,云南省昆明市东川区惊现“牛奶河”,当地工矿业将排放的尾矿水直接注入河流中,污染已经持续了很多年,造成周边群众灌溉用水安全。村民称直接用河水浇灌会导致西瓜减产,严重污染周边的农田。据报道,违法企业向小江排放的最主要污染物是黄原酸盐,直接排放或流失造成了水体和土壤污染,危害水生物,淤塞河流、湖泊。事后,检察机关以涉嫌污染环境罪已批准逮捕昆明东川“牛奶河”事件 8 名责任人。

(3) 北京密云水库上游存在垃圾填埋坑,威胁水质

2013 年 2 月 24 日,据中国之声《新闻纵横》报道,在北京密云水库上游牤牛河的老河床上,一个占地 3000 多平方米的巨型垃圾填埋坑已经存在了三年。据当地村民反映,从 2009 年开始,密云县不老屯镇数十个村的垃圾都运到此处。垃圾坑内填满了未分类的垃圾,到处可见动物的尸体、药瓶等,造成附近臭气冲天,严

重威胁了密云水库水质。事件报道后，北京市环保局、密云县政府等部门介入，对牤牛河河道边和库区内的垃圾坑实施清理，确保水库水质安全。

（4）山东潍坊高压水井排污

2013 年 2 月 11 日，媒体记者在网上爆料称，山东潍坊部分化工企业、造纸厂利用高压水井向地下排放污水。此消息爆出后，环保部在 2013 年 2 月下旬至 3 月组织多个省市的环保厅（局）对华北平原地区工业企业废水排放去向和污染物达标排放情况进行全面排查，结果在华北地区发现了 55 家利用渗井、渗坑或无防渗漏措施的沟渠、坑塘违法排放、输送或者存贮污水的企业。同时，各级环保部门责令 424 家企业限期改正；对 88 家企业处以总额 613 万余元的罚款；此外还对 80 家企业的违法问题进行了立案，并履行处罚程序。2013 年 5 月 2 日媒体消息，初步调查显示华北平原浅层地下水综合质量整体较差，几乎已无 I 类地下水；可以直接饮用的 I—Ⅲ类地下水仅占 22.2%；需经专门处理后才可利用的Ⅴ类地下水则占 56.55% 以上。因地下水污染严重，天津翟庄子村村民三年来只能喝每壶 0.5 元的专供水，村里的井水只用来刷锅洗衣服。

（5）华北平原局部地区地下水污染严重

有关专家表示，华北地下水污染一大原因是大部分河流断流，成了城市纳污渠，随后成为灌溉水源，大面积污染地下水。由于上游大修水利、气候干旱，华北大部分河流变为季节河，常年干涸，成了城镇工矿企业纳污渠。工业废水、城市生活污水就近排放，成为地下水的一大污染源。专家认为，政府应控制新污染源的产生，对一些污染严重的新建项目，坚决不予审批，尤其是小型的造纸、化工、炼油等项目。同时，加快农村饮用水水源保护区划定，改善污染较重地区的水质，实施农村饮用水水质定期检测，保障农村饮水安全。

（6）广西贺江水污染事件

2013 年 7 月 1 日至 5 日，广西贺江贺街至合面狮水域陆续出现死鱼现象。经广西环保厅检测，在贺州市与广东省交界断面扶隆监测点水质镉超标 1.9 倍，铊超标 2.14 倍，导致西江水质受到威胁，下游贺州市信都镇、广东肇庆等地存在饮用水安全隐患。此次贺江被污染河段长约 110 公里，从上游的贺江马尾河段到与封开县交界处，不同断面污染物浓度超标 1 倍到 5.6 倍不等。事故发生后，广东肇庆市与广西贺州市官方共商治理贺江水污染对策，确保贺江下游以及西江沿线饮用水安全。

水污染事件的频发，深刻的说明了目前水污染形势的日益严峻。环保部发布的《2012 中国环境状况公报》显示：在 2012 年全国 198 个地市级行政区开展的 4929 个地下水水质监测点中，水质呈较差级及极差级的监测点一共占了 57.3%。全国地表水国控断面的水质“总体为轻度污染”。大范围地表水、地下水被污染，并通过大气污染、渗透等方式，蔓延影响到饮用水水源，直接影响了饮用水源水质，威胁人们饮水安全。有专家表示，我国持续 20 年的水环境污染治理只是“万里长征第一步”。水污染防治不仅“刻不容缓”，而且还有待长期的坚持。

3. 城市土壤污染

2013 年发生的“镉大米”事件让隐藏在背后的土壤污染“真凶”浮出水面。目前我国土壤污染陷入了“企业污染、群众受害、政府买单”的恶性循环。此前党的十八大中建设“美丽中国”里明确提出的“实施重大生态修复工程，增强生态产品生产能力”表述引发民众关注。与之呼应，2013 年在土壤环境的治理保护上不断有消息传出。

（1）中国土壤污染情况总体不容乐观

中国土壤污染现状，至今尚无最新权威统计数据。早在 2006 年 7 月，原环保总局便宣布耗资约 10 亿元，开始对全国土壤污染状况展开首次调查。《人民日报》当时的报道说此次调查预计 2008 年完成。但截至今日，尚未有相关的公开数据。此前《人民日报》援引原环保总局的不完全调查资料称，全国受污染的耕地约有 1.5 亿亩，污水灌溉污染耕地 3250 万亩，固体废弃物堆存占地和毁田 200 万亩，合计约占耕地总面积的十分之一以上（国家划定的耕地“红线”为 18 亿亩），其中多数集中在经济较发达的地区。据估算，全国每年因重金属污染的粮食达 1200 万吨，造成的直接经济损失超过 200 亿元。[①] 此后，我国土壤污染现状的报道一直鲜见。但是“镉米杀机”、血铅事件却时有发生。

（2）土壤污染危害引发国家高度重视

2013 年 1 月，《国务院办公厅关于印发近期土壤环境保护和综合治理工作安排的通知》发布，要求“到 2015 年，全面摸清中国土壤环境状况，建立严格的耕地和集中式饮用水水源地土壤环境保护制度，初步遏制土壤污染上升势头”。该文件首次正式提出将对已污染耕地实施分类管理，采取包括种植业结构调整在内的措施；对污染严重且难以修复的耕地，国务院要求地方政府依法划定为农产品禁止生产区域。文件要求，将耕地和集中式饮用水水源地作为土壤环境保护的优先区域，禁止在优先区域内新建有色金属、皮革制品、石油煤炭、化工医药、铅蓄电池制造等项目。此外，该通知还对污染土地用于工业和住宅开发等作出具体要求：经评估认定对人体健康有严重影响的污染地块，要采取措施防止污染扩散，治理达标前不得用于住宅开发；以新增工业用地为重点，建立土壤环境强制调查评估

① 《“美丽中国”催生千亿级土壤修复市场，行业规范有待厘清》，《东方早报》2012 年 11 月 23 日。

与备案制度。①

（3）工业用地造成的土壤安全问题同样堪忧

除耕地土壤污染外，工业用地造成的土壤安全问题也同样堪忧。随着我国城市化进程和产业结构调整力度的加大，原来建设在城市中的高污染企业按照新的城市规划或者国家相关政策，进行了关、停、并、转、迁。而这些遗留下的场址潜藏着巨大的环境风险，如果盲目开发利用，将成为严重的安全隐患。从总体上看，过去我国的土壤污染只是局部的，但现在一些工业区、城市化和农业集约化程度高的地区，也出现了区域性的土壤污染。有专家指出，在我国北上广等经济发达地区已经出现了土壤地球化学元素异常区和土壤污染高风险区，区域性土壤污染已成为制约这些地区经济可持续发展的重要问题。

（4）现行土壤环境保护的相关规定分散且不成体系、责任不明确

土壤污染是“隐形的杀手”，不易察觉，一旦污染极难治理，有的污染甚至不可逆转。我国土壤污染形势如此严峻，但目前有关土壤保护的法律却并不健全。有关环境保护的立法已经覆盖了大气、水和海洋，但还没有土壤环境保护的专项法律。有关专家在调研中发现，我国现在虽然有与土壤污染相关的法律法规，远不能满足现代土壤污染防治的需求。专家认为，首先，这些规定分散且不系统。其次，调整对象范围狭窄。再次，法律责任条款设置较少，适用性不强。建立土壤污染综合治理机制，急需完善土壤标准体系，明确土壤污染责任。

（5）土壤环境保护立法核心在于合理的制度安排

有关专家提议，土壤环境保护立法其核心在于合理的制度安排，特别要重点考虑以下内容：

一是建立土壤环境保护的综合治理机制。应探索建立土壤环境保护多元投入、多方参与的综合治理机制，形成政府主导、企业负责、公众参与的新格局。可以在法律上规定排污权交易、土壤开发利用与土壤污染治理、土壤修复一体化，建立土壤污染风险防治基金、土壤污染环境责任保险等机制。

二是建立土壤污染影响人体健康的风险评估和公共干预机制。建立以人体健康为中心的土壤污染风险评估制度，并以评估结论为依据，建立土壤污染危害人体健康的公共干预措施，制定突发性事件应急预案。一旦发现土壤污染突发性事件，可立即采取有效处理措施，将污染程度及其危害控制在最低水平。

三是完善土壤环境标准体系，建立满足我国土壤种类多样化特点的土壤环境质量指导标准。环保部曾在 1995 年颁布过《土壤质量环境标准》，但该标准过分

---

① 欧昌梅：《国办：2015 年摸清土壤环境状况，重污染耕地禁种农产品》，《东方早报》2013 年 1 月 29 日。

强调统一,未对污染等级划分提出量化指标,不能满足我国土壤多样化特点。应在全国土壤污染普查的基础上,制订、修改、完善农业、工业、商业及居住用地土壤标准。

四是建立严格的土壤污染治理责任制。我国目前尚未建立土壤污染等级划分制度,污染者的治理责任不够明确。对土壤污染行为的法律责任追究制度也不尽合理,受害者难以获得足额赔偿。因而有必要建立土壤污染等级划分制度,明确不同区域土壤污染者的治理责任。同时,提高土壤污染者的违法成本,加重对土壤污染者法律责任的追究,在民事责任方面,除了要承担对受害者的赔偿责任外,还应承担土壤修复费用。对于严重违法构成犯罪的,将追究刑事法律责任。[①]

4. 城市噪声污染

近年来,噪声污染问题逐渐成为市民关注的热点问题。噪声污染严重破坏了城市的居民生活环境,影响了城市居民的健康。

(1) 上海的噪声污染治理

2012 年 11 月 26 日,《上海市社会生活噪声污染防治办法》经市政府常务会议通过,并已于 2013 年 3 月 1 日起施行。该办法是针对当前社会生活噪声领域存在的突出矛盾专门制定的规章。上海针对社会生活噪声进行立法管理,并且对违规者进行处罚,意义非常积极,国内其他城市也有借鉴的必要。其一,管理者的管理和立法需要也应该随着公民的发展需要、城市发展需要以及现代化需要,而进行及时调整,让管理水平现代化、信息化以及亲民化。其二,噪声已经不再是一种简单的声音传播,而成为了一种公共灾害、健康隐患,完全应该将噪声看作和地震、海啸一样的灾害,树立必要的噪声灾害意识,有利于为社会提供更多健康、安全和温暖的公共产品。其三,更是对城市发展的本位追求,城市发展在注重外在效应、地标形象的同时,更应在品质和内涵以及小细节上下工夫,让诗情画意、绿草茵茵、优雅幽静等得到更多扎扎实实的落实。

(2) 北京的噪声污染治理

北京是世界有名的噪声污染城市,随着北京轨道交通建设,地铁、铁路及其他交通干线的噪音给沿线楼盘业主造成了严重损害,居住于航道沿线的业主也受困于飞机噪音污染。

除交通噪声,北京的城市工业机械噪声、城市建筑噪声、社会生活和公共场所噪声及家用电器直接造成的噪声污染都不同程度地影响人们的精神状态和生活质量,成为了城市发展的慢性毒药。由于城市治理"重建设轻管理"的弊病,北京噪音污染问题正有进一步加重的趋势。为此需进一步完善相关法律法规,让噪声

① 王比学、杨海:《立土壤之法还一方净土》,《民主政治周刊》2013 年 7 月 3 日。

污染治理工作有法可依。2007 年,北京市出台《北京市环境噪声污染防治办法》要求:北京市噪声污染将由环保部门统一监管,房地产开发商须明示销售住宅的隔音情况。直到 2012 年 4 月 1 日,北京颁布并实施了《地铁噪声与振动控制规范》,它为新建地铁噪声防治问题提供了法规保障,也给许多正饱受地铁噪声困扰的市民带来了希望。随着现代化城市建设步伐的加快,各类噪声污染源将进一步加剧。对此,政府有关部门应当与时俱进,适时调整、修改和完善相关法律法规使噪声治理工作顺利推进。

(3) 专家对噪声污染的相关分析

目前,容易引发社会生活噪声主要有以下几个方面:一是金属切割、石材加工等商业经营活动产生的噪声,二是沿街商店使用音响器材进行商业促销活动产生的噪声,三是公众在公园、广场、街道等公共场所使用音响器材进行健身、娱乐活动产生的噪声,四是居民住宅装修产生的噪声,五是家庭宠物、音响器材产生的噪声,六是居住区供水、供电、供热等公用设施运行过程中产生的噪声。形成这种现状,原因有三。其一是管理者对噪声污染严重性的意识还不够强。其二是管理者还没有将城市的安静美、静态美、生态美,提升到宜居城市的高度。其三是城市发展和管理一直在外在形象、城市美观上下工夫,比如修建气派风光的宽马路、大广场、大场面等,还没有将噪音等软件问题、细节放在心上。

毋庸置疑的是,噪声污染不是一种简单的污染,它不仅会直接影响公民的身体健康,还会产生公共焦虑,直接影响生活质量、城市形象。所以在绿色城市建设理念的推动下,城市噪声需要严加管控,还城市居民以安静的工作、生活环境。

5. 城市固体废物污染

目前,我国固体废弃物管理混乱,无法做到分类回收,资源再回收利用的成本较高。因此,从政策上给予支持建立固体废弃物回收体系,将资源的生命再次延长显得尤为迫切。而 2013 年,落实国家关于各类固体垃圾处理的政策法规开始迈出长足进步。

(1) 工业固体废物处置有法可依

2013 年 6 月,为贯彻《中华人民共和国环境保护法》和《中华人民共和国固体废物污染环境防治法》,保护和改善生态环境,完善国家环保标准体系,国家环境保护部决定对《一般工业固体废物贮存、处置场污染控制标准》(GB 18599-2001)、《危险废物贮存污染控制标准》(GB 18597-2001)和《危险废物填埋污染控制标准》(GB 18598-2001)等 3 项国家污染物控制标准进行修改完善,并制定了上述 3 项标准修改单。

同年,部分省市也随之发布相关政策,如《贵州省一般工业固体废物贮存、处置场污染控制标准》出台,该标准结合了贵州省特殊的岩溶地形地质条件,规定了一般工业固体废物贮存、处置场的选址、设计、运行管理、封场、污染控制与检测等内容，是贵州省第一次制定与发布。① 作为固体废物贮存、处置的地方标准，其将对省内工业固废贮存、处置场污染等重点环境问题有着重要的规范和改善作用。这标志着我国地方工业固体废物处置或将有法可依

(2) 生活垃圾无害化处理强制实施

此前，2011 年国务院发布了《关于进一步加强城市生活垃圾处理工作意见》。根据《意见》，住建部、财政部等多个部门将从不同方面出发，全面加大城市生活垃圾处理力度。《意见》明确，到 2015 年，全国城市生活垃圾无害化处理率达到 80% 以上，50% 的设区城市初步实现餐厨垃圾分类收运处理。到 2030 年，全国城市生活垃圾基本实现无害化处理，城乡生活垃圾处理接近发达国家平均水平。接着，国务院办公厅于 2012 年 4 月印发的《"十二五"全国城镇生活垃圾无害化处理设施建设规划》提出，"十二五"期间，全国城镇生活垃圾无害化处理设施建设总投资约 2636 亿元，到 2015 年，直辖市、省会城市和计划单列市生活垃圾全部实现无害化处理，全国形成城镇生活垃圾无害化处理能力 87.1 万吨/日，基本形成与生活垃圾产生量相匹配的无害化处理能力规模。规划特别强调，应本着因地制宜的原则，选择安全可靠、先进环保、省地节能、经济适用的垃圾处理技术。②

2013 年，北京制定了《北京市生活垃圾处理设施建设三年实施方案(2013—2015 年)》。根据三年实施方案，"十二五"期间，北京市将建设 35 项生活垃圾、餐厨垃圾和渗沥液处理设施及 5 项建筑垃圾处理设施建设项目。仅 2013 年至 2015 年，垃圾处理设施建设及外围配套设施建设所需资金将达 502 亿元。③ 同时，据 2013 年上海市生活垃圾分类减量联席会议全体会议暨工作推进大会报道，自 2011 年新一轮生活垃圾分类减量工作启动以来，上海的生活垃圾分类减量取得了阶段性成效，到 2012 年底，上海市共有 2300 余个小区、247 个机关、396 个学校、67 个公园、914 家企事业单位、349 家菜场实行了垃圾分类，垃圾分类覆盖到 120 万户居民；上海市人均生活垃圾末端处理量控制在 0.74 公斤/日以下，完成了上海市政府实事项目确定的各项任务。④

(3) 建筑垃圾亟待资源化利用

据工信部统计，2012 年我国产生建筑垃圾 15 亿吨，其中进行资源化利用的仅为几千万吨，利用率不到 5%，而欧美发达国家的利用率在 95% 以上。我国正处于城镇化高速发展时期，随之产生了大量建筑垃圾，助推"垃圾围城"。对这些建筑

① 《2013 年我国固体废物处置或有法可依》，中国行业研究网 2013 年 10 月 14 日。

② 李永宁、吕绍刚：《土地短缺城市要减少垃圾填埋量》，《人民日报》2013 年 7 月 24 日。

③ 《北京市生活垃圾处理设施建设三年实施方案(2013—2015 年)》，《北京日报》2013 年 4 月 28 日。

④ 胡彦珣：《2013 年上海人均生活垃圾处理量目标：0.7 公斤/日》，新民网 2013 年 4 月 10 日。

垃圾不仅要实现无害化处理，更要实现资源化再利用，否则难以从根本上解决问题。以河南郑州为例，2012 年产生废砖、废渣等建筑垃圾约 1 亿吨，如果全部用于填埋，按照堆高 5 米计算，将会占用土地 25 万平方米，还会对水、空气等造成污染。①

有专家介绍，建筑垃圾资源化利用可以借鉴国外经验。国外相关法律法规非常严格。比如日本，要求建筑中要有 30% 的再生产品，如果有再生产品而不用，会被巨额罚款。此外，国外在建筑垃圾的源头分类方面做得较好，可以把处置成本大大降低。②

6. 城市生态治理

城市环境污染严重影响了城市居民的身体健康和生活环境质量，相应的环保投诉与日俱增。虽然一些先进的环保装置陆续投入应用，但对于现代城市环境污染防治的效果并不理想，相关措施与治理理念需进一步加强。

（1）“生态城市”建设被提出

2013 年 6 月，中国社会科学院发布的生态城市绿皮书《中国生态城市建设发展报告（2013）》出版。该报告指出，生态城市建设是城镇化发展必由之路，指出生态城市建设的核心是重构人与环境的关系，关键是变革人们的价值观念，着眼点是转变生产方式和生活方式。针对今天中国生态环境恶化、“城市病”日益加深的严峻现实，进行了系统、深刻的反思与批判，形成了“法于人体”的生态城市建设与管理思想，提出了浅绿、中绿、深绿“绿色发展三阶段走”战略和“五位一体，两点支撑，三带镶嵌，四轮驱动，和谐发展”的生态城市建设基本思路。该报告对于推动我国生态文明建设具有重大意义，只有把生态文明建设放在突出地位，融入经济、政治、文化、社会建设各方面和全过程，才能保持经济持续健康发展，才能保障民生健康，才能全面建成小康社会，才能实现绿色发展。

（2）城市环境污染防治不应停留于“末端治理”，而应寻求“治本”策略

当前，我国法学界强调对环境污染者责任追究的规制设计，科学界侧重于对环境污染防治技术的研发应用，二者过于倚重环境污染防治的“末端治理”。专家认为，对环境污染仅凭“末端治理”，可能舍本逐末，而且还会延误治理环境污染的有利时机，后续环境污染的治理成本将会更高。因此，需对现代城市环境污染治理的思路重新考量，寻求现代城市环境污染防治的“治本”策略。

以“末端治理”为主的环保思路已表现出不能适应现代城市建设与管理的要求，现代城市是一个自然—人工复合的生态系统，应遵循生态系统的自身规律和

① 潘少军：《建筑垃圾亟待资源化利用》，《人民日报》2013 年 8 月 9 日。
② 潘少军：《建筑垃圾亟待资源化利用》，《人民日报》2013 年 8 月 9 日。

循环经济“3R”原则[①],从系统论和控制论视角,将城市的环境污染过程作为一个整体进行考虑,避免仅仅关注末端的污染物,注意对环境污染过程中相关信息的动态跟踪和反馈调控。[②]

(3)“生态补偿”一直在尝试进行

我国首个生态系统生产总值(GEP)统计机制于 2013 年 2 月 25 日在内蒙古库布其沙漠实施。此举有助于检验衡量生态良好核算体系的科学性和可行性,填补了国内外对自然生态资产核算指标的空白。[③] 早在 2011 年,由国家发改委牵头制定的《生态补偿条例》已形成草案初稿;还同步拟定了《关于建立完善生态补偿机制的若干意见》。据了解,“生态补偿条例”如果出台,将明确生态环境补偿的基本原则、主要领域、补偿办法,确定相关利益主体间的权利义务和保障措施,并以此为依据,进一步细化流域、森林、草原、湿地、矿产资源等各领域生态补偿的实施细则。在推进生态补偿试点中,一些地方相继出台了流域、自然保护区、矿产资源开发生态补偿等方面的政策性文件。浙江省颁布的《关于进一步完善生态补偿机制的若干意见》,是省级层面比较系统开展生态补偿实践的突出事例。

(4) 推进生态城市的规划设计

进行生态城市的规划设计是当前人们愈加关心的问题,生态城市的建设不仅要有一个科学的、高水平、高质量的生态城市规划,而且要做好生态城市设计,同时在规划和设计实施中要充分利用自然生态基础。编制生态城市规划,还要建立由经济、社会和环境三方面要素构成的生态城市规划指标体系。

相关专家学者指出,城市规划生态设计要做好以下几个方面:一是用科技创新改善涉及人居环境的有关领域。在污水资源化、建筑节能、化学建材、建筑用钢、智能交通、住宅产业现代化等影响和制约人居环境质量进一步改善的几个关键领域,加强科研攻关,加强技术集成,加大技术推广应用力度。二是用绿化建设大力改善城市人居环境。要采取有效措施,增加城市中心区的绿地面积,提高城市绿化水平。要制定城市绿地系统规划,严格划定绿化用地面积,科学安排绿化布局,加强城市绿化隔离带建设,形成乔、灌、花、草相结合,点、线、面、环相衔接的绿地系统。三是加强城市环境综合治理力度。加快旧城有机更新。重点解决城市建成区特别是中心区开发强度过大、人口密度过高、公共设施短缺、交通拥挤、环境脏乱等问题,坚决关停或迁移城区内污染严重的项目,清除违法违章建筑。要促进建筑节能技术的普及推广,改善城市民用燃料结构,减少和控制城市大气

① 3R 原则(the rules of 3R)是减量化(reducing)、再利用(reusing)和再循环(recycling)三种原则的简称,它是循环经济的操作原则。

② 周宾:《现代城市环境污染防治不应停留于“末端治理”》,《中国社会科学报》2013 年 10 月 14 日。

③ 解焱:《“生态补偿”之路如何走?》,《光明日报》2013 年 12 月 9 日。

污染。以通达、低污染、低能耗为目标，实行公共交通优先的城市交通政策，推进现代通信技术在城市公共交通调度管理中的应用，积极促进城市交通组织和管理的现代化。城市环境综合治理与每一个家庭、每一个人直接相关，必须推动全社会广泛参与，密切合作，共同促进。城市的建设和发展，不仅是物质条件的建设和改善，还要将文化精神、道德意识的建设和改善很好地结合起来，互相促进，协调发展。

(5) 加强城市生态园林建设

加快城市中心区、老城区公园绿地建设。严格绿线管制，组织专项检查，强化公园公共服务属性。选取试点城市建设下沉式绿地等示范项目，实现城市绿地调蓄雨洪等“城市海绵体”功能。推动国家园林城市、生态园林城市建设。完善生态园林城市标准体系，强化城市绿色生态空间保护线管制。

三、城市资源状况与问题

2013 年政府工作报告中，关于可再生能源、新能源、清洁能源、城镇化、低碳等多个话题被提及，并明确指出要“控制能源消费总量”，引发“两会”代表、委员热议。同时，北京等地区的灰霾天气也在倒逼能源消费总量控制新政提速。总结来看，2013 年我国城市资源状况与问题有以下几方面：一是我国从工业化中期向工业化后期转型，在调整结构、转变方式的情况下，能源消费增速将进一步放缓。二是能源结构调整加速。可再生能源、低碳化石能源将加快发展。三是燃煤发电等传统能源利用受资源环境限制的情况下，可实现污染物零排放的煤制油、煤制气燃料将受到欢迎。四是像京津冀鲁、长三角、珠三角等重点区域，从电力基地输电比重将进一步提高，将会更多地使用优质能源。五是不同能源系统相互融合。依靠科技进步和体制创新，利用耦合优化技术和现代网络技术来建设能源示范工程，实现资源消耗最少、产出效率最高、污染物排放最少。[①] 我们可以从下面几方面来关注 2013 年的城市资源状况与问题。

1. 传统能源消耗

据国家能源局统计，2013 年能源进口量约合标准煤 7 亿吨，总花费为 3000 亿美元。根据国家能源局官员及专家预测，2014 年能源需求将进一步增长，能源消费总量在 38.8 亿吨标准煤左右，能源进口仍将增加。

1.1 煤炭

2013 年，我国煤炭进口 3.3 亿吨，增长 13.4%，花费占 290 亿美元。[②] 2009 年

---

① 《〈中国能源发展报告 2013〉发布》，中国电力网 2013 年 7 月 25 日。

② 张庭宾：《中国须重视能源困局》，《第一财经日报》2013 年 9 月 2 日。

我国煤炭进口突破 1 亿吨,从此成为煤炭净进口国,在随后的几年连续突破 2 亿吨、3 亿吨关口。能源局官员预计,由于进口煤与国产煤之间的价差仍存在,2013 年年内煤炭进口量将维持在 3.3 亿吨水平或略有增长。不过,基于大气污染治理工作需要,2014 年的煤炭进口政策将有所调整。国家能源局计划将完善差别化煤炭进口关税政策,鼓励优质煤炭进口,限制高灰、高硫劣质煤炭进口。

相对而言,煤炭是供需压力较小的行业,但是最近三年仍出现供需缺口,2010 年中国煤炭消费达到 2.24 亿吨,同比增长 6.1%,是历史上首次出现供需缺口的年份,其数额超过 2000 万吨。尽管目前中国是全球第三大煤炭储备国,但由于中国产量占世界总产量的近一半,近年来中国煤炭储产比持续下降,远低于世界水平,而煤炭储备不足更是整个煤炭行业的硬伤。按照 BP① 的统计,2010 年中国的煤炭储备量与产量之比为 35 年,远远低于同期世界的储产比 118 年,与其他主要国家相距甚远。②

1.2 石油

2013 年,我国石油进口 3.2 亿吨,增长 3.4%,花费 2515 亿美元,自 1993 年我国成为原油净进口国,石油进口数量和花费占进口能源的绝大多数。③ 我国油气资源相对稀缺,国内石油产量近年维持在 2 亿吨左右,天然气产量在旺盛的需求面前相对不足。在 2013 年的前 7 个月中,据路透社的数据,中国从中东进口了 8300 万桶石油,约占到中国全部进口石油的一半。其中,最大的供油国为沙特阿拉伯、伊朗、伊拉克、阿曼和阿联酋。中国如今的石油对外依赖度(进口石油占全部消费的比例)已经高达 60%,而石油战略储备仅仅 30 天左右。据测算,如果中国石油消耗如此继续扩张,中国石油对外依赖度将在 2020 年达到 70% 以上,2035 年达到 80%,届时缺口为 6 亿吨。④

1.3 天然气

2013 年,我国天然气进口 527 亿立方米,增长 25.2%,花费 148 亿美元。截至 2013 年底,石油和天然气对外依存度分别提高到 58.4%、30%,分别比 2012 年提高 0.6 和 3.1 个百分点。值得注意的是,天然气作为稀缺资源,进口增幅明显扩大。国家能源局预计,2014 年天然气表观消费量 1930 亿立方米,增长 14.5%。国产天然气、煤制气、煤层气供应能力在 1300 亿立方米左右,进口气仍是满足需求的重要途径。为增加油气进口量和减少对马六甲海峡运输通道的依赖,我国已经建设西北、西南、东北、海上四大油气进口战略通道。

---

① BP 即英国石油公司。

② 张庭宾:《中国须重视能源困局》,《第一财经日报》2013 年 9 月 2 日。

③ 张庭宾:《中国须重视能源困局》,《第一财经日报》2013 年 9 月 2 日。

④ 张庭宾:《中国须重视能源困局》,《第一财经日报》2013 年 9 月 2 日。

近几年来，中国天然气产业的供需缺口逐步显现。根据BP的统计，2001年到2010年中国天然气消费同比年均增长16.23%；2010年中国天然气消费达到了1090亿立方米，成为继美国、俄罗斯、伊朗之后的世界第四大天然气消费国。虽然同期中国天然气生产也实现了13.64%的同比增速，成为世界第七大天然气生产国，但供给的增长速度显然无法与需求相比。从2007年开始，中国的天然气市场首次出现供需缺口，近几年迅速放大，据BP此前的预测，2015年和2020年中国天然气供给缺口将分别达到500万和1600万立方米。随着中国天然气开发规模的持续升级，中国的天然气储产比持续下降。2000年以来中国天然气储产比持续下降，已由2000年的50.3年下降至2010年的29年，显著低于世界平均水平的58.6年，未来发展空间面临挑战。[①]

1.4 中国须更加重视能源困局

从一次能源供给的全局来看，如果中国维持目前的发展模式，保持目前能源消费的增速，未来的缺口将更加惊人。根据EIA[②]统计数据，2009年中国一次能源消费达到22.5亿吨油当量，超过美国成为全球最大能源消费国。而据申万研究机构数据，中国一次能源供需缺口未来25年内将达到7.4亿吨油当量，约占全部消费额的19%。[③]

要扭转这种窘困局面。其中有三个思路：一是大力投入新能源革命，特别是像氢核聚变这种一劳永逸地解决能源危机的技术；二是提高能源使用效率；三是改变目前中国为世界生产的模式，国家鼓励制造业产能向外转移，国内能源和资源主要为本国生产，即中国经济真正转入主要依靠内需的模式。在这三者中，第一条道路目前仍可望而不可即。第二条道路潜力有限，改造成本高昂。第三条道路更为现实可行，但是改变巨大的惯性势必然需要付出转型的巨大阵痛。

实施能源消费总量控制政策既存在机遇也面临挑战。从机遇来看，首先，中央确立了把转变经济发展方式作为今后一个时期中国经济工作的主线，把加快产业结构调整、加速淘汰落后产能，化解产能过剩矛盾等工作作为实现这一转变的重要途径。其次，全球绿色能源发展和低碳经济热潮也为中国降低传统能源消费比例提供了前所未有的机遇。最后中国能源资源配置进一步国际化为中国优化终端能源消费结构、提高能效开辟了新渠道。

从挑战角度来看，中国经济发展过度依赖传统能源的趋势没有根本扭转，2012年我国能源消费总量约36.2亿吨标煤，其中化石能源比重超过90%；同时能

① 张庭宾：《中国须重视能源困局》，《第一财经日报》2013年9月2日。

② EIA：电子工业协会，美国电子行业标准制定者之一。

③ 张庭宾：《中国须重视能源困局》，《第一财经日报》2013年9月2日。

源资源利用率低,单位产品能耗高。且在新能源、可再生能源的发展环境还有待进一步改善。面对这一困局,应该通过加大第三产业和再生能源发电比重控制能源总量消费。煤炭、石油等传统能源应该是控制能源消费总量的主要对象。一是应通过增加第三产业比重,降低单位产值总能耗、扩大工业节能、降低碳排放产品的消费需求等措施调整产业结构,抑制能用需求过快增长;二是要实施更加严格的终端用能技术标准,加强淘汰落后产能力度,全面降低工业领域吨产品或单位产值能耗,并通过控制出口型耗能行业的增长速度,鼓励环境友好型产品的出口等措施坚决遏制高耗能行业不合理用能过快增长;三是通过提高煤炭使用效率和增加终端用能中优质能源比例来降低终端用煤比例;四是要通过规范风电市场,增加风电的发电小时数,加大光伏发电、电热能技术的研发力度,加快商业化进程,加大区域电网的智能化水平,提高电网接纳风电、太阳能等可再生能源的能力,加快生物质能源发展步伐,尤其要因地制宜加快农村、乡镇生物质能源的利用程度等措施巩固和扩大新能源、可再生能源发展的良好势头。①

2. 城市新能源使用

改革开放三十多年,我们走完了西方大多数国家花了 200 多年才完成的工业化历程,出现"未富超标"现象,如果不实现低碳能源,我国能源回旋的余地很小。因而必须将眼光放到可再生能源之上。

2.1 全球范围内新能源使用状况

在全球的能源消费结构中,可再生能源的占比将从 2013 年的 20% 提高到 2035 年的将近 30%。中国可再生能源的发电已经超过了欧洲、日本和美国的总和。在美国、日本和欧洲,可再生能源消费的重点是风能和太阳能,水能占比较小。这就涉及风能和太阳能的电力不稳定问题。而欧洲可再生能源 40% 的增长,主要是来自于水能,水能增长 40%,风能约为 26%。②

在接下来的时间内,可再生能源都有不同的发展速度,但发展速度的快慢、质量的好坏取决于各个国家有什么样的补贴政策和支持机制。预计补贴总金额在未来将会有大幅提高,比如生物燃料的补贴水平将从 2013 年的 1000 亿美元提高到 2035 年的超过 2000 亿美元。③

2.2 我国亟须清洁化和低碳化的能源革命

2013 年 9 月份,国家有关部门宣布将禁止在北京、上海和广州新建火力发电站。新近发布的《大气污染防治行动计划》也提出,到 2017 年实现煤炭占能源消

① 《找准能源消费总量控制的政策着力点》,《中国经济导报》2013 年 3 月 16 日。
② 范德胡芬:《世界能源格局新变化世界能源展望 2013》,《第一财经日报》2013 年 12 月 2 日。
③ 范德胡芬:《世界能源格局新变化世界能源展望 2013》,《第一财经日报》2013 年 12 月 2 日。

费总量比重降到65%以下的目标。为此,必须要加强清洁能源的开发。在2013诺贝尔奖获得者北京论坛开幕式上,北京市市长王安顺表示,北京将全面推动新能源等战略性新兴产业的发展。

根据国家发布的能效目标预计,我国“十二五”期间煤炭的需求将在40亿吨水平时达到峰值,大量使用可再生能源在这一过程中将发挥关键的作用。国网能源研究院在一系列研究后得出结论,预计分布式可再生能源、燃气联产进入快速发展期,2020年占能源供应比重约3%。2015年风电规模达到1亿千瓦,2020年有望达2亿千瓦。光伏发电2015年规模或达千万千瓦,电动汽车、新型储能等逐步由试验示范走向商业应用。①

2.3　电力将在新能源中扮演更重要的角色

据国家能源局统计,2013年,全社会用电量累计53223亿千瓦时,同比增长7.5%;全国电源新增生产能力(正式投产)9400万千瓦;2013年电源基本建设投资3717亿元,电网投资3894亿元。分产业看,第一产业用电量1014亿千瓦时,增长0.7%;第二产业用电量39143亿千瓦时,增长7.0%;第三产业用电量6273亿千瓦时,增长10.3%;城乡居民生活用电量6793亿千瓦时,增长9.2%。2013年全国发电设备累计平均利用小时为4511小时,同比减少68小时。其中,水电设备平均利用小时为3318小时,减少273小时;火电设备平均利用小时为5012小时,增加30小时。2013年,全国电源新增生产能力(正式投产)9400万千瓦,其中,水电2993万千瓦,火电3650万千瓦。

在传统概念中,电力作为二次能源并不存在于一次能源的统计数列。而现在,国际能源署(IEA)等国际机构已把电力按照“初次能源”层级来统计。2013年7月初,联合国环境规划署与21世纪可再生能源政策网络共同发布了《2013全球可再生能源现状报告》和《全球可再生能源投资趋势》两份报告。报告显示,可再生能源在亚洲、拉丁美洲、中东和非洲均迅速发展:中国风能发电的增长量超过了煤炭发电,并第一次超过核能发电量;欧盟可再生能源在2012年装机容量增加量中占近70%,其中德国可再生能源已提供了电力消耗的22.9%,国家供暖的10.4%,以及总能源需求的12.6%。美国风能安装容量增加量超过了其他任何技术,所有可再生能源项目的产出约占全年总装机容量增加的一半。

国家能源局发布的“十二五”规划显示,到2015年,我国风电装机容量为1亿千瓦,太阳能装机容量为2100万千瓦;到2020年,风电装机容量为2亿千瓦,太阳能装机容量为5000万千瓦。不过,我们还远远没有进入一个新能源的时代,以风电为例,过去15年,我国风电装机容量迅速从200万千瓦突破6000万千瓦,但留

① 张翼:《中国,新能源革命叩响门环?》,《光明日报》2013年11月7日。

下的消纳和通道建设难题也是“让人痛心”。

3. 低碳与减排

低碳城镇化是新时期我国在科学发展观指导下提出的新型城镇化道路的内在要求。低碳能源发展之路就是利用先进的科学技术降低能耗和节约能源,提高绿色清洁的可再生能源的比重;改变粗放的、落后的能源利用方式,逐步降低化石能源使用比例。探究低碳之路,根本目的在于寻找一条集约、智能、绿色、低碳的新型城镇化发展道路。城镇化的低碳之路,对于我国实现向世界承诺的二氧化碳减排目标具有重要意义。低碳能源之路有助于我国实现 2020 年单位国内生产总值二氧化碳减排目标。

(1) 节能减排的巨大压力

由于经济的快速增长,中国能源消费和二氧化碳排放总量大、增长快,这一趋势受到了世界的瞩目。中国当前能源的消费总量已经占全世界的 20%,但是中国 GDP 的总量却只有世界的 10%。也就是说,论单位 GDP 的能耗,我们是世界的两倍。如何提高单位能源消费和单位二氧化碳排放所产出的经济效益是中国当前面临的重大挑战。

首先我们必须改变传统只重保障供给的能源战略思维模式,控制能源特别是煤炭消费的总量,以促进经济发展方式的转型和生态环境改善。同时中国也必须大力发展新能源和可再生能源,加大对新能源发展的支持力度,坚定不移地在保证安全的基础上发展核能。

(2)《大气污染防治行动计划》确定目标

2013 年国务院发布的《大气污染防治行动计划》指出,当前我国煤炭占能源消费总量比重约为 70%,到 2017 年,这一比重要降到 65% 以下,而京津冀、长三角、珠三角等区域则力争实现煤炭消费总量负增长。《大气污染防治行动计划》还要求,京津冀、长三角、珠三角等区域新建项目禁止配套建设自备燃煤电站。该计划还提出,到 2017 年,非石化能源消费比重将提高到 13%。此外,根据国家的“十二五”规划,到 2015 年非石化能源消费比重要从 2012 年的 9.1% 提高至 11.4%。而到 2017 年,运行核电机组装机容量将达到 5000 万千瓦。①

(3) 让煤炭使用“绿”起来

煤炭在我国的利用方式一直非常粗放:受制于回采技术的限制,我国目前煤矿平均回采率不足 40%,大大低于 75% 的国家标准,而美国煤矿回采率多在 80% 甚至 90% 以上。我国原煤的洗选比例也仅为 50%,煤炭的使用效率为 30% 左右,两项指标均落后发达国家近 10 个百分点。如果在上述任何一个环节上提高一定

① 《2013 年我国煤炭占能源消费总量比重约为 70%》,中国行业研究网 2013 年 9 月 13 日。

比例，都将产生巨大的环境效益和经济效益。从煤的质量上来说，高含灰、高含硫、高含水的低质煤约占我国煤炭资源总量的40%，造成了煤炭整体使用效率低下。而原煤洗选环节的改良可在源头上控制煤炭的污染、减少发电企业脱硫和除尘的负担，还可以将大量的煤矸石分离出来，大大节约了运输成本。比如，曾有统计计算，如果煤矿回采率和利用效率分别提高10%的话，多出来的煤炭资源所产生的发电量，就能抵得过几十个三峡，数百倍于当前正在运行的核电站。

（4）低碳城镇化需从城市规划和政策机制做科学设计

走低碳能源之路需要考虑以下几个问题：一是科学合理的城市布局。要实现低碳能源之路，必须充分将城市布局与低碳能源的特征相结合。可再生能源是低碳能源的重要方式，但可再生能源的资源密度低，单位面积的能源供给能力较传统的化石能源相对较弱，因此采用可再生能源供能的城市居民住宅和工业设施不适宜规模过大，应按照小城镇的方式发展，充分考虑可再生能源的供给能力与城市用能的匹配度。此外，可再生能源分布特点以及不同可再生能源利用方式的结合均需要根据城市所处区域的可再生能源资源特点，比如考虑风电供热、太阳能与地热能联合供热和制冷等。二是循环经济发展理念。发展循环经济有利于减少资源利用，减少废弃物排放。三是有力的可再生能源利用政策。建立鼓励可再生能源在城镇化过程中应用的投资、补贴、运营、管理和监督机制。当前技术条件下，大部分可再生能源应用技术经济性相对较差，需要采取一定的激励措施，提高城镇化过程中投资使用可再生能源的积极性。

（5）处理好发展与经济效益的关系

我国现阶段经济增长的约束除了能源稀缺、环境保护、能源安全，还必须应对低碳发展所带来的高额能源成本。能源成本是当前发展清洁能源的一个主要障碍。经济的高速增长需要廉价能源为支撑，减轻社会负担也需要廉价能源。因此，能源结构转型不仅要强调绿色，还要强调经济效益，不能单纯为绿色而绿色。长期依靠国家补贴生存的绿色能源技术是不值得推广的，也是不符合我们发展中国家的国情的。依靠科技创新、解决清洁能源特别是可再生能源利用的高成本问题，是现阶段的首要任务。需要说明的是，经济效益包括当前的和未来的两个方面。有些绿色能源技术比如太阳能发电、纤维素乙醇虽然当前不具有经济优势，但是未来5—10年内却存在着巨大的成本下降空间，可以与火电、汽油相媲美。对于这样的技术，也应适时出台政策措施推动科技创新。

（6）城市低碳与减排相关措施与建议

继续推进城镇供热计量改革。开展供热计量专项检查，加强对新建建筑和经计量改造的既有建筑实行供热计量收费的监管。加快北方采暖地区城镇集中供热老旧管网改造，指导地方完成北方采暖地区城市集中供热老旧管网改造任务。

推进城市绿色交通发展。一是继续开展城市步行、自行车交通系统示范试点工作,确定示范项目,按照《城市步行和自行车交通系统规划设计导则》要求,指导各地做好示范项目。二是继续开展中国城市无车日活动。增强宣传力度和活动效果,促进改善城市公共交通、步行和自行车等基础设施,倡导绿色出行。

推动能源科技创新。应将有限的资源优先集中到最有可能解决我国能源短缺问题的科学技术问题,如提高我国火力发电效率的研究、风电和太阳能发电大规模并网的研究、低成本的太阳能光伏发电和光热发电研究、以纤维素乙醇为代表的生物燃料开发等先进技术。选择什么样的绿色能源技术重点研究、在什么阶段达到什么目的,应根据我国的资源禀赋、经济实力、研发基础有清晰的战略部署,不能脱离国情、盲目追随国外,浪费宝贵的研发资源。

4. 资源型城市的现状与问题

2013年12月3日,美国底特律市正式破产。这给正在快速推进的中国城镇化道路敲响了警钟。

(1) 昔日辉煌不再,资源型城市面临危机

"体量大、矛盾突出、危机和生机并存"是我国资源型城市的现状。据刚刚公布的《全国资源型城市可持续发展规划(2013—2020年)》,我国资源型城市的总数已有262个,其中包括地级行政区126个,县级市62个,县58个,市辖区16个。而当前我国城市总数为658个,即使不考虑区、县的情况,资源型城市约占到我国城市的30%,其体量可谓是相当庞大,如若处理失当,必然会直接影响到我国新型城镇化战略的实施,使得十八届三中全会提出的"完善城镇化健康发展体制机制"落空。

长期以来的掠夺式开发使得我国资源型城市面临很多问题,具体包括:一是环境问题突出。既包括地表沉降与塌陷、植被破坏、水土流失等生态破坏问题,也包括大量废水、废气、废物排放导致的环境污染问题。如甘肃白银曾盛产金、银、铜、铅、锌、锰等贵重有色金属,铜产量最高时占全国50%以上,有"铜城"美誉,但自上世纪90年代以来,铜资源基本枯竭,并在2008年被列为国家首批资源枯竭型城市。曾有"中国石油工业摇篮"美誉的甘肃省玉门市也因石油储量减少等原因,在上世纪末做出了迁城决定,并在2013年4月得到国务院正式批复。可以看出,资源型城市实际上走的是一条成本过高的工业化发展路子,其转型发展不仅是其自身要求,也是落实我国转变经济发展方式的关键所在。

(2) 成也煤炭,败也煤炭

煤炭之于煤炭资源型城市可谓"成也萧何,败也萧何"。据报道,煤炭资源型城市面临的困难主要表现在:资源不可再生性矛盾日益凸现,资源可开采难度不断加大,生态环境破坏更加明显,资源开发与再生机制不相匹配,产业结构过于单

一、就业压力逐年增大,后续产业严重不足等。

作为我国重要的能源基地,山西省的煤炭工业是地位十分重要。在长期持续开发煤炭资源,为国家经济建设做出了巨大贡献的同时,也形成了一批高度依赖煤炭的资源型城市。以大同市为例,大同市因煤而兴,也因煤而出名,其探明的煤炭储量为380亿吨,是全国重要的能源重化工基地。新中国成立以来,大同市为国家贡献了27亿吨优质动力煤,但许多问题也因煤而生,如大同市因煤炭资源的开发形成了煤炭加工、重化工及高耗能的主导产业,导致了产业结构单一、发展方式粗放、生态环境脆弱、安全生产形势严峻等问题,并且也形成了资源依赖的思维定式和发展惯性。特别是近些年来,随着国家整体的经济转型,以及煤炭产能过剩、价格下滑,大同市经济受到很大影响。如今的大同市亟须找到新的定位和发展方向。

(3) 粗放发展,资源型城市面临转型

我国已有67个城市由于自然资源趋于枯竭,经济发展滞后,民生问题突出,生态环境压力大,被列为衰退型城市,成为加快转变经济发展方式的重点和难点地区。为统筹推进全国资源型城市可持续发展,2013年11月,国务院印发了《全国资源型城市可持续发展规划(2013—2020年)》,该规划提出到2020年,要将资源枯竭城市历史遗留问题基本解决,可持续发展能力显著增强,转型任务基本完成。

该规划是我国首次在资源型城市可持续发展领域发布国家级专项规划,也是新一届政府以国务院文件形式发布的第一个专项规划。过去的资源型城市只是一个概念,这次《全国资源型城市可持续发展规划(2013—2020年)》利用定量和定性分析相结合的办法,首次确定了资源型城市在全国的分布,主要包括矿业城市和森工城市两类。国家发改委介绍,利用指标体系和不同的权重,全国筛选出262个城市认定为资源型城市,其中地级行政区126个、县级市62个、县58个、市辖区16个。不仅如此,该规划还遵循分类指导、特色发展的原则,根据资源保障能力和可持续发展能力差异,将262个资源型城市划分为成长型、成熟型、衰退型和再生型四种类型,明确各类城市的发展方向和重点任务,进行分类指导。

(4) 打破“唯GDP论”

当前,过度开发资源、超强度开发资源,是资源型城市发展的突出问题。专家认为:“这不仅仅是观念问题,根本上讲,是体制和机制问题。”国家的财税体制需要进一步完善,中央和地方的事权要进一步理顺。《全国资源型城市可持续发展规划》提出要加快构建资源产品价格形成机制、资源开发利益的分享机制、资源开发补偿机制。以在一定程度上解决单纯追求GDP的问题。

财政部预算司相关人员介绍,资源枯竭城市绩效评价办法的指标充分体现了

"不唯 GDP 论"。如对主导资源的考核,采掘或者采伐业产值占当地总产值的比重,也就是主要资源的产值占整个城市产值的比重,考核得分的方向是下降得越多得分越高。对于第三产业增加值、科技投入占地区生产总值比重的考核,增长越多得分越高。对规模以上企业万元工业增加值的能耗的考核,增加越多得分越低。专家介绍,为了支持资源枯竭城市转型发展,发改委已经安排了一部分中央预算内资金,国土资源部也会同财政部安排了矿山环境治理资金。在专项转移支付方面,国土资源部和财政部还会在矿山资源补偿费、探矿权采矿权价款收入等分配方面继续给予支持。资源枯竭城市在转型成功之后,国家对其转移支付的资金安排会有相应的"退坡机制",即不是在转型成功之后就立刻取消,而是逐年减少转移支付支持,以巩固转型成果。

(5) 可持续发展,资源型城市在路上

近几年,中国旅游界出现的一个新名词——"焦作现象",引起了人们的广泛关注和高度赞赏。"焦作现象"的实质是焦作依靠山水型旅游产品的成功打造,带动当地旅游业迅速崛起,进而带动区域经济发展,最终实现焦作从资源型城市转为以旅游业为支柱的绿色城市的成功转型。历史上的焦作曾以"煤城"著称,是一个因煤而兴的资源型城市,也是国家首批典型资源枯竭型城市之一。上世纪 90 年代末,面对矿产资源萎缩的现实,焦作把发展的着眼点从地下转到地上,从开采矿产资源转到开发旅游资源上来。焦作市借助于云台山大力发展旅游业,实现了资源型城市向旅游型城市的转变。2013 年仅门票收入就超过了 5 亿元,使"焦作现象"成为当代旅游业的一大美谈。

同样是转型发展,贵州省六盘水市过去也以"煤都"著称,黑色作为这里的主色调曾经深深地留在人们脑海之中。可如今,当走进明湖湿地公园、牂牁湖景区等一处处风景优美之地,便会对这座城市产生全新的印象。经过几年来的污染治理和生态建设,六盘水市的森林覆盖率达到 39%,市区空气优良率明显提高。另外,该市还对城市基础设施进行全面建设改造,终于实现了从"傻大黑粗"的资源型城市向生态文明城市的转型。今天,人们如果有机会行走在贵州省六盘水市、江苏省徐州市等这些煤炭资源型城市,会有一种"山在树中、树在城中、城在景中"的感受。当然,对于国内大多数煤炭资源型城市而言,绿色转型还在路上。同样转型成功的资源型城市还有"铜城"甘肃白银,具有"共和国的发动机"之称的辽宁阜新等。这些城市在面临资源瓶颈的困境时,或优化经济结构,或延伸产业链,或开发新能源,都积极寻求创新、可持续城市发展之路。①

依据《全国资源型城市可持续发展规划》,我国资源型城市将承担五大发展任

① 张玉玲:《底特律,资源型城市的前车之鉴》,《光明日报》2013 年 12 月 10 日。

务:合理有序地开发资源、构建多元化产业体系、切实保障改善民生、加强环境治理和生态保护、加强支撑保障能力建设。同时,规划提出了四个明显提高的奋斗目标。首先是资源型城市的节约集约利用资源的水平要有明显提高,如提出资源产出率到2020年比2012年要提高25个百分点。其次是可持续发展能力明显提高,要求资源型城市的接续替代产业增加值占地区生产总值的比重提高6个百分点。再次是环境质量要明显提高,要求到2020年,历史遗留的矿山地质问题的恢复治理率要从目前的28%提高到45%。最后是城乡居民收入要明显提高,到2020年资源型城市的增速要高于全国平均水平。而且资源型城市遗留的最大的“居者有其屋”问题——棚户区改造,要力争在2020年前完成。

课题负责人

张书成,教育部哲学社会科学发展报告建设项目《中国都市化进程年度报告》课题组子课题负责人,上海交通大学城市科学研究院研究员,上海交通大学媒体与设计学院博士研究生。

城市化、都市化和城镇化报告

一、城市化与城市发展状况与问题

1. 中国城市化进程的现状

1.1 中国城市化进程将放缓

在过去的30年里,中国的城市化水平不断提高。2011年,中国的城市化率突破50%,城镇人口首次超过农村人口,中国逐渐实现“乡村中国”向“城市中国”的转变。2013年,中国的城市化率继续保持增长。据《2013年国民经济和社会发展统计公报》显示,2013年末,全国大陆总人口数量为13.61亿人,其中城镇常住人口为7.31亿人,城市化率达到53.73%。但值得注意的是,城市化率的增长情况有不断下滑的趋势。从图1可以看出,自1996年以来,中国进入快速城市化发展阶段。1996年,中国城镇人口规模为3.73亿人,比上年增长6.06%,远高于90年代初期平均3%的增长率;城市化率为30.48%,比上年增长1.44个百分点,也远高于之前平均0.5的百分点。自2010年起,中国的城市化率的速度开始逐年放缓。2010年城镇人口的增速是3.82%,但2013年只有2.71%,2010年城市化率比上年增长1.61个百分点,但2013年的增幅已经降至1.16个百分点。

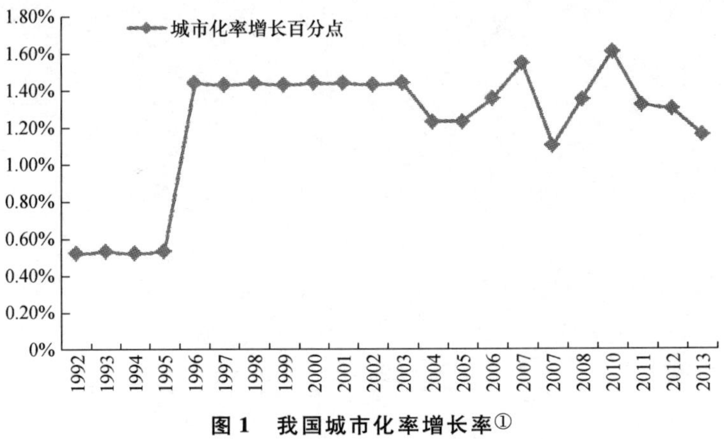

图1　我国城市化率增长率①

① 根据国家统计局数据整理计算绘制。

中国城市化增速发缓是城市化发展的必然趋势。根据诺瑟姆(Northam)城市化S型曲线理论,一旦城市化率突破50%,城市化将会出现减速发展的态势。2013年10月11日,《华尔街日报》就刊文指出中国城市人口的增长速度在一直下降,预计到2020年左右,城市人口的增幅最多仅为1.5%。而且,移居城市的主要是30岁以下的年轻人。但需要注意的是,一方面这一人群的数量正稳步缩减。据联合国推算2010年中国30岁以下年轻人为3.47亿,到2020年将下降至2.66亿。另一方面,作为推动城市化的主导力量,能够迁居城市的15至29岁农村年轻人的数量更是下降迅速。当前在农村出生、年龄为30岁的人当中,75%的人已经进入城市。此外,移居城市的年轻人性别比例失衡导致的婚姻数量和新家族数量的降低,以及独生子女政策和高昂的城市生活成本导致的生育率持续降低也都会直接阻碍城市人口的增长。①

1.2 中国真实城市化率仍不高

当前中国公布的城市化率虽然超过50%,但这一数字是按照常住人口计算的,也就是只要在城市居住满6个月以上,就可作为常住人口计入。国务院参事室研究员、中国统计学会副会长姚景源于2003年5月在成都举办的"探索中国新未来——全球财经领袖对话财富成都"论坛中指出,有2亿多的农民工被计算为城市人,而实际上全国绝大部分的农民工并未享受到像成都双流农民一样的待遇。中国的真实城市化率只有35%,而全世界即使将非洲算进去也超过50%,发达国家最低是78%,很多在90%以上。中国的城市化与其他国家相比,仍然存在很大差距。② 2013年6月底,在上海举办的主题为"更始之路——城镇化金融初探"的网易金融论坛上,包括十一届全国人大财经委副主任贺铿等在内的专家同样也持相同观点。他们认为旧城镇化的城市化率虽然很高,但市民化程度不高,存在2.36亿农民工没有真正的市民资格,扣除这部分流动人口,真实的城市化率不够35%。③

2013年7月底中国社科院发布的《城市蓝皮书》按照城镇中农业转移人口市民化程度来衡量了中国真实城市化率。农业转移人口市民化就是农业转移人口转变为市民的过程,也即变农民为市民的过程。具体指从农村转移到城镇的人口,在经历城乡迁移和职业转变的同时,获得城镇永久居住身份、平等享受城镇居民各项社会福利和政治权利成为城镇居民的过程。其主要标志包括社会身份的转变、政治权利的平等、公共服务全覆盖、经济生活条件改善、综合文化素质提高、

① 《中国城市化进程将放缓》,《华尔街日报》2013年10月11日。

② 姚景源:《中国的城市化率实际是35%左右》,人民网2013年5月27日。

③ 徐晓风:《中国真实城市化率不到35%》,《扬子晚报》2013年6月28日。

广泛的社会认同等六个方面。《城市蓝皮书》认为，当前中国城镇中农业转移人口处于快速稳定增长阶段，现有总量约 2.4 亿人，占城镇人口的 1/3 左右。但由于成本障碍、制度障碍、能力障碍、文化障碍、社会排斥以及承载力约束等方面的影响，农业转移人口市民化进程严重滞后。综合测算表明，2011 年全国农业转移人口市民化程度仅为 40% 左右，农业转移人口在政治权利、公共服务、经济生活、文化素质等各个方面与城镇居民的差距均较大。2012 年，全国按户籍人口计算的城镇化率仅有 35.29%，若按城镇中农业转移人口市民化程度平均为 40% 推算，中国真实的完全城镇化率只有 42.2%，比国家统计局公布的常住人口城镇化率低 10.4 个百分点。[①] 中国城市化率被高估，表明中国城市化还有巨大的发展空间。

1.3 各省市城市化水平存在明显差距

一般来讲，城市人口比重少于 30% 为低人口城市化水平，30%—70% 为中等人口城市化水平，高于 70% 为高人口城市化水平。[②] 从图 2 可以看出，不包括香港、澳门和台湾，我国 31 个省市自治区中只有上海、北京、天津三大直辖市的城市化率超过 70%，达到高水平城市化。其中上海的城市化率最高，为 89.33%。我国绝大部分地区都属于中等人口城市化。其中，包括广东、辽宁、浙江、江苏等在内的共 15 个地区的城市化率超过 50%，属于中上等水平城市化。云南、甘肃和贵州三省的城市化率在 30%—40%，属于中下等水平城市化。所有地区中西藏城市化率最低，只有 22.73%，是唯一一个相比 2011 年度城市化率有所下降的地区。

表 1 各省市自治区的人口数量及城市化率[③]

序号	地区	常住人口		城镇人口		城市化率		增幅
		2012 年	2011 年	2012 年	2011 年	2012 年	2011 年	
1	上海市	2380	2347	2126	2096	89.33%	89.31%	0.02%
2	北京市	2069	2019	1784	1740	86.23%	86.18%	0.04%
3	天津市	1413	1355	1152	1091	81.53%	80.52%	1.01%
4	广东省	10594	10505	7140	6986	67.40%	66.50%	0.89%
5	辽宁省	4389	4383	2881	2807	65.64%	64.04%	1.60%
6	浙江省	5477	5463	3461	3403	63.19%	62.29%	0.90%
7	江苏省	7920	7899	4990	4889	63.01%	61.89%	1.11%
8	福建省	3748	3720	2234	2161	59.61%	58.09%	1.51%
9	内蒙古自治区	2490	2482	1438	1405	57.75%	56.61%	1.14%

① 《社科院〈城市蓝皮书〉称中国城市化率被高估》，人民网 2013 年 7 月 31 日。

② 顾朝林、于涛方、李王鸣：《中国城市化格局・过程・机理》，科学出版社 2008 年版，第 26 页。

③ 根据国家统计局数据整理计算获得。

（续表）

序号	地区	常住人口		城镇人口		城市化率		增幅
		2012 年	2011 年	2012 年	2011 年	2012 年	2011 年	
10	重庆市	2945	2919	1678	1606	56.98%	55.02%	1.96%
11	黑龙江省	3834	3834	2182	2166	56.91%	56.49%	0.42
12	吉林省	2750	2749	1477	1468	53.71%	53.40%	0.31%
13	湖北省	5779	5758	3092	2984	53.50%	51.82%	1.68%
14	山东省	9685	9637	5078	4910	52.43%	50.95%	1.48%
15	海南省	887	877	457	443	51.52%	50.51%	1.01%
16	山西省	3611	3593	1851	1785	51.26%	49.68%	1.58%
17	宁夏回族自治区	647	639	328	319	50.70%	49.92%	0.77%
18	陕西省	3753	3743	1877	1770	50.01%	47.29%	2.73%
19	江西省	4504	4488	2140	2051	47.51%	45.70%	1.81%
20	青海省	573	568	272	263	47.47%	46.30%	1.17%
21	河北省	7288	7241	3411	3302	46.80%	45.60%	1.20%
22	湖南省	6639	6596	3097	2975	46.65%	45.10%	1.55%
23	安徽省	5988	5968	2784	2674	46.49%	44.81%	1.69%
24	新疆维吾尔自治区	2233	2209	982	962	43.98%	43.55%	0.43%
25	四川省	8076	8050	3516	3367	43.54%	41.83%	1.71%
26	广西壮族自治区	4682	4645	2038	1942	43.53%	41.81%	1.72%
27	河南省	9406	9388	3991	3809	42.43%	40.57%	1.86%
28	云南省	4659	4631	1831	1704	39.30%	36.80%	2.50%
29	甘肃省	2578	2564	999	953	38.75%	37.17%	1.58%
30	贵州省	3484	3469	1269	1213	36.42%	34.97%	1.46%
31	西藏自治区	308	303	70	69	22.73%	22.77%	-0.05%

由于上海和北京的城市化水平已经达到一定的规模，城市化率增长相对较缓慢。与 2011 年相比，两地城市化率分别增长了 0.02 个百分点和 0.04 个百分点。陕西和云南两省是 2012 年城市化进程发展最快的地区，两地的城市化率分别增长了 2.73 个百分点和 2.50 个百分点。为推进城市化，陕西在“十二五”期间积极推进重点示范镇建设，仅 2013 年上半年，全省 31 个重点示范镇就新开工建设项目 370 个，完成投资 45.2 亿元。2013 年陕西省重点示范镇计划开工建设项目为 500 个以上，计划完成投资 80 亿元。据初步统计，这些重点示范镇共可吸纳进镇人口

15.38 万人，提升全省城市化水平 0.4 个百分点。预计到“十二五”末，重点示范镇建设将增加城镇人口 57.6 万，城市化率达到 75%。[①] 此外，陕西省计划在下一步城镇化发展的过程中，全面放开小城市和城镇落户条件，积极推进符合条件的农业转移人口落户城镇，有序推动农业人口市民化。[②] 在新城建设方面，2013 年陕西省大力推进西咸新区建设，2014 年 1 月 6 日，国务院发函正式批复陕西设立西咸新区。至此，西咸新区正式成为中国的第七个国家级新区。

云南省城市规模小、密度小、功能弱，长期以来城市化率一直不高，城镇化水平低于全国 13.27 个百分点。按我国大中小城市划分标准，目前全省仅有 1 个特大城市、1 个大城市、3 个中等城市、14 个小城市、106 个县城、1175 个小城镇，城市体系中间断层突出。[③] 云南地貌特殊，有近 94% 是山区和半山区，只有 6% 是适于居住的坝区，其中优质耕地仅占 3%。[④] 为了改变当地山多地少的局面，云南提出利用低丘缓坡地带进行“城镇上山”和“工业上山”，积极探索不同于平原地区的新型山地城镇化模式。此外，云南将城市综合体建设作为推进云南特色城镇化的重要路径，计划在 5 年内，规划建设 100 个以上综合度高、带动性强、影响力大的城市综合体。省政府将对符合条件的城市综合体项目，在土地、金融、税收等政策上予以扶持，以特许经营权等优质资源为引导，统筹各类建设资金，积极配套建设好城市综合体周边基础设施。[⑤]

从区域看，东北、华东、华北、中南、西北和西南六大地区中，2012 年东北和华东地区的城市化率最高，分别为 59.60% 和 57.46%，西北和西南城市化率最低，分别为 45.56% 和 42.95%。从表 1 也可以看出，城市化率较高的省市基本上都位于东部地区。东部地区经济发达，人口和资源的大量集聚有效推进了当地的城市化进程。而城市化率最低的省市也基本上都位于我国西部。2013 年年底发布的《中国西部经济发展报告(2013)》也指出，西部城镇化发展水平低，严重滞后于全国平均水平和东部、中部地区，而且也滞后于自身的经济发展水平。但报告也指出西部地区城市化率有加速的趋势。[⑥] 从总体上看，我国城市化水平呈现出东高西低、北高南低的基本格局。

---

① 朱雪娇:《陕西省将增加城镇人口 57.6 万，2015 年城镇化率达 75%》,《西安日报》2013 年 7 月 18 日。

② 《陕西省计划全面放开小城市和城镇落户条件》,《西安日报》2013 年 9 月 18 日。

③ 李海玲:《城镇化重要途径:滇力争 5 年内建百余城市综合体》,《云南信息报》2013 年 9 月 11 日。

④ 童海华:《山地城镇化要学会“师法自然”》,《中国经营报》2013 年 6 月 15 日。

⑤ 李海玲:《城镇化重要途径:滇力争 5 年内建百余城市综合体》,《云南信息报》2013 年 9 月 11 日。

⑥ 《报告称我国西部地区城镇化发展现加速趋势》,中国网 2013 年 12 月 16 日。

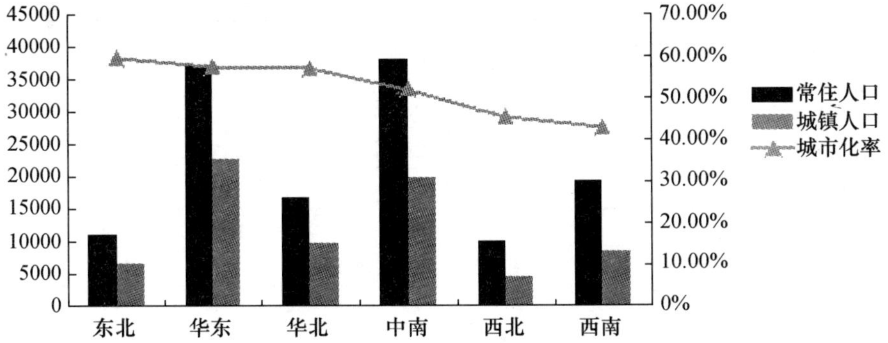

图 2　我国各地区城市化水平①

2. 中国城市的数量、规模与布局

据《中国统计年鉴 2013》显示，2012 年全国共有地级市 285 个和县级市 368 个（具体见表 2 所示）。2013 年，全国新增地级市 1 个，2013 年 2 月 8 日国务院同意青海省撤销海东地区和乐都县，设立地级市海东市；新增县级市 3 个，2013 年 1 月 24 日，经国务院批准，民政部同意吉林省撤销扶余县，设立扶余市，同意云南省撤销弥勒县，设立弥勒市；2013 年 7 月 3 日，同意青海省撤销玉树县，设立玉树市；同年撤销县级市 2 个，2013 年 10 月 18 日国务院同意江西省撤销南康市，设立赣州市南康区，同意山东省撤销兖州市，设立济宁市兖州区。

表 2　2012 年全国行政地级市和县级市数量统计②

序号		地级市数量	县级市数量	序号		地级市数量	县级市数量
1	北京市			18	湖南省	13	16
2	天津市			19	广东省	21	23
3	河北省	11	22	20	广西壮族自治区	14	7
4	山西省	11	11	21	海南省	3	6
5	内蒙古自治区	9	11	22	重庆市		
6	辽宁省	14	17	23	四川省	18	14
7	吉林省	8	20	24	贵州省	6	7
8	黑龙江省	12	18	25	云南省	8	11
9	上海市			26	西藏自治区	1	1
10	江苏省	13	23	27	陕西省	10	3

① 根据国家统计局数据整理计算绘制。

② 《2012 年县级以上行政区域变更情况》，行政区划网 2013 年 7 月 25 日。

（续表）

序号		地级市数量	县级市数量	序号		地级市数量	县级市数量
11	浙江省	11	22	28	甘肃省	12	4
12	安徽省	16	6	29	青海省	1	2
13	福建省	9	14	30	宁夏回族自治区	5	2
14	江西省	11	11	31	新疆维吾尔自治区	2	22
15	山东省	17	30	32	香港		
16	河南省	17	21	33	澳门		
17	湖北省	12	24	34	台湾		

从地级市数量看，广东、四川、山东和河南位居我国前列，而青海、新疆和海南数量最少。从人口规模看，2011 年，城市人口最多的 10 大城市是周口、南阳、成都、保定、临沂、阜阳、郑州、石家庄、哈尔滨和邯郸。其中，前 7 位城市的人口数量都已经突破了 1000 万，周口市最多，达到 1238.5 万。从地区生产总值看，2011 年排在前 10 位的分别是广州、深圳、天津、苏州、杭州、无锡、成都、武汉、青岛、佛山、大连。其中，绝大部分地区都属于东部沿海地区，西部只有一个成都，中部只有一个武汉，而东北部也只有一个大连。但是从人均地区生产总值看，2011 年排在前 10 位的分别是鄂尔多斯、大庆、东营、克拉玛依、包头、深圳、无锡、苏州、嘉峪关和广州，表现出与地区生产总值不同的分布特征。其中，东部有东营、深圳、无锡、苏州

表 3　2011 年地级市地区生产总值和人均地区生产总值前 10 位①

序号	城市	地区生产总值（万元）	序号	城市	人均地区生产总值（元）
1	广州市	124234390	1	鄂尔多斯市	163014
2	深圳市	115055298	2	大庆市	133301
3	天津市	113072800	3	东营市	130811
4	苏州市	107169900	4	克拉玛依市	129105
5	杭州市	70190579	5	包头市	112372
6	无锡市	68801509	6	深圳市	110421
7	成都市	68545786	7	无锡市	107437
8	武汉市	67622000	8	苏州市	102129
9	青岛市	66156000	9	嘉峪关市	101306
10	佛山市	65802823	10	广州市	97588

① 根据《中国城市统计年鉴 2012》数据整理。

和广州，西部有鄂尔多斯、克拉玛依、包头和嘉峪关，东北部有大庆。从人均产值可以看出，鄂尔多斯、大庆、东营、克拉玛依和包头等城市依靠能源优势，比依赖制造业的东部沿海城市创造了更大的财富。

3. 中国城市化与城市发展的问题与应对

3.1 土地城市化和人口城市化：推进人的城市化

当前，影响我国城市化质量的重要原因之一就是土地城市化快于人口城市化。近年来，一些地方，打着“城市化”的口号，盲目扩大城市规模，滥占耕地，任意开发，城市“摊大饼”现象严重。数据显示，从 2000 年到 2010 年，全国城市建设用地面积扩大 83.41%，城镇人口仅增长 45.12%，相差 1.85 倍。① 当前，全国很多城市都在大力打造第二座城市，新城新区、工业开发区、高科技开发区、工业园区等不断涌现。北京大学城环学院旅游研究与规划中心主任吴必虎指出：“这些开发区 60% 以上是不成功的，出现大量圈地抛荒现象。新区房子卖不掉，工厂垮台。”②而各种有关“鬼城”的新闻也不断引起人们对于城市过度扩张的关注。在急功近利的城市化大跃进下，城市粗放式经营明显，土地资源浪费严重。周其仁认为，中国目前的城市化以及一系列的“造城运动”，其实质是用行政手段完成“土地城市化”，却因为人口集聚不够，使得土地城市化的速度快于人口城市化的速度，反而降低了城市的密度，是“反城市化”，造成了中国目前“城市中很多地方像乡村，乡村中很多地方像城市”的现状。③ 而且，城市在大拆大建中，很多历史古建筑被破坏，田园风光也不复存在。土地城市化和人口城市化的不匹配，极大增加了经济社会和生态环境的成本。

解决土地城市化快于人口城市化，首先要避免城市无限制的扩张现象。2013 年举办的中央城镇化会议提出要“严控增量，盘活存量，优化结构，提升效率，切实提高城镇建设用地集约化程度”，从顶层设计上要求城市不能再任意扩张，要制订和实施好新型城镇化规划。会议强调，城市规划要由扩张性规划逐步转向限定城市边界、优化空间结构的规划。城市规划要保持连续性，不能政府一换届、规划就换届，并强调，规划形成后要通过立法形式确定下来，使之具有法律权威性。国土资源部有关领导指出，今后将完善土地用途管制制度，加强土地利用总体规划对城市用地规模的管控作用。以人均用地适当控制，按照大城市 80—100 平方米、中城市 90—110 平方米、小城市 100—120 平方米为界限，避免出现大城市无限扩张，中等城市无序发展，小城市无力发展的情况。④

---

① 梁傅、林远：《我国将限定城市规模边界，摊大饼式扩张被叫停》，《经济参考报》2013 年 12 月 16 日。
② 《中国 30 年城市化历程分析：城市化绝不应是土地城市化》，凤凰网 2012 年 8 月 27 日。
③ 王婧：《周其仁：土地城市化是反城市化》，腾讯网 2012 年 11 月 6 日。
④ 梁傅、林远：《我国将限定城市规模边界，摊大饼式扩张被叫停》，《经济参考报》2013 年 12 月 16 日。

解决土地城市化快于人口城市化的另一个方法就是加快推进人口城市化工作。当前,大量的农业人口难以融入城市社会,无法有效地转化为市民,他们不能在教育、就业、医疗、养老、保障性住房等方面平等享受城镇居民的基本公共服务,城市二元矛盾问题突出。当前,我国城市化正在慢慢转型,走新型城市化道路,越来越多地开始强调"人的城市化"。2013年1月15日,李克强在国家粮食局科学研究院考察调研时指出:"推进城镇化,核心是人的城镇化,关键是提高城镇化质量,目的是造福百姓和富裕农民。要走集约、节能、生态的新路子,着力提高内在承载力,不能人为'造城',要实现产业发展和城镇建设融合,让农民工逐步融入城镇。"①而要推进人口城市化,让农民工融入城市,创造条件促进农民工转变成为市民,有专家认为,需从两个层面来实施:第一个层面,努力实现"十有",即"进城有工作,劳动有合同,报酬有保障,参保有办法,上岗有培训,维权有渠道,住宿有改善,子女有教育,生活有文化,追求有目标",增强农民工归属感。第二个层面就是要深化户籍等多方面改革。② 在2013年6月26日举行的十二届全国人大常委会第三次会议第一次全体会议上,国家发改委主任徐绍史在《国务院关于城镇化建设工作情况的报告》中指出"现行户籍管理、土地管理、社会保障、财税金融、行政管理等制度,在一定程度上固化了已经形成的城乡利益失衡格局,制约了农业转移人口市民化和城乡发展一体化"。因此,要"有序推进农业转移人口市民化"③。有关户籍制度,徐召史在报告中称,我国将全面放开小城镇和小城市落户限制,有序放开中等城市落户限制,逐步放宽大城市落户条件,合理设定特大城市落户条件,逐步把符合条件的农业转移人口转为城镇居民。这明确了我国未来户籍制度的改革方向,对推进人口城市化起到了积极作用。

3.2 逆城市化:方向还是警示

逆城市化的概念是美国地理学家波恩于1976年提出来的,意指当城市化发展到一定阶段,由于城市病的产生,导致一部分城市人口离开都市而选择农村生活。逆城市化曾在美国风行一时,大量的中产阶级从城中心流向近远郊,或是从城市流向农村中小城镇。而这一现象在我国也开始上演。在广东江门,2010年、2011年、2012年、2013年1月1日至9月24日,这四个时间段,"农转非"的人数分别为2074人、2074人、2492人和1022人,而"非转农"的人数则分别为9310人、8911人、6946人和3356人。"非转农"人数远超"农转非"人数。而2013年"非转农"人数下降并非是市民意愿下降,而是因为政策收紧导致获取农村户籍日渐困

① 《李克强45个月六次提城镇化:核心是人的城镇化》,《21世纪经济报道》2013年3月2日。
② 《城镇化核心是人的城镇化》,《经济日报》2013年1月18日。
③ 徐绍史:《土地城镇化快于人口城镇化》,中金在线2013年6月27日。

难。[①] 国家卫生流动和计划生育委员会相关领导指出，根据其所在部门的调查，显示74%的农村户籍人口愿意在城市长期居住但不愿意放弃农村户籍。[②]《环球时报》刊文指出，由于我国土地资源稀缺，提高土地利用率是逆城市化的重要限制因素。与其他同等发展水平国家相比，我国城镇化率明显太低，未来20年的主要任务是提升城镇化率，让更多的农村居民转移到城镇，并改善他们的生活质量。因此，逆城市化在中国不会成为主流。[③] 但是中国社科院当代城乡发展规划院院长付崇兰和副院长张朝伟在《城镇化与城乡一体化是经济增长和社会发展的源动力》一文中，指出在加快土地户籍制度改革、方便农民进城并确保农民市民化的同时，也应积极引导和鼓励"逆城市化"风尚。[④]

乡村建设规划设计院院长李昌平表示："如果说城市文明是一种消费文明，那么乡村文明本身就是一种可持续文明。传统的乡村文明里，无垃圾、无污水、提倡节能环保，吃的是有机食品。现在我们提乡愁，体现了人们对理想生活方式的追求，是深陷城市中的现代人为自己找的一个退路，是对历史文化的一种传承。这个退路就是逆城市化的进程。"[⑤]《中国城市化：危机与对策》一书中也将逆城市化与乡愁联系起来。[⑥] 然而，我们需要注意的是，与国外追求乡村生活的逆城市化不同，国内逆城市化的产生一是因为土地利益，农民一旦变成城镇户口后就会失去土地，失去分享土地红利的机会。农村户口比城镇户口更加值钱。[⑦] 二是城市居民正面临高房价，以及教育、医疗等资源的激烈竞争，生活成本较高。目前出现的"逆城市化"，很大程度上是一些地方赶农民进城上楼的结果。[⑧] 三是长期形成的户籍制度使农民在就业、医疗、教育、社保等方面难以受到与城市居民的同等待遇，农民无法真正融入生活，最终不得不离开城市。因此，可以看出，中国当前低水平城市化情况下的逆城市化更像是对城市化的一种警示。

对于逆城市化问题，一方面，需要解决农民工被迫离开城市的问题，这就需要保障农民工的权益。有专家表示："目前，让外来常住人口立即获得所有权益显然是不现实的。我们的总体思路是使流动人口权益的获得方式从原来的'高门槛、一次性'过渡到'低门槛、渐进式'。"通过实施居住证制度，配合"积分落户"制度，

---

① 《江门各地不同程序地存在"逆城市化"》，华夏经纬网2013年9月27日。
② 朱四倍：《流动人口不愿"非农"和逆城市化现象》，大众网2013年10月21日。
③ 郑风田：《逆城市化在中国不会成为主流》，《环球时报》2013年9月27日。
④ 《城乡一体化蓝皮书：引导鼓励逆城市化新风尚》，人民网2013年12月16日。
⑤ 徐琦：《逆城市化时代可能到来》，《中国环境报》2013年12月19日。
⑥ 《新城镇化愿景：逆城市化乡愁》，和讯网2013年12月26日。
⑦ 《农村户口更值钱：催生"逆城市化"与户籍乱象》，人民网2013年11月8日。
⑧ 祝乃娟：《"逆城市化"警示了什么》，《21世纪经济》2013年9月26日。

梯度赋权，使农村流动人口逐步享受到城市人口的待遇，逐渐成为发展的方向。①另一方面，又要鼓励适应时代需要的逆城市化，鼓励城市居民回原籍定居，参与新农村建设，带动农村经济社会和文化建设，推进城乡一体化进程，避免农村"空心化"。要以逆城市带动村镇建设。② 中国人民大学教授温铁军甚至提出可以考虑放开农村户口，开放"非转农"，鼓励市民下乡，促进城乡之间资本要素的自由流动，吸引城市人才和资金建设美丽乡村。③

3.3 棚户区和城中村改造：光屁股男孩的梦想

2013 年，《新闻联播》中 5 岁的小男孩光着屁股从衣柜里爬进爬出，迅速成为网上的热点，也使得棚户区和城中村改造成为年度重要的关键词。棚户区和城中村不仅仅反映了一个地区的城市形象，更重要的是关系到城市化的质量和老百姓的日常生活。根据 2013 年 11 月印发的《全国资源型城市可持续发展规划(2013—2020 年)》，就资源枯竭城市就有 7000 万平方米棚户区需要改造。2013 年李克强在三月份两会中指出，下决心要再改造 1000 万户以上各类棚户区。2013 年 7 月国务院发布《关于加快棚户区改造工作的意见》，提出重点推进资源枯竭型城市及独立工矿棚户区、三线企业集中地区的棚户区改造，稳步实施城中村改造，2013 年至 2017 年改造各类棚户区 1000 万户，使居民住房条件明显改善，基础设施和公共服务设施建设水平不断提高。2013 年，全国计划改造各类棚户区 304 万户，其中，城市棚户区 232 万户，国有工矿棚户区 17 万户，国有林区棚户区 18 万户，国有垦区危房 37 万户。截至 2013 年 11 月底，已开工 323 万户，占目标任务的 106.2%，基本建成安置住房 218 万套，货币安置 25.5 万户。④

由于棚户区和城中村改造的最大难题是资金困难，除了中央和地方财政支持外，需要通过多种方式获得社会资本的支持。当前，政府主导、市场化运作成为棚户区和城中村改造的重要模式。尤其是在中心城区，在房地产市场持续走热的背景下，开发商有着参与改造的巨大积极性。比如，广州杨箕村未来将改造成豪华住宅项目，未来房价会在 5 万每平方米以上，回迁之后杨箕村民很多都将成为千万富翁。⑤ 但是，在加快改造的同时，也要谨防过快改造所导致的城市后遗症。2013 年新闻报道，由于缺乏有效规划和政府监管，郑州城中村改造的后遗症开始集中爆发，房产证拿不到、房屋质量差、"楼歪歪"、"楼碰碰"、规

① 陈婧：《农民工：加速"梯度赋权"化解"逆城市化"》，《中国经济时报》2013 年 11 月 11 日。
② 宋劲松：《"逆城市化"对村镇对村镇建设的意义》，《光明日报》2013 年 10 月 17 日。
③ 《城乡一体化蓝皮书：引导鼓励逆城市化新风尚》，人民网 2013 年 12 月 16 日。
④ 《2013 年全国棚户区改造任务已经全面完成》，中央人民政府网站 2013 年 12 月 22 日。
⑤ 郑少京：《广州城变报道一：消失的城中村，杨箕村的日与夜》，新浪网 2013 年 12 月 20 日。

划混乱等问题屡见不鲜。①

二、大都市与中心城市发展现状与问题

1. 大都市与中心城市发展总体情况

2005年建设部在《全国城镇体系规划纲要(2005—2020年)》提出了全球职能城市的概念,指出这类城市在我国具有重要的战略地位,在发展外向型经济以及推动国际文化交流方面具有重要作用。他们有可能发展成为亚洲乃至世界的金融、贸易、文化、管理等中心。这些城市主要指北京、天津、上海广州和香港。2010年住建部编制《全国城镇体系规划(2010—2020年)(草案)》,在原来"全球职能城市"的基础上,提出了国家中心城市,并将北京、天津、上海和广州确定为国家中心城市,并将重庆由原来的区域中心城市提升至国家中心城市。国家中心城市考察的七大指标分别是综合经济能力、科技创新能力、国际竞争能力、辐射带动能力、交通通达能力、信息交流能力和可持续发展能力。除了这五大国家中心城市外,规划中还提出了区域经济中心城市的概念,包括东北的沈阳、华东的南京、华中的武汉、华南的深圳、西南的成都和西北的西安六大区域经济中心城市。所有的这些中心城市中,北京、上海和广州是我国最大的城市,也是典型的国际大都市。

2013年,北京、上海、广州、天津和重庆五大国家中心城市经济上继续保持快速增长,其中广州、天津和重庆的经济增长都在10%以上,而北京和上海基本上都在7.7%左右。从经济总量看,2013年,上海地区生产总值达到21602.12亿元,位居五大城市之首,但人均GDP却是广州最高,为11.93万,上海只位居第三。而从城市居民人均可支配收入看,上海达到43851元,又是位居第一,广州和北京分别以42049元和40321元位居第二和第三。从第三产业比重看,北京服务业比较发达,第三产业比重已经占过了70%,开始逐渐赶上世界发达城市的水平。天津和重庆第三产业仍然相对较落后,这两大城市当前的经济结构主要还是以工业为主。从进出口总额看,上海和北京是中国最主要的两大进出口城市,规模分别达到4413.98亿美元和4291.00亿美元。而从地方财政看,广州和上海的地方财政收入较高,但是所有城市都是支出超过收入。其中上海基本实现了收支平衡,全年地方财政收入4109.51亿元,地方财政支出4528.61亿元,收支比为1:1.1。而重庆财政收支处于较为严重的失衡状态,全年完成公共财政预算收入1692.92亿元,而公共财政预算支出为3059.86亿元,收支比达到1:1.8。

① 《郑州城中村改造"后遗症"爆发 市政路成死胡同》,《中国房地产报》2013年10月29日。

表 4 2013 年国家中心城市基本经济情况①

	常住人口（万）	经济总量（亿）	人均 GDP（万）	城市居民人均可支配收入	第三产业比重	进出口总额（亿美元）	地方财政收入（亿）
北京	2114.80	19500.60	9.32	40321	76.9%	4291.00	3661.10
上海	2415.15	21602.12	9.01	43851	62.2%	4413.98	4109.51
广州	1292.68	15420.14	11.93	42049	64.62%	1188.88	4430.00
天津	1472.21	14370.16	9.76	32658	48.1%	1285.28	2078.30
重庆	2970.00	12656.69	4.28	25216	41.6%	687.04	1692.92

2. 大都市与中心城市案例分析

(1) 武汉:积极打造国家中心城市

2011 年武汉市第十二次党代会报告明确提出“建设国家中心城市、复兴大武汉”的宏观目标,2012 年湖北省第十次党代会报告也表示“要大力支持武汉建设成为立足中部、面向全国、走向世界的国家中心城市和国际化大都市”。2013 年 11 月,武汉市发改委正式发布《2012—2013 年武汉国家中心城市建设发展报告》。该报告分总体思路、发展综述、国家创新中心、国家先进制造业中心、国家商贸物流中心等 13 个部分,是武汉提出建设“国家中心城市”一年多以来的一次大总结。此外,作为顶层设计的《武汉建设国家中心城市规划纲要》也已经初步完成,该纲要具体提出了武汉为推进国家中心城市建设的三步走战略:第一步(2013—2020 年),框架形成阶段,重点实施自主创新能力提升计划、工业倍增计划、服务业升级计划、城建攻坚计划、国际化水平提升计划这五大计划,率先完成全面建成小康社会目标任务。第二步(2021—2030 年),功能完善阶段,实现复兴大武汉的现代化建设的发展目标。第三步(2031—2049 年),愿景展望阶段,武汉将建成全球性的创新中心、文化之都和重要的世界城市,引领长江中游城市圈成为国际化大都市圈。②

武汉由原来的区域中心城市向“国家中心城市”转变,反映了武汉在国家经济地位中的强烈诉求。从地理位置看,武汉位居中国经济地理中心,是内陆地理区最大的铁水公空综合交通枢纽,吸引四面、辐射八方。从经济看,GDP 总量位居中部地区首位。从城市竞争力看,根据《中国城市竞争力报告》,人力资本竞争力排名第 6,科学技术竞争力排名第 10,综合区位竞争力名列第 9。③ 可见,武汉已经具备了成为国家中心城市的一定基础。但是,一方面,武汉面临强大的竞争压力,其

① 数据来源于 2013 年各城市的国民经济和社会发展统计公报。

② 田立平:《武汉建设国家中心城市分“三步走”》,《长江商报》2013 年 11 月 19 日。

③ 成正贸:《武汉谋求由中部中心向国家中心城市转变》,新浪网 2012 年 6 月 13 日。

与长沙的竞争由来已久。同样根据《中国城市竞争力报告》,武汉的综合实力与长沙相去甚远。长沙自2009年从17名跨越到第9名后,连续3年稳坐前十之列,而武汉近3年来却一直在20名前后徘徊。① 另一方面,与原来的五大国家城市中心相比,武汉仍然存在不小差距。2013年武汉市地区生产总值为9051.27亿元,占整个国家总量的1.59%,而五大国家中心城市中最高占比达到3.80%,最低的也达到2.22%。此外,其经济还存在民营经济薄弱、产业辐射力不强,产业布局散而不强,缺少真正行业龙头企业,支柱行业后继增长乏力等问题。② 可见,武汉要想成为中国的第六大国家中心城市,任重而道远。

(2)上海:自贸区成为最大红利

2013年8月22日,经国务院正式批准上海成立中国上海自由贸易试验区。9月29日,自贸区正式挂牌运作。自贸区总面积为28.78平方公里,范围覆盖上海市外高桥保税区、外高桥保税物流园区、洋山保税港区和上海浦东机场综合保税区等4个海关特殊监管区域。2013年9月27日发布的《中国(上海)自由贸易试验区总体方案》指出:"试验区肩负着我国在新时期加快政府职能转变、积极探索管理模式创新、促进贸易和投资便利化,为全面深化改革和扩大开放探索新途径、积累新经验的重要使命,是国家战略需要。"其总体目标是:经过两至三年的改革试验,加快转变政府职能,积极推进服务业扩大开放和外商投资管理体制改革,大力发展总部经济和新型贸易业态,加快探索资本项目可兑换和金融服务业全面开放,探索建立货物状态分类监管模式,努力形成促进投资和创新的政策支持体系,着力培育国际化和法治化的营商环境,力争建设成为具有国际水准的投资贸易便利、货币兑换自由、监管高效便捷、法制环境规范的自由贸易试验区,为我国扩大开放和深化改革探索新思路和新途径,更好地为全国服务。主要任务包括加快政府职能的转变、扩大投资领域的开放、推进贸易方式的转变、深化金融领域的开放创新和完善法制领域的制度保障五个方面。

有专家指出:"上海自由贸易区的试验,绝对不是一般意义上为园区争取一些优惠政策,也不是招商引资的一些突破。而是顺应全球经济治理新秩序,主动对接国际规则,主动塑造中国新红利的战略举措。"③对上海来讲,这是继当前浦东开发后的另一大改革红利,对于促进上海经济的新一轮增长具有重要意义。而且随着自贸区的不断建设和深化,受益范围将从局部区域辐射至全上海,乃至长三角地区的经济区域。而其可复制的经验模式将带动整个中国的改革深化。上海自

① 成正贸:《武汉谋求由中部中心向国家中心城市转变》,新浪网2012年6月13日。
② 程久龙:《三问武汉:追梦"国家中心城市"》,经济观察网2012年6月29日。
③ 谢卫群、欧阳洁等:《上海自贸区撬动新一轮改革开放》,《人民日报》2013年9月30日。

贸区的核心是制度创新，而不是政策优惠。突出的表现形式就是“负面清单”——只要在负面清单以外的领域，将按照内外资一致的原则，由核准制改为备案制，将外商投资企业合同章程审批改为备案管理。这一符合国际潮流和趋势的做法，将成为行政管理体制改革中的一项重大突破。①

但自贸区仍然面临巨大挑战，主要包括：一是适用的法律不一致的挑战，主要是上海自贸区所需法律突破很大程度上超越了地方政府和国务院行政法规权力的范围，也引起一些关于“法外治权”的担心。二是监管思路创新的挑战，国际通行的自由贸易区实行的是“境内关外”政策，将会突破现有的海关监管以及金融监管政策。三是政策开放度如何把握的挑战。四是如何让要素为实体经济服务的挑战，要警惕自贸区成为仅是游资流入流出进行套利的场所。此外，自贸区在实际操作中更多分享的实际上是“政策红利”，这也势必会引起区域间恶性竞争。②

(3) 北京：不断加强空气治理

2013 年北京雾霾天气严重。据北京环保局公布的 2013 年全市空气质量状况数据，全年北京空气质量优良的天数为 176 天，占 48.2%，重污染累计 58 天，占 15.9%，平均每周一天重污染。③ 2013 年北京市 PM2.5 年均浓度 89.5 微克/立方米，与年均 35 微克/立方米的国家标准还存在较大差距。④ 中科院研究发现，造成北京雾霾的主要来源有 6 个，包括土壤尘、燃煤、生物质燃烧、汽车尾气与垃圾焚烧、工业污染和二次无机气溶胶，这些来源的平均贡献分别为 15%、18%、12%、4%、25% 和 26%。其中，汽车尾气对造成雾霾贡献最小，只有 4%。研究显示，沙尘天气对春季气溶胶有重要影响，而秋冬季节，来自建设工地的浮尘和街道的再悬浮尘是土壤尘的主要来源，冬季则主要是燃煤源。生物质燃烧源对春秋季影响较大，工业污染源则对夏秋季影响较大。⑤

雾霾产生的重要影响之一就是导致一些关注健康生活的人群开始考虑逃离北京。有外国人表示：“曾经感觉自己工作在城市的顶峰，现在却像被关在末世的囚笼，令人窒息。”这种心情正成为“老外们”斟酌是否留在北京继续发展的重要因素之一。⑥《金融时报》指出，越来越多的外国人甚至是中国人正打算离开北京。⑦尤其是对有小孩的外国家庭，这种意愿更加强烈。为此，为了让雇员能够留在北京，有外企支付雇员在北京工作的危险津贴达到每年 15 万元人民币。此外，雾霾

① 曹继军、颜维琦：《上海自贸区起航》，《光明日报》2013 年 9 月 30 日。
② 吴思：《上海自贸区的挑战》，《中国经济报告》2013 年第 9 期。
③ 记者：《北京公布 2013 年空气质量状况：平均每周 1 天重污染》，《新京报》2013 年 1 月 3 日。
④ 记者：《北京市发布 2013 全市空气质量近半天数空气优良》，人民网 2014 年 1 月 2 日。
⑤ 吴晶晶：《科学家查明北京雾霾 6 大主要贡献源》，新华网 2013 年 12 月 30 日。
⑥ 李飞：《老外因雾霾决定逃离北京：我们咳嗽，儿女也总睡不好觉》，《法制日报》2013 年 5 月 15 日。
⑦ 吉密欧：《逃离雾霾的北京》，《金融时报》2013 年 4 月 9 日。

也增加了在北京的企业招聘国际人才的难度。①

雾霾已经严重损害了北京的国际形象，为了改善空气质量，2013 年 9 月，北京市正式印发了《北京市 2013—2017 年清洁空气行动计划》（简称“行动计划”）。“行动计划”明确了北京市空气质量改善的目标，规划了源头控制减排工程、能源结构调整减排工程、机动车结构调整减排工程、产业结构优化减排工程、末端污染治理减排工程、城市精细化管理减排工程、生态环境建设减排工程和空气重污染应急减排工程共八大污染减排工程，提出了完善法规体系、创新经济政策、强化科技支撑、加强组织领导、分解落实责任和严格考核问责共六大实施保障措施，以及企业自律的治污行动、公众自觉的减污行动和社会监督的防污行动三大全民参与行动，并将各项任务措施分解落实到了各年份、各区县政府和市相关部门等。

此外，《北京市大气污染防治条例》于 2013 年 6 月 21 日起开始向公众征求意见，于 2014 年 1 月 22 日在北京市人民代表大会上通过，自 2014 年 3 月 1 日起开始施行。该条例提出了政府主导、区域联动、单位施治、全民参与、社会监督共同防治模式，并确定了固定污染源污染防治、机动车和非道路移动机械排放污染防治和扬尘污染防治。

（4）深圳：智慧深圳建设实施方案

近年来，深圳一直大力推进智慧城市建设。2012 年 5 月，深圳发布了《智慧深圳规划纲要（2011—2020 年）》，提出“通过智慧城市建设重塑城市公共信息系统管理机制，打造功能完善的信息通信技术基础设施，形成信息资源高效融合的公共信息服务支撑平台，催生一批成熟高效的城市管理和民生服务应用，掌握一批具有自主知识产权的关键核心技术和标准体系，培育一批具有国际竞争力的产业集群，在全国率先建成信息通信技术基础设施环境国际领先、城市管理运营与民生服务质量明显提高、产业结构与创新能力优化发展的智慧型现代化城市。”2013 年 10 月，深圳又通过《政府公报》发布了《智慧深圳建设实施方案（2013—2015 年）》，提出要大力推动信息技术在国民经济和社会发展各领域的应用，加快发展物联网、云计算、大数据等新一代信息技术产业，全面提升城市现代化发展水平和市民生活幸福水平。根据该方案，深圳将以“资源共享、业务协同、服务创新、产业发展、安全保障、质量提升”为主线，重点从提升城市信息通信基础设施、构建电子公共支撑体系、提高城市运营管理智慧水平、改善民生应用领域信息服务、完善信息安全保障体系、培育新兴战略产业集群发展等六个方面全面推进智慧深圳建设。此外，深圳还发布了《深圳市宽带普及提速工程实施方案（2013—2015）》。要求到 2015 年，由市、区政府通过购买服务方式，在行政服务场所、市政公园、文体

① 巩玲：《英媒：北京雾霾引发外籍人士逃离潮》，国际在线 2013 年 4 月 3 日。

场馆、口岸及交通枢纽等公益场所为市民提供免费无线宽带接入服务,无线网络宽带网络覆盖率达 90%。

深圳智慧城市建设取得了较好的效果。目前深圳市互联网的普及率达 83.7%,家庭宽带普及率达 82.4%,无线宽带覆盖率达 87.2%,均居全国首列。深圳已在全国率先建成 TD—LTD 网,AP 点超过 6.6 万个,已部署的 3700 个 LTE 基站实现了重点区域覆盖,三网融合相关产业规模已经突破 3000 亿元。深圳先后被国家确定为首个国家电子商务示范城市、首个全国政务信息共享国家示范市,目前在智能交通、智能城管等方面均走在全国前列。在 2013 中国智慧城市与智慧园区发展高峰论坛上,深圳荣获"2013 年智慧基础设施与运营示范奖"。在高交会 2013 中国智慧城市发展高峰论坛上,深圳被评为"2013 中国领军智慧城市",同时,3 家深圳企业入选"中国智慧城市标杆企业"。①

3. 大都市与中心城市发展的问题与应对

3.1 城市病成为困扰大城市发展的重要难题

古希腊哲学家亚里士多德曾经说过:"人们来到城市,是为了生活。人们居住在城市,是为了生活得更好。"然而,随着城市化进程的加快,环境破坏、交通拥挤、城市内涝、路面塌陷,以及就医难、入学难等各类城市病不断蔓延加剧,成为城市人民美好生活的重要障碍。尤其是大城市,城市病问题更为严重。究其根源,是人口在有限城市空间内的大量集聚。

据统计,京津沪渝四个直辖市外加广州、深圳两市共六个一线城市,总人口数量就已经破亿。向特大城市的人口迁徙,使得一线城市的人口规划屡屡被提前突破,并且资源达到所能承受的极限。北京市曾规划,到 2020 年人口控制在 1800 万,但目前该市人口早已突破 2000 万大关。上海市常住人口则已经到达 2380 万人,且还在呈继续上升的态势。而在人口增加幅度中,非户籍常住人口贡献了"大头"。上海市 2012 年户籍常住人口 1420 万人,比 2011 年仅增加 8 万人,而这还是连续 19 年来上海户籍人口首次出现正增长,但上海市非户籍常住人口在 2012 年时为 960 万人,比上一年度增加 25 万人。② 一些城市特别是中心城市在经济社会发展中"鹤立鸡群",形成了极大的城市集聚效应。相比之下,中心城市以外的其他地区乃至周边地区的发展便成了发展的"洼地"。前几年亚洲开发银行的一项研究表明,在国际大都市北京和天津周围,就环绕着 3798 个贫困村、32 个贫困县,272.6 万贫困人口。③

---

① 邓翔:《深圳获评"中国领军智慧城市"》,《南方日报》2013 年 11 月 20 日。

② 赵昂:《专家:"伪城镇化"值得关注超级"城市病"正显现》,《工人日报》2013 年 11 月 3 日。

③ 李长安:《不平衡发展是导致"大城市病"的诱因》,《京华日报》2013 年 12 月 16 日。

北上广等特大城市无法再集聚和承载更多的人口，“城市病”也越来越突出。因此，在放开中小城市落户限制的同时，要严格控制特大城市人口规模。① 而从资源的角度来，要合理引导资金、劳动力、技术等要素优化配置，充分发挥区域大城市、中心城市的辐射功能，通过产业转移带动相关配套产业和服务业在中小城镇发展，让百姓在中小城市安居乐业，实现农村劳动力就地转移。但清华大学教授蔡继明认为，“大城市病”不是“大”惹的祸，世界上同样还有很多大城市、特大城市甚至巨型城市没有“生病”。因此不应轻易谈瘦身，否则容易抹杀一些问题，不利于城镇化健康发展。

3.2　2013 年中心城市房价仍然普遍上涨

据国家统计局发布的《2013 年全国房地产开发和销售情况》数据显示，2013 年全国城镇商品房销售面积 130551 万平方米，比上年增长 17.3%，商品房销售额 81428 亿元，增长 26.3%。由此计算商品房 6237 元/平方米，比 2012 年 5791 元/平方米增长 7.7%。与去年国民生产总值增长保持一致。② 而 2013 年房价开始出现了明显分化，在 70 个大中城市中，一线城市的房价涨得比较多，二、三线城市上涨总体比较平稳，有的三四线城市特别是四线城市房价还出现了下跌。

中青舆情监测室根据国家统计局 2013 年每月发布的《70 个大中城市住宅销售价格变动情况》对每月城市商品住宅同比涨幅最高的前十大城市进行了分析。这十大城市分别是北京、广州、深圳、上海、厦门、南京、郑州、福州、南充和沈阳。其中，“北上广深”四个一线城市房价在 2013 年涨势凶猛。据国家统计局的数据，从 2013 年 9 月开始，四城市的新建商品住宅价格同比涨幅已经连续 4 个月超过 20%，大大高于其他城市。

中青舆情监测室根据政府公开信息，统计了同年度“面粉”和“面包”的比值。在房价最“火”的这十大城市中，有两个城市出现了“溢出现象”，是南京和福州。南京 2013 年土地出让单价为 19271 元/平方米，新建住宅均价 13842 元/平方米，前者是后者的 139.2%。福州的这两项数字是 16571 元/平方米和 15550 元/平方米，比值是 106.6%。在其他 8 个城市，土地出让金这种“面粉”，占 2013 年房价“面包”的比值也都不低于三成。深圳的两个数字分别是 29328 元/平方米和 30591 元/平方米，比值是 95.9%。广州是 59.7%，上海是 55.0%，郑州是 46.2%，北京是 37.1%，厦门是 36.6%，沈阳是 33.9%。南充最低，其比例是 32.9%。③

3.3　群租乱象，亟待整治

大城市的高房价高租金滋生了大量的群租现象。民宅被划分为狭小的一间

① 《发改委：“城市病”突出特大城市无法再承载更多人口》，中国新闻网 2013 年 12 月 17 日。

② 《统计局：2013 年全国房价上涨 7.7%》，网易财经 2014 年 4 月 3 日。

③ 庄庆鸿：《去年房价最“火”十大城市两城地价高过房价》，《中国青年报》2014 年 3 月 12 日。

间房屋，里面塞满了租客。群租已经成为“脏、乱、差”的代名词，而且不仅对周边的居民带来了极大的困扰，也存在极大的安全隐患。北京、上海等地是群租现象比较严重的地区。早在 2009 年，北京就开始了整治群租房的行动。时隔四年，群租现象依然像石头背面的苔藓，见不得光却大量滋生，清理过后立即死灰复燃。为了进一步打击群租现象，实现北京市提出的“2014 年底将基本杜绝群租房现象”的目标，首都综治办联合北京市住建委、公安、工商、规划、地税、城管等六部门于 2013 年 12 月印发了《关于进一步规范出租房屋管理的通告》，并公布了 35 个市级挂账房屋违法出租问题试点小区名单。该通知明确指出，如果发现违规行为，可由建设(房屋)部门责令出租人改正，情节严重的，处 5000 元以上、3 万元以下罚款。同时，向社会公开该套房屋信息，限制其买卖，并在房屋登记簿附记栏中注记违法信息。如果是房地产经纪机构及经纪人员参与或者教唆他人参与违规行为，除了被列入黑名单、停止网签，限期内拆除后再恢复网签外，还将依法查处、记入信用档案，并向社会公示；由相关部门责令改正，处 3 万元以上、10 万元以下罚款。涉嫌犯罪的，依法追究刑事责任。①

对此，《南方日报》直接批评认为杜绝群租违背市场规律，认为北京是一座汇聚了全国各个阶层精英以及渴望成为精英的奋斗者的城市，北京没有理由表现得比广州还更不开放，更加不欢迎渴望成功而又愿意吃苦的人们。即便是香港、东京那样的国际大都市，白领阶层的居住条件也不见得好，年轻人蜗居现象很普遍，据香港长远房屋策略督导委员会委托的调查机构推算，香港有 6.7 万个房中房单位，住户人数逾 17 万，而在日本的东京，胶囊公寓更是底层白领的“首选”。如果基于消防和安全的理由，已有这些人口密集型城市的现代管理经验可供借鉴，北京没有必要另行发明一套，这种一刀切的治理方式，既无创新，也不聪明，属于典型的“懒政”。②

人民网也指出：打击群租对于政府规范管理来说十分有必要，应越早进行越好，但处理群租房不能硬来。因为对多数住在群租房里的低收入人群而言，打击甚至取消群租房，意味着他们有可能在这个城市更难生存。因此，有专家建议指出：“群租现象的存在一方面说明现在北京市场房源少、出租房存量小，另一方面也说明是目前的租房价格过高，超过租户承受力。打击群租是个棘手问题，打得不好容易滋生各种矛盾。建议以政府名义建立房屋租赁平台，为外来租户提供大量公租房；在公租房不足的情况，由政府出面收购大量二手房，通过官方租赁平台转租给外来租户。”另有专家建议：像北京这样的一线城市，应通过多种途径解决

① 午建萌：《强拆！治理群租房动真格》，《北京青年报》2013 年 12 月 19 日。
② 彭晓芸：《“杜绝群租”违背市场规律》，《南方日报》2013 年 11 月 28 日。

外来低收入人群的租房问题。第一,是利用公租房来解决,这需要有针对性地根据外来人口租房和支付能力的特点,设计公租房的户型和面积,提供适应市场需求的供给,价格上也尽可能使一部分人可以承受;二是在保障安全的前提下,应明确规定合租的单人居住面积最低标准,在打击群租同时,允许适当的合租,并且制定明确的安全规定(如消防安全、不能私挪乱拉电线、乱设煤气和天然气管道等),以适度减轻这些人群的租房压力;三是对符合住房保障标准的人群提供政府补贴;四是一些企业单位可以适当解决职工宿舍。总之,“解决群租问题必须多管齐下,多渠道解决”①。

3.4 “职住非平衡”造成城市潮汐式拥堵

由于中心城区承载力有限,越来越多的大城市和中心城市开始发展郊区新城,但其发展仍处于起步阶段,产城融合程度不高。《广州经济发展报告(2013)》就指出当前广州的城市化进程尚处于发展期,外迁功能单一,尤其缺少第三产业支持,致使目前外围新区的职住平衡比例不足10%,基本都属于“卧城”的概念范畴。由此导致的严重问题就是人口居住与就业的大跨度分离,不仅使市民平均出行距离从2005年的8.5公里增加到2010年的13.6公里,平均出行时间从28分钟上升到58分钟,而且造成中心区交通非常拥挤,拥挤路段从2005年的18%上升到2010年的32%。②

“职住非平衡”是造成城市潮汐式拥堵的重要根源。《广州经济发展报告(2013)》并不看好新城规划对缓解交通的作用,其认为“目前的国际经验显示,在外围新区实现较高程度的‘职住平衡’相当困难”。报告举例分析道:香港新市镇就地工作比例仅为25%—35%,东京最成功的一个新城也只有40%。③ 然而对于大城市和中心城市而言,不造新城,城市发展的结果可能更加糟糕。因此,当前的主要问题是如何实现职住平衡。“职住平衡”理念最早来源于霍华德“田园城市”中居住与就业相互临近、平衡发展的思想,其基本内涵指在某一给定的地域范围内就业人口数量与就业岗位的数量大体相当,大部分居民可以就近工作,从而减少通勤出行的距离、时耗与机动车的使用率,达到减少交通拥堵的目的。④ 然而,当前“在规划上,一些新区仍以产业区为核心,配套设施的建设相对割裂,尽管职住平衡是大方向,但还仅仅停留在梦想阶段,公租房的数量还远远不够”⑤。因此,必须要加强公共基础设施和生活设施的建设,重新探索房产开发的合理布局。

① 宣研:《北京约有16万“蚁族”专家:打击群租“不能硬来”》,人民网2013年12月9日。
② 《广州上班出行时间5年内增加半个小时》,《南方日报》2013年7月12日。
③ 《广州上班出行时间5年内增加半个小时》,《南方日报》2013年7月12日。
④ 王树盛:《职住平衡:理想还是现实》,《江苏城市规划》2011年第9期。
⑤ 《探索科技创新区发展新模式:不建“孤岛”职住平衡软件配套》,人民政协网2013年9月10日。

2013 年 10 月天津发布的《天津市住房建设规划(2011—2015 年)》就明确提出:在住房建设布局上要充分考虑居民生活对公共服务设施、市政公用设施和道路交通设施的需求,合理安排住房空间布局。围绕产业聚集区布置与之适应的住房类型,为从业人员提供便捷的居住空间,减少区外通勤,以达到"职住平衡"的目的。同时,按照整体融合、局部聚集的空间分布模式,鼓励和引导各种类型、各个层次、针对不同群体住房的相对混合布局,促进相互交流与社会和谐。结合已有保障性住房项目的空间布局,合理确定住房空间布局,保证保障性住房项目在一定区域范围内达到相对均衡的布局模式。①

而在交通上也需要探索更有效的治理模式。比如 2013 年北京计划对朝阳路东三、四环之间的道路进行潮汐式改造。早高峰时,出城内侧车道改为进城方向;晚高峰时,进城内侧车道改为出城方向,以适应道路交通特点,缓解拥堵。而沈阳也将在 14 个路口设置潮汐式变道。可变车道借助在路面上可变车道提示标识和路侧道路上方的可变电子信号指示灯做引导。等待左转的车辆多时,车道上方的电子指示灯显示为左转。直行车辆较多时,该车道上方的则显示为直行箭头,车辆则可通过该车道直行,这可以有效避免道路资源的浪费。②

三、城市群与经济区发展状况与问题

城市群的产生既是基于城市资源的集聚和扩散,也是城市发展到一定阶段出现城市分工和交换的必然产物。我国城市群的发展具有不同于西方国家的特殊性。在市场经济背景下,西方城市群更多的是自然演化的结果,表现出社会、经济、人口等在内的有机联系。而中国由于受行政区划的影响,城市往往是独立发展,导致城市重复建设、资源浪费、要素流动受限等问题严重。近年来,随着中国城市经济联系的加强,城市开放程度的增大和城市化进程的加快,城市群逐渐成为中国城市发展的趋势。

1. 城市群与经济区发展总体情况

1.1 城市群:城镇化的主体形态

城镇化应该如何推进,大中小城镇该如何发展,长期以来未能有明确的路径。2013 年 6 月,国家发展和改革委员会主任徐绍史在第十二届全国人民代表大会常务委员会第三次会议上作了《国务院关于城镇化建设工作情况的报告》,指出我国要以城市群为主体形态来提高城镇化质量。2013 年 12 月 12 日至 13 日于北京召开的中央城镇化工作会议更是明确提出,要把城市群作为主体形态,促进大中小

① 《天津市发布住房建设"十二五"规划》,新华网 2013 年 12 月 5 日。
② 《沈设 14 处潮汐式变道指示灯随车流量变化》,《沈阳晚报》2013 年 5 月 31 日。

城市和小城镇合理分工、功能互补、协同发展。这预示着我国的城镇化将以城市群为核心全面展开。

刘士林认为,“把城市群作为主体形态”,主要针对的是我国城市发展中日益突出的不均衡和不协调问题。这主要表现在两方面:一是城市与城市、城市与乡村的不均衡问题。中心城市、大城市扩张过快,资源与人才过度集中和低效配置,而中小城市、城镇和乡村却因各种资源严重不足而举步维艰,在局部甚至出现了程度不等的衰落和倒退。二是城市内部的中心城区与其他城区、新城新区与老城区、市区与城乡结合部的不协调问题。主要是城市建设和发展以 GDP 为核心,导致了不少城市规模失控、布局混乱、功能失调、承载能力低、大拆大建、管理与服务滞后、历史文脉惨遭肢解等突出问题。这些不均衡和不协调问题,既是当下“城市病”集中爆发及城市出现亚健康的诱因,也是近年来我们城市粗放式发展模式的必然结果。城市群可以通过建立合理的城市分工和层级体系,解决区域内以“产业同质竞争、项目重复建设、空间批量生产”为特征的“粗放型城市发展模式”,以及城市与乡村在工业化和城市化进程中不断激化的对立和冲突,促进都市、城市、乡镇、农村的协调、均衡和可持续发展。①

方创琳、毛艳华和刘玉亭等人也持类似观点。方创琳认为,城市群是我国未来经济发展中最具活力和潜力的核心增长极,主宰着国家经济发展和城镇化的命脉,或是解决城市病的重要战略路径。毛艳华从分工的角度进一步指出,典型城市群都具有合理的城市职能分工,而城市群的职能分工是市场化机制长期作用的结果,是人口、技术、资金、资源和产业等各种要素在市场中实现的空间最优配置。因此,在市场机制作用和政府合理规划引导下,城市群内部的城镇发展网络、产业发展网络、基础设施网络和区域核心—边缘网络,能够有效防止所谓的城市病。而刘玉婷则从是多中心城市群的角度指出,进入成熟期的城市群,其空间结构由单中心向多中心转变,大城市周围中小城市的崛起和发展可在一定程度上缓解大城市的集聚压力,以减轻大城市规模过大、资源过度集中而产生的城市病,使城市群及其内部多个城镇的发展走向均衡和稳定。②

1.2 城市群基本实现省份全覆盖,东部地区城市群发展最成熟

目前,我国初具规模、得到公认的城市群有 21 个,它们是长三角城市群、珠三角城市群、京津冀城市群、山东半岛城市群、中原城市群、长江中游城市群(包括武汉城市群、环洞庭湖城市群、长株潭城市群、环鄱阳湖城市群、江淮城市群)、辽中南城市群、海峡西岸城市群、成渝城市群、关中城市群、呼包鄂城市群、

① 刘士林:《把城市群作为主体形态》,《文汇报》2013 年 12 月 19 日。
② 冯爱琴:《城市群:提高城市化质量的主体形态》,《中国社会科学报》2013 年 8 月 14 日。

兰州城市群、乌昌城市群、黔中城市群、银川城市群、拉萨城市群、太原城市群、滇中城市群、哈大齐城市群、南宁城市群和琼海城市群。其中前 10 个城市群已基本建成。

从空间布局上看,这些城市群基本涵盖了除台湾以外全国各省、自治区和直辖市。在全部的 21 个城市群中,东部有 6 个,中部有 3 个,西部有 10 个,东北有 2 个。在基本建成的 10 大城市群中,东部有 5 个,分别为长三角城市群、珠三角城市群、京津冀城市群、山东半岛城市群和海峡西岸城市群,中部有 2 个,为长江中游城市群和中原城市群,西部和东北部各有 1 个,分别为关中城市群和辽中南城市群。城市群数量的多寡,不仅直接体现了我国四大区域城市化水平的差异,也客观反映了我国城市建设质量和区域一体化的进程。从布局上可以看出,西部地区由于地广人稀,城市联系疏松,跨省份的区域合作较为缺乏,城市发展基本处于"单打独斗"状态,由此导致城市群数量较多,而发展水平相对落后。东部地区的城市群以长三角城市群、珠三角城市群和京津冀城市群为代表,城市群发展在国内最为成熟,区域合作水平也遥遥领先。

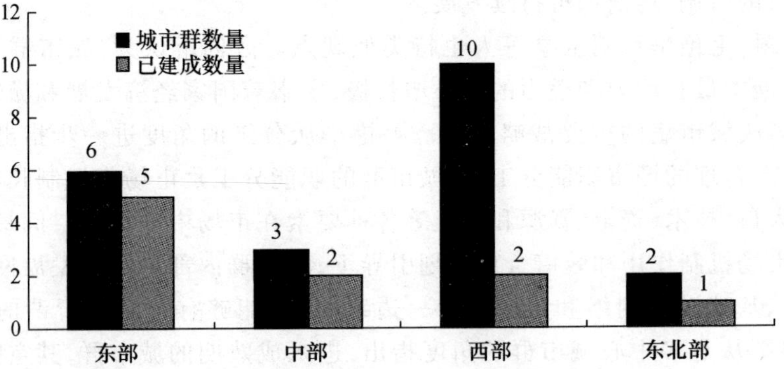

图 3　各区域城市群的布局与建设情况

1.3　十大城市群成为发展的中流砥柱,城市群内各城市分工日趋明显

目前,我国基本建成的 10 大城市群,共涉及 129 个地级市,占地级市总量的 45.42%;土地面积达到 152.53 万平方公里,占国土面积的 15.89%;2010 年常住人口 6.73 亿,占全国总人口的 50.19%;地区生产总值实现 29.20 万亿,占全国总量的 73.03%,是我国经济社会发展中当之无愧的中流砥柱。

从土地面积和人口规模看,长江中游城市群涉及湖北、湖南、江西、安徽四省,是我国最大的城市群(图 4)。从常住人口与土地面积的比值看,珠三角城市群、长三角城市群和中原城市群在我国城市群中人口密度最高,其中,珠三角城市群居首,以 5.47 万平方公里的土地承载了 5616 万人口,每平方公里土地承载人口超过千人。长三角城市群居次席，每平方公里土地承载人口接近 1000 人。而海峡西岸城市群、辽中南城市群、关中城市群和长江中游城市群的人口密度较低，属地广人稀的城市群类型。

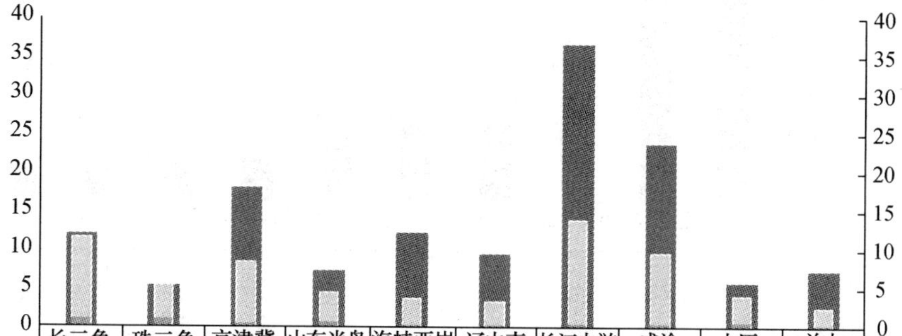

	长三角	珠三角	京津冀	山东半岛	海峡西岸	辽中南	长江中游	成渝	中原	关中
土地面积	12.14	5.47	18.25	7.44	12.33	9.69	36.75	23.99	5.88	7.51
常住人口	11.63	5.62	8.39	4.46	3.69	3.31	13.91	9.58	4.16	2.58
比值	0.96	1.03	0.46	0.60	3.30	3.34	0.38	0.40	0.71	0.34

图 4　十大城市群土地面积和常住人口规模①

从地区生产总值看，长三角城市群、京津冀城市群和长江中游城市群在我国城市群中位居前三。2010 年，长三角城市群生产总值超过 7 万亿，超过排名第二的京津冀城市群约 2 倍。长江中游城市群由于地多人多，生产总值已超过珠三角城市群，约为 4 万亿。但从地均生产总值和人均生产总值看，珠三角城市群、长三角城市群和山东半岛城市群则位居前三甲（图 5），其中，珠三角城市群和长三角城市群遥遥领先，每平方公里地均生产总值均超过 6000 万，是排名最末的关中城市群的 10 倍以上。同时，这两大城市群人均生产总值均超过 6 万元，约是排名最后的成渝城市群的 3 倍。从图中还可看出，京津冀城市群虽然总量较大，但受其经济结构等因素的影响，产出效率低于珠三角城市群、长三角城市群、山东半岛城市群和辽中南城市群。

从产业结构看，京津冀城市群和珠三角城市群的第三产业的比重都超过了第二产业，其中京津冀城市群第三产业的比重超过了 50%（图 6），表明服务业已成为该城市群经济最重要的增长点。但从总体看，工业仍是当前我国城市群的主导产业。从图 4 中可以看出，绝大多数城市群第二产业的比重都在 50% 以上，中原城市群甚至达到了 60%。从各大城市群的首位城市看，有 6 个城市的第三产业比重超过了 50%，7 个城市第三产业比重超过第二产业。由此可知，服务业正成为各城市群首位城市的主导产业，而制造业则逐步转移至周边城市，城市分工日趋

① 根据国家统计局数据整理计算绘制。

明显，城市群产业结构的调整不断取得进步。

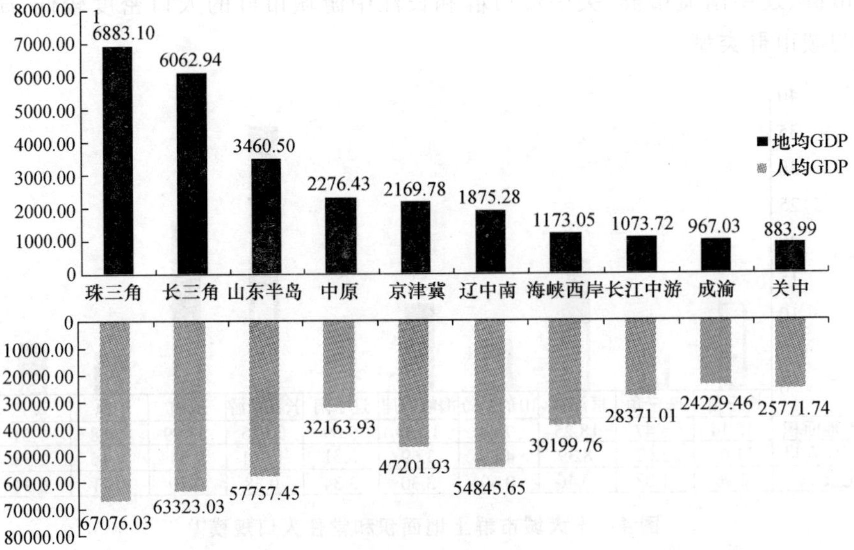

图 5 十大城市群地均 GDP 和人均 GDP 水平①

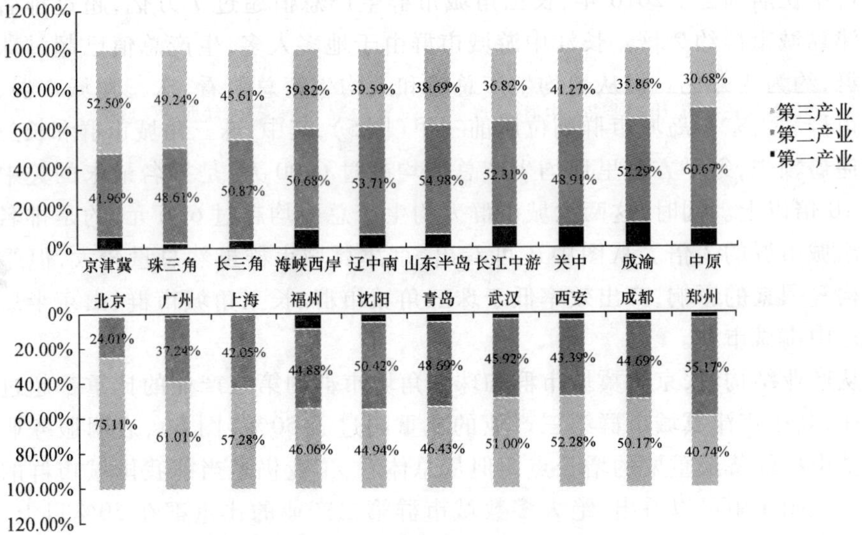

图 6 十大城市群三次产业结构②

① 根据国家统计局数据整理计算绘制。

② 根据国家统计局数据整理计算绘制。

从各城市群的城乡差距角度看,2010 年,城镇居民可支配收入与农民纯收入之间的差距基本在 2 倍左右,远低于全国 3.68 倍的水平。在 10 大城市群中,辽中南城市群的城乡收入差距最低,为 1.97 倍,而关中城市群最大,达到了 3.52 倍(图 7)。从全国范围看,城市群城乡居民收入差距相对较低,揭示出城市群发展模式在实现城乡一体化、促进城乡统筹发展方面发挥了重要的推进和辐射作用。这在客观上也说明,中央城镇化工作会议提出"把城市群作为主体形态",而不是一些学者和战略研究报告强调的"以小城镇为主体",是十分科学和符合我国城市化的实际情况的。

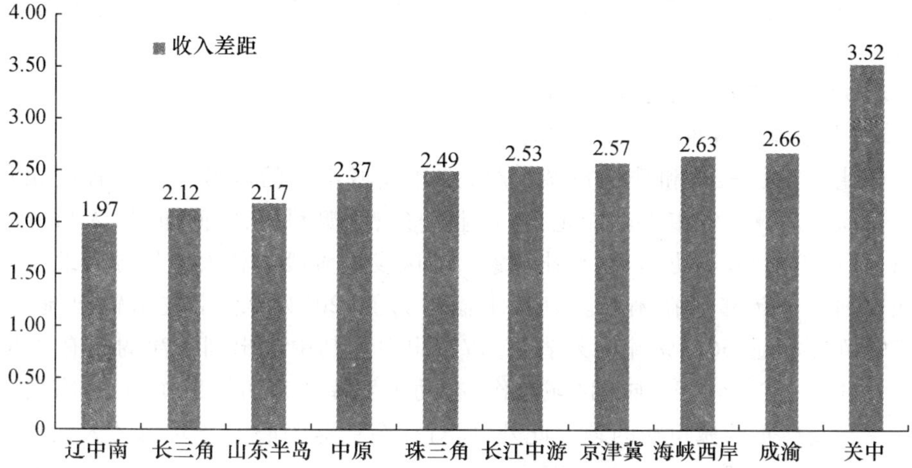

图 7　城市群城乡收入差距①

1.4　三大城市群排名:珠三角第一、长三角第二、京津冀第三

珠三角、长三角和京津冀城市群是我国发展最早,也是相对最成熟的三大城市群,其发展态势代表了我国城市群发展的总体水平和发展趋势。2013 年发布的《中国城市群发展指数报告 2013》根据 2007—2010 年的数据,基于城市人口指数、城市经济指数、城市生活指数、城市文化指数和城市首位比指数构建评价指标体系,对三大城市群进行了综合测评,发现在纵向比较上,三大城市群的综合指数呈现出较为明显的上升趋势,其中最明显的是京津冀和长三角。这反映出三大城市群近年来在人口、城市经济、生活质量等方面不断优化进步,正逐渐从"数量—规模增长"过渡到"质量—内涵增长"的新阶段,从"铺摊子、扩圈子"的粗放型城市化进入"调结构布局、深度城市化"战略调整期。从发展速度看,京津冀发展最快、长三角持续性强、珠三角步履放缓。

① 数据来源:《中国区域经济统计年鉴 2011》。

在横向比较上,目前在三大城市群综合指数排名上,珠三角城市群位于第一,长三角城市群居次席,京津冀处于垫底位置。但从人口、经济、生活、文化和首位比各单项指数看,三大城市群的发展各有亮点。排名第三的京津冀城市群在文化指数上一枝独秀,表明京津冀已是当仁不让的中国文化中心;长三角城市群的经济发展水平领先于其他两大城市群,是中国经济最为活跃和发达的地区,其中国经济中心之梦已初步编就;珠三角作为我国改革开放的前沿阵地,在人口、首位比等指数方面明显优于京津冀和长三角,表明珠三角城市群距离一个理想的城市群最近。珠三角、京津冀和长三角在整体发展水平、文化、经济上三足鼎立,显示出中国城市化初步形成了“差异化”竞争格局,对改变长期以来形成的“同质竞争”模式具有重要作用。

2. 城市群与经济区案例分析

2.1 京津冀城市群重塑区域格局

相比较于长三角和珠三角城市群,京津冀城市群的区域一体化程度相对较弱。目前京津冀三省市在功能定位、产业链条、资源利用、空间布局、人口分布等方面,存在不统筹、不协调、不互补现象。地区发展阶段的较大差异导致北京向周边地区的产业转移存在困难。以技术输出为例,2012 年北京技术输出流向中,26.7% 留在本地,56.3% 流向外省市,17% 出口。其中输出到天津的只有 0.8%,到河北的仅占 2.4%。[①] 加强区域合作,有助于发挥北京的辐射作用,也有助于解决北京日益严重的城市病问题。此外,面对社会普遍关心的华北地区大气环境污染问题,区域联动防治也成为重要出路。

2013 年以来,三地的区域合作逐渐开始加强。被称为“最难编制的区域规划”首都经济圈发展规划出现了加速迹象,京津冀三省市已经分别完成首都经济圈的本地规划,上报国家有关部门,国家层面的首都经济圈发展规划编制已经启动前期准备工作。[②]

2013 年 3 月,京津两市签署了加强经济与社会发展合作协议,围绕经济建设、文化建设、社会建设和生态文明建设,从十个方面推出一揽子计划。2013 年 5 月,京冀双方签署《北京市——河北省 2013 至 2015 年合作框架协议》和十一个专项协议,进一步深化合作。两个协议从交通、物流、金融、旅游、环保、科教、人才、产业等各个方面,推动三地开展全方位合作,加快区域一体化进程,共促区域经济社会协调发展。

京津冀城市群在宏观上面,开始制订发展规划。根据协议,京津冀城市群的

---

① 李士祥:《应尽快规划首都经济圈》,《新京报》2013 年 3 月 8 日。

② 《首都经济圈规划编制将启动,京津冀重塑区域格局》,中国证券网 2013 年 7 月 5 日。

最终范围划分是1+9+3,即北京+河北省的张家口、承德、保定、廊坊、唐山、秦皇岛、衡水、沧州、石家庄+天津的宝坻区、武清区、蓟县。衡水、沧州、石家庄是最新被纳入的3个城市。对京津冀城市群范围的划分,长期以来都有广泛的争论。区域经济学界曾出现过2+5、2+7、2+8、2+11等多种倡议。北京大学首都发展研究院院长李国平对此进行了整理比较,并基于核心圈、紧密圈和合作圈,重新进行了划分。同时李国平对最新的1+9+3这种空间划分方案提出了自己的意见,他认为应至少将天津整体划入首都经济圈,因为毕竟主要的经济联系还是北京和天津,主轴是京津塘(塘沽),如果把主轴割断了,那这个圈域是不完整的。① 但无论如何,京津冀城市群之间的合作正在不断地进步。

在微观层面,交通物流和环保是合作中的重中之重。交通物流方面,北京和天津将共同推动京港高速公路建设,连通京津高速公路,构筑北京直通东疆保税港区快速通道;推动京津三通道(京台高速)北京段建设,连通津晋高速公路,构建北京与天津港南部港区快速运输通道。共同研究京津城际铁路连通天津滨海国际机场与北京新机场的可行性。天津和河北将共同推进唐廊高速、京秦高速、滨(津)石高速和国道205等一批高等级公路对接路段,以及环渤海城际铁路、天津至承德铁路等项目的前期和建设工作。北京和河北之间,将推进北京大外环高速公路建设,尽快形成环北京的高速通道。重点研究承德至平谷高速公路路线方案,尽快签订接线协议;河北省加快张承、张涿高速公路建设;北京市加快密涿高速(密云至廊坊段)前期工作,尽快开工建设,力争同期建成通车。同时,两地要抓紧开展涿州—北京新机场—廊坊城际铁路、京九客专前期工作。

在环保方面,北京和河北正积极建立京冀环境保护和生态建设合作机制,共同推动京冀区域整体环境质量加快改善。在生态补偿机制建设、大气污染防治、水污染防治、环境执法监管、环境保护科研合作与环境信息共享等各个方面,谋求深入合作,双方将成立京冀区域环保工作协调小组,每年召开两次工作会,商定重点协作事项。②

而在产业合作方面,也正在取得明显突破。京冀之间将探索两地飞地经济合作;津冀双方加强产业规划衔接,支持天津企业在河北环津地区建立天津产业转移园区。北京将支持天津武清区打造京津产业新城。③ 京津冀城市群的全面合作正由原来的概念框架向实质进展。

2.2 长江中游城市群打造中国"第四级"

长江中游城市群即"中四角",是以中国内陆最大城市武汉为中心城市,长沙、

① 《李国平:应加快推进首都圈一体化》,《燕赵都市报》2013年10月21日。
② 《北京、河北环保部门签署合作协议联防联控》,燕赵都市网2013年5月28日。
③ 《首都经济圈规划编制将启动,京津冀重塑区域格局》,中国证券网2013年7月5日。

南昌、合肥为副中心城市，以武汉城市圈、环洞庭湖经济圈、长株潭城市群、环鄱阳湖经济圈、皖江城市带（江淮城市群）等中部经济发展地区，以浙赣线、长江中游交通走廊为主轴，呼应长江三角洲和珠江三角洲，打造的国家规划重点地区和全国区域发展新的增长极。① 长江中游城市群始于2012年2月，湖北、湖南、江西3省在武汉签订加快构建长江中游城市群的战略协议，以武汉、长沙、南昌为核心，联合武汉城市圈、长株潭城市群和环鄱阳湖城市群共同打造长江中游城市群。2013年2月，安徽正式加入长江中游城市群建设谋划，长沙、合肥、南昌、武汉4个省会城市在武汉签署《长江中游城市群暨长沙、合肥、南昌、武汉战略合作协议》，提出全力推进长江中游城市群产业大对接、交通大联网、市场大统一、创新大驱动、生态大保护、公共资源大共享、城镇化改革大试验，联手打造在长三角、珠三角、京津冀城市群之外的中国经济增长"第四极"。②

根据合作协议，四省会城市将在九个层面深入开展协作，包括：共同谋划区域发展战略；推动自主创新、转型发展合作；推进工业分工合作；共同推进内需发展和区域开放市场体系建设；共同推进交通基础设施建设；推进生态文明建设；共同建设文化旅游强区；共建公共服务共享区，以及共建共享社会保险平台。四省会城市将建立市际联席会议制度以及区域合作工作推进制度；建立四省会城市部门对接和重点园区合作机制；建立信息互通和情况通报制度、咨询机制，以及民间交流机制。与此同时，四省会城市交通、科技、商务、卫生等11个部门也分别签署协议，将加强交通基础设施，推进科技资源相互开放和共享，鼓励科技成果、科技人才、创业资本等科技要素流动，建立医疗服务共享和新型农村合作医疗实现跨市结算等。③

在具体合作方面，旅游合作走在了前列。2013年5月，四省会城市旅游部门签订了《长江中游城市群四省会城市旅游发展合作组织章程》、《长江中游城市群四省会城市旅游发展合作实施纲要（2013—2018）》和《长江中游城市群四省会城市旅游发展合作组织2013年度工作计划》三个基础性文件，拟用三至五年时间构建一个无障碍旅游区，实现区域旅游一体化。以此为契机，5月19日四市首次联手在武汉推出"美丽中三角，我的家乡我的城"旅游优惠联票活动。④

2.3 中原城市群正在崛起

中原经济区地处我国中心地带，历史底蕴深厚，文化资源丰富，是中华民族和华夏文明的重要发源地。2011年，中原经济区上升为国家战略，2012年，国务院

① 《岳西积极融入长江中游城市群》，新华网2013年10月11日。
② 《长江中游城市群谋求第四级》，瞭望观察网2013年9月17日。
③ 《长江中游城市群达成〈武汉共识〉打造经济增长"第四级"》，新华网2013年2月23日。
④ 《长江中游四省会城市构建无障碍旅游区》，中国新闻网2013年5月18日。

正式批复《中原经济区规划》，确定了经济区的顶层设计框架。按照这一规划，中原经济区范围包括河南18个地市及山东、安徽、河北、山西12个地市3个县区，总面积约28.9万平方公里。中原经济区将成为全国面积最大、覆盖人口最多的经济区，其经济总量仅次于长三角、珠三角和京津冀三大城市群。据《河南经济发展报告2013》资料显示，截至2012年年底，中原经济区实现地区生产总值4.6万亿元，地区生产总值比2011年增长8.8%，占当年全国GDP比重的9%。[①] 中原经济区在全国经济发展中的重要地位日益凸显。

2013年9月10日，中原经济区涉及的5省30个市在郑州举行了中原经济区首届市长联席会议，各省省辖市市长签署了共同推进中原城市群建设战略合作框架协议，将全力打造跨省级行政区域的中西部城市群，使之成为与长江中游城市群南北呼应、引领中西部经济发展的重要增长极。这些城市共同签约，提出将发挥中原经济区各市的比较优势，创新合作机制，拓展合作领域，共同探索不以牺牲农业和粮食、生态和环境为代价的新型城镇化、工业化和农业现代化协调发展的路子，共同探索交通一体、产业链接、服务共享、生态共建的城市群建设模式等。

中原经济区的各大城市签署协议将在九大领域展开合作，包括共同编制中原城市群发展规划，争取将中原城市群纳入国家重点培育发展的城市群；共同建设郑州航空港经济综合实验区；共同推进综合交通体系建设；推动产业分工合作、加强农业合作、推动区域旅游合作发展、区域生态共建环境同治、加强市场开放合作、深化文化、教育、科技等社会领域合作等方面。同时，在国家发改委指导和5省政府推动下，30个省辖市还制定了中原经济区市长联席会议制度，将定期召开会议，审议、决定区域合作的相关规划、协议等重要文件，制定区域合作的相关意见，解决区域合作中需要协调的重大问题，提出并实施区域合作的相关项目和措施等。[②]

中西部地区经济发展相对缓慢，竞争力缺乏，其重要原因就在于缺乏有效的城市群推动。城市主要是以单打独斗为主，缺乏紧密结合，高效合作。以中原经济区推动中原城市群建设和发展，对于提升中原地区的城镇化水平、实现跨越式发展以及打造具有全国影响力的城市集群具有重要的战略意义。

3. 城市群与经济区发展的问题与应对[③]

当今世界是城市世界，城市群在经济社会发展中具有核心与支配地位。尽管目前我国城市群的数量已经为数不少，但与世界上著名的城市群相比，我国城市

---

① 《中原经济区经济综合竞争力排名郑州第一洛阳第二》，人民网河南分网2013年12月19日。

② 《中原经济区5省30市签约共推中原城市群建设》，人民网河南分网2013年9月11日。

③ 刘士林：《我国城市群发展面临的挑战》，《人民日报》2013年7月14日。

群发展还存在不少问题，面临诸多挑战，需要采取有效措施加以解决。

3.1 发展模式呈现简单化和粗放型

我国城市群在发展模式上普遍存在两大问题，即内涵上的简单化和形态上的粗放型。从内涵上讲，理想的城市群发展模式，应该包括空间上合理拓展、经济上均衡增长、管理体制上综合创新三个方面，当前我国城市群的发展模式往往只偏重一个方面尤其是空间上的拓展。与内涵上的简单化相联系的是形态上的粗放型。

克服发展模式上的简单化和粗放型，一是应精细规划。目前，我国城市群的规划不同程度地存在粗放简陋、相互因袭和大而无当等问题，不仅直接导致发展理念、发展路径的混乱，也带来城市群产业结构与空间形态的同质竞争。事实上，城市群的规划应基于自身独特的区位优势和资源条件，力求精细和专业，符合城市群内在发展需要。在规划上，应摒弃浮华、回归理性，不能沉溺于“眼球效应”，从玩弄概念转向求真务实。二是应提高效率。在度过了早期相对比较无序的阶段后，当前我国城市群的发展应更加注重效率、内涵和质量，改变过去“摊大饼”式的模式，以加强内部管理、调整产业结构、转变增长方式为主要手段，科学处理城市区域与非城市区域的关系，综合考虑经济、交通之外的其他城市要素，提高城市群发展的效率。

3.2 区域合作尚处于“浅表合作阶段”

近年来，我国各城市群在推进区域一体化和协同发展上不断取得共识，相关政策与制度措施不断推出。但总体上看，各大城市群的区域合作尚处于浅层、表面的“浅表合作阶段”，有时甚至是“面和心不和”“明争暗斗”。像珠三角城市群由于基本上隶属于同一省级行政区，各种合作比较容易实现，而京津冀城市群、长三角城市群各种合作相对就比较难。

如何发挥城市群中各城市的比较优势，使各个城市深度参与城市群内的合作并承担相应的层级职能，对于城市群的发展有着重要意义。要实现深度合作，形成长期的、具有约束力的合作制度和机制至关重要。从我国目前的政策和行政体制看，要想依靠城市群自身解决合作制度和机制问题并不现实。只有通过自上而下的体制机制改革，理顺不同层级城市的资源配置关系，建立合理的利益协调和补偿机制，才有可能逐步实现城市群内部的深度合作，推进协同发展。

3.3 环境污染问题比较突出

环境污染问题是我国城镇化进程中的普遍问题。城市群由于集聚了更大规模的人口和经济活动，这个问题的严重性也就更加突出。像京津冀城市群，根据环境保护部发布的2013年5月空气质量状况数据看，其空气质量平均达标天数比例仅为27.4%，低于全国32.7个百分点。事实上，我国几大城市群均存在“先污染、后治理”的问题,在经济快速增长的同时环境污染的魔咒也越念越紧。

环境保护与经济发展的矛盾不是新问题,而是与我国城镇化进程相伴生,并且在未来相当长的时期内不可能完全解决的问题。当前,随着我国西部大开发战略的推进,西部城市群陆续崛起,环境保护与城市群发展之间的矛盾也出现了自东向西蔓延的趋势。要改变这种状况,城市群发展必须把环境保护与经济增长放在同等重要甚至更重要的位置,以完善的制度和严格的监管为“铁手腕”,推动城市群绿色发展。对于城市群中的城市来说,保护环境不可能单打独斗、独善其身,而必须联防联控、通力合作。

3.4　未能形成有效的文化融合

当前,传统的以人口、经济和交通为支撑的城市群正在发生重大变化,“文化城市群”逐渐浮出水面。在后工业社会,由文化资源、文化传统、文化发展水平等构建的城市生活方式,将在深层次上决定着一个城市群的兴衰。就我国几大城市群的形成而言,均不同程度地得益于其固有的文化底蕴和根基,如北方文化之于京津冀城市群、岭南文化之于珠三角城市群、江南文化之于长三角城市群。但目前在区域文化协调和联动上,做得比较好的是珠三角,文化为其区域一体化提供了内在支持。在京津冀和长三角,文化对区域一体化的贡献并不大。

城市群内部未能形成有效的文化融合,主要原因在于城市群的发展规划普遍以交通、产业、人口为重,忽视人文交流、价值认同等。同时,城市群在文化建设中通常也是只见文化产业、不见文化传承,内容上“千人一面”。这些都严重影响了城市间的文化融合。城市不能没有文化,“文化城市群”代表了城市群发展的更高形态。我国的城市群发展应高度重视文化融合问题,以文化小传统强化区域内各城市的交流和认同,以减少城市群发展的成本。

四、县城与村镇发展状况与问题

1. 县城与村镇发展总体情况

1.1　县域经济进入“县”阶段

根据国家统计局数据显示,2012 年,我国共有县级区 2852 个,县级市 368 个,县 1453 个,自治县 117 个。“县乃国之基”,“郡县治,天下安”。县域经济是国民经济的基本单元,是整个国民经济的基础,关系到改革、发展、稳定的大局,县域经济的强弱直接影响着国民经济的兴衰。① 根据 2013 年底发布的《2013 县域经济发展报告》,我国的县域经济已经进入了“县”阶段。报告指出:“县阶段”就是“全面建成小康社会背景下的县域经济发展阶段”,是“壮大县域经济阶段”到“郡阶段”

① 《齐长安:县域经济乃国民经济的基本单元》,河北新闻网 2014 年 6 月 4 日。

的中间发展阶段。县域经济进入“县阶段”后，县域经济内外差异性逐渐缩小，众多县域陆续达小康，省直接管理县（市）体制逐步建立，区域经济管理体制逐步完善，县域经济的内涵和作用将随着全面建成小康社会的进程而逐渐变化，政府工作重点将由县域经济发展转到县域发展，县域经济发展工作逐步淡化，县域发展工作会日益突出。在“县阶段”，县域经济要做好“五个转变”，即由“速度版”向“升级版”转变，由“政府主导型”向“市场决定型”转变，由“三农问题型”向“三农发展型”转变，由“县域统筹型”向“统筹县域型”转变，由“一位发展型”向“五位一体型”转变。①

1.2 县域经济发展的时空演变格局

2013年，北京师范大学周扬、李宁等人以1982年、1990年、2000年和2010年2352个县域单元的人均GDP为衡量经济发展的基础，对中国县域经济的时空格局及其演化机制进行了研究。结果表明，过去30年来中国县域经济的发展格局主要体现为以下特征：

（1）中国县域经济发展具有一定的正空间自相关性的空间异质性，即经济发展水平相似的地区在空间上集聚分布，且该趋势随时间推移而逐渐增强，其中1982、1990和2000年中国县域经济发展呈弱空间自相关，而2010年呈中等空间自相关；3个时间段（1982—1990、1990—2000、2000—2010）内县域经济经济增长的空间自相关性不明显。

（2）过去30年来，中国县域经济发展差异有逐渐扩大的趋势，总体上东部地区的经济发展差异大于中西部；经济发展同质县域单元从1982年的19.56%增加到2010年的27.68%；而异质县域单元的比重由1982年的3.06%减少到2010年的2.55%，表明县域经济发展中极化作用增强。

（3）县域经济发展的热点区集中于东部和东南沿海、京津冀、长三角和珠三角等地区；冷点区位于中部、中南部和西南部等地区。经济发展热点区的形成可能与中国的资源禀赋和国家的发展战略有关。

（4）过去30年来中国县域经济格局的连续性和自组织性增强，而空间分异格局中的随机成分降低。空间自相关引起的结构分化变得更加明显；东南—西部向经济发展的均质性相对较好，空间差异较小。

（5）投资政策倾斜、原有基础、区位优势、资源条件和区域发展战略可能是中国经济空间格局演化的驱动力，其中区域发展战略是区域经济格局演化的

① 中郡所：《中郡所发布〈2013年县域经济发展报告〉发布》，中国县域经济网2013年12月6日。

外动力。①

1.3 2013 科学发展百强县排名出炉

2013 年 10 月 21 日，由东北亚开发研究院、中国社科院社会科学文献出版社、中小城市经济发展委员会等单位联合举办的“《2013 年中国中小城市绿皮书》发布会暨中小城市新型城镇化座谈会”在中国社会科学院召开。此次会议举行了 2013 年中国中小城市科学发展评价体系研究成果发布仪式。课题组从经济发展、社会进步、环境友好和政府效率四个方面对全国 2816 个中小城市进行了综合测评，评选出了中国科学发展百强县。从分区域情况看，东部地区城市表现最好，科学发展指数达到 75.3，而中部地区科学发展水平指数增长最高，比往年提升了 1.2 个百分点。在科学发展测评前 100 强城市中，东部地区占据了 59 席，中部、西部和东北分别占 16、14 和 11 席。一方面，江苏、山东和浙江三省在这份名单中的表现最为抢眼，三个省占据了百强的将近半壁江山，其中，江苏省在百强中占据 18 席，山东省占据 16 席，浙江省占据 14 席。这表明，江苏、山东和浙江在中小城市和县域经济发展方面走在了全国前列。另一方面，中小城市科学发展测评前 100 个城市分布较广，江苏、浙江、广东、山东、安徽、河南、广西、四川、新疆、内蒙古等 23 个省市自治区均有县市入选。绿皮书指出：中西部不少县入选百强县排名，不仅改变了这些省份没有全国百强县的历史，更为重要的是通过这些县市的示范和带动作用，形成了“学、比、赶、超”的良好氛围，极大地推动了本省中小城市和县域经济又好又快发展。②

从具体城市看，江苏昆山、江苏江阴、江苏张家港、江苏太仓、浙江慈溪、江苏宜兴、福建晋江、湖南长沙、四川双流和辽宁海城位于百强县前 10 位。江苏昆山已经连续 9 年综合测评排名第一，湖南长沙、四川双流和辽宁海城分别居于中部第一、西部第一和东北部第一。③

但此次排名也备受争议，有网友表示去年由同一主办单位发布的 2012 年中小城市百强县排名中，列第四位的常熟市却在今年的百强榜中消失。《法制日报》记者注意到，常熟市 2012 年 GDP 为 1870.19 亿元，公共财政预算收入 128.15 亿元，与邻近的张家港市不相上下，且市内著名的虞山风景名胜区、尚湖风景区、沙家浜等享誉全国，群众富裕程度更是被周边县市群众所羡慕。而江苏省靖江市、海门市、沭阳县、泰兴等苏中、苏北强县，则不知原因未入列。而位列今年排行榜 72 位的高邮市，实际上在江苏县域经济水平上仅处于中游偏下位置。因此，就有

① 周扬、李宁、吴文祥、吴吉东：《1982—2010 年中国县域经济发展时空格局演变》，《地理科学进展》2014 年第 1 期。

② 《2013 年中国中小城市绿皮书公布 2013 百强县排名》，中国时刻网 2013 年 10 月 22 日。

③ 《2013 年度中国中小城市科学发展评价体第研究成果发布》，《光明日报》2013 年 10 月 21 日。

网友调侃说:“我相信即使常熟10年在原地踏步不发展不变,百强县后30位也难以超越……”对此,就有专家表示,类似权威性受质疑的“排行榜”,只能继续鼓励“GDP”政绩崇拜,并迫使中西部一些县级市为盲目追求政绩效应,而采取各种破坏资源环境的短视行为。事实上,部分县市有着得天独厚的自然资源和山水风光、人文风情,没有进入类似的百强县排行榜,也并未影响到群众生活质量和幸福感受。①

1.4 中国县域电子商务正在迅速崛起

2013年7月淘宝发布了《2012年全国县域地区网络购物发展报告》。报告显示,在2006个县域地区,2012年共有超过3000万的人在淘宝购物,花费达到1790亿元。其中,义乌年花费达34亿元,位居县域地区之首。昆山、常熟、江阴、乐清、慈溪、吴江、张家港、瑞安和海宁等江浙等地淘宝购物都位居前10。从成交规模和渗透情况看,虽然县域地区要远落后于一二线城市,但从人均花费看,县域地区的人均网购力量远高于一二线城市。其中,福建清流县人均花费最高,2012年达到2万元,其次是西藏贡觉、江苏洪泽、黑龙江绥芬河、广东普宁、浙江永康、文成和河北藁城,人均年花费都在1.1万以上。② 对于县域地区而言,线下市场不及一二线城市方便,网络购物提供了极大的便捷。网络价格的优势以及丰富的产品类型极大地刺激了这些地区的消费。

2014年1月21日,阿里巴巴集团研究中心又发布了国内首份县域电子商务研究报告。报告指出,中国县域电子商务正处在快速崛起阶段,电子商务对于县域经济和社会发展的战略价值日益显现。报告首次发布了“2013年中国电子商务发展百佳县”榜单,其中,义乌名列榜首,永康和海宁分列第二和第三位。浙江入围“电商百佳县”的数量最多,达49个,江苏、福建分别有14个和13个县入围。同时,阿里研究中心发现,县域电子商务的发展模式呈现“模式多样,特色鲜明”的特征。从产业特色来看,有“贸易引领型”(如义乌),有“制造引领型”(如永康);从成熟度来看,有“网商领先型”(如舒城),有“网购领先型”(如敦煌),有“网商网购综合领先型”等(如海宁);从发展动力来看,有“网商驱动型”(如睢宁),有“电商服务商驱动型”(如遂昌),有“网购驱动型”(如锡林浩特)等等。这与县域经济本身的多样化密不可分。③

① 丁国锋:《2013百强县排名出炉发达县市遭淘汰民间“排行榜”评选被指助推GDP崇拜》,《法制日报》2013年10月25日。

② 《淘宝:2012年全国县域地区网络购物发展报告》,中国互联网数据资讯中心2013年7月29日。

③ 《阿里研究中心:2013年中国县域电子商务发展指数报告》,中国互联网数据资讯中心2014年1月21日。

1.5 中国美丽乡村创建活动

2013年中央1号文件《关于加快发展现代农业 进一步增强农村发展活力的若干意见》提出要推进农村生态文明建设,努力建设美丽乡村。2013年2月,农业部据此组织开展"美丽乡村"创建活动。乡村是农民聚居和从事农业生产的地方,从乡村到村落,到社区、集市,再到城市、国家,乡村是人类文明社会的最初形态。但据资料显示,全国农村每年的生活垃圾量接近3亿吨,约有95%的乡镇村社污水都采取自出随排方式,每年有超过6000万吨的生活污水直接排放,造成河流、水塘污染。而一些地方圈地式开发导致耕地的浪费,过度放牧和掠夺式利用土地导致耕地荒漠化,乡村不再是我们印象中的牧歌田园。①

美丽乡村,顾名思义是要有良好的生态、宜居的生活和愿意留在这片土地上的人。按照农业部《"美丽乡村"创建目标体系》中的描述,农村公共基础设施完善、布局合理、功能配套,乡村景观设计科学,村容村貌整洁有序,河塘沟渠得到综合治理,生产生活实现分区,主要道路硬化,人畜饮水设施完善、安全达标;生活垃圾、污水处理利用设施完善,处理利用率达到95%以上。与此同时,农业部还公布了支撑"美丽乡村"建设的10项措施和20项技术。在10项措施中,农村清洁工程每年从财政专项资金中安排1000万元用于改善农村生产、生活条件,推广节水、节肥等节约型技术,畜禽粪便、污水垃圾等生活废弃物资源化利用技术,目前全国已建成1500多个农村清洁工程示范村。而20项技术则重点关注适用于农村生产、生活的能源利用领域,如户用沼气、省柴节煤灶(炕)、太阳能综合技术、秸秆综合利用技术、小型风力发电技术等。②

2013年11月,农业部根据各省相关主管部门推荐的名单,最终确定了北京市韩村河村等1100个乡村为全国"美丽乡村"创建试点乡村。同时,还评选出了一批"美丽乡村"创建活动典型人物推介人员。2014年2月24日,"乡村梦想——美丽乡村建设与发展国际论坛"上,农业部还发布了中国"美丽乡村"十大创建模式,分别是产业发展型、生态保护型、城郊集约型、社会综治型、文化传承型、渔业开发型、草原牧场型、环境整治型、休闲旅游型和高效农业型等美丽乡村十大创建模式。每种模式分别推介一个典型村与之相对应,即:江苏省张家港市南丰镇永联村、浙江省安吉县山川乡高家堂村、宁夏回族自治区平罗县陶乐镇王家庄村、吉林省扶余市弓棚子镇广发村、河南省孟津县平乐镇平乐村、广东省广州市南沙区横沥镇冯马三村、内蒙古自治区西乌珠穆沁旗浩勒图高勒镇脑干哈达嘎查、广西壮

---

① 何烨:《明天,农村让城市更向往——农业部2013年度"美丽乡村"创建工作综述》,《农民日报》2014年6月4日。

② 何烨:《明天,农村让城市更向往——农业部2013年度"美丽乡村"创建工作综述》,《农民日报》2014年6月4日。

族自治区恭城瑶族自治县莲花镇竹山村委红岩村、贵州省兴义市万峰林街道、福建省平和县文峰镇三坪村。[①]

2. 县城与村镇案例分析

2.1 云南弥勒:撤县设市

弥勒县位于云南省。1950年弥勒全境解放,1953年成立彝族自治县,1957年红河哈尼族彝族自治州成立后撤销自治县。弥勒县国土面积4004平方公里,人口54万。2012年,全县地区生产总值完成201.05亿元,居全省县域经济第11位。公共财政预算总收入完成18亿元,规模以上固定资产投资总额完成72.15亿元,城镇居民人均可支配收入达20813元,农民人均纯收入达6212元。最近10年来,弥勒县大力发展旅游产业,已成为昆明的后花园,每到周末和节假日,从昆明到弥勒旅游消费的人群暴增。同时,以湖泉生态园为代表的弥勒旅游区,已成为云南省的一个品牌,吸引着大量的国内外游客。[②]

2013年,国务院批准弥勒撤县设市。自从1997年国务院叫停撤县设市以来,这是少见的重新获批案例。弥勒之所以能够设市成功,有专家认为主要是因为其良好的地理区位,可承接滇中城市群和滇东南城镇群的各类发展资源。[③] 据红河州人民政府门户网报道,截至2013年1月,弥勒撤县设市工作花费160万元。但改市之后,一个看得见的好处是,弥勒城市维护建设税将从5%上升到7%。同时,上级返还比例有所上升,实际能增加一千多万财政收入。此外,还会有其他多种资金来源,包括更高的转移支付、更多的投资等等。[④] 但设市带来的重要问题就是建设用地指标问题。据统计,2010年到2020年弥勒市城乡建设用地指标是1000公顷,其中耕地占用不能超过800公顷。按现在的发展态势,指标很可能不够。土地将成为设市之后发展的关键因素。[⑤]

公开资料显示,目前全国酝酿"撤县设市"的县已达上百个,有媒体最新统计的数字是:至少138个。居住在这些县城中大多数人都在做着"市民梦"。但北京大学行政法专家王锡锌指出:应当特别注意借城市化之名,谋求局部短期利益之实的情形。因为如果从目前的制度安排来看,"县改市"一方面可以使得地方获得"名"、有更多的优越感;另一方面,也有很多"利"的考虑,资金的安排、城市的建设、地方人员的编制、甚至官员的待遇等等。所以,如果任由地方冲动蔓延,可能会带来很多负面的影响。国家发改委城市和小城镇中心研究员易鹏表示,"撤县

① 《农业部发布中国"美丽乡村"十大创建模式》,中华人民共和国农业部官网2014年2月24日。
② 《弥勒撤县设市红河州县级市增至4个》,云南网2013年3月29日。
③ 《弥勒"撤县设市"构建经济增长"第二极"》,云南网2013年3月6日。
④ 陈宁、石晓霞:《云南弥勒:当一个县变成市》,《南方周末》2013年4月14日。
⑤ 陈宁、石晓霞:《云南弥勒:当一个县变成市》,《南方周末》2013年4月14日。

设市”可能会增加行政成本,可能会投资大跃进或者“人为造新城”。要设立一定的标准,走集约紧凑型的城市发展道路。撤县设市要警防一哄而上。①

2.2 安徽小岗村:二次土改再探索

十八届三中全会刚闭幕,安徽省就对外发布了《关于深化农村综合改革示范试点工作的指导意见》,受到了舆论的广泛关注。其中最引人关注的内容应该是探索土地流转新机制。文件提到,允许集体建设用地通过出让、租赁、作价出资、转让、出租等方式依法进行流转,用于工业、商业、旅游和农民住宅小区建设等,涉及敏感的宅基地,土地流转后可以用于工业、商业、旅游和农民住宅小区建设。在20个即将展开改革的区县中,最引人关注的应该是大名鼎鼎的凤阳县小岗村。②

35年前,小岗村18位农民冒着风险按下红手印,将村集体土地“分田到户”,拉开了“中国家庭联产承包责任制”的序幕。然而,30多年过去了,期待中的小岗村并未发展得更快,也没有真正富起来。因此,小岗村从2001年起,特别是2008年之后加大力度,开始了新一项改革——土地流转。发展到现在,小岗村俨然是土地集中发包流转的典型。

2012年8月,小岗村作为安徽省土地承包经营权确权试点,率先开始了确权。在土地确权的过程中,小岗村完成了建村以来最大规模的一次土地流转,总面积达4300亩,占全村总耕地面积的1/5以上,涉及13个村民小组、329个农户,租期到2027年。为了减少土地集中起来的工作阻力,小岗村采用了较高的补偿,补偿费用直接与中籼稻的国家收购价挂钩:以每亩每年700斤为标准,依据当年国家中籼稻的收购价格,折算成钱数补给村民。而在国内其他地区,类似的补偿标准是400—500斤/亩。土地流转过程中,小岗村还坚持国家各种农业补贴仍然归农户所有的原则。

小岗村的土地流转主要通过公司运作。全村将这4300多亩土地通过小岗村创新发展有限公司集中起来,由公司同村民签订二次承包合同,然后按照农地农用和现代农业的思路,寻找农垦企业。因为如果采取农户与企业直接签订流转协议的方式,企业发展不好或倒闭,农民拿到的土地流转费用就会受影响。而新的土地流转方式,将农户风险降至最低,不论企业经营状况如何,村委会每年都会照单支付农民的流转费用。③

从2001年开始,小岗村集体建设用地的土地流转已经持续了12年。目前全

① 庄胜春:《百余县酝酿撤县设市专家称防一哄而上》,中广网2013年4月29日。
② 《三中全会后首个土改方案公布安徽小岗村重获瞩目》,央视网2013年11月20日。
③ 王选辉:《小岗村启动“二次土改”:卖地让农民富起来》,北青网2014年1月7日。

村1.9万亩土地,有8400亩进行了流转,占比44.2%,远高于全国土地流转的平均水平。①

2.3　江苏永联村:乡下人圆了城镇梦

张家港永联村被称为华夏第一钢村。目前所辖面积10.5平方公里,拥有77个村民小组,村民10400人。2010年,村工业销售收入285亿元,利税16亿元,村民人均收入21586元,村办企业永钢集团总资产达160亿元,拥有500万吨钢和500万吨材的年产能力,名列全国冶金百强企业第29位,全村总资产达40亿元,综合经济实力跨入全国行政村三甲行列。2011年1到7月份炼钢250万吨,轧钢262万吨,销售收入212亿元,利税10.38亿元。"十二五"期间永钢和永联村所有建设项目总投资90亿元,到2013年永钢将跻身为炼钢和轧钢产能各1000万吨的综合型冶金企业,年销售收入达700亿元,利税50亿。近年来,永联村先后获得"全国文明村""全国先进基层党组织""江苏省百佳生态村""全国农业旅游示范点"等30多项省和国家级荣誉称号。②

永联村是乡村城镇化的新典范。随着城乡一体化进程的推进,永联村投资15亿元建造了现代化的农民集中居住区——永联小镇,建有学校、医院、公交首末站、污水处理厂等设施,配备了公安、交通、消防、城管等机构。2003年还投资了300万元建设公共自行车服务系统,年龄16周岁以上、65周岁以下的永联村经济合作社社员和永钢集团员工均可直接使用本人社员卡或员工卡免费租赁使用自行车,使该村成为全国首个启用公共自行车系统的行政村。③ 原来的小乡村在面貌上已经发生了根本性变化。这种就地城镇化建设让村民从繁重的农耕劳动中解脱出来,变成住社区、有保障的居民。村里还相继修建了文化中心、图书馆、休闲广场、戏楼等文化场所,并且月月有演出、周周放电影、天天有戏看,丰富村民的文化生活。村里还建立生活补助、养老帮困、助学奖优等8项福利保障制度,并为全体村民统一办理"城保",实现老有所养、病有所医、学有所教、住有所居。目前,永联村96%的村民享受到城镇居民的生活环境和条件,96%的劳动力实现就地就业,村民就地圆了成为城镇人的梦想。④

2013年7月江苏省委宣传部围绕永联村主办了"一个村的中国梦"永联村实践理论研讨会。有专家指出,永联村是共圆"中国梦"的排头兵,它有五点经验值得学习。第一就是吴栋材这位杰出的带头人;第二,改革创新是永联村发展的强大动力;第三,坚持和谐发展,实现共同富裕,是永联村又好又快发展的根本;第

① 严友良:《小岗村进行二次土改:土地重新集中然后对外发包流转》,《时代周报》2014年4月25日。

② 《永联村》,农视网2013年9月23日。

③ 王乐飞:《400"小绿车"上岗永联村》,《苏州日报》2013年11月6日。

④ 杨磊:《张家港永联村:乡下人圆了城镇梦》,新华网2013年3月27日。

四，坚持全面发展是永联村又好又快发展的基础；第五，坚持人民主体地位是永联村又好又快发展的保证。还有专家指出，永联村的发展经验，可以概括为“一个不能变，两个必须变”。一个“不能变”，指的是富民理念永远不能变。两个“必须变”，具体是第一，发展内容要变，包括产业结构，要随着世界前沿，不断变，才能获得发展优势和潜力。永联村在发展路线上不断寻找定位，把工业化和农业现代化结合，找到发展经济的路径。第二个必须变是管理体制必须实时变。在发展体制上，如何找到保持一个地区的发展活力和动力持续的活力机制，使这个区域持续不断进行下去。永联不断地按照自己的生产、管理、民生需要，不断在变化体制，在变化体制上，每一个变都是更能释放生产力的、让老百姓接受的机制转变，这难能可贵。[①]

3. 县城与村镇发展的问题与应对

3.1 县域如何推进城镇化

在当前大中城市户籍、社会福利等制度改革尚未破局，农民难以实现真正的“异地转移”的条件下，县域城镇化既可以有效就近吸纳农村剩余劳动力，又可以加快县域统筹发展的进度。可以说，将来城镇化的重点在县域。它具有发展空间大、融入成本低、联动效应明显等优势。[②]

但如何推进县域城镇化？2013 年 10 月，《光明日报》发文《县域城镇化是推进新型城镇化的关键》。该文指出县域是新型城镇化的关键和重要生长点，必须以全新思维构造新型的城乡关系，加紧实施县域新型城镇化战略。主要措施包括：

（1）加快形成县域新型城镇化的体制机制。相对于大中小城市，县域是城镇化的重要组成部分，是城乡一体化的基础和关键环节。相对于农村而言，县域则是城乡一体化的龙头，是实现新型城镇化和农业现代化的重要载体。从现有的行政区域设置看，我国城镇化的重点应放在以县域为核心的小城镇发展上。因为，县域的中心镇是城乡公共政策的连接点，集聚和辐射能力强，有利于城乡在基础设施和公共服务的共建共享等方面实现政策融通。推进市场经济条件下的县域新型城镇化，必须充分重视发挥市场主体的作用，加快形成和完善新型城镇化和城乡一体化发展的体制机制。要将县城及中心镇作为新型城镇化的生长点，发挥县城在市与乡之间的产业、要素、资源配置等方面的衔接功能；制定县域城镇化战略，统筹县域城镇产业、经济结构、公共服务、社会事业的发展；加快农村征地制度改革，增加农民的土地自主交易权利，既盘活农村土地资源，又保障农民就业和持

---

① 周铮：《永联村，共圆“中国梦”的排头兵》，《新华日报》2013 年 7 月 17 日。

② 王秩智：《“人”的城镇化重点在县域》，中国改革论坛网 2013 年 9 月 9 日。

续增收,使农民城镇化与土地城镇化、产业城镇化同步;围绕产业功能分类把农村人口分类聚集在县城或县域小城镇,使小城镇产业和公共服务功能扩展;促进农村土地要素聚合,形成农业规模经济效应,发展机械化农业和现代高效农业,最终形成县域城乡一、二、三产协同发展,城乡互动、互惠、互促共进的城乡发展一体化新格局。

(2) 稳步推进农民有序市民化。新型城镇化的核心是实现人口城镇化,但必须清晰地认识到,人口城镇化是要最终使绝大多数的农民转变成真正的市民。因此,农民向城镇的转移必须要统筹安排,要从主攻方向、实现路径等方面进行顶层设计,要将农民向城镇转移与农民就业、转移后生活改善等联系起来,积极稳妥地推进农民市民化,防止出现以土地城镇化和户籍城镇化为表象的农民"被城镇化"。今后,必须改变城镇化的原有发展模式,提高城镇化的质量,让农民市民化的整体成本下降,使其更容易在城镇安居落户。

(3) 完善农村基础设施建设与社会事业发展。新型城镇化是使乡村相对落后的生产、生活方式向城市先进的生产方式和文明的生活方式趋同。我国有 60 多万个村,200 多万个自然村,实现乡村公共服务与城镇均等化,必须把基础设施建设的重点放在农村。以县域为核心推进新型城镇化,必须以农村为重点推进城乡发展一体化,坚持把基础设施和社会事业发展的重点放在农村,加大对农村的基础设施投入,改善农村的水、电、路等居住生活条件。此外还必须加快实现城乡覆盖的社会保障事业,做实教育、医疗、养老、就业等,缩小城乡社会事业发展的差距,促进形成资源集约、产城互动、生态宜居、文明和谐的新型城镇。①

3.2 产城融合是重点和难点

随着城镇化快速推进,不少地区农民加速转户进城。受准入低门槛、生活低成本等影响,小城镇成农民转户"首选地"。但由于小城镇产业发展总体滞后,不少农民工虽将户口迁到了城镇,但仍要远隔千里外出打工,"候鸟式"的生存状态并没有改变,出现了"在户籍地是城镇居民,在打工地仍然是农民工"的现象,城镇居民应享有的待遇难以落实。有专家认为,在中西部部分地区,仅通过户改,难以改变农民工"打工在东部、养老回西部"的局面。其重要原因在于"产城分离":大量农民工转户落户的城镇,缺乏产业支撑,无法提供充足的就业岗位,依然不得不远赴外地务工。这一情况在农民工集中落户的小城镇显得尤为突出。以重庆为例,在近两年的农村人口转移进城中,有超过 60% 的农民工选择落户小城镇。但调研发现,"产业空心化"问题已经成为制约转户农民真正"市民化"和小城镇发展

① 杨洁:《县域城镇化是推进新型城镇化的关键》,《光明日报》2013 年 10 月 11 日。

的瓶颈。[①]

当前许多城镇的县域经济到2013年为止还是以分散经营的农业或农产品粗加工为主导产业,许多城镇缺乏优势产业的支撑,综合经济实力薄弱。同时缺乏新兴产业园区和龙头企业的进驻,产业的集聚能力有限。[②] 有专家指出,大部分农民工转移落户到城镇后,很难再兼顾到农业生产,无法继续获得农业收入和农产品。因此,要真正稳定转户农民工预期,政府必须做好产业配套发展规划,让搬迁户能够感受到新产业带来的新希望。而要推动城镇化进程,实现"产城融合"必须包括3个基础条件:一是需要有就业岗位的持续增加;二是需要较大的产业发展和城镇容纳空间;三是需要公正、平等、无歧视的劳动力市场。

政府要做好科学规划、合理布局,尤其是在中西部传统农民工输出地,目前的当务之急是破解部分城镇"有城无产"、部分工业园区"有产无城"的两个难题:在城镇建设方面,在避免"户户点火、村村冒烟"式传统发展道路的同时,科学、合理推进产业布局;在工业园区附近,要完善城镇公共服务、基础设施建设,通过配套教育、医疗、保障性住房等措施,逐步满足农民工就近城镇化的需要。

同时,要妥善改革小城镇财政支出、土地资源分配、公共基础设施建设发展、公共服务配套等方面的投入模式,一方面应按照小城镇经济社会发展需求,对人口较多、经济发达的重点小城镇,对土地指标、财政资金安排给予适度倾斜,优先满足小城镇产业发展、人口集聚的需求;另一方面,要克服目前小城镇建设中土地、资金粗放利用、盲目贪大的问题,根据城镇单位人口承载量和经济密度,合理安排小城镇布局,提高资源使用效率。[③]

3.3 村镇环境污染不容忽视

农村地区本是中国环境最优美的地区,但随着城镇化的推进和工业化的发展,村镇环境污染也不容忽视。一方面,农村地区正面临着生活垃圾、生活污水、畜禽养殖、农业种植等多重污染源的侵害,农村环境日益恶化;另一方面,农村地域面积较大,长期以来缺少环境治理和监管环节,致使环境污染事件不断发生,严重危害人民群众身心健康,因环境污染引发的基层矛盾等时有发生,亟待引起高度重视。[④]

目前导致农村环境污染问题难以有效解决存在以下几方面难题:首先,农村地区环境污染缺少有效监管,环保链条断裂在"最后一公里"。以辽宁省74个涉农县区为例,大部分乡村都没有专职的环境监管工作人员。在辽宁建昌县,当地

① 李松:《推动"产城融合"提升产业承载能力》,《东方城乡报》2014年1月14日。
② 陈青:《县域经济的未来:产城融合新启示》,《南方周末》2014年2月28日。
③ 李松:《推动"产城融合"提升产业承载能力》,《东方城乡报》2014年1月14日。
④ 张非非、孙仁斌:《农村环境面临四大污染源整治链条断在最后一公里》,新华网2014年2月24日。

环保局共有工作人员42人,全县国土面积3200平方公里,农村环境整治主要由环保局下属监察局负责。但监察局只有11人,一辆执法车。其次,农村环境污染治理缺少相关投入和支持。农村环境治理需要大量投入,但在资金投入、基础设施建设等方面,与城市相比,农村乡镇都较为薄弱。第三,部分环保法律空白,造成农村环境污染问题处理难。如在个体养殖污染问题的处理过程中,目前国家对个体养殖、特别是微小型养殖场的管理并未做具体标准要求,法律监管还是空白,面广量大且不属于规模养殖的微小型养殖场普遍存在选址不当、污染严重等问题,导致环境纠纷不断。由于无法落实责任主体,个体养殖污染问题目前还没有得到有效解决。① 此外,城镇化必然伴随人口集聚,村镇生活污水和垃圾的产生量逐年增加。由于村镇环保基础能力薄弱,90%的村镇垃圾随意堆放,60%的村镇没有污水收集和处理设施。还有因为多地乡镇企业具有布局分散、规模小和经营粗放等特征,许多乡镇企业每年有大量污染物未经处理直接排放,对周边地区的环境造成了严重污染。②

整治村镇环境质量迫在眉睫,这既是建设中国美丽乡村的需要,也是提升城镇化质量的必然要求。为此,首先,应该扩大农村地区的环保人员编制,并增加农村地区环境监测机构的布点。其次,在农村环境基础设施建设上,政府要加大投入力度,夯实农村环境污染治理的物质基础,防止污染累积效应导致的环境污染治理难度增大。③ 此外,还需要充分抓住新农村的建设、生态村的建设、城镇化建设的新契机,探索村镇发展新模式,避免走"先污染、后治理"的传统城镇化老路子。

课题负责人

张懿玮,教育部哲学社会科学发展报告建设项目《中国都市化进程年度报告》课题组子课题负责人,上海交通大学城市科学研究院特聘研究员,上海杉达学院讲师。

---

① 张非非、孙仁斌:《农村环境面临四大污染源整治链条断在最后一公里》,新华网2014年2月24日。

② 杨天学、席北斗等:《城镇化过程中的村镇环境问题及污染控制对策》,《2013中国环境科学学会学术年会论文集》第3卷,2013年。

③ 王云锋:《如何切实解决农村环境问题?》,《辽宁日报》2014年2月26日。

城市经济、人口与社会报告

一、中国城市经济发展状况与问题

1. 中国城市经济总体状况

1.1　中国经济“稳、进、好”

2014 年 1 月，国家统计局公布了 2013 年国民经济运行情况。其中，国内生产总值为 568845 亿元，按可比价格计算，比 2012 年增长 7.7%。从产业看，第一产业增加值 56957 亿元，增长 4.0%；第二产业增加值 249684 亿元，增长 7.8%；第三产业增加值 262204 亿元，增长 8.3%。从环比看，四季度国内生产总值增长 1.8%。具体表现为：(1) 农业生产再获丰收，全年全国粮食总产量达到 60194 万吨，比 2012 年增长 2.1%。(2) 工业生产增势平稳。全年全国规模以上工业增加值按可比价格计算比 2012 年增长 9.7%。(3) 固定资产投资较快增长。全年固定资产投资（不含农户）比 2012 年名义增长 19.6%。(4) 市场销售平稳增长。全年社会消费品零售总额 234380 亿元，比 2012 年名义增长 13.1%。(5) 进出口增长有所回升。全年进出口总额 41603 亿美元，比 2012 年增长 7.6%。(6) 居民消费价格基本稳定。全年居民消费价格比 2012 年上涨 2.6%。其中，城市上涨 2.6%，农村上涨 2.8%。(7) 居民收入继续增加。全年城镇居民人均总收入 29547 元。其中，城镇居民人均可支配收入 26955 元，比 2012 年实际增长 7.0%。(8) 货币信贷平稳增长。(9) 人口就业总体平稳。①

国家统计局专家点评 2013 年经济运行整体形势认为，这个成绩在全球独领风骚，总体来看具有“稳、进、好”三大特点。“稳”表现为“增长平稳，就业稳定，物价平稳，农业稳固”。“进”表现为“产业结构优化，需求结构改善，区域协调性增强，收入分配比例进一步合理”。“好”体现在“效益回升，质量好转，民生改善和升级加快”。② 但是，专家同时提醒，我国经济正处于发展转型的关键时期，长期积累的深层次矛盾尚待缓解，经济企稳回升的基础仍需巩固。③

---

① 《国家统计局公布 2013 年经济数据：GDP 同比增 7.7%》，中国经济网 2014 年 1 月 20 日。

② 董维嘉：《国家统计局称中国经济数据在全球独领风骚》，国际在线 2014 年 1 月 21 日。

③ 《国家统计局公布 2013 年经济数据：GDP 同比增 7.7%》，中国经济网 2014 年 1 月 20 日。

1.2 国家高新区是全国经济增长的重要引擎

2013 年 1 月，科技部发布《国家高新技术产业开发区"十二五"发展规划纲要》，提出：到 2015 年，国家高新区要显著提高自主创新能力，经济继续保持较快增长，产业结构要进一步优化，努力实现"四个提升"，即，自主创新能力的提升、产业竞争力的提升、引领辐射力的提升、国际影响力的提升。

2013 年 11 月，由全国 105 个国家高新区和苏州工业园区参加的第十届国家高新区管委会主任联席会在武汉举行。在这次会上，科技部透露，全国 105 个国家高新区在 2012 年实现 GDP5.22 万亿元，约占全国经济总量的 10%，出口创汇 3760.4 亿元，占全国外贸出口的 18.4%，拥有近 1.3 万家规模超过亿元企业，上千家上市企业，数据表明高新区对中国经济发展贡献巨大，已成为我国创新驱动发展战略的先行者。业内人士预计高新区工业增加值到 2018 年将占到全国的 20%，2020 年达到全国总量的 25%。[①] 国家高新区已经成为全国经济增长的重要引擎。不过，国家级高新区目前仍面临诸多问题，包括自主创新能力不足、产业链环节相对低端、企业竞争力不足、金融体系不够完善等。为此，在科学创新发展、转变经济发展方式和产业转型升级成为我国未来经济发展战略的前提下，加强科技创新，深化产业转型，完善园区运营管理模式，将是国家级高新区不断前行的推动力。

1.3 长三角仍是拉动全国经济的第一增长极

2013 年，长三角区域经济总体保持平稳较快增长，呈现"稳中有进、稳中向好"的发展态势。具体数据表现为：(1) 全年 GDP 总量逼近 10 万亿元，达到 97760 亿元，比 2012 年增加 7809 亿元，增速均值为 9.7%。(2) 固定资产投资平稳，2013 年长三角地区完成固定资产投资突破 4 万亿，达到 47198 亿元，同比增长 16.7%。(3) 消费市场持续活跃，全年实现社会消费品零售总额达到 35449 亿元，同比增长 12.2%。长三角 16 城市中有 6 个城市消费总量超过 2000 亿元，其中上海、苏州、杭州、南京总量超过 3000 亿元。全年实现进出口总额 12404 亿美元，同比增长 1.7%。(4) 从贡献全国看，长三角地区经济总量占全国的 17.2%，与上年基本持平，仍是拉动全国经济第一增长极。

2. 城市新兴产业发展

2.1 新兴产业爆发式发展

2013 年，我国新兴产业呈现出爆发式发展态势。据工业和信息化部相关负责人介绍，2013 年，全国已有 18 个省（区、市）出台了培育发展战略性新兴产业指导意见，福建、江西、重庆、贵州、陕西等省市发布了战略性新兴产业发展规划，大部

---

① 陈俊：《105 国家高新区 GDP 占全国 1/10》，《新华每日电讯》2013 年 11 月 10 日。

分省市都编制了若干重点领域专项规划，部分省市还设立了战略性新兴产业专项资金。专家指出，云计算、物联网、数字家庭等领域的技术创新和广泛应用，将引发信息消费增长热潮；新增太阳能发电、风电、核电装机容量有望实现快速增长；制造业转型升级和其他新兴产业发展的市场需求，也将带动新材料产业实现快速发展。①

2013 年 11 月，深圳第十五届中国国际高新技术成果交易会上发布的报告表明，当前我国战略性新兴产业发展取得了重要成就：(1) 我国培育发展战略性新兴产业的宏观政策环境不断完善，战略性新兴产业发展的良好态势备受关注，相关产业规模保持年均 15% 以上增长。(2) 科技部在生物、信息、海洋等基础性、前沿性领域超前部署了一大批科技项目，突破了一大批核心关键技术，发挥科技创新在战略性新兴产业中的支撑引领作用。(3) 工业和信息化部制定发布了信息产业、高端装备制造、新材料等重点领域专项规划，实施了“宽带中国”、碳纤维、传感器及智能仪器仪表等专项行动，发布了电动汽车、IPTV 等一批行业标准，加快推动战略性新兴产业重点领域技术突破和产业化发展。② (4) 企业的创新能力不断得到提升。70% 以上的国家工程实验室、国家工程(技术)研究中心等工程技术类研究中心和实验室，布局在战略性新兴产业的行业骨干企业中，各地出现了一批具有国际先进研发设施和工程化验证条件的创新型企业。(5) 新兴产业成为稳定经济增长提供新的动力。2012 年，高技术制造业增加值增长达到了 12.2%，高出规模以上工业增加值 2.2 个百分点。(6) 新兴产业成为区域产业结构调整的新引擎。2012 年，江苏、上海、广东等地的战略性新兴产业增加值占当地规模以上工业的比重分别达到 38.4%、23.7% 和 19.8%，已成为当地经济发展的先导性支柱产业。③

业内人士指出，我国新兴产业发展，需要加强大数据、智慧城市、新兴网络、智能人机交互、新兴软件、认识计算等领域的科技布局，可以尝试“并联式”发展的思路。④

2.2 光伏风电产能过剩

2013 年 3 月，国家发改委领导指出，近一个时期以来，光伏、风电设备这些新兴的产业也出现了产能过剩。这是对资源、对劳动创造的浪费，企业、产业本身也面临很大的困难。7 月 25 日，工信部公布了当年第一批工业行业淘汰落后产能的企业名单，涉及 19 个工业行业总计 1432 家企业。专家指出，“现在不但传统产业

① 《2013 扶持力度加大新兴产业爆发式发展值得期待》，《经济日报》2013 年 1 月 15 日。
② 《第十五届高交会战略性新兴产业发展报告会在深圳举行》，中国广播网 2013 年 11 月 16 日。
③ 《国家出台政策努力促进光伏风电等产业健康发展》，中国政府网 2013 年 3 月 8 日。
④ 《第十五届高交会战略性新兴产业发展报告会在深圳举行》，中国广播网 2013 年 11 月 16 日。

生产能力过剩，就是一些新兴产业也在过剩，比如风力发电、光伏产业”①。

我国光伏风电新兴产业产能过剩的表现，一是结构性产能过剩。目前国内企业存在着自身素质比较低、产业质量不高、结构不合理、创新能力不强等问题。有些产能过剩问题，目前还解决不了。例如，风机、风电设备、风机组成控制系统还要依赖进口。② 二是阶段性产能过剩。受国内光伏市场启动慢、风电并网限制的制约，加上国外一些不合理贸易措施的影响，目前我国光伏和风电产业出现了阶段性产能过剩。

为了解决光伏风电新兴产业的产能过剩，国家出台了一系列政策措施，专家建议，解决新兴产业产能过剩的有效途径有：一是提高企业的素质来解决一批产能过剩。二是通过兼并重组来消化一批产能过剩。三是通过优胜劣汰淘汰一批落后的产能。四是鼓励企业到海外去发展，转移一批产能。③

2.3 新兴服务业的差距

现代服务业对国民经济的贡献在于既可以稳增长，也可以促发展。中国香港、美国、加拿大等国家和地区，服务业增加值占 GDP 的比重都在 60% 以上，个别国家达到 80%，我国服务业增加值占 GDP 的比重严重偏低，只有 45.3%。而服务业规模占比存在差距其实只是表面现象，我们的服务业在“质”上的差距比“量”更严重。

纵观世界各国服务业促进政策，有几点值得我们参考和借鉴。一是制定产业发展政策。美国芝加哥政府于 1989 年提出“以服务业为中心的多元化经济”，大力推动区域高技术产业发展，吸引企业集聚。到 20 世纪 90 年代后期，芝加哥吸引了摩托罗拉、朗讯等一批 IT 企业落户，区域高技术产业得以飞速发展。二是税收优减免。韩国政府制定了强化服务产业竞争力的相关措施，并通过税收减免支持服务业发展，尤其对属于现代服务业的中小企业给予了大力支持，扩大减免税种，并增加特别税额扣除。另外，为支持服务业企业进驻产业园区，对服务业企业的财产税和综合土地税给予减免 50% 等。三是优化基础环境。日本政府在“新经济成长战略”中提出，建立服务业研究中心，完善服务业统计体系，协助拓展服务业领域和国际市场，扩大服务业需求，制定政策措施推动人力资源培训、信息技术利用等，提高服务业生产效率和服务质量。四是开放服务市场。美国与加拿大、墨西哥、智利、新加坡、澳大利亚等签订双边贸易协定，为服务业出口市场提供支持。④ 科学借鉴国外先进经验，可以尽快弥补我国新兴服务业与世界的差距。

---

① 陈恒：《中国服务业差距有多大?》，《光明日报》2013 年 8 月 6 日。

② 《发改委：光伏风电等新兴产业出现产能过剩》，人民网 2013 年 3 月 6 日。

③ 《发改委：光伏风电等新兴产业出现产能过剩》，人民网 2013 年 3 月 6 日。

④ 陈恒：《中国服务业差距有多大?》，《光明日报》2013 年 8 月 6 日。

3. 城市产业转型升级示范

3.1　资源城市可持续发展规划与投入

2013 年 12 月,为统筹推进全国资源型城市可持续发展,国务院印发了《全国资源型城市可持续发展规划(2013—2020 年)》。这是我国首次出台关于资源型城市可持续发展的国家级专项规划,也是我国可持续发展领域的一件大事。

《规划》的内容有两点值得关注,一是"四种类型"。首次界定了全国 262 个资源型城市,并根据资源保障能力和可持续发展能力差异,将资源型城市划分为成长型、成熟型、衰退型和再生型四种类型,明确了不同类型城市的发展方向和重点任务。二是"五个任务"。提出了有序开发综合利用资源、构建多元化产业体系、切实保障和改善民生、加强环境治理和生态保护、加强支撑保障能力建设五个方面的重点任务,并明确了促进可持续发展的总体目标。①

国家在推出资源型城市规划的同时,也加大了资金投入。2013 年 7 月,国家财政部发布消息指出,2013 年中央对地方资源枯竭城市转移支付总规模为 168 亿元,比上年增长 5%。转移支付资金主要按照资源枯竭类型、非农业人口、所在省的财力状况、该城市的财政困难程度等客观因素进行公式化分配。享受资源枯竭城市转移支付较多的地区分别是:黑龙江 20.4 亿元、辽宁 16.4 亿元、吉林 15.27 亿元。通过上述转移支付政策的实施,阜新、抚顺、伊春、石嘴山等典型资源枯竭城市政府积累多年的基础设施欠账得以弥补,沉积多年的历史包袱有望得以化解。②

3.2　底特律破产警示中国

2013 年 7 月,美国"汽车之都"底特律正式提出破产申请,成为美国申请破产保护的最大城市。破产前的底特律面临极大困境,长期债务超过 180 亿美元。人口从 1950 年的 180 万减少至 2012 年的 70 万,财政连续 6 年入不敷出,累计财政赤字至 2012 财政年度结束时共计 3.266 亿美元,养老金基金已经长期依靠借债和延期支持支撑,官方失业率在 2012 年 6 月为 18.3%,命案发案率接近 40 年来最高。③ 底特律破产,给正在快速推进的中国城镇化道路,提供了重要警示。

警示一:"产城脱节"没有出路。底特律曾是全球制造中心和汽车工业中心。巅峰时期,其财政收入的 80% 来自汽车业,90% 的人口为汽车业工作。我国有 262 个资源型城市,其中资源衰退型城市有 67 个。这些城市资源趋于枯竭,经济发展滞后,民生问题突出,生态环境压力大。一些过于依赖钢铁、石油的老工业城市,

---

① 《国务院印发全国资源型城市可持续发展规划》,中国新闻网 2013 年 12 月 3 日。

② 《中央财政下拨 168 亿元支持资源枯竭城市转型》,中新网 2013 年 7 月 3 日。

③ 叶锋、周琳、杨溢仁:《底特律破产警示中国城镇化举债造城不可持续》,新华网 2013 年 12 月 5 日。

依赖外贸制造的沿海城市，依赖资源矿产的资源型城市都有可能成为“下一个底特律”。对此，我国新型城镇化战略必须以市场化、工业化、现代农业化为基础，不能只局限于物理和自然资源，或过于偏重单一的产业，避免“人为造城”。

警示二：“举债造城”不可持续。底特律政府在城市走向衰败后，试图通过投资基建重新激发城市活力，但这一“大干快上”的做法进一步恶化了城市债务。数据显示，2013 年 7 月，底特律的长期债务存量就已经达到了约 180 亿美元。我国许多城市也面临同样的风险。审计署 2013 年 6 月公布的结果显示，截至 2012 年底，36 个地方政府本级政府性债务余额为 38475.81 亿元，相比 2010 年增加 12.94%，有 9 个省会城市本级政府负有偿还责任的债务率超过 100%，如加上政府负有担保责任的债务，债务率最高的达到 219.57%。“举债建设——拉高地价——卖地还债”是许多地方政府推进城镇化的惯常模式。专家警示，一旦在银行信贷、土地价格等某个环节上出现问题，城市的债务链条便可能断裂，甚至酿成“雪崩式”的严重后果。

警示三：不可迷信“只涨不跌”。由于产业凋敝、人口转移，底特律房地产业遭到灭顶之灾。目前我国城镇化进程中也出现了“征地盖楼”明显快于“农民融城”的现象。近年来城镇化率提升越快的地区，房价也往往上涨较快。一旦“城镇化”过于偏重“房地产化”，房价泡沫的破裂便是早晚的事。鄂尔多斯房价的持续下跌便是明证。专家提醒，要防止地方政府借城镇化之名过度推地、抬高房价，反过来提高农业转移人口进城的“门槛”，阻碍“人的城镇化”。①

3.3 资源枯竭型城市“转型”经验

2013 年，国内许多老工业城市积极探索并推进资源枯竭型城市转型，值得其他城市借鉴推广。

吉林省辽源市结合地区实际实现“优势再造”。作为历史上“因煤而立”的典型资源型城市，辽源先后成为国家首批资源型城市转型试点城市、国家级新能源开发利用和国家级节水型社会建设试点城市，并在中国社科院发布的《中国城市竞争力蓝皮书：中国城市竞争力报告》中，连续三年综合增长竞争力位居全国 294 个地级市的前五位。其成功经验是：(1) 再造新的产业支撑体系，大力发展优势产业，培育新的经济竞争优势，探索形成大力发展战略性新兴产业、改造提升传统产业、加快发展现代服务业的产业发展思路。(2) 以生产要素结构调整深化产业结构调整，促进发展要素向优势产业和骨干企业集聚，助推优势企业加速扩张裂变，加粗拉长产业链条。②

---

① 叶锋、周琳、杨溢仁：《底特律破产警示中国城镇化举债造城不可持续》，新华网 2013 年 12 月 5 日。

② 曾毅、甄澄、任爽：《资源枯竭型城市如何有力“转型”》，《光明日报》2013 年 3 月 17 日。

"铜都"安徽铜陵在被列入国家第二批资源枯竭型城市转型试点市后,形成了"四破四立"的转型新观念:破"有什么资源就发展什么产业"的旧观念,立"没有资源照样发展"的新观念;破"境内有什么资源就发展什么产业"的狭隘观念,立"两种资源、两个市场"的大开放观念;破"先发展后治理""边发展边治理"的观念,立"人与自然和谐相处"的新观念;破"拼资金、拼土地、拼资源"的粗放式发展观念,立"比科技含量、比发展质量、比管理水平"的集约式发展观念。铜陵规划了一批新兴产业园区,通过"关、停、并、转",逐步将市内传统重化工企业迁入相关园区,还把铜文化作为一个新兴的战略重点来培育。①

"煤都"焦作市将曾经被贴上"老黑丑"标签的煤都转型为"新绿美"的旅游城市。近5年来,焦作市GDP年均增速12.1%,人均GDP44730元;2012年城镇化率50.7%;云台山旅游综合收入200亿元,占GDP比重的12.7%。其转型思路是:积极构建"核心城市—城市组团—中心镇—新型农村社区"的城乡构架;农业由传统农业向优质高效的现代农业转变,工业由传统工业向新型工业化转变,文化旅游业由传统观光游向休闲度假游转变。②

资源型城市转型是一个世界性难题,受产业结构、要素资源、地方财力所限,转型将是一个长期、艰巨的过程。但是,只要确立这一观念,就能够建设山清水秀的中国城市。

4. 城市贫富差距与分配制度变革

4.1 城乡差距居高不下

2013年1月18日,国家统计局公布了2003年至2012年全国居民收入的基尼系数。其间,全国居民收入的基尼系数分别为0.479、0.473、0.485、0.487、0.484、0.491、0.490、0.481、0.477、0.474。可以看出基尼系数从2008年最高的0.491逐步回落,到2012年降为0.474。通常而言,0.4是贫富差距的警戒线。据此可知,我国贫富差距仍然严重。针对有人提出的"中国民间调查2012年基尼系数是0.61"的说法,国家统计局表示,无论是官方统计还是民间调查,都需要建立科学的统计制度、规范的抽样方法、妥当的样本数量和严谨的发布态度。③ 对此,专家指出,无论在抽样上,还是在样本量上,统计局的住户调查都占有比较优势。④

中国城乡分割以及城乡收入差距,是全国居民收入差距的最大组成部分。国家统计局数据显示,2013年第一季度,我国城镇居民人均可支配收入扣除价格因

---

① 徐豪:《破题资源枯竭型城市转型》,人民网2013年4月16日。

② 《焦作市长孙立坤:经济转型是焦作的唯一出路》,《河南日报》2013年3月11日。

③ 朱剑红:《0.47—0.49统计局首次发布十年基尼系数略高于世行计算的数据》,《人民日报》2013年1月19日。

④ 岳希明、李实:《统计局的基尼系数基本可接受》,《东方早报》2013年1月25日。

素实际增长6.7%,农村居民人均现金收入扣除价格因素实际增长9.3%,城乡居民收入差距过大的问题总体上仍未得到解决。主要表现为:(1) 城乡居民收入之比仍超过3.1,收入差距仍处于历史高位。(2) 城乡差距还呈现出区域的不平衡状态,东部地区城乡收入差距最小,中部地区次之,西部地区城乡收入差距最大。调查发现,“我国收入差距中,有将近一半来自于城乡之间收入差距”。(3) 城乡社会保障和公共服务进一步拉大了城乡居民收入的直接感受。北京大学国家发展研究院发布的“中国健康与养老追踪调查”显示,我国不同类型养老保险差距大,政府或事业单位养老金中位数,居然是新农合养老金中位数的33倍。中国社会科学院《中国社保收入再分配状况调查》显示,2012年,社会保险收入使全国居民收入差距下降了4个基尼点,其中使城镇居民收入差距下降了7个基尼点,但仅使农村居民收入差距下降了1个基尼点。①

业内人士指出,城乡收入差距扩大的深层原因在于:首先在市场机制的作用下,农村资金大量被抽走,农业在资源配置中仍处于不利地位。其次农产品价格明显偏低、农民工工资明显偏低、征占农村土地补偿价格明显偏低,农民在国民收入初次分配中仍处于不利地位。最后城乡二元结构矛盾突出,城乡公共服务制度不统一,公共资源在城乡之间分配不均衡,农村在国民收入再分配中仍处于不利地位。缩小城乡差距,应继续坚持“多取、少予、放活”政策,加快推进城镇化。同时,要让农民能够获得更多的财产性收入。②

4.2 收入分配改革关注最低工资

2013年2月8日,国务院发布《国务院办公厅关于深化收入分配制度改革重点工作分工的通知》,内容包括:(1) 根据经济发展、物价变动等因素,适时调整最低工资标准,到2015年绝大多数地区最低工资标准达到当地城镇从业人员平均工资的40%以上。(2) 研究发布部分行业最低工资标准。到2015年,集体合同签订率达到80%,逐步解决一些行业企业职工工资过低的问题。(3) 要加强国有企业高管薪酬管理。缩小国有企业内部分配差距,高管人员薪酬增幅应低于企业职工平均工资增幅。③

业内人士指出,此次收入分配制度改革方案的主线是“提低、扩中、限高”。“低”是指贫困人口、低收入人群,收入最低的10%到20%的人群;“高”是指收入最高的10%的人群;“中”就是中间那部分人,而且要尽量使低收入人群收入达到中等收入水平。“提低”,主要通过健全社会保障体系等,重点提高农民、城乡贫困

① 邱玥、陈恒:《城乡收入差距,何处“破题”?》,《光明日报》2013年7月9日。
② 邱玥、陈恒:《城乡收入差距,何处“破题”?》,《光明日报》2013年7月9日。
③ 《收入分配改革:2015年最低工资达平均工资四成以上》,新华网2013年2月10日。

居民、企业退休人员和低收入工薪劳动者这四部分人的所得。"扩中",就是要减税,减轻中等收入人群的税负;"限高",就是要区分两种"高"收入人群。一种是合法经营收入,比如企业老板的合法经营所得,受到法律保护且应该得到政策鼓励的。另一种是非法收入、腐败收入等。①

2013年3月5日,温家宝总理所作政府工作报告中提到,中国已经制定了深化收入分配制度改革若干意见,要抓紧研究制定具体政策,确保制度建设到位、政策落实到位,有效解决收入分配领域存在的问题,缩小收入分配差距,使发展成果更多更公平地惠及全体人民。人力资源与社会保障部表示,目前,收入分配制度改革正在推进,已由"原则"进行到"细则"阶段。②

4.3 大城市高额生活成本引关注

一线城市养老究竟需要多少钱?北京一位知名经济学家曾撰文称,如果经济增长、居民货币收入增长以及官方发行货币的节奏没有根本改变,一名将在2027年退休的职工,将需要300—500万元才能保持退休后生活水准没有明显下降。京沪广深这样的一线城市,预备1000万元养老也未必够。数据显示,我国城镇职工养老保险已覆盖3亿多人,目前企业月平均养老金水平为2000元左右,其中大城市要更高一些。专家指出,"一线城市养老要预备1000万元"的论断显然不合理,这种算法把通货膨胀考虑其中,主要强调自己储蓄而忽略社会保障,不符合大多数人的实际情况以及国家社会保障体系建设的方向。一线城市生活成本高是事实,一种流传甚广的说法是:"大城市月薪不过万没法活。"在北上广打拼的一些人看来,一线城市的生存压力和竞争压力的确比较大,但机会也比较多,有可能获得更高的收入。在低收入群体以及中西部地区的人看来,"大城市月薪不过万没法活"太矫情。③

大城市生活成本"吓人"的说法流传,容易放大民众对一些社会问题的不满情绪、引发越轨行为,增加社会不和谐因素,但也有积极意义:一是将城市生活成本换算成货币价格,会起到适当的调节作用,有利于让资源在全国各地合理分配,也避免优质资源的长时间过度集中。二是"吓人"数字提醒各级政府包括社会管理部门,要重视百姓的焦虑,提高收入水平,缩小贫富差距,稳定物价房价,增强公众对未来生活的信心。④ 其实,一线城市生活成本高是事实,但个人生活方式和生活态度是有弹性、能更新的。选择在大城市打拼,就应学会调节情绪,幸福感的提升很大程度上是靠生活方式和生活态度的。

---

① 《聚焦收入分配改革方案:细化方案惠及人民》,中国网2013年3月10日。
② 《聚焦收入分配改革方案:细化方案惠及人民》,中国网2013年3月10日。
③ 《大城市生活真的这么"贵"吗?》,《人民日报》2013年8月16日。
④ 《大城市生活真的这么"贵"吗?》,《人民日报》2013年8月16日。

4.4 年轻中国富豪成为奢侈品主要购买力

中国是全球奢侈品消费的主要市场。世界奢侈品协会(WLA)的数据显示,中国消费者每年在高档皮包、汽车、服装、饰品和化妆品等奢侈品上花费60亿美元以上。

2013年,越来越多的年轻中国富豪成为奢侈品的主要购买力,中国富裕消费者的平均年龄比世界平均水平低很多。在中国45岁以下的富裕群体占80%,而在美国这一数字仅为30%,日本为19%。胡润百富榜发布的《2010至尚优品——中国千万富豪品牌倾向报告》显示,中国富豪平均年龄41岁,男性居多,平均拥有3辆车,4.4块手表,也爱好收藏珠宝、古代字画和艺术品。对于中国新兴富裕阶层的特点,业内人士指出:"中国富裕消费者的平均年龄比世界平均水平低很多,几乎比美国的富裕家庭年轻20岁,比日本年轻更多。"①

梳理年轻富豪成为奢侈品消费主力的原因在于:(1)中国富豪阶层进一步扩大。调查表明,在富裕家庭总量上,中国将成为继美国、日本、英国后的全球第四位。(2)中国人消费观念的转变也刺激了人们对奢侈品的需求。在全球化的影响下,中国越来越多的人开始接受西方发达国家的生活理念,意识到"享受生活"的重要性。(3)互联网的发展减少了中西方文化的交流障碍,也让中国的年轻人对外国知名品牌的认知度大大提升。随着收入的提高,最初被人认为是身份和地位象征的奢侈品,现今更多被年轻人当作自己生活理念的体现。

二、中国城市人口状况

1. 中国人口城市化总体状况

1.1 中国遭遇低生育率危机?

计划生育是我国长期奉行的基本国策,实行以来我国人口的过快增长得到有效控制。其贡献有:一是人口数量累计少生了4亿多人,大大减轻了人口过快增长对资源环境带来的压力。我国人口出生率由1970年的33.4‰下降到2012年的12.1‰,人口自然增长率由1970年的25.8‰下降到2012年的4.95‰,是世界平均水平的一半;妇女总和生育率由1970年的5.8下降到2012年的1.5至1.6,达到了发达国家的平均水平;1970年我国出生人口2739万人,净增2321万人,2012年出生人口1635万人,净增669万人。二是我国人口再生产类型实现了由高出生、低死亡、高增长的传统型,向低出生、低死亡、低增长的现代型的历史性转变。三是有效缓解了人口对资源环境的压力。如果当初不实行计划生育政策,现在人均耕地、粮食、淡水资源、能源等将比目前降低20%以上,资源环境难以承载

① 《年轻中国富豪成为奢侈品主要购买力》,《深圳商报》2013年7月8日。

发展的需要，经济社会发展也不可能达到现在这个水平。①

连续多年的低生育率水平，也引发了我国将来是否会遭遇日本、德国等低生育率危机的焦虑。一般来说，经济发展、城市化水平越高，生育率水平越低。目前世界上生育率低于2.0以下的国家，2011年的人均国民收入普遍超过3万美元，城市化水平很高。中国目前人均国民收入（按购买力平价法计算）才6890美元，城市化水平才51%，但中国目前的实际总和生育率却已降到1.6左右（估计值），比法国和英国还要低许多，加上老龄社会渐行渐近，因此，有人质疑是否需要继续"坚持计划生育基本国策"。专家指出：一、当前我国受人口惯性增长的影响，每年新出生人口1600万左右，预计未来20年总人口还将增加约1亿人。二、目前的低生育水平，并不完全是经济社会发展的自然结果，而主要是实施计划生育政策的结果。目前的低生育水平并不稳定，一旦放弃计划生育政策，低生育水平肯定会大幅度反弹。因此，要想稳定住低生育水平，必须继续坚持计划生育基本国策。②

1.2 "单独二胎"不会引发"婴儿潮"

2013年11月15日，国家正式发布《中共中央关于全面深化改革若干重大问题的决定》，标志着中国逐步放开严控生育政策，向"放开二胎"过渡，这是中国人口和生育政策适应经济社会发展形势所作出的重大调整。

启动"单独二胎"政策是综合考虑人口控制和经济社会发展的结果。1978年以后计划生育成为中国的一项基本国策，2011年，"双独二胎"（夫妻双方都为独生子女，可生二胎）政策已经覆盖全国。然而，"未富先老"、劳动力短缺、独生子女家庭养老问题日益严峻。各界开始呼吁从"双独二胎"转向"单独二胎"（夫妻双方一方为独生子女，即可生二胎）。《中国老龄事业发展报告（2013）》显示，2013年中国老年人数量将达到2.02亿。过低的生育水平将降低经济潜在增长率，"劳动力人口的下降，标志着人口转型的拐点，意味着中国的人口红利将进入逐渐收缩的态势"。国务院组织开展的人口发展战略研究表明，中国人口总量峰值应控制在15亿人左右，妇女总和生育率保持在1.8左右，过高或过低都不利于人口与经济社会的协调发展。目前中国妇女总和生育率在1.5到1.6之间，而"国际公认的维持人口正常更替需要的妇女总和生育率是2.1"。"单独二胎"的实施，释放一部分生育势能，是中国完善生育政策的表现。③

随着国家启动实施"单独"生育二胎政策，有人担忧这一新政会引发新一轮

① 吕诺：《计划生育40多年，我国少生了4亿多人》，《新华每日电讯》2013年11月12日。

② 李晓宏：《当前为何还要稳定低生育水平》，《人民日报》2013年1月14日。

③ 任沁沁、孙亮全、李树峰：《三中全会决定：启动实施"单独"生育二胎政策》，新华网2013年11月15日。

"婴儿潮"。担忧的依据在于,发布调整生育政策前后的多项调查显示,一半以上的单独夫妇愿意生二孩。专家指出,这一政策不会引发新一轮"婴儿潮"。依据在于:首先根据国家卫生计生委统计数据来看,1950—1957 年的第一次人口出生高峰、1962—1975 年的第二次高峰、1981—1997 年的第三次高峰,年均出生人口分别为 2000 万、2900 万、2000 万。1997 年以后,出生人口呈下降趋势,由 2000 年的 1800 万降到 2012 年的 1635 万,近年来一直在 1600 万左右浮动。第四次人口出生高峰没有出现。当前全国符合单独两孩再生育条件的夫妇总量大概 1500—2000 万人,新政实施后,"近几年出生人口每年增加 200 万人左右,可能呈现一个小波峰,但大体相当于 2000 年前后的出生人口规模,不会出现所谓的新一轮婴儿潮"。到 2020 年,累计效应释放后,总和生育率会波动在 1.6—1.7。其次从现实因素的制约上看,此次单独两孩新政,影响的主要是城镇夫妻。在中小城市,符合条件的夫妇,大都希望单独两孩新政尽快实施。但在北京、上海等大城市,居高不下的房价物价等成本压力、晚婚晚育、不孕不育、时间和精力不支等因素成为生育行动的绊脚石。[①] 因此,梳理上述数据和观点,新政不会引发新一轮"婴儿潮"。

1.3 特大城市人口规模已近极限

2013 年,国内特大城市人口规模形势严峻。北京市统计局 2013 年 9 月 17 日公布的数据显示,2012 年北京市常住人口已达 2069.3 万人,比 2005 年增长了 530 多万人。上海市常住人口达到 2380 万人,比 2011 年增加 33 万人。深圳人口达到 1054.74 万人,广州的人口从第五次人口普查时的不到 1000 万人,迅速增长到"六普"时的 1270 多万人。

机械增长是造成我国大城市人口激增的主要原因。[②] 统计显示,2012 年我国流动人口数量达 2.36 亿人,其中很大一部分人进入了大城市。长三角地区人口导入速度超过了人口学家们的预料。(1) 江苏、浙江和上海两省一市之间的人口迁移占了 2/3。(2) 整个长三角地区常住人口的增加主要是大量非户籍迁移的人口导入,迁入的人口主要来自河南、安徽、四川、江西。(3) 长三角 22 个城市中大部分表现为人口的净流入,尤其是 2000 年后,从长三角外迁入的人口大幅增长。2005 年至 2010 年,达到 1817 万。(4) 河南、四川两个人口大省的对外流出仍然非常突出。长三角地区的外来人口中,河南的比重近十年都在不断上升,在 2010 年升至 30%,位列第一。[③]

以青壮年为主体的流动人口大量进入城市,改善了大城市人口的年龄结构,

① 李晓宏:《新一轮"婴儿潮"会来吗》,《人民日报》2013 年 12 月 13 日。
② 陈仁泽:《特大城市,人口能够控制吗?》,《人民日报》2013 年 9 月 27 日。
③ 姜澎:《长三角 5 年迁入人口 1817 万》,《文汇报》2013 年 4 月 9 日。

弥补了劳动力的不足，为城市的有序运转提供了有力支撑。但人口的激增同样引发了不少问题。其一是人口与资源环境的矛盾日益凸显。专家指出，现在北上广等特大城市无法再集聚和承载更多的人口。① 目前北京市用承载力为1000万人的水资源供养着2018万人，超出了水资源基本承载能力的一倍还多。② 国家住建部2006年曾做一项调研显示，每新增一个城市人口，需要增加的市政公用设施配套费，特大城市为10万元。2012年，中国社科院发布的蓝皮书指出，农业人口进城市民化，人均公共成本约为13万元。仅教育支出一项，假如农村学生1.25亿人中，有10%随父母进城，就让城市学校难以容纳。③ 其二是人口迁移流动对流动人口自身生活带来挑战，也对城市生活品质、城市基础设施和承载能力，以及公共财政和公共服务供给能力带来挑战。其三是迁移流动人口难以市民化带来长三角地区城市社会分化和"土客矛盾"的加剧。随着流动人口数量的增长，这种差异性会越来越大。④

近年来我国一些城市难挡住人口激增的势头，问题在于调控总体上处于"无序状态"。对整体和局部关系重视不够；过度依赖行政手段调控人口；调控目标设定和资源配置不协调。专家建议，一、疏解大城市人口压力，必须加大新城新区建设，引导人口从中心区向郊区转移。二、完善优质公共资源在主城区和新区之间的均等化配置，避免人口过度流向城市中心区。三、从规划层面赋予大城市更加清晰的定位，有所为有所不为，合理调整产业结构，引导包括人口在内的各类资源有序流动、合理配置。⑤ 四、加快转变经济发展方式，引导城镇产业升级转型，合理调控外来人口的规模与结构。⑥ 但是，"不管如何调控，都不意味着要用行政手段限制外来人口进城"⑦。

1.4 稳定城市化

快速的城市化进程，催生了城市化的数量和质量概念。相对于城市化水平和城市化速度是城市化的数量，稳定城市化指农村劳动力及其家庭，在城镇稳定地就业和共同地生活，并呈现出连续、无障碍、不可逆的城市化过程，是一个包含社会因素的经济学概念。外出劳动力回流率、外出劳动力规模变动率、城市化速度变动率、举家城市化迁移比例、农村留守儿童比例等指标，构成城市化稳定性指数。

---

① 《发改委：北上广等特大城市无法再承载更多人口》，中国新闻网2013年12月17日。
② 陈青：《上海常住人口达2380万人》，《文汇报》2013年2月20日。
③ 尹安学：《特大城市人满为患接纳一个外来工公共成本13万》，中国新闻网2014年1月19日。
④ 姜澎：《长三角5年迁入人口1817万》，《文汇报》2013年4月9日。
⑤ 陈仁泽：《特大城市，人口能够控制吗?》，《人民日报》2013年9月27日。
⑥ 胡建：《户籍制度改革有望突破 严控北上广人口规模》，《每日经济新闻》2013年11月18日。
⑦ 陈仁泽：《特大城市，人口能够控制吗?》，《人民日报》2013年9月27日。

长期以来，中国的不稳定城市化现实主要体现为三个方面：农村劳动力外出就业的不稳定和回流，城镇人口增长和城市化速度的波动，以及农民工的非家庭迁移。近年来，前两类情形尽管仍然存在不确定性，但总体上已经较为稳定。第三类情形则是当前中国不稳定城市化的主要症结，引发留守妇女、留守老人、留守儿童、流动儿童、农民工临时夫妻等一系列社会问题。①

解读稳定城市化的概念，农民工问题至关重要。目前我国农民工数量庞大，直接影响着稳定城市化。2013 年 2 月 22 日，国家统计局公布统计公报显示，2012 年全国农民工总量为 26261 万人，比上年增长 3.9%。其中，外出农民工 16336 万人，增长 3.0%；本地农民工 9925 万人，增长 5.4%。② 由于人口红利对中国经济作出巨大贡献，而庞大的农民工群体则是贡献人口红利的主要人群。农村推力和拉力的消长，也将影响后续的城市化进程。家乡对外出农民工不但有回乡的拉力，还有稳定城市化的阻力。因为这些因素包括社会关系、情感、社会习俗等文化意义上的社会联系，更包括经济和家庭意义上的实质联系。③ 所以，未来我国推进稳定城市化，就需要更加关注农民工群体。

2. 青少年问题

2.1 药物沦为“亚毒品”

据广东省公安厅提供的官方数据显示，全省现有登记在册吸毒人员中吸食合成毒品者的比例，由 2008 年的 7.4% 增长到 2012 年的 24%。与海洛因等传统毒品相比，具有成瘾性或致幻性的药品，本身不属于毒品，不在禁毒部门打击之列，但青少年滥用现象严重。国家食品药品监督管理局 2012 年发布通知，销售含麻黄碱类复方制剂的药品零售企业将查验、登记购买者身份证，但像右美沙芬等被青少年滥用的非处方药并未纳入此列，至于还有多少具有同样副作用的药物在被滥用，数量不得而知。业内人士指出，右美沙芬是一种中枢神经抑制剂，本身不具备成瘾性，跟含有可成瘾的磷酸可待因成分的止咳水一起服用，会增强后者的药效，产生欣快感。而长期大量服用右美沙芬，也会产生大脑损伤、失去意识、心律不齐等副作用。由于是非处方药，右美沙芬在药店可以轻易买到。而像联邦止咳露、立健停、珮夫人等含有磷酸可待因成分的止咳水，在广州、东莞等珠三角地区的城乡结合部，中专、职校附近的药店里仍有秘密销售。

青少年“嗑药”现象日益严重，折射出国内对特殊药品和化学品的监管上存在真空地带。在美国，不少青少年也“嗑”过含有右美沙芬的感冒药。美国消费者保

① 檀学文：《关注中国不稳定城市化》，《中国社会科学报》2013 年 6 月 17 日。

② 钱成、刘铮：《2012 年全国农民工总量 2.6 亿》，《新华每日电讯》2013 年 2 月 23 日。

③ 檀学文：《关注中国不稳定城市化》，《中国社会科学报》2013 年 6 月 17 日。

健产品协会曾呼吁立法,禁止向18岁以下人群销售含右美沙芬的产品。借鉴美国的经验,我国应将易制毒化学品和危险的成瘾、致幻药品尽量纳入禁毒部门的监管范围,制订有毒药品目录,最大限度地防止其外流用于加工毒品或被青少年滥用。一些基层教师还建议,教育部门应将禁毒宣传教育纳入学校法制课程,重新修编禁毒教材,大量增加对止咳水、"神仙水"等新型毒品的危害性和预防内容,使教育形式多种多样、更有针对性。①

2.2 年青一代的体质危机

近年来的调查显示,中国年青一代体质出现危机。(1)在机能、素质方面,"90后"呈现全面下降趋势,耐力下降尤甚,部分年龄段甚至退回到了"70后"当年的水准。中国教育部数据显示,2010年男学生1000米跑的平均成绩比10年前慢14到15秒,女生800米跑要慢约12秒。跳的距离更短,仰卧起坐次数更少。2010年,成年人身体素质中的握力、背力、坐位体前屈等指标平均数略低于2005年,更低于2000年,呈持续下降趋势。②(2)大学生的肥胖症比例在上升。③自2000年以来,我国成年人的体重增长幅度大于身高增长幅度,呈现出超重与肥胖率持续增长。2010年,18岁及以上居民超重率30.6%,肥胖率12%。(3)身高增长出现了"前快后慢"的趋势。"80后"男生要比"70后"男生高3厘米,重3.8公斤,"90后"男生比"80后"男生高1.9厘米,重3.6公斤。身高增长"前快后慢",到"90后"一代速度已经明显放慢,体重增长则"前慢后快"。专家指出,肥胖症将导致严重后果:(1)引发居民患慢性病。目前18岁及以上居民中,高血压的患病率为18.8%,糖尿病患病率为2.6%,血脂异常的患病率为18.6%。(2)肥胖与艾滋病、毒药麻痹和饮酒成瘾,并列为世界四大医学社会问题,成为全球引起死亡的第五大风险,全球每年至少有280万人死于超重或者是肥胖。(3)肥胖和超重导致的经济负担和花费也在急剧上升。我国财政对慢性病防治力度逐年加大,2012年拨付3.3亿元专项资金用于防治慢性病。(4)青少年肥胖有极大的健康隐患。调查显示,45%至50%的小学生肥胖者和60%至70%的中学生肥胖者到成年后仍然肥胖。(5)导致诸多的心理行为问题和社会适应不良。肥胖青少年更容易情绪低落,形成自卑心理和自闭性格。(6)体质下降非常严重。部分地区征兵工作中的体检合格率更是逐年下降,脂肪肝、高血压、超重等"富贵病"成为征兵体检不合格的新因素。④

导致青少年体质危机的原因,一是工作中的体力活动大幅度减少,再加上摄

① 毛一竹:《曾1米83的棒小伙,现在只能躺床上》,《新华每日电讯》2013年6月29日。
② 王君平:《18岁以下居民肥胖人群1.2亿肥胖大吃大喝惹的祸》,《人民日报》2013年2月22日。
③ 陈一译:《年青一代体质现危机》,《环球时报》2013年1月24日。
④ 王君平:《18岁以下居民肥胖人群1.2亿肥胖大吃大喝惹的祸》,《人民日报》2013年2月22日。

入的能量提高、工作繁忙等因素，导致成年人的身体素质每况愈下，未老先衰。二是学习成绩压力从小学便过早开始，同时却缺乏体育竞赛的传统。① 年青一代体质直接关系民族未来，重视体质危机问题已经刻不容缓。

2.3 青少年事务社工有效减少犯罪

2003 年，上海启动预防和减少犯罪体系建设，由此初步形成了面向本地户籍社区青少年教育帮扶的工作体系架构，有效预防和减少了青少年违法犯罪。2003 年 8 月 22 日，市委、市政府发文，正式成立了市社区青少年事务办公室，作为团市委下设机构。截至 2013 年 11 月，全市共有 500 余名青少年事务社工为社区青少年提供专职服务。同时，通过实施职业资质认定、薪酬制度改革等措施，上海市逐步促进社工的职业化发展，目前 70% 以上的社工具有社会工作师或心理咨询师资格。

这一举措有效预防和减少了青少年违法犯罪。上海已经连续多年在中央综治委预防青少年违法犯罪专项组对各省（直辖市、自治区）预防青少年犯罪工作的考核中排名第一。2013 年户籍社区青少年数量约 3.1 万人，比 2004 年的 6.3 万人下降了一半。上海户籍青少年违法犯罪总数自 2007 年起持续下降。但是，这一经验的重要性并没有得到应有的重视。青少年事务社工的社会知晓度仍偏低，愿意投身这项工作的青少年比例不高。受访者中，46.5% 的受访者表示“了解青少年事务社工”；有近一半受访对象表示“不了解青少年事务社工这一群体”，33.2% 的人认为社工是志愿者，4.3% 的人甚至认为“是服务员，跟护工差不多”。愿意投身社工工作的青少年比例不高，可能与知晓度、收入水平和职业前景的现状有关。② 加强对青少年事务社工的宣传和推广，对于抑制我国青少年犯罪，具有重要的现实借鉴意义。

3. 妇女与儿童问题

3.1 单位生育负担是歧视女性首因

2013 年 12 月 3 日，对就业性别歧视问题进行的网络调查显示，逾九成网友表示自己或身边朋友在求职中遭遇过性别歧视，并有 85.3% 的网友认为性别歧视针对女性。依据学历划分，93.3% 的研究生及以上人群遭遇过性别歧视，比例最高。91.6% 的本科生遭遇过性别歧视，其次是专科生及高中生。性别歧视年龄区分不大。21 至 30 岁、31 至 40 岁以及 41 至 50 岁的人群，遭受过性别歧视的比例均在 90% 以上。可见，处于工作年龄段的女性，大多数都遇到过性别歧视，歧视并没有

---

① 陈一译：《年青一代体质现危机》，《环球时报》2013 年 1 月 24 日。

② 陈斯斯、郦晓君：《户籍青少年犯罪总数连续 6 年下降》，《东方早报》2013 年 11 月 22 日。

因为年龄增长而有大幅变化。①

在“不愿意要女生的主要原因”这一问题上，43.3%的网友选择“要生孩子、耽误时间”，排在首位；35.2%网友认为“有些工作很辛苦，或需要应酬、出差，女性不适合”；12.6%的网友认为“结婚后以家庭为重，事业心锐减”，还有8.9%的网友认为“自古男尊女卑，对女性的歧视根深蒂固”，比例不高。现代社会，女性的能力已经得到认可，男尊女卑的偏见逐渐弱化。而用人单位不愿意要女生并非在单纯意义上对女性能力进行质疑，而更多地是出于最现实功利的考虑。女性生育成本高，一些用人单位不愿负担，因此通过少招甚至不招女性来降低这一成本。② 可见，消除歧视女性，保障妇女权益，不仅需要男女平等的政策，更需要执行和落实。

3.2 留守流动儿童近1亿

留守儿童问题在快速城市化进程中引发社会普遍关注。2013年5月，中华全国妇女联合会发布《全国农村留守儿童、城乡流动儿童状况研究报告》，对留守儿童的调查结果显示：我国留守儿童数量大、比例高。全国有6102.55万农村留守儿童，占农村儿童37.7%，占全国儿童21.88%，城乡流动儿童规模则达到3581万。四川、河南的农村留守儿童规模大，占全国农村留守儿童比例最高，分别达到11.34%和10.73%。安徽、广东、湖南的农村留守儿童规模占全国百分比分别为7.26%、7.18%和7.13%。以上五个省份留守儿童在全国留守儿童总量中占到43.64%。同时农村留守儿童广泛分布于中西部省份，也分布于江苏、广东等东部发达省份。重庆、四川、安徽、江苏、江西和湖南的比例已超过50%，湖北、广西、广东、贵州的比例超过40%。③

对流动儿童的调查显示：(1) 流动儿童数量广、分布普遍。全国31个省区市均有一定数量的流动儿童，其中广东省流动儿童最多，规模达434万，占全国流动儿童的12.13%，远高于其他省份。流动儿童数量大、比例高的还有浙江、江苏、上海、北京等地。(2) 流动时间长。城乡流动儿童多数是长期流动，在户籍地以外地区“流动”时间平均为3.74年。7—14岁流动儿童中，约1/3的流动时间在6年以上；0—6岁儿童中，自出生以来平均一半时间是在现居住地度过的。(3) 流动儿童教育条件堪忧。学龄前流动儿童普遍面临入园难，低年龄段面临入学晚，读高中的面临“异地高考”等困难。此外，留守儿童的生活质量、生理和心理健康状况、成长环境均劣于受父母监护的儿童。④

留守和流动儿童安全成长、生存现状不容乐观。溺水、性侵、烧伤、拐卖、交通

---

① 胡雅婷：《单位生育负担是歧视女性首因》，《人民日报》2013年12月5日。

② 胡雅婷：《单位生育负担是歧视女性首因》，《人民日报》2013年12月5日。

③ 魏铭言：《留守流动儿童数量逼近1亿》，《新京报》2013年5月10日。

④ 魏铭言：《留守流动儿童数量逼近1亿》，《新京报》2013年5月10日。

事故等意外伤害事件中,留守流动儿童占了相当高的比例。据权威部门统计,我国每年近 2 万名儿童非正常死亡,四五十万名青少年受到各种意外事件的伤害,受害人中以留守流动儿童居多。① 专家建议,一、杜绝外来人员子女事故频发需各方合力,但首要责任在父母。② 二、应加快新农村建设和小城镇建设,吸引外出农民工返乡就业创业;鼓励、支持和帮助有条件的外出农民工带着子女举家进城。③

4. 老龄化问题

4.1 我国老年人口已达 1.94 亿

我国是世界上老年人口最多的国家,呈现三大特点:(1) 老龄人口规模庞大。2013 年 2 月 27 日,我国第一部老龄事业发展蓝皮书《中国老龄事业发展报告(2013)》在京发布,蓝皮书指出,截至 2012 年底,我国老年人口数量达到 1.94 亿,比上年增加 891 万,占总人口的 14.3%。2013 年,老年人口数量将突破 2 亿大关,达到 2.02 亿,老龄化水平将达到 14.8%。④ 预计 2025 年将突破 3 亿,2034 年则将突破 4 亿。⑤ 预计在本世纪中叶,我国老年人口将达到 4.4 亿,相当于 3 人中就有一个老年人。(2) 发展速度快。按照现在我国老龄化发展趋势,人口老龄化比例从 20% 提到 30% 只需 20 多年的时间,发展非常迅速。(3) 老少倒置的特征明显,2000 年的时候这一比例为 1∶2,即一个老年人对应两个 14 岁以下的小孩,2020 年预计将达到 1∶1,2035 年后预计老少比将变为 2∶1。⑥

我国老龄化面临着严峻的形势。一是"未富先老是我国现在面临的最大挑战"。发达国家进入老龄化社会时,人均国内生产总值一般都在 5000 到 10000 美元,甚至更高。而中国在 2001 年迈入老龄化社会时,人均国内生产总值刚刚超过 1000 美元,2012 年也才超过 6000 美元。应对老龄化的经济基础十分薄弱。⑦ 二是老年抚养费用支出增加。老年抚养比从 2012 年的 20.66% 上升到 2013 年的 21.58%,推动社会总抚养比从 2012 年的 44.62% 上升到 2013 年的 45.94%。三是老年人口的高龄、失能和空巢化将进一步加剧应对人口老龄化的严峻性和复杂性。⑧ 四是我国失能老年人的绝对规模在迅速增加。目前,我国城乡部分失能和

① 《留守与流动儿童安全事故频发谁为他们拉起安全防护网》,《中国教育报》2013 年 8 月 27 日。

② 简工博:《谁为"进城的童年"立起安全警示灯》,《解放日报》2013 年 7 月 18 日。

③ 魏铭言:《留守流动儿童数量逼近 1 亿》,《新京报》2013 年 5 月 10 日。

④ 卫敏丽:《我国首部老龄事业发展蓝皮书——〈中国老龄事业发展报告〉发布我国老年人口已达 1.94 亿》,《新华每日电讯》2013 年 2 月 28 日。

⑤ 谭谟晓、赵琬微:《2025 年老年人口将破 3 亿》,《文汇报》2013 年 11 月 3 日。

⑥ 马家宏、金振娅:《2050 年我国老年人口将达到 4.4 亿》,《光明日报》2013 年 9 月 4 日。

⑦ 谭谟晓、赵琬微:《2025 年老年人口将破 3 亿》,《文汇报》2013 年 11 月 3 日。

⑧ 卫敏丽:《我国首部老龄事业发展蓝皮书——〈中国老龄事业发展报告〉发布我国老年人口已达 1.94 亿》,《新华每日电讯》2013 年 2 月 28 日。

完全失能老年人已经超过3600万。[①] 护理费用支出问题成为负担。

庞大的老年人口以及由此产生的巨大服务需求，也为养老服务产业提供重要历史机遇。专家指出，要统筹考虑养老服务产业的发展战略，不断完善养老服务产业体系，扩大养老服务产业在服务业乃至国民经济中的份额，为养老服务产业发展提供有利政策保障。按照政府职能转变要求，简政放权，营造平等参与、公平竞争的市场环境，逐步使社会力量成为发展养老服务产业的主体，满足广大老年人多样化、多层次的养老服务需求。[②]

4.2 以房养老面临四大困局

2013年9月，国务院正式出台《关于加快发展养老服务业的若干意见》，明确提出"开展老年人住房反向抵押养老保险试点"。业内人士指出，推行"以房养老"还面临四大困局。

一是观念之困：九成老人选择留房给子女，"靠儿不靠房"仍是主流观念。上海民政部门调查显示，高达90%的老人拟将房产留给子孙，愿意倒按揭的不到10%。社保专家表示，观念的转变需要加大对"以房养老"这一新的养老方式的正确宣传引导，特别是厘清认识误区。即以房养老只是让渡房产获得改善型养老待遇，并非拿房子换基本养老待遇。

二是保障之困：养老机构"一床难求"。民政部的数据显示，我国城乡养老机构养老床位365万张，平均每50个老人不到一张床。养老从业人员更是不足百万，中国目前当务之急是加大养老机构建设，补充资源短板。

三是操作之困：金融保险业务割裂，老人"担心"机构"畏难"。"以房养老"实则是一款商业养老保险产品，牵涉到保险、银行等金融机构。无规可依、风险顾虑，及业务各自为营为最大障碍。中信银行于2012年推出"以房养老"按揭贷款业务，是国内较早试点"养老按揭"的银行。但该业务推行以来在深圳、合肥等多地交易量为零。

四是政策之困：70年有限房屋产权，房屋权属变更怎么办？上海从2007年就酝酿"以房养老"，但推行多年仅成功6例，重要原因就是"居民普遍预计房价将上涨，老人会吃亏"。对金融机构而言，当老人年迈将房产抵押时，商品房的使用年限大都已经不多，一旦房价波动下行，保险公司或银行的给付能力有限，风险也较大。房价的高度波动性是影响以房养老交易双方博弈的重要因素。借鉴国外经验，完善相关的风险应对机制也是关键。[③] 从上述四点可以看出，实行以房养老还

① 卫敏丽：《城乡失能老人已超3600万》，《新华每日电讯》2013年2月28日。

② 谭谟晓、赵琬微：《2025年老年人口将破3亿》，《文汇报》2013年11月3日。

③ 杨玉华、刘敏、叶前、姚玉洁：《以房养老，现阶段面临四大困局》，《新华每日电讯》2013年9月17日。

有许多现实难题需要逐步解决。

5. 其他人口问题

5.1 中产阶级面临的问题

2013 年 6 月 30 日,《2013 中国大众富裕阶层财富白皮书》指出,2012 年我国大众富裕阶层人数达 1026 万,2013 年底将达到 1202 万。大众富裕阶层是指个人可投资资产在 10 万美元至 100 万美元之间的中国中产阶级群体。在此次针对分布于全国数十个城市上千名大众富裕阶层人士展开的调研显示,大众富裕阶层在拥有了一定的经济基础后,越来越注重于精神上的愉悦。迅速创造财富不再是他们唯一追求,幸福而有品位的生活成为越来越重要的人生目标。①

但专家指出,我国中产阶级也面临着许多问题。其一是相对于生活必需品方面,货币实际购买力下降。以 1978 年到 2009 年的消费价格为例,面粉价格每斤上升幅度在 5.4—10.38 倍,衣服类每套上升幅度在 5—50 倍,交通类以北京地铁票价为例,上升幅度为 20 倍;居住类以水费为例,每吨上升幅度为 30.8 倍。从 2010 年到 2013 年初,仅就食品而言,三年上涨一倍左右,每年涨幅高达 16%。其二是从中产收入阶层流落为穷人非常容易,只要家中有人得重病,或者企业破产倒闭,或者只是循规蹈矩在工厂做工领取工资,生活水平也会步步降低。为此,中国不仅需要改革体制,培育更多的中产收入阶层,更重要的是维持中产收入阶层的生活水准,不至于因货币购买力下降而重返贫困。如此,中国的中产收入阶层人数才能大幅上升,进而培育出教育水平、思维方式、生活方式基本处于同一水准的公民群体。②

5.2 移民海外与海归人数增多

中国与全球化研究中心和北京理工大学法学院 2012 年 12 月发表的中国年度国际移民报告对我国国际移民问题概括出以下几个特点:(1) 我国移民人数规模庞大。在 2011 年,中国内地对世界几个主要移民国家永久性移民数量就超过 15 万人,其中获得技术移民签证的超过 10 万人,获得投资移民签证的超过 1 万人。(2) 技术移民是中产阶级专业人员最常采用的移民方式。(3) 移民目的国以美国、加拿大、澳大利亚为主。其中在美国获得永久居留权人数超过 8.7 万人,在中国国际移民总数中排名第一,其次是加拿大、澳大利亚和新西兰。(4) 人员构成上,潜在移民的背景正在发生变化。除了企业主和企业高管之外,近年来申请移民的律师和医生也多了起来。③

① 黄明:《我国中产阶级人数过千万》,《武汉晚报》2013 年 7 月 5 日。

② 《2013 年中国中产阶级面临危机分析》,中国行业研究网 2013 年 2 月 23 日。

③ 《港报:中国中产阶层移民海外人数增多》,新华网 2013 年 2 月 16 日。

综合业内人士观点,国内移民海外的原因主要有:(1) 社会问题和教育问题引发的担忧是促使这些人移民国外的主要原因。(2) 污染和食品安全丑闻使人们感到自己的健康受到了威胁。(3) 激烈的竞争、忙碌的工作和飞涨的物价令人不堪重负。(4) 由于社会保障体系欠完善,公共服务存在诸多不足,新富阶层也对生活质量的低下感到不满。(5) 当前中国的科技水平依然较低,缺乏鼓励创新的机制,学术造假和政府干预学术研究的现象极为普遍,中小企业获得财政支持和人才困难重重,很多专业人员意图寻求更好的工作环境。(6) 去其他国家旅行更为方便。在现行政策下,仅有十几个国家给予世界第二大经济体的公民免签证待遇,其中却未包含任何一个发达国家。

大批中产阶级移民海外,对我国产生了重要影响:一是可能在一定程度上阻碍了使中国从一个金字塔形社会变成一个橄榄形社会。二是大量技术人才外流会对中国内地企业造成损害,进而对实体经济产生影响。大多数深受人才外流之苦的国家有外来移民填补存在的人才缺口,但中国面临巨大的人才逆差。截至2011 年底,在华持有永久居留证的外国人仅有 4752 人。2010 年,海外华人华侨数量已超 4500 万。①

令人感到欣慰的是,在大量国内中产阶级移民海外的背景下仍有大量留学人员回国。2012 年底,我国留学回国人员总数已达 109 万人。近 5 年回国的人数达到 80 余万,接近前 30 年回国人数的 3 倍,年均递增 36%,特别是 2012 年留学人员回国数量达到 27.29 万人,同比增长 46.57%。各地引进的海外高层次人才超过 2 万人。②

三、中国城市交通发展状况

1. 城市交通政策、规划与建设

1.1 “四个交通”勾勒未来交通发展新蓝图

2013 年 12 月,交通运输部领导在全国交通工作会议上提出,当前和今后要集中力量加快推进“综合交通、智慧交通、绿色交通、平安交通”等“四个交通”建设,“四个交通”建设勾勒了我国今后交通运输发展的新蓝图。

对于如何发展“四个交通”这一问题交通运输部领导指出:(1) 发展综合交通的核心是顺应新型工业化、信息化、城镇化、农业现代化同步发展的新需求,统筹规划铁路、公路、水路、民航以及邮政行业发展,建立完善与综合交通相适应的制度体制机制;关键是通过综合交通战略规划、政策法规、标准规范促进各种运输方

① 《港报:中国中产阶层移民海外人数增多》,新华网 2013 年 2 月 16 日。

② 盛若蔚、刘铮:《“海归”总数突破百万》,《人民日报》2013 年 3 月 24 日。

式深度融合，优化交通运输主要通道和主要枢纽节点布局，统筹各种运输方式在区域间、城市间、城乡间、城市内的协调发展，实现各种运输方式从分散、独立发展转向一体化、集约化发展。（2）发展智慧交通要以信息化、智能化为牵引，完善全行业开放协同创新机制，注重以信息化智能化引领提升交通运输管理效能，促进现代信息技术在行业监管、运行管理和服务领域的深度应用。（3）发展绿色交通就要以资源环境承载力为基础，在规划、建设、运营、养护等各个环节集约节约利用资源、保护生态环境，建成以低消耗、低排放、低污染、高效能、高效率、高效益为主要特征的绿色交通系统。（4）发展平安交通就要坚持管行业必须管安全，焊牢企业主体和行业安全监管的责任链，加强督促检查、严格考核奖惩，对有章不循、有章不依的问题不放过、严查处，切实把安全责任落实到一线、落实到岗位、落实到人头。对安全隐患零容忍，有效防范和坚决遏制重特大事故的发生。其中，综合交通是核心，智慧交通是关键，绿色交通是引领，平安交通是基础，“四个交通”相互关联，相辅相成，共同构成推进交通运输现代化发展的有机体系。①

1.2 “公交都市”

2013 年出台的《国务院关于城市优先发展公共交通的指导意见》提出，要提高城市公共交通车辆的保有水平和公共汽（电）车平均运营时速，大城市要基本实现中心城区公共交通站点 500 米全覆盖，公共交通占机动化出行比例达到 60% 左右。发展公交都市的具体标准为：有轨道交通的城市公共交通出行分担率达到 45% 以上；没有轨道交通的城市公共交通出行分担率达到 40% 以上；城市建成区公交线网密度 3 公里/平方公里以上。城市建成区公交站点 500 米覆盖率达到 90% 以上，实现主城区 500 米上车、5 分钟换乘。新能源城市公共交通车辆比例达到 5% 以上。城市公共交通的乘客测评满意度达到 80% 以上。公共汽电车交通责任事故年均死亡率控制在 4.5 人/万标台以内。城市公共交通相关规划体系初步形成，城市公共交通政策和标准规范体系基本完善，城乡客运一体化管理格局基本形成。

作为国家首个“公交都市”示范城市，深圳确立了实施公交优先、打造国际水准公交都市的城市战略，先后发布《深圳市打造国际水准公交都市五年实施方案》和《深圳市城市交通白皮书》。深圳已开通 5 条轨道线路，公交机动化分担率达 53%，已基本形成一体化公共交通体系，成为全球新能源汽车推广应用规模最大的城市，推出全国首个“公共交通服务指数”。南京出台了《南京市公交改革与发展五年行动计划》，建成地铁总里长约 82 公里，市区公共汽车线路 419 条，多模式融合发展的公共交通格局初步形成，公共汽车准点率达 80% 以上，早晚高峰时段

① 林红梅：《我国将着力推进“四个交通”的建设发展》，新华网 2013 年 12 月 27 日。

平均满载率在75%左右，大力推进公交智能化建设，全市公交、轮渡、轨道交通实行“一卡通”，在主干道路段建设智能电子站牌。重庆在“公益公交、便捷公交、安全公交、智能公交、绿色公交”的总体思路下，将建设以轨道交通为骨干、地面公交为主体、出租车为补充的公交体系，对绕城高速公路以内区域实行公共交通全覆盖。按照规划，到“十二五”末，公共交通出行分担率将从现在的72.9%提高到75%，2014年前，将通过置换和改造的方式，实现绕城高速内公交线网全覆盖。武汉计划每年开通一条轨道交通线路，至“十二五”末，形成总长140公里、覆盖整个城区的轨道交通网络，建设总长120公里、覆盖城市主干道的公交专用道网络，到2014年，将有望推出公共交通日票，乘客可以凭日票无限次乘坐公共交通工具。①上述城市在探索“公交都市”建设上的经验，可以对国内其他城市提供参考。

2. 汽车与城市交通

2.1 加强城市基础设施建设

交通拥堵问题愈来愈突出，加强城市基础设施建设是消除拥堵的一大举措。2013年9月16日，《国务院关于加强城市基础设施建设的意见》发布。这是改革开放以来，首次以国务院的名义就城市基础设施建设发文，具有标志性意义。交通部领导指出，近些年，全国每年都要投资约7000亿元用于城市道路桥梁建设改造，但是仍未从根本上解决城市交通拥堵问题。

为提高城市道路桥梁投资效率，更加有效地改善城市交通，《国务院关于加强城市基础设施建设的意见》提出了下一步城市道路桥梁的建设重点是“加快完善城市道路网络系统，提升道路网络密度”。一方面，通过改造道路网络结构，处理好道路的功能分级，在城市外围地区加强各功能区快速通道建设，在中心城区严格控制快速路和立交桥建设，加强次干路和支路建设，加密路网，完善微循环系统，提升道路网络的连通性和可达性；另一方面，加大道路交通管理系统建设，引导交通流量合理分布，通过精细化的交通工程设计，提高新建和改建道路的使用效率和安全保障水平，缓解交通拥堵。②

步行和骑自行车出行等是缓解城市交通拥堵的重要举措，但我国城市步行和自行车交通出行环境却出现了日益恶化、出行比例持续下降的问题。据有关统计，城市自行车出行比例正以年均2%—5%的比例下降，如北京市2006年自行车出行比例为27.7%，到2010年已下降到16%。《国务院关于加强城市基础设施建设的意见》明确提出加强城市步行和自行车交通系统建设，在我国尚属首次，对于牢固树立行人优先的理念，切实改善居民出行环境，保障出行安全，推动绿色出

① 陈恒：《“公交都市”难在哪儿》，《光明日报》2013年1月12日。

② 杜宇：《住建部解答如何破“堵”等民生难题》，《新华每日电讯》2103年9月17日。

行，具有重要的指导意义。①

2.2　治堵需要科学规划汽车工业

汽车是引发空气污染和城市拥堵的主角，近年来，国内各地出台各种政策，但是，每一项政策管用的时间都不是特别长，反而越治越堵。

其一是征收拥堵费。北京市交通委 2011 年 10 月公布的数据显示，停车价格调整半年来，路内、路外停车场每车位平均停放车辆数分别降低了 12% 和 19%，小客车进入中心城区流量下降 12%。但是，市民们担心征收交通拥堵费、扩大差别化停车收费区域范围等，驾车出行成本将进一步提高，而且，对缓解拥堵效果能有多大，额外收取的费用支出能否做到公开透明也存在疑虑。② 专家表示，拥堵费不会对数量庞大的公车产生任何影响，对于“不差钱”的高收入群体来说，拥堵费也只是“九牛一毛”，调控作用极为有限。③

其二是“限招”。通过分区域“限行”、全路段“限号”、摇号式“限牌”、高收费“限停”、限外地车进城等“限招”措施，多数城市仍未能逃脱拥堵的困境。数据显示，北京市 2013 年上半年交通拥堵指数是 5.0，比去年同期增长 6.4%，工作日路网的平均拥堵时间是 100 分钟，比去年多了 30 分钟。而且，这种拥堵窘况正在由中心城市向中、小城市蔓延。④ 专家指出，北京的摇号限购开始后，汽车增长率为 5%，而北京市一年道路长度和道路面积增加不到 1%。这种矛盾导致治标不治本，城市拥堵仍旧在所难免。⑤

其三是大幅提高停车费。北京市交通委 2011 年 10 月公布的数据显示，停车价格调整半年来，路内、路外停车场每车位平均停放车辆数分别降低了 12% 和 19%，市民出行方式发生积极变化，小客车进入中心城区流量下降 12%。但是，车主们对收费政策和治堵效果仍然持怀疑态度。因为公交不方便，打车又很难，遇上急事，收费再高也得开。业内人士认为，停车收费难以从根本上解决停车难和交通拥堵问题。比如，北京市占道停车位约 5 万个左右，仅为全市机动车总量的 1%，对庞大的需求而言只是杯水车薪。⑥

梳理上述治堵措施可以发现，从末端入手解决城市拥堵并不是一个好思路。专家建议，应从根本上对城市及汽车业制定一套整体规划，统筹考虑城市道路、停车位、新建小区等，避免“摊大饼”式无序扩张，去除“大城市病”诱发的土壤。⑦

① 杜宇：《住建部解答如何破“堵”等民生难题》，《新华每日电讯》2103 年 9 月 17 日。
② 毛振华：《大城市如何从根本上破解拥堵困局》，《新华每日电讯》2013 年 9 月 11 日。
③ 侯大伟、赵宇飞、强勇：《拥堵费是最后一张”王牌“?》，《文汇报》2013 年 9 月 3 日。
④ 侯大伟、赵宇飞、强勇：《拥堵费是最后一张”王牌“?》，《文汇报》2013 年 9 月 3 日。
⑤ 毛振华：《大城市如何从根本上破解拥堵困局》，《新华每日电讯》2013 年 9 月 11 日。
⑥ 赵仁伟、郭宇靖、杨毅沉、毛伟豪：《治赌不能形成收费依赖症》，《文汇报》2013 年 9 月 8 日。
⑦ 毛振华：《大城市如何从根本上破解拥堵困局》，《新华每日电讯》2013 年 9 月 11 日。

《中国汽车社会发展报告2012—2013》报告建议，中央政府应该做好顶层设计，制定全面的汽车社会发展规划，解决汽车产业与城市管理之间的矛盾，统合不同部门汽车相关政策，使得这些政策不再出现不兼容的问题，确保汽车社会能够可持续发展。[①]

2.3　圆梦汽车王国

我国汽车业在告别年均增速超20%的高增长时代后，从2012年起"微增长"特征明显，即使如此，我国机动车保有量仍在迅猛增加。截至2012年底，全国机动车保有量已达2.4亿辆，同比增长1500万辆，汽车驾驶人年增长2647万人，首次突破2亿人。[②] 其中，我国私家车保有量达8507万辆，比2003年增长13倍，在载客汽车总量的占比已达82.8%。而且，私家车数量仍在以年均1400多万辆的速度迅猛增长。[③] 业内人士预计，10年后，我国将会有2.2亿辆私家车。[④] 中国汽车保有量也将跃居世界第一。[⑤] 中国汽车业内人士表示，中国车市微增长还将继续，未来推动汽车市场发展的因素有：(1) 宏观经济稳中求进，将给汽车工业创造良好的发展环境。(2)"改革红利、人才红利和城镇化"三个红利将促进汽车发展。(3) 汽车刚性需求依然强劲。(4) 汽车消费升级会推动汽车消费增长。(5) 十八大报告提出要加强民生保障，收入分配改革及收入倍增计划，提升消费者可支配收入也将促进汽车购买力的提升。[⑥]

汽车工业的发展对城市化进程影响深刻。它改变了人们的生活方式，经济增长的驱动力和格局，加速了城市化的进程。[⑦] 同时，也产生了三个外部性的负面影响。一是环境污染。2013的第一个月，北京26天的雾霾，汽车尾气"罪责难逃"。中国科学院"大气灰霾追因与控制"专项组公布的最新研究结果显示，在北京地区，机动车尾气为城市PM2.5的最大来源。"控制灰霾还是需要从控制污染物排放着手。"二是交通拥堵。目前，北京机动车保有量已达560万辆，但路网实际承载力只有400万辆左右。路不够，拥堵加剧。三是能源紧缺。从1993年开始，我国已成为石油净进口国。2012年，我国进口原油2.85亿吨，对外依存度达到了58.7%。石油进口依存度超过50%，说明我国已进入能源预警期。

专家指出，我国汽车工业应该调整发展方向，发展新能源汽车、电动汽车。[⑧]

---

① 张翼、陈恒：《私车过亿，多少喜多少忧?》，《光明日报》2013年2月20日。

② 侯大伟、赵宇飞、强勇：《拥堵费是最后一张"王牌"?》，《文汇报》2013年9月3日。

③ 白阳、邹伟：《我国私家车10年增长13倍》，《文汇报》2013年12月2日。

④ 张翼、陈恒：《私车过亿，多少喜多少忧?》，《光明日报》2013年2月20日。

⑤ 张翼：《60年："汽车大国"梦圆》，《光明日报》2013年7月4日。

⑥ 张翼、陈恒：《私车过亿，多少喜多少忧?》，《光明日报》2013年2月20日。

⑦ 张翼：《60年："汽车大国"梦圆》，《光明日报》2013年7月4日。

⑧ 张翼：《60年："汽车大国"梦圆》，《光明日报》2013年7月4日。

可见,圆梦汽车王国并不是追求汽车数量的第一,让汽车成为绿色产业,为生态城市做贡献,才是汽车王国的梦。

3. 铁路建设与管理

3.1 “高铁三角”沿线城市的“同城效应”与新思路

沪宁、沪杭、宁杭构成的“高铁三角”,使长三角区域成为全球“最快”城市群,越来越多小城享受到了“同城效应”,并随之变得“野心”勃勃起来。沿线小城的眼光、格局迅速变得与以往不同。在“提速机遇”面前,长三角的部分城市已进一步意识到,从“一小时交通圈”提速“一小时经济圈”的关口,更加需要观念上的深化提速、优化升级。专家指出,世界级城市群应有世界级先进发展理念。浙江在 2013 年初就对自己“动刀子”,《深化行政审批制度改革实施方案》、《政府投资项目升级联合审批实施办法》相继在省政府常务会议上通过。这些改革方案的背后,是理念的支撑。在试点的义乌、台州、宁波、湖州等地,过去企业办理登记审批至少需要 40 多天,而今“并联办理”2 天搞定。在江苏,与上海毗邻的昆山,近 10 年来已进行 10 次大规模审批提速。2013 年,昆山再次强调要管住政府“闲不住的手”,决定行政审批再提速 10%,并且还要让越来越多许可审批过渡为备案制。提速之后的同城效应,将使得无论旅游者、投资者还是当地居民,对原先地理相隔很远、差异很大的各个城市,在城市建设、配套服务等软硬件上的要求,都会日益趋同。这就要求各城市的当家人,在城市发展与社会服务的理念上,亟须一场能够跑赢物理速度的“观念提速”。①

然而,高铁是把双刃剑,“要素流动加速时代”会加速消解产业的“同质化”,倒逼各地加快竞争与创新,“同城化”使各地竞争优势此消彼长,部分产业被周边城市“挖”走。专家认为,为与长三角其他城市形成差异化,杭州会着力发展区域研发中心、休闲博览中心、文化创意产业、物流产业等。杭州与嘉兴很可能形成分工合作,嘉兴成为仓储中心,杭州则成为物流指挥中心。“高铁三角”会使这场较量更快见分晓。长三角一些中小城市,将由于区域位置的优化而日显魅力。镇江必须通过“同城而不同质”来增强城市的核心竞争力。为此,镇江投入 20 多亿元整治市区 20 多座山体和 9 条河流,并推进“南城北水”建设,立志成为长三角城市内独具特色的山水花园城市。高铁时代带来了信息流、交通流、人才流的扁平化,某地生态条件胜人一筹时,就可能出现一个拐点,尤其是一些服务业、房地产业以及海归创业企业、不受土地限制的高新企业等,往往会落户高铁沿线一些“小而美”的城市。高铁是国家创新体系建设中一个范例和成果,它用加速布局高铁的方式,让长三角城市群各城市都“紧张”起来,逼迫着企业去创新。专家指出:“以传

① 李晔、李茂君:《世界“最快”城市群一再提速》,《解放日报》2013 年 7 月 17 日。

统眼光来看，高铁对于长三角城市一些同质化的传统产业几乎就是一场灾难。但从积极眼光来看，是给了你更多服务于都市圈、城市群的一个机会，从而让你从中积极寻找到自身与城市群相配套的功能定位。”①

3.2　青藏铁路“网时代”

西部大开发以来，青藏高原进入新发展时期，青藏铁路的开通，为人们提供了一种低价、高效、便捷的运输方式，为“世界屋脊”经济发展带来了助力。自2006年至2013年5月底，青藏铁路累计运送进出藏旅客6299万人次，运送货物29762.4万吨。客、货运送量年增长率分别为8.9%、17.5%。各族群众逐路而居，昔日人烟稀少甚至人迹罕至的地区，如今村镇相连，“沿线经济带”逐步成型。其中，旅游业是受益最大的产业之一。去年西藏地区旅游收入达126.47亿元，是2005年通车前的6.5倍。统计数据显示，青藏铁路通车后2006年至2012年，青海GDP由641.05亿元增长到1884.5亿元，西藏GDP由342.19亿元增长到701亿元，年均增速保持10%以上。

为打破制约青藏高原发展的交通“瓶颈”，自1984年青藏铁路西格段通车至今，青藏铁路的建设就从未停止。2010年9月，拉萨至日喀则铁路正式开工建设，意味着青藏铁路走出向外延伸的第一步。2013年，格尔木至敦煌铁路已开工建设，预计四年建成后与兰青铁路、兰新铁路、青藏铁路串联成连接西藏、青海、新疆、甘肃四省区的西部首条“环形闭合铁路网”。根据《国家中长期铁路网规划》，以青藏铁路为纽带，还将修建西宁至张掖、西宁至成都、格尔木至成都、拉萨至林芝等一系列干线铁路及支线铁路。拉日铁路和拉林铁路构成西藏铁路的Y形主骨架，使西藏成为我国通往印度洋、南亚的“桥头堡”。未来几年，以青藏铁路为大动脉，多元化的西部铁路网将使青藏高原向东可融入“成渝经济带”，向北可营建“陕甘青藏经济带”，进而把西部大开发引向纵深。② 可以推断，青藏铁路“网时代”的到来，将深刻地改变西藏的经济和文化面貌。

4. 航空港建设

4.1　基本航空服务计划

2013年，国务院办公厅印发《促进民航业发展重点工作方案》，将《国务院关于促进民航业发展的若干意见》的各项目标和任务进行了细化和分解。根据《方案》，民航局将牵头构建以国际枢纽机场和国内干线机场为骨干，支线和通勤机场为补充的国内航空网络。重点构建年旅客吞吐量1000万人次以上机场间的空中快线网络，增加海峡两岸航线航班和通航点，并完善货运航线网络。在巩固农、林

① 李晔：《拥抱都市圈，高铁三角各城换思路》，《解放日报》2013年7月7日。

② 何伟：《青藏铁路“网时代”渐近，各族群众“逐路而居”》，《新华每日电讯》2013年7月9日。

航空等传统业务的基础上，民航局、农业部等相关部门将积极发展应急救援、医疗救助、海洋维权、私人飞行、公务飞行等新兴通用航空服务，加快把通用航空培育成新的经济增长点。

其中，引人关注但是把北京、上海、广州机场建成功能完善、辐射全球的大型国际航空枢纽，培育昆明、乌鲁木齐等门户机场，增强沈阳、杭州、郑州、武汉等大型机场的区域性枢纽功能；以老少边穷地区和地面交通不便地区为重点，采用满足安全要求的经济适用航空器，实施"基本航空服务计划"。[①] 实施"基本航空服务计划"是我国"十二五"期间航空建设的一项重要任务，通过扩大航空对老少边穷地区的覆盖和服务，将为平衡国内区域经济发展，起到重要作用。

4.2 郑州航空港建设

2013年3月7日，国务院正式批复了《郑州航空港经济综合实验区发展规划(2013—2025年)》(以下简称郑州航空港区)。郑州航空港区综合实验区是郑(州)汴(开封)一体化区域的核心组成部分，包括郑州航空港、综合保税区和周边产业园区，规划范围涉及中牟、新郑、尉氏3县(市)部分区域，面积415平方公里。这是我国第一个被国家批准的航空港综合实验区，拥有中西部地区第一个综合保税区，是世界最大的智能手机生产基地。2012年12月，郑州综保区"自产内销货物返区维修业务"试点获国务院批准，已开始进行流程测试。

郑州航空港建设对郑州意义重大，其建设等于再造一个郑州，使郑州的经济规模、实力、竞争力经过几年发展之后将得到大大提升，郑州在全省的首位度将大大提高，初步估计至少占到1/3以上，有利于强化郑州市在整个中原经济区中核心增长极的作用，在全省经济中的带动、辐射作用将会有一个很大的提升，可以拉动郑州市一系列产业特别是现代服务业的发展。

郑州航空港对于中原经济区发展也有重要意义。通过发展航空港经济实验区，中原经济区建设多了一个支撑点、突破口和抓手，是国家在中原经济区建设中培育的一个新的经济增长点。中原经济区是个比较大的范畴，中原城市群是这张蓝图上的中心部分，航空港区则是核心增长极，是龙头部分。

但是，目前郑州在全省经济中的首位度不够，还需要做大做强。专家指出，郑州和开封到2050年要形成一个大的郑汴都市区，包括郑州、开封以及郑州周边县市，在全国都有相当的规模。"只有规模达到一定的程度，郑州才可以有首位度，有吸引力。"另外，郑州航空港区综合实验区面临的最大问题是如何创新体制机制。因为港区内现在有四个管理机构，现有的体制满足不了实验区的发展需要。[②]

① 刘晓宁：《基本航空服务将覆盖老少边穷地区》，《中国交通报》2013年2月5日。

② 《2013年国内航空港综合实验区》，中国行业研究网2013年6月21日。

5. 航运港口建设

5.1 水水中转:上海港口新亮点

2013年,国际航运市场较为低迷,全球主要航运指数持续低位徘徊,而上海市统计局公布的调查分析显示,2013年上半年上海港集装箱水水中转比率保持高速增长,达到46.6%,提前达到"十二五"规划中上海港水水中转比例到45%的目标,水水中转成为上海港口新亮点,实现了助力上海港"量增"到"质升"。从总量和增速上看,水水中转量增长12%,增速大大高于集装箱吞吐量增速。水水中转快速发展的原因在于,一是随着上海国际航运中心建设的推进,洋山港成为东北亚地区航线最密集的深水港,超大型集装箱船的运力也为船公司提供更多舱位,有效改变了箱源流失的状况。二是上海港努力吸引世界著名船公司的大型或超大型集装箱船靠泊。

水水中转快速发展,对降低航运企业物流成本、增强航运企业的竞争力抵御市场寒冬,具有较强的现实意义。业内人士人为,上海港未来水水中转量的增长优势依然会保持,因为上海港口的水深优势与航线优势正在逐步深化;港口企业景气状况有所改善,企业信心指数也在回升;大型和超大型船舶是港口集装箱水水中转的主力军和优势力量,超大型集装箱船比传统集装箱船的单箱运费可降低20%以上。但是,专家同时也指出,长期来看,航运市场的运力过剩问题以及进出口贸易增速放缓,将成为制约今后两年上海港口水水中转发展的两大主要因素。专家建议,上海港发展水水中转要利用自身优势合理定位。在国内航线上,应主要倚傍长江水域,辐射沿江港口和中上游腹地,并争取延伸至四川、云南一带。在国际航线上,应主要拓展西北欧、地中海、波斯湾与非洲到美国西部和南美地区。通过水深优势、航线密度、配套服务等实现优势中转。①

5.2 十年铸一梦的曹妃甸港

自2003年初,以修建通岛公路为标志,河北唐山曹妃甸拉开了填海造地的序幕。经过了10年开发建设,这个涨潮面积不足4平方公里的小沙岛,发生了世人瞩目的巨大变化。目前,曹妃甸已经完成了210平方公里的填海造地,累计投入开发资金3000多亿元,钢铁、石化、装备制造、港口物流等行业发展已颇具规模。

曹妃甸在全国范围内都是属于上佳的港址,天然的深水达25米,不冻不淤,港口基础设施成本较低。距岸500米就是渤海湾主潮流通岛的深槽海域,直通渤海海峡,不需要开挖巷道和港池。被业界形象地形容为"面向大海有深槽,背靠陆地有滩涂",条件得天独厚。2004年12月27日,国务院原则通过了包括曹妃甸进口矿石码头、原油码头在内的《渤海湾区域沿海港口建设规划》,使得曹妃甸建设

① 杨群:《水水中转:上海港口新亮点》,《解放日报》2013年8月25日。

进入了国家重点工程建设层面。此后,多位党和国家领导人到此视察,要求将其"规划好,建设好,管理好",使之成为东北亚经济合作的窗口、环渤海新型工业化基地、环首都经济圈重要支点。

为此,曹妃甸管理者先后聘请14名院士在内的3500多人次的专家、学者对曹妃甸开发进行科研勘察和规划论证,攻克了267项技术难题,创造了50多项国家专利。在长达69.5公里的工业区海岸线上,曹妃甸港采用环形规划的原理在这里设计了263个港口泊位,目前已建成泊位47个,在建泊位28个。2005年12月25日,25万吨级矿石码头正式开港通航,随后原油码头、煤炭码头、通用码头、散杂货码头等相继投入运营。2013年整个港区吞吐量预计突破2.3亿吨,为世界港口史上吞吐量增长速度最高的港口。[①]

6. 城市地铁系统建设

6.1 伦敦地铁的启示

作为世界上第一条地下铁路的诞生地,地铁已成为伦敦市民生活中不可或缺的一部分,也成为伦敦象征之一。回顾伦敦地铁从无到有的历程,可以为当下我国地铁建设提供启示。

一、地铁成为伦敦居民出行的首选交通工具。1863年1月10日,第一列地铁运行。目前,伦敦地铁已是世界上最繁忙的地铁之一,2012年伦敦奥运会期间,每天最高4570万人次的运送量更是打破了地铁运营以来的纪录。150年来,伦敦的地铁线路从未停止建设和整修。现在,伦敦地铁线路总长度已经达到400公里,270个地铁站点、7条深层地铁和4条浅层地铁线构成了一座名副其实的"地下迷宫"。地铁几乎成为伦敦城区居民出行的首选交通工具。

二、地铁成就了伦敦城市的经济和文化。一方面,地铁成就了伦敦城市的发展。《经济学家》杂志坦言,如果没有地铁,伦敦的发展早就被迫停滞了。地铁的出现让城市拥有更为宽阔的发展空间,让伦敦城市生活的便捷优势成为现实,伦敦地铁所到之处的经济发展有了依托和动力。另一方面,地铁还在文化方面塑造着伦敦的模样,它的影响力超过了很多历史文化遗产。专家指出:"伦敦的地铁是用来分辨这座城市的重要标志之一,只要看到圆圆的车厢以及红圈蓝杠白字俗称'牛眼'的地铁标志,你会立刻意识到自己身在伦敦。"[②]

三、技术革新才能保证可持续发展。技术革新使地铁发展的可持续性得到保证,目前,伦敦地铁正在进行前所未有的大规模升级。专家指出:"新地铁站的设计都将利用计算机全程模拟,并以水力工程学为基础,因为客流和水流具有相似

---

① 袁磊、王子枫:《曹妃甸:十年铸一梦》,《新华网》2013年9月24日。

② 白阳:《地铁塑造今日伦敦》,《人民日报》2013年1月11日。

性。"预计未来20年伦敦的人口还将增加100万,这意味着改善和升级地铁的网络和运力是一件非常重要的任务。① 借鉴伦敦地铁建设经验,对于正在发展的我国地铁行业,可以减少弯路,实现可持续发展。特别是目前我国城市轨道交通建设正处于热潮时期。根据国家发改委运输所《2012—2013年中国城市轨道交通发展报告》显示,2013年将有12个城市新开通运营轨道交通线路,到2013年底,我国轨道交通运营线路累计将达到80条,运营总里程将达到2400公里,运营车站将达到1600座。截至2013年9月,我国获得国家批准建设轨道交通的城市已达到37个,高居世界第一。未来3年,至少还有10个以上城市将获得批准。也就是说,我国城市轨道交通的建设热潮至少持续10年以上。②

6.2 地铁管理新模式

地铁既给大都市生活带来方便,也因为地铁空间的不文明行为和拥挤,增加了地铁管理上的困难。上海、北京两个城市在这方面的探索,可以为国内其他城市提供借鉴。2013年7月,上海制定《上海市轨道交通管理条例(修订草案)》。其中对携带折叠式自行车乘车和使用滑板、溜冰鞋也做出了禁止。对于地铁拥挤问题,上海考虑效仿国外城市经验采取错时收费。国外城市如伦敦、巴黎、纽约等,实行地铁错时收费,高峰和非高峰时候是两个价格。业内人士指出,目前上海在错时收费的技术上不存在问题,需要考虑的是如何分阶段收费。专家建议,可以借鉴澳大利亚的经验,澳大利亚有的城市是7点以前降低地铁票价,对于上海确实可以进一步研究通过价格杠杆来调节客流。③

2013年,北京地铁开启了香港广为人知的"地铁上盖开发模式"的实践,这是解决地铁建设巨额投资需求的探索。地铁上盖开发,就是在比地面高出9米至13米的地铁终点站停车库库顶,进行民用建筑开发建设。这种混搭建筑由下到上是由地基、地铁车库、汽车车库夹层、住宅楼层构成的"上盖物业"。对于用地日趋紧张的北京来说,这是一种集约用地的新模式,可以"提高土地使用效率、降低地铁投资成本、充实地铁建设的财政资金来源"。北京市规划部门有关人士透露,早年投入运营的既有线路车辆段基本不具备改造条件,已经向社会公示的地铁16号线榆树庄车辆段,很可能继续探索地铁"造地养铁"模式。④

地铁的管理还应该包括地铁文化管理。地铁已经成为都市文化的一部分,这意味着现代都市需要在地铁文化空间上加以科学规划。专家指出,地铁作为流动的公共空间,当不同社会群体同时出现时,展示的是人类文明、现代都市文明。所

---

① 白阳:《地铁塑造今日伦敦》,《人民日报》2013年1月11日。
② 齐中熙、樊曦:《城市轨道交通建设热将持续》,《新华每日电讯》2013年11月25日。
③ 俞立严:《上海考虑研究轨交错时收费》,《东方早报》2013年7月4日。
④ 刘宇鑫:《北京地铁探索"造地养铁"》,《人民日报》2013年8月6日。

以表演者的展示方式,应该更多考虑是否会对他人的权利形成伤害。同时,在道德、法制的规则之内,公共空间的展示,对创意提出了更高的要求,对想要利用地铁进行自我展示、引发关注的群体提出更高要求。对上百万、上千万人口的现代大都市而言,地铁空间是整个社会的浓缩,是古老中国正在发生变化的见证。多元群体和多元文化在长途跋涉后,最终在地铁空间交汇和流动,在这样的流动空间发展历程中,我们会看到中国的变迁,看到时代如何包裹着传统走向现代。[①] 因此,国内大都市对地铁管理模式的探索,还应该尽快覆盖到地铁文化。

四、中国城市科技发展状况

1. 大数据

1.1 大数据革命

美国麦肯锡全球研究院 2011 年 6 月发布题为《大数据:下一个创新、竞争和生产力的前沿》的研究报告,指出"大数据时代已经到来",数据正成为与物质资产和人力资本相提并论的重要生产要素,大数据的使用将成为未来提高竞争力的关键要素。牛津大学教授维克多·梅耶-舍恩伯格在其新书《大数据》中说,这是一场"革命"。美国政府于 2012 年 3 月宣布"大数据的研究和发展计划",以提高对大数据的收集与分析能力,增强国家竞争力。一些国家也都把大数据提升到国家战略层面,认为未来国家层面的竞争力将部分体现为一国拥有数据的规模及运用数据的能力。[②]

大数据这一概念最初起源于美国,是由思科、威睿、甲骨文、IBM 等公司倡议发展起来的。这里的"大"通常用来描述数据的三维特征:第一维指信息的数据体量日益庞大,第二维是指信息的种类繁多,第三维是指数据变为可用信息,并且可以分析的速度越来越快。"大数据","其实专指大数据的第四维特性,即数据的使用价值,主要体现在数据的智能分析上"[③]。

目前学界认为大数据的价值主要集中在:(1) 能够推动实现巨大经济效益。在商业上,提供"精准预测"。在一些公司、实验室和政府机构,"数据"被捧为 21 世纪新型"石油"或"黄金"。据麦肯锡全球研究院测算,大数据将给美国医疗服务业带来 3000 亿美元的价值,使美国零售业净利润增长达到 60%,使制造业产品开发、组装成本下降 50%。(2) 能够推动增强社会管理水平。大数据在政府和公共服务领域的应用,可有效推动政务工作开展,提高政府部门的决策水平、服务效率

① 龚丹韵:《大都市需要什么地铁文化》,《解放日报》2013 年 1 月 22 日。

② 张杰、王慧、吴成良:《大数据:价值何在》,《人民日报》2013 年 6 月 18 日。

③ 陈一鸣:《"大"的三维特征》,《人民日报》2013 年 2 月 1 日。

和社会管理水平,产生巨大社会价值。欧洲多个城市通过分析实时采集的交通流量数据,指导驾车出行者选择最佳路径,从而改善城市交通状况。(3) 能够推动提高安全保障能力。大数据在国防、反恐、安全等领域的应用,将对各部门搜集到的各类信息进行自动分类、整理、分析,有效解决情报、监视和侦察系统不足等问题,提高国家安全保障能力。① 专家指出,"安全领域是'大数据'应用增长最快的领域之一"。(4) 在医疗上,开启个性化治疗。专家认为,大数据不仅有广泛的商业前景,而且为癌症治疗提供机遇。② (5) 大数据可以让我们更好地了解自己所生存的社会,并帮助我们做出更加明智的选择。③

竞逐大数据对于中国城市科技发展具有重要意义,目前国内许多省市在大力推进大数据研究。2013 年 7 月,上海市科委发布了《上海推进大数据研究与发展三年行动计划(2013—2015 年)》,《计划》的总体目标是研究大数据基础理论,攻克关键技术,研制大数据核心装备,培育数据技术链、产业链、价值链。④ 重庆是目前唯一出台了大数据发展完整路径图的省级行政区。2013 年 7 月,重庆出台的《重庆市大数据行动计划》,按该计划,到 2017 年,重庆要建成大数据产业,打造 2—3 个大数据产业示范园区,形成 500 亿元大数据产业规模。⑤ 大数据已经成为全球趋势,蕴藏着很大的产业机会,这给我国推进科技发展提供了重要的机遇。

1.2 "大数据"时代需警惕"数据暴政"

个性化服务是"大数据"应用程序魅力所在,但主张保护数据隐私的人却认为,"大数据"理念其实与"专制独裁"没有区别。互联网哲学家叶夫根尼·莫罗佐夫对许多"大数据"应用程序背后的意识形态提出尖锐批评,警告即将发生"数据暴政",认为那些"大数据"应用程序应当接受独立审计人定期审查,以防权力滥用。

大数据时代,隐私空间之小,也许超出人们的想象。在线期刊《科学报道》近期一项研究显示,每个人有自己的行动模式,95% 的人可能被识别。⑥ 电子科技大学公开的一项最新研究成果:某个手机用户只要曾出现在 4 个基站的服务区,利用大数据模型,研究者就能把他从百万用户中区分出来,识别他的身份,准确率为 95%。专家表示,通过分析一个人某段时间的 GPS 定位数据,就能知道他的性取向:用类似方法发现腐败分子,识别率也很高。因此,通常被认为与隐私无甚关联

① 张杰、王慧、吴成良:《大数据:价值何在》,《人民日报》2013 年 6 月 18 日。
② 唐昀:《"大数据"时代需警惕"数据暴政"》,《新华每日电讯》2013 年 7 月 4 日。
③ 张杰、王慧、吴成良:《大数据:价值何在》,《人民日报》2013 年 6 月 18 日。
④ 张懿、沈湫莎:《上海发布大数据研发三年行动计划》,《文汇报》2013 年 7 月 13 日。
⑤ 周玲:《沪渝粤陕争推大数据行动计划》,《东方早报》2013 年 8 月 8 日。
⑥ 唐昀:《"大数据"时代需警惕"数据暴政"》,《新华每日电讯》2013 年 7 月 4 日。

的信息，在大数据时代都将发生质变。面对大数据引发的隐私危机，专家指出，现在的问题是根本没有完善的规则。目前，公认的网络隐私原则，简单说是“知情同意”。某机构在获取网民信息前，必须就信息获取的范围、用途等，向网民告知并获得同意。大数据时代，这种知情同意失去了操作性。要网站每次都明确告知用户搜集信息的目标，基本没有可能。①

针对大数据引发的隐私问题，有的专家认为是民众中的一股不冷静的情绪，将阻碍社会进步。专家们建议：(1) 公众必须接受、忍受“大数据时代，人就是透明的”的事实，“个人隐私保护现在被过度解读，这窒息了数据共享”。(2) 有必要对隐私的定义进行公开讨论，真正划清“个人隐私”与“公开数据”的边界。(3) 亟须出台《信息公开法》和《信息保护法》，鼓励面向群体且服务社会的数据挖掘，防止侵犯个人隐私。② (4) 政府要在教育、科普领域向大众推广，提高数据素养，提高对数据的利用能力和判断力。③ 虽然大数据给社会发展带来巨大的影响，但是，专家也指出，如果不能及时有效处理，大数据的堆积和极速变化带来的后果将是我们无法掌控的，它可能为人类的生存、生活埋下隐患。④

1.3 移动互联网加速信息消费增长

工业和信息化部发布的统计数据显示，2013 年上半年，全国信息消费规模呈现出 20% 以上的高速增长。其中，通信业务收入 5642.6 亿元，同比增长 8.9%；软件技术服务消费 8345.8 亿元，同比增长 24.5%；信息终端产品消费 6168 万元，同比增长 28.7%。电子商务累计交易额 4.98 万亿元，同比增长 45.3%。互联网及数据通信投资增幅高达 43.8%。数据显示，2012 年中国信息消费市场规模达 1.7 万亿元，较上年增长 29%，带动相关行业新增产出近 9300 亿元。经测算，到 2015 年，我国信息消费规模将超过 3.2 万亿元，年均增长 20% 以上，带动相关行业新增产出超过 1.2 万亿元；基于互联网的新型信息消费规模达到 2.4 万亿元，年均增长 30% 以上。⑤

手机网民的增加推动了互联网信息消费的增长。(1) 截至 2013 年 6 月底，我国网民规模达到 5.9 亿，其中手机网民达 4.64 亿，占网民总数的 78.5%。(2) 我国手机应用商店超过 100 家，手机应用开发超过 100 万，应用持续下载量仅次于美国，位居世界第二。(3) 从信息获取看，我国有手机报 3000 多种，新闻客户端超过 3 万。其中搜狐新闻安装量过亿。(4) 从游戏看，截至 2013 年 6 月底，我国手机

① 张懿：《大数据让隐私无比纠结》，《文汇报》2013 年 7 月 1 日。
② 张懿：《大数据让隐私无比纠结》，《文汇报》2013 年 7 月 1 日。
③ 周玲：《沪渝粤陕争推大数据行动计划》，《东方早报》2013 年 8 月 8 日。
④ 张杰、王慧、吴成良：《大数据：价值何在》，《人民日报》2013 年 6 月 18 日。
⑤ 张意轩、王政：《移动互联网加速信息消费增长》，《人民日报》2013 年 8 月 14 日。

游戏网民人数达到了1.61亿,较2012年增长了15.7%。手机游戏成为网民重要的娱乐方式,甚至呈现出爆发式增长态势。(5)电子商务类应用成为移动互联网应用的一大亮点,2013年上半年网络购物用户规模达到2.71亿,电子商务交易额达到5.4万亿元,与去年相比分别增加了7.9%和38.5%。梳理上述数据,表明了"移动互联网正在向生产、生活领域深度渗透,成为我国经济转型升级的新引擎"①。

2. 新一代物联网

2.1 上海物联网年产值率先达千亿

物联网是建设"智慧城市"的重要产业,在上海市"智慧城市"建设三年行动计划中,物联网成为重点产业专项。2012年,物联网被列为上海市战略性新兴产业发展专项资金扶持的11个产业之一,在全球经济减缓的趋势下,上海物联网呈现坚挺之态。主要表现在:(1)产业规模领先全国。年产值在全国率先达到千亿元规模,相关企业超过300家。(2)核心技术研发突破国外垄断,在全球市场份额中居于重要地位。上海企业自主研发设计的CMOS图像传感芯片年销量达6.4亿颗,占全球市场份额的1/4。在射频识别标签(RFID)芯片及智能卡领域,上海集聚了华虹集成电路、复旦微电子等一批国内领军企业,初步形成了从芯片设计和生产到应用系统的国内技术最先进、规模最大、产业体系最完整的产业链。(3)政府搭建公共平台,助推物联网规划化应用。上海已建成覆盖全市主要道路,融交通、治安等功能于一体的综合性管理平台,上海市民通过交通导览牌、智能手机、车载终端、电脑等方式,能实时查询全市交通信息。2010年上海世博会期间,这套平台的试运行使路网通行能力提高5%、道路畅通时间增加7%,并减少了大量尾气排放。

物联网的发展有助于推动新的商业模式,上海运用物联网结合创新商业模式,为老式小区装上了安全网,通过企业直接投资为居民免费安装并联网管理门禁系统,联网小区的门禁完好率达95%以上。物联网技术还广泛应用于健康医疗领域,对居民的血压、血糖等7项体征指标进行日常监护和智能管理,市民足不出户就能享受免费的专业健康监护服务。② 吸取上海物联网的发展经验,本着客观实际的原则,国内其他城市可以在物联网商业模式上获得进步。

2.2 "客厅革命"有待时间验证

新媒体的迅猛发展,对传统电视媒体行业产生巨大的冲击。《中国视听新媒体发展报告(2013)》的数据显示,北京地区的电视开机率从3年前的70%下降至

---

① 张意轩、王政:《移动互联网加速信息消费增长》,《人民日报》2013年8月14日。
② 励漪、孙小静:《上海物联网年产值率先达千亿》,《人民日报》2013年7月7日。

30%,40 岁以上的消费者成为收看电视的主流人群。在业界的期待中,电视的互联网化或将拉回被电脑和手机抢走的用户。来自艾媒咨询的数据显示,中国智能电视已经迈入快速增长阶段,预计 2013 年中国智能电视市场销量将达到 1971 万台,2015 年将攀升至 3055 万台。业内人士指出,智能电视的诞生有用户的强需求支撑。"目前视频用户的观看习惯,正在从 PC、移动端向电视屏转移,传统电视行业面临着客厅的娱乐化转型。"智能电视的元年正在到来。

但是,在现实中,互联网电视的快速普及仍面临一些问题。一是用户使用习惯的培养还需要一个过程。二是用户体验成为关键所在。此前,由于网速带宽不足等原因,部分智能电视面临着"有人买但少人用"的尴尬境地。智能电视激活率、实际使用率不高。

智能电视的发展前景取决于商业模式的经营。专家建议,首先将"智能电视借鉴智能手机的商业模式,通过内容、应用、广告推送、附加值获取盈利,做一个应用商平台。这将是电视盈利模式上的创新"。其次推进硬件厂和软件厂的合作。软硬合作将会成为智能电视产业发展的强大助力,智能电视带来了靠内容挣钱的方向,从硬件为核心转移到以内容为核心。硬件厂商与互联网公司的合作涉及几个层面:平台的合作,如云平台、应用开放平台等;内容的合作,如视频、游戏等。不过,对于互联网企业将目光瞄向传统电视后,是否意味着"客厅革命"的到来,业内人士指出,"这还有待时间来验证"①。

3. 云计算

3.1 云计算的两个弊端

云计算发展中隐藏的问题,越来越引发学界的焦虑。2013 年 3 月,德国国家信息和网络安全项目组(NIFIS)公布了《2013 年 IT 安全与数据保护报告》。报告指出了云计算的两个弊端:其一是会使用户失去对自己数据的控制。报告显示,数据在传输的过程中不可避免地要通过别家的服务器,在这个过程中企业会部分地失去对其数据的控制,65% 的受访企业认为这是云计算的最大弊端。"企业不知道谁能看到这些数据,是否拷贝了这些数据。"虽然企业在使用云计算之前签订的合同中都涉及数据保护,但是目前相关法律在云计算的数据保护领域还是一片空白。例如,外国情报监视法(Foreign Intelligence Surveillance Act)和爱国者法案(Patriot Act)均有意绕过了这个方面,令企业对(美国)有关机构拷贝数据一无所知。所以,有 60% 的受访企业认为,云计算在数据保护方面有很大的漏洞,会给企业带来风险。其二是破产的风险。报告指出,云计算的供应商有可能破产,而供应商的破产也可能会给企业带来数据安全方面的风险。56% 的受访企业看到了

① 张意轩、林丽鹂、杨晓燕:《互联网电视挑起客厅革命》,《人民日报》2013 年 11 月 8 日。

这一风险。42%的受访企业表示，每次云服务供应商那边更新升级之后，他们也就必须一起升级，不管他们想不想升级。对于云服务供应商来说，升级对他们来说好处更多，因为这样他们就可以拿到管理费用。有39%的受访企业认为云计算是一个伪装很好的收费陷阱：一开始在完成基础设施建设阶段费用比较低，但是时间越长费用越贵，因为云计算的使用和预订是要一直收费的。

作为一种新事物，云计算存在的弊端是必然的，对于企业来说，重要的是要充分了解云计算的优势和劣势，以便做出正确的决策，例如选择哪一家供应商、遵循哪一种发展模式。① 而不能夸大云计算的弊端，从而阻止科学技术的发展。

3.2　中国云计算的规模与问题

近两年中国云计算应用市场的发展明显加快，除了大型的云计算中心建设，还有众多以SaaS、虚拟化等模式存在的云计算相关应用服务。中商情报网研究数据表明，2012年，中国云计算市场规模超过600亿元，同比增长92.3%，2013年中国云计算的市场规模将超过1100亿元。中商情报网发布的《2012年中国云计算行业调查及市场前景预测报告》指出，云计算的最大特点是无疆界共享，这就决定了中国企业在云计算发展中需要开展国际合作，应该开拓国际市场。业内人士预计，2013年，云计算已经逐渐被IT企业与用户接受，云计算大规模落地的时机已经日渐成熟。云计算在搜索引擎、数字内容、电子政务、中小企业信息化等应用领域将取得突破性进展。到2015年末，中国云计算服务市场规模将达到1405.15亿元。②

《2013年中国云计算行业调研分析报告》称，中国的云计算发展面临着四大方面的问题：(1) 云数据中心部署结构不够合理，资源利用率较低。在规模结构方面，中国大规模数据中心比例偏低，大型数据中心发展规模甚至不足国外某一互联网公司总量，目前还没有实现集约化、规模化的建设。(2) 云服务能力亟待提高，配套资源匮乏。国内云计算服务能力与美国等发达国家相比仍然有较大差距，公共云计算服务业的规模相对较小，业务也比较单一，配套环境建设落后。随着Google、Amazon等企业加速在全球和中国周边的布局，云计算服务向境外集中的风险将进一步加大。(3) 信息安全法律法规和监管体系不够健全。在与云计算安全相关的数据及隐私保护、安全管理等方面，中国云计算产业生态有着较大缺失。同时，由于对安全的担心和其他顾虑，云计算服务在中国的使用率也比美国等发达国家要低。(4) 云人才出现缺口，缺乏成熟商业模式。中国云计算人才

---

① 《云计算：2013年依旧是重要话题》，李丹宇译，中国经济网2013年5月14日。
② 《2013年中国云计算行业调研分析报告》，中国研究报告网2013年7月23日。

缺口达到百万级，2012 年与云计算相关的职位增长超过 150%。[①] 正视云计算的规模和问题，可以更全面地推进我国云计算的发展。

4. 智慧城市

4.1 智慧城市解决“都市难题”

联合国数据显示，城市仅覆盖地球表面积的 3%，却消耗了全球 75% 的资源。到 2030 年，全球 60% 的人口将居住在城市。专家指出，“城市在运行成本、能源消耗上都必须保持高效，大城市和城市群的发展使得对智能技术的需求达到前所未有的高度”[②]。2013 年，国内和世界各地推出许多智能创意，从智能住宅、智楼再到智能城市，它们构成了“大都市解决方案”的重要内容：

2013 年 7 月，上海交通大学闵行校区建成一座高科技的“未来型民居”，这是校园里的能源生态样板房——日上江村。日上江村完全依靠建筑一体化的光伏系统满足用电需求，摆脱了传统中通过火力发电产生废气废水等的环境污染。其采用一整套节能建材使房屋的综合保温性能是普通房屋性能的十倍以上，通过节能的中央控制系统，在实现适宜温度的同时使耗电量节省超过 40%。室内配备的各类电器都达到了相关水平的节能环保标准，且所有的设备都有智能选项，不管身处何处，都能实现智能控制。[③]

《人民日报》报道，用友软件股份有限公司“借助信息技术，发展一种新的聚集办公模式——‘智楼’，把以单位为中心的写字楼办公，转型为以社区为中心的公共‘智楼’模式，从根源上减少交通出行量”。知识经济时代，城市生活已“社区化”，一些产业园区也开始向集产业、商务、居住为一体的产业城方向发展，但更多的办公、工作模式没有社区化，导致了“城市病”的发生。“智楼”聚集办公模式，可以减低出行频次，缓解交通压力，减少对空气的污染。因此，如果在城市郊区以及乡村小镇建设“智楼”，那么，就可以推进新时期城镇化、城乡一体化和“美丽中国”的建设进程，减少对大城市的压力，消除“城市病”。[④]

在 2013 年汉诺威工博会上来自中国湖南的远大集团，设计出“天空城市”表达对于未来城市建筑发展趋势的见解。“天空城市”的大楼设计高度 838 米，总共 220 层，包括住房、学校、医院、酒店等设施，涵盖城市生活的各个方面。远大展会的工作人员指出，高楼可解决未来城市土地资源稀缺问题。[⑤]

---

① 《2013 年中国云计算行业调研分析报告》，中国研究报告网 2013 年 7 月 23 日。

② 唐志强：《“未来城市”亮相　共解“都市难题”》，《新华每日电讯》2013 年 4 月 10 日。

③ 韩晓蓉、郑舒雯：《交大建成智能住宅：用电全靠太阳能》，《东方早报》2013 年 7 月 5 日。

④ 王明浩：《引入“智楼”消除“城市病”》，《人民日报》2013 年 3 月 16 日。

⑤ 唐志强：《“未来城市”亮相　共解“都市难题”》，《新华每日电讯》2013 年 4 月 10 日。

4.2 上海驶上智慧高速公路

作为一个2400万人口的特大型城市，智慧城市是上海城市建设与社会发展的必由之路。上海新一轮的智慧城市规划宏图，让这座城市全速驶上智慧的高速公路。其表现为：(1) 以后的都市生活中，钱包或许不必随身携带。中国移动推出的NFC手机钱包可以将日常使用的银行卡、交通卡、地铁票等各种电子卡片应用装载在手机中，用户在手机钱包客户端下载银行卡后，就能在标有银联"闪付"标识的收银机上"刷"手机付款。(2) 借助"智慧医疗"的发展，上海市民通过电话、互联网就可以预约34家三级医院的专家门诊，免去来回奔波和排队的时间。上海还建立了包括近3000万个人基本信息、8亿多条诊疗信息的健康档案系统，医生可以查阅患者在别处的就诊记录。此举不仅减少了医疗费用，也提高了医疗安全。(3) 物联网技术被用于公交系统。在试点区域中，市民在公交站台上，就可以看到其等候的公交车运行情况；还可以通过"掌上公交"等APP，或者扫描公交站台上的二维码，查询公交线路和实时运行信息。研究表明，加入城市中实现车与车、车与路的互联，道路容量将会提升270%。这意味着采用车联网技术，保持现有道路状况不变，即使城市中汽车保有量翻番，交通状况还能缓解。(4) 居民要支付水、电、燃气费，用互联网、IPTV、电话、手机就可实现。12345热线整合了绝大部分政务服务热线，减少市民记不住众多热线号码的烦恼。

发展智慧城市需要推进城市信息化建设，政府应该完善基础设施，让信息高速公路不断拓宽、提速。数据显示，目前上海市光纤到户覆盖总量超过700万户，基本覆盖城镇化地区，光纤用户占全市家庭宽带用户数比例接近60%。全上海市家庭宽带用户平均互联网接入速率接近8M，光纤到户家庭起步速率达到10M。移动互联网时代降临时，上海的3G用户业已超过750万户。累计建成WLAN接入场点17000个，AP数约13万个，成为国内WLAN覆盖密度最高的城市之一。此外，免费的i-Shanghai近450处公共场所覆盖并开通。① 这些都成为保障上海在智慧城市建设中驶上高速公路的基础。

4.3 哥伦布"智慧城市"的启示

2013年，哥伦布市被全球智慧论坛(Intelligent Community Forum)列入"全球7大智慧城市"之一，是美国唯一入选的城市。哥伦布成为"智慧"超群的标杆，其发展经验对中国智慧城市建设具有一定的启示作用。

启示一：智慧城市的建设需要生态基础。多样性的文化和丰富的高研院所资源为哥伦布提供了智慧的源泉。拥有54所大学的哥伦布本身就是一座大学城，包括15万在校生、2000多家科技研究机构和近5万科技工作人员。良好的服务

① 陆文军、叶健：《上海："智慧"引领，促信息化"弯道超车"》，《新华每日电讯》2013年6月30日。

产业生态系统和企业力量也是成为智慧城市的基础。2013 年,全市共有 4 家公司入选美国《财富》500 强名单。

启示二:智慧城市建设需要完善的信息基础设施部署。哥伦布从来就不是信息经济时代的落后分子,长期以来,政府对超级计算机中心(简称 OSC)的投入毫不吝啬,仅 2011 年,OSC 获得的政府科研经费就达 1.4 亿美元。同为著名研究机构的巴特尔纪念研究所还致力于 STEM 教育。2012 年 12 月,哥伦布通过无线网络部署第一阶段方案实现了网络速度从 70Mbps 到 117Mbps 的跨越。2013 年 5 月,哥伦布市完成了多阶段无线网络铺设计划的第二步,中央商务区移动设备的下载速度得以超过 150Mbps,为北美最快的无线网络。这样的网络设施一旦在全市范围内铺设完成,智慧的城市安全系统便有望建成,城市不仅能实现智能监控,还将能对突发事件做出及时响应。

启示三:绿色可持续发展。哥伦布市所致力的能源改革最早开始于 2005 年,政府推出了公共教育活动"实现绿色哥伦布"。2010 年,哥伦布政府利用 740 万美元的节能津贴启动了一系列改造,用于减少建筑物中的能源浪费。哥伦布大力修建完善自行车道,以减少机动车辆的使用。绿色理念增加了哥伦布城市运作的效率,从而能够将资源使用在更加面向未来的地方。

启示四:开放创新与未来铺垫。无处不在的社会网络则为高效的交流提供了动力。城市各功能体之间的融合贯通,将具有多元文化背景的主体放入一个大的平台中,以此发挥集体思考的能力,才有可能激发出持续创新的灵感。哥伦布的开放创新还体现在对未来的响应上。新能源、低碳、3D 打印机、健康、新能源汽车成为哥伦布的重要投入方向。哥伦布包揽了全美国三分之二的能源项目研究。

智慧城市建设,不同的城市有不同的背景,其建设起点与内容也会有所不同,但在可见的差异背后,以上基础要素值得每一个有着雄心勾绘智慧蓝图的城市借鉴。①

5. 新媒体技术

5.1 下一个信息媒介什么样

新媒体时代,信息媒介更新发展迅猛,下一个信息媒介应该具有怎样的素质,国外专家为我们描绘了这样一幅图景:

其一是人体增强(Human Augmentation)。物理和化学的发展塑造了目前的信息媒介,而下一个信息媒介的革命很可能出现在生物科技的加入,生物 + 机械 + 计算的融合将会是重要的趋势。从"第六感"思路延伸开去,自然就会到"人体增强"(Human Augmentation)和"增强现实"(Augmented Reality)。"可穿戴"则会是

① 周丽君、帅萍:《哥伦布市的"智慧城市"建设》,《东方早报》2013 年 10 月 22 日。

这其中的过渡阶段，专家们的目标是通过设备让人体拥有更为强大的视觉、听觉、触觉以及计算能力。

其二是人性化设计的突出。近年 IT 科技领域的发展表明，创造了最大商业成功的技术并非是在“更快、更强”的计算能力上的发展，而是在“人性化”上的突破。人们热议的“姿势（Gesture）控制”“可穿戴设备”都与此类似，着重地是“人机交互”，而不是更快的计算速度。归根结底，信息技术应当是关于如何让人更好地工作、生活，而不是如何让机器更强大。所以，下一代的媒介会更加注重消除信息壁垒、消除知沟，让任何人都能更容易地与虚拟世界交互，而不是需要额外地学习某种知识。

其三是更绿色。现今的电子产品生命周期只能用“月”来计算，造成极大的浪费和污染。下一代的媒介应该有更为科学、可持续的更新机制。我们的信息科技发展已经制造出了太多的硬件垃圾，消耗了太多的环境资源，而这些设计的缺陷不应该被重演。

其四是更直接。专家们希望信息的媒介可以回归“直接”的阶段，如同我们可以直接阅读书籍、直接触摸岩画一样来与信息互动，无须太多地受制于设备。①

正如现在的许多科技产品，在一百年前都被打上“不可能“的印记一样，在今天看来也“不可能”的信息媒介，很可能会在未来变成现实。

5.2 4G 时代的变革

在当前国际经济形势波谲云诡、内需并不活跃的大背景下，我国拉开 4G 发展大幕，对于促进信息消费、拉动积极增长将发挥“助推剂”作用。从历史经验看，移动通信网络的部署可以直接和间接地拉动经济增长，创造就业岗位。工信部的数据显示，我国 3G 发展前三年，已直接带动投资 4556 亿元，间接拉动投资 22300 亿元；直接带动终端业务消费 3558 亿元，间接拉动社会消费 3033 亿元。同时，3G 发展 3 年直接带动增加就业岗位 123 万个，间接拉动增加就业岗位 266 万个。4G 时代，将会产生怎样的变革？业内人士指出，首先，加快推动 4G 商用，可以有效带动产业链快速发展：4G 建网过程需要采购大量网络设备，未来这些设备可能还会进一步升级改造，这将刺激我国设备制造企业研发更先进的设备；手机终端的升级换代，将促进终端生产企业制造更先进、更丰富的终端产品；网速快了，终端好了，将带动整个电信服务水平的提升。专家表示，随着网络的建设部署和新业务的不断推出，4G 的发展对通信业产业链的各个环节都将带来新的发展机遇，直接推动我国信息化建设的进程，进而拉动国民经济增长。其次，4G 时代，电信运营企业的“互联网化”将进一步加深，商业模式将更加多元化。电信运营企业应及早布

① 普拉纳夫·米斯特里：《下一个信息媒介什么样》，《新华每日电讯》2013 年 12 月 6 日。

局，探索新的商业模式。数据显示，截至 2013 年 9 月底，全国的 3G 用户数中，中国联通达 1.1 亿户，中国电信 9648 万户，中国移动 1.69 亿户。这一数据表明，3G 时代电信业竞争格局发生变化。专家表示，三家运营商获得了同样制式的 4G 牌照，消费者购买移动通信服务时的选择余地更大、能得到更多实惠，也使得电信业竞争更加公平、透明。4G 时代的到来，为电信运营企业提供新的竞争平台，未来的竞争格局仍充满变数。①

5.3 手机时代的“垃圾短信”

2013 年 7 月 17 日，中国互联网络信息中心（CNNIC）发布《第 32 次中国互联网络发展状况调查统计报告》显示，手机即时通信网民规模为 3.97 亿，较去年底增长 4520 万。②

手机时代的到来，也带来了垃圾短信的困扰。（1）垃圾短信数量庞大。《2013 上半年垃圾短信报告》显示，2013 年上半年全国垃圾短信总量超过 2000 亿条，平均每个中国人“分”得 150 余条。（2）垃圾短信内容五花八门，广告推销类垃圾短信最多，诈骗类短信危害最大。360 手机卫士发布的《2013 年第三季度手机安全状况报告》列出了十大垃圾短信类型，其中地产广告占三成以上，排名首位，成为“垃圾短信之王”。广告推销类垃圾短信占总量的 59%。诈骗短信所占比重最少，为 1.5%，但危害最严重。2013 年上半年，诈骗短信就给全国手机用户造成了超过 3000 万元的经济损失。（3）垃圾短信在地域上具有普遍性，经济发达的东部地区相对较多，呈现东高西低的特征。北京、上海、广州、江苏经济发达地区，是垃圾短信的“重灾区”。这些地区的手机用户平均每天接收 2 条以上垃圾短信。（4）垃圾短信发送“技术含量”增高，隐蔽性强，拦截过滤难防。360 互联网安全中心发布的报告指出，在用户举报的垃圾短信中，有 59% 的短信采用点对点的发送方式，41% 的垃圾短信通过联网电脑利用短信端口进行发送，发送方更为隐蔽，发送内容和频次多变，给技术上精确防范带来难度。③

垃圾短信泛滥成灾，打击治理措施不断，工信部发布了《电信和互联网用户个人信息保护规定》和《电话用户真实身份信息登记规定》，也取得了一定效果，但是，治理效果并未达到公众预期。究其原因主要在于：（1）技术升级换代，治理独木难支。随着技术手段的升级，如今垃圾短信的发送也越来越有“技术含量”。④

---

① 杨君：《4G 时代，将迎来哪些变革？》，《光明日报》2013 年 12 月 6 日。

② 张辛欣：《我国网民达 5.91 亿，近 8 成使用手机上网》，《新华每日电讯》2013 年 7 月 18 日。

③ 崔静、史竞男、赵仁伟：《上半年每个国人“摊上”150 多条垃圾短信》，《新华每日电讯》2013 年 11 月 8 日。

④ 崔静、史竞男、赵仁伟：《上半年每个国人“摊上”150 多条垃圾短信》，《新华每日电讯》2013 年 11 月 8 日。

（2）垃圾短信内容主要以商业广告为主，如何鉴定垃圾短信难度加大。同时，垃圾短信发送方更为隐蔽，目前缺乏有效的技术手段进行打击。（3）现行法律法规缺乏对垃圾短信打击治理的明确规定，用户的通信内容并不在其管辖之内。而且，垃圾传真还涉及公安、工商等多个部门，目前尚未建立科学有效的联动机制。①

治理“垃圾短信”可以借鉴一些国家的做法，建立一个不允许发送垃圾短信的“红名单”制度，若公众将自己的电话号码放进红名单，就说明其不愿意接受广告，要对其提供保护。同时加快配套法规的立法，解决打击“垃圾短信”的法律依据不足问题。② 在美国，依照《电话消费者保护法》，群发垃圾传真的行为将被处以至少数百万美元的罚款，情节严重的还要追究刑事责任，而我国还没有针对垃圾传真的法律法规。此外通信、公安、工商等相关部门亟须形成科学有效的联动机制，避免因“各扫门前雪”给不法分子留下可乘之机。③

五、中国城市社会发展状况

1. 城管掉进“塔西佗陷阱”

古罗马历史学家塔西佗认为：当失去公信力时，无论说真话还是假话，做好事还是坏事，都会被认为是说假话、做坏事。在许多人看来，今天的城管似乎掉进了“塔西佗陷阱”。从原来的“做坏了是错，做好了也是错”，到如今的“做不做，都是错”。问题的症结在于：（1）缺乏统一法律，城管成为“乱罚款”的代名词。一方面，城管行使市政市容管理相关领域内的大部分行政处罚权，城管手中的行政执法权共涉及几十部法律法规和政府规章。另一方面，城管涉及的法律数量众多，而我国缺乏一部统一的、完整的城管法规，导致城管常常处于“借法执法”的尴尬处境，最终形成“末端执法”的恶性循环，给社会公众留下了一个“乱罚款”的恶劣印象。（2）不善于“声誉管理”、放大效应和公众形象刻板化。2011 年，国内首份《城管网络形象分析报告》认为，不善于“声誉管理”、放大效应和公众形象刻板化，是城管网络形象呈现负面的重要原因。部分城管队员在执法中的行为失当，则造成了城管网络形象被妖魔化。（3）城管的职能不确定，队员配置不合理。国家规定的城管职能为“7 + X”，这就造成了城管职能的不确定性，在有些地方，城管承担的职能甚至超过 100 项，而城管队员的配置难以满足城市管理工作的需要。于是，实习生、临时工等就常常出现。（4）城管队员的性质也是一个纠结的问题。国务院有关文件明确规定，集中行使行政处罚权的行政机关执法人员必须具备公务

---

① 赵宇飞、张翅：《垃圾传真泛滥背后，隐藏庞大灰色产业链》，《新华每日电讯》2013 年 12 月 9 日。

② 崔静、史竞男、赵仁伟：《上半年每个国人“摊上”150 多条垃圾短信》，《新华每日电讯》2013 年 11 月 8 日。

③ 赵宇飞、张翅：《垃圾传真泛滥背后，隐藏庞大灰色产业链》，《新华每日电讯》2013 年 12 月 9 日。

员身份。目前,普遍采取的做法是公务员与事业编混编、混岗,这既影响了执法的严肃性,又给队伍建设、人员管理、工资福利待遇等带来许多难题。①

城管的现实问题决定了“提高素质”既不是一蹴而就的过程,更不是一帖“包治百病”的良药。要改变城管在社会公众心目中的形象,还有很长的路要走。

专家认为,“城管问题最后恐怕要回归到这样几个问题,城市到底是谁的城市？权力是谁的权力？城市应该是什么样的？”因此,城市管理者的理念才是最根本的因素。②

2. 户籍管理与改革实践

2.1 新型城镇化不能单靠户改

在推进我国新型城镇化建设中,提高质量已是城镇化健康发展的关键,为此,必须着力推进以人口城镇化为核心的新型城镇化。目前面临的困难和障碍,除资金不足外,还有城乡有别的户籍、社会保障、土地、住房、就业、教育等制度。在这些制度中,人们往往认为是户籍制度阻碍了城镇化进程,推进城镇化最重要的是改革户籍制度。其实不尽然。户籍制度实际上已经不能阻止农民进城,只能阻止进城农民获得市民身份。《国务院关于城镇化建设工作情况的报告》第一次明确提出,要全面放开小城镇和小城市落户限制,有序放开中等城市落户限制,逐步放宽大城市落户条件,合理设定特大城市落户条件,逐步把符合条件的农业转移人口转为城镇居民。这是积极稳妥推进城镇化的重要措施和合理安排,特别有利于已经实现非农化的农业人口进一步实现市民化,有助于消除“半城镇化”,即人口城镇化滞后于土地城镇化。

但是,如果只有户籍制度改革的单兵独进,没有社会保障、土地、就业、住房、教育等制度的协调配套改革,即使城镇化有序渐进,效果也可能大打折扣,甚至难以有效进行到底。因此,现在更应重视其他城乡有别的二元制度的深化改革。(1) 要加快城乡社会保障制度改革,建立健全农民工享有与城镇居民同等待遇的社会保障制度。(2) 改革土地制度特别是农地流转、征用、补偿制度,在失地农民、政府和开发商之间合理分配土地增值收益,合理满足工业化和城镇化的土地需求,切实保障农民的合法权益和粮食安全。(3) 深化城镇住房制度改革,切实改造城镇棚户区,有效解决农民工住房问题。(4) 建立城乡统一、平等竞争的劳动力市场,消除歧视农民工现象。(5) 深化城乡教育制度改革,加强农民工的职业培训,提高农民工素质,在教育上对农民工子女和城镇居民子女一视同仁。只

① 彭波:《城管为何掉进“塔西佗陷阱”》,《人民日报》2103 年 7 月 10 日。
② 白靖利:《“城管小贩矛盾”困局如何破解》,《解放日报》2013 年 7 月 21 日。

有这样,进城农民才能在城镇安居乐业,城镇化才能健康发展。①

2.2 户口乱象与治理

户籍、身份证管理,不仅是一个国家形成的标志,更是现代化国家普遍、经常、长期运用的公共管理工作系统。但是,户口乱象已经存在多年,梳理2013年户口乱象,呈现出许多新的特点。

一是户口乱象大多与房有关,因多处购房、多方占房而出名。很多人在户口上动歪脑筋,根源在于本来没有经济价值的户口本、身份证被诸多管理制度赋予了巨大的经济利益。只要根据有无本地户口决定能否分享本地公共资源、公共服务的计划经济时期的社会管理模式还在,这种乱象就很难消失。

二是多户口乱象,直接来源于"卖户口"丑相,没有管理者和犯罪者两方面卖户口,就不可能有多户口乱象产生。卖户口得以成功的原因从制度上说,中国的所有法律都没有地域歧视,但各种管理制度的立、改、废有时不能严格执行,使户口本越来越值钱、户口买卖越来越红火。从管理过程看,巨大队伍中的乱象、散症、懒政等不同程度地存在与蔓延,才使户口买卖长期存在甚至大行其道。从技术上看,全国联网后形成全国范围的网上管理本是顺理成章的事情,但事情迟迟不能进行,本质上还是一个有法不依的问题:有公共信息管理的法律法规而不执行。

三是无户口问题。多户口关键是有法不依,而无户口核心是无法可依:颁布施行近60年的户口登记条例,文本粗疏早就难于切实遵行,近30年里形成的居民身份证管理法律体系,没有加以修补反倒形成诸多漏洞,致使有心的严密管理者也无法可依,无意强化了个别管理人员因此乱来。最为关键的是,整个户籍、身份证管理的法律法规体系中,只有限制公众谎报户口、多报户口等规定,很少有对管理者不作为,尤其是侵害公民依法登记户口、申领身份证权益的侵权甚至渎职行为的惩处规范。

多户口、没户口和非法买卖户口并存的现状,不符合依法治国原则,需要全面清理、仔细核查并切实解决相关问题。② 不仅首先需要公安部门统一部署,逐一清查。从长期看,更要减少给户口本、居民身份证捆绑各种各样的资源与利益,从降低需求的角度遏制相关乱象。

2.3 上海、广东户籍"积分制"

推进户籍制度改革,上海一直是社会关注的焦点。2013年7月1日,《上海市居住证管理办法》正式施行。该办法实施的宗旨是:探索特大型城市人口管理之

---

① 简新华:《新型城镇化不能单靠户改》,《环球时报》2013年6月28日。

② 王太元:《解决户口乱象需要多管齐下》,《光明日报》2013年12月12日。

路,为来沪人员提供透明的、可预期的未来和尽可能好的公共服务,帮助他们更好地融入上海。在具体实施办法上,采取"积分制"。申请办理的条件为"两个合法稳定",即合法稳定居住、合法稳定就业。持证人可根据国家和上海市规定,享受子女教育、社会保险、证照办理、住房、基本公共卫生、计划生育等公共服务待遇。具体积分办法为:上海市居住证总积分标准分值目前为120分,积分指标体系由基础指标、加分指标、减分指标和一票否决指标组成。基础指标包括年龄、教育背景、专业技术职称和技能等级、在上海市工作及缴纳职工社会保险年限等指标。年龄指标的分值最高30分;教育背景指标最高分值110分,持证人按照国家教育行政主管部门规定取得的被国家认可的国内外学历学位可获得积分;专业技术职称和技能等级指标最高分值140分;在上海市工作并按照相关规定按月缴纳职工社会保险费每满1年积3分。居住证还设置了加分指标、减分指标、一票否决指标。

业内人士解读上海户籍积分制时指出,达到标准积分120分的居住证持有者,所享待遇与上海户籍居民基本相同。贡献成为决定积分多少的关键。这种贡献,包含了普通人、平凡劳动中的贡献。与传统的户籍体系相比,居住证积分中的贡献导向思路是,城市不仅接纳吸收高学历的人才、投资者,还需要创新型人才、平凡的劳动者,更重视给流动人口提供平等机会。①

广东中山市是全国"积分制入户"措施的发源地,也是广东循序渐进推动外来务工人员"市民化"的一块试验地。2010年1月中山市《流动人口积分制管理办法》启动,最初计划每年拿出3000个入户指标和相当数量的入学指标推动外来务工人员"积分制"。从2013年开始,入户指标增加到3600个,外来工保障房也纳入"积分制"范畴。新修订的《中山流动人口积分制管理办法》,积分制管理制包括基础分、附加分和扣减分三部分。中山四个年度共给予10765名流动人员积分入户中山资格。目前,珠三角9市均已出台积分制入户、入学管理办法,其中外来人口庞大的深圳、东莞每年积分入户无入户指标数量限制,其余各市每年解决1800名至3000名入户指标不等。

但是,一线城市"积分入户"仍不易。目前广东各地"积分制"入户的特点是指标体系充分指向高学历、高技能人才,尽管各地细则为一些普通外来务工人员留有加分通道,但整体而言普通外来务工人员在加分体系中缺乏竞争力。"积分制入户"的推行,以公开透明的方式解决了有限公共资源如何分配的问题,并不是敞开来让大量的人拥有户籍。专家认为,一个城市对公共产品的供给能力总体上是有限的,户籍改革只能慢慢来。珠三角应该逐步改革公共服务与户口挂钩的模式,

① 曹继军:《上海户籍"积分制"出炉》,《光明日报》2013年6月20日。

摆脱以户口为标准享受公共服务的束缚,让外来务工人员也能平等地享受城市各项公共服务及社会福利,届时入户的压力将会得到有效削减。①

3. 食品安全监管问题

3.1 近代英国牛奶安全问题与立法监管

19 世纪英国的牛奶掺假是牛奶安全问题的典型表现,其中牛奶掺水现象最为普遍。1912 年,英国颁布《公共卫生条例》,明令禁止在牛奶中添加人工染色剂,牛奶染色现象才得以遏制。牛奶掺假的原因,一是不法商贩追求超额利润的结果。由于掺假的低风险与高回报,不法商贩趋之若鹜,获利惊人。二是在 20 世纪之前,英国尚未制定统一的关于纯牛奶的标准,为各种掺假行为提供了可乘之机。直到 1901 年《牛奶销售条例》颁布后,英国才正式确立全国统一的牛奶质量标准,即乳脂率不低于 3%,非脂乳固体含量不低于 8.5%,从而为打击牛奶掺假行为提供了依据。三,掺假现象的盛行,从根本上来说,与近代英国的自由放任思潮以及政府监管职能缺失有关。19 世纪中叶前,英国中央及地方政府对牛奶掺假行为采取漠视态度,政府监管食品安全的立法严重滞后,牛奶安全问题愈演愈烈。

牛奶安全问题的加剧使得其沦为“白色毒药”,危害民众健康状况,构成对整个民族的经济欺诈,导致公共道德的沦丧。1860 年,英国出台了历史上第一部食品安全法——《食品及饮品掺假法》,并于 1872 年作出修订。这部法案首次将食品掺假纳入到法律管辖范畴,明确表示要严惩“那些本应出售纯净、不掺假的食品或饮品却销售掺假商品的商贩”。1875 年,英国又出台了《食品及药品销售法》,并于 1879 年、1899 年两次修订,由此将几乎所有的食品及药品纳入到政府监管之下。该法案明确将“对食品添加有害物质”以及“向消费者出售非天然的或质量不能满足其需求的食品”界定为食品掺假,并首次将制假者与售假者均列入惩治对象。随着政府立法监管的完善,牛奶掺假现象开始得到遏制。数据显示:1871 年,通过对各地的牛奶抽样检测,全国牛奶掺假比例平均为 19.2%,1877—1881 年间下降为 16.2%,1890 年降至 11.2%,1900 年进一步降至 8.8%,1913 年再次降至 8.2%。这充分表明,在社会转型时期,通过立法手段加强对食品安全违法行为的打击与监管,是政府应尽的职责,也是遏制食品掺假、解决食品安全问题的关键所在。② 回顾英国走过的这段历史,警示我们应正视当前的牛奶质量安全问题,尽快出台、修订和完善食品安全法规。

3.2 外卖网站线下门店食品卫生缺监管

上美食网站打个电话、叫个外卖吃到美食,是目前诸多白领以及学生一族的

---

① 李刚:《积分入户,珠三角城门开多大》,《人民日报》2013 年 10 月 11 日。

② 骆庆、刘金源:《近代英国牛奶安全问题与立法监管》,《光明日报》2013 年 12 月 19 日。

日常生活方式，然而这些被网络授予高分的外卖店背后卫生状况常常被人忽略。据上海《东方早报》报导，2013 年，人人网上一则《揭开“饿了么”实体店的真面目：“黑店”也可竞价》的帖子写道，“饿了么”网站上排名前列的一些美食餐厅环境恶劣、苍蝇乱飞、桌椅上布满食物残渣，一些餐厅内堆放着尿不湿等生活用品，有学生甚至吃了那里的食物后出现腹泻症状。更惊人的是，帖子里面称部分网站显示的美食店不仅无证经营，有些甚至根本没有实体店面。这些“黑暗料理”门店是如何摇身一变登上美食排行榜的？调查发现：一些餐馆的经营者说，加入“饿了么”网站每年要交 4800 元左右的费用，如果要排名，那要多交 1—2 万元，而且排名席位有限。至于卫生情况，有店主表示网站不会派人来检查，除了开通网上订餐交钱时打过交道，平日网站很少与自己联系。针对网友发帖批评的问题，“饿了么”发表致歉信，称将积极改进，“不忘初心，时刻警惕”。

外卖网站线下门店食品安全卫生存在如此严重问题，有多方面原因：其一是食品监管有特殊性，从食材选择、烹饪环境、饭菜的包装、储存和运输都需要很注意卫生才能保证食品安全。而餐饮店数量众多，仅靠某一方监管工作量大。其二是网络订餐目前在一定程度上还属于新生事物，监管相关法律法规还未完善，消费者维权较困难。且由于相关部门领域交叉，监管的确存在空白，也为这些网络平台与不合格的门店提供了避风港。专家建议，监管部门应该充分负起责任，加强管理。作为消费者，也应该增强自己的辨识能力，尽量选择正规以及有一定知名度的店面就餐。[①]

4. 公共医疗服务

4.1 太随意的买药吃药

在日常生活中，买药、吃药太随意成为被公众忽略的一个医疗安全问题。一方面，调查显示，86.7% 的被调查者曾有过自我药疗的经历，36% 的人在自我药疗时曾出现过失误，其中 25.5% 的被调查者表示因此耽误了治疗。90% 的人去药店买药听导购的，53.1% 的被调查者患病时首选去药店购药，41.6% 的人会购买导购推荐的药品作为替代。69.7% 的人员有过随意增减疗程的行为，或是自己更换药物。另一方面，在儿童用药行为中，盲目给药、滥用抗生素的现象较为普遍。调查显示，近 30% 的家长在孩子生病后，自作主张给孩子服用减量的成人药品或抗生素，有时还是多品种联合用药。医院里儿童滥用抗生素现象更为严重。根据北京儿童医院近年来的调查，95% 以上患呼吸道感染的患儿不同程度地使用抗生素治疗，其中 1/3 以上为静脉点滴抗生素治疗，并且使用抗生素的种类、级别、价格

① 《外卖网站线下门店调查：食品卫生缺监管，排名被指要竞价》，《东方早报》2013 年 12 月 16 日。

越来越高。[①]

不安全用药行为的产生有多种原因，一是用药居民医药知识匮乏，调查显示，超过40%的人认为自己缺乏安全用药知识，69%的人看不懂药品说明书。2012年全国居民健康素养监测数据显示，具备包括合理用药在内基本医疗素养的居民比例仅为9.56%，能够正确阅读药品说明书的居民比例约为15%。[②] 二是一些药店尤其是单体店、规模较小的连锁药店，采用不正当的经营手段牟利。药店的执业药师数量严重不足，不能合理、规范地向购买者推荐药品。三是农村违法医药广告十分猖獗。调查发现，几乎所有县级电视台每天不间断播放违法医药广告，播出时间占到电视台全部播放时间的1/3，严重误导缺乏鉴别能力的农民的用药行为。[③]

杜绝不安全用药问题，医药专家建议：(1) 政府为广泛开展医药知识科普提供制度、组织和人员保障。例如，将医药科学知识纳入素质教育教材等。(2) 加大对儿童医疗机构的支持力度，提高儿科医护人员的工资水平，出台政策扶持儿童专用药品的研发和生产。(3) 提高基层医疗机构的诊疗水平，引导群众小病到基层医疗机构就诊，鼓励医务人员对患者用药进行指导。同时，加强部门协作，建立药监、卫生、公安与工商等部门的联合监管机制，加大抽检力度，杜绝假冒伪劣药品流入农村市场，打击针对农民的虚假广告宣传活动，净化农村医药市场环境。[④] (4) 增强广大公众能树立合理用药的意识，掌握选择药店，辨别真假药，储存药物，读药品说明书，特殊人群用药的禁忌等知识和技能，做到遵医嘱用药、不擅自用药和停药。提高公众的合理用药水平是个综合的系统工程，需要政府、医院、医生、公众以及社会各界的共同努力。

4.2 居民健康知识缺乏

2013年11月，国家卫生计生委发布《2012年中国居民健康素养监测报告》。结果显示，我国居民健康素养水平稳步提升，2012年我国居民健康素养水平为8.80%，比2008年提高2.32个百分点。我国居民安全与急救素养水平相对较高，但基本医疗和慢性病防治素养亟待提高。与2008年相比，2012年我国居民六类健康问题素养提高幅度由高到低依次为：安全与急救素养、慢性病防治素养、基本医疗素养、科学健康观素养、传染病防治素养分别提高了24.1、4.41、2.13、1.9和1.67个百分点，其中居民安全与急救素养提升幅度最大。慢性病防治素养虽有一定提高，但与我国慢性病防控形势和任务的要求仍有较大差距。基本医疗素养偏

---

① 李红梅：《买药吃药太随意》，《人民日报》2013年7月5日。

② 白剑峰：《九成居民不会合理用药》，《人民日报》2013年12月11日。

③ 李红梅：《买药吃药太随意》，《人民日报》2013年7月5日。

④ 李红梅：《买药吃药太随意》，《人民日报》2013年7月5日。

低在一定程度上制约城乡居民科学就医和合理用药行为。[①]

在戒烟保持健康方面，我国吸烟人群戒烟成功率极低，仅为13%左右，而在美国、加拿大等国这一数字则达到50%。巨大的数字差距背后，暴露我国对戒烟和健康认识上的不足。其中有多方面原因，首先在中国人眼里，吸烟是一种习惯，戒烟多数是凭意志戒烟，导致"十戒九败"。2013年10月，中国控烟协会对北京市582名吸烟者的调查显示，在277名曾经戒过烟的烟民中，有高达87%的人凭意志戒烟。其实，在医生指导下使用了药物治疗，戒烟成功率能提高2—3倍。其次世界卫生组织指出，烟草依赖是一种慢性、高复发性、成瘾性疾病，已被列入国际疾病分类。而我国大多数吸烟者未把吸烟视为一种尼古丁成瘾性疾病。最后是戒烟服务的缺乏。我国91.8%的戒烟者未得到任何戒烟服务。2012年，中国疾控中心控烟办曾对189家开设戒烟门诊的医院进行电话调查，调查显示，68家医院的电话无人接听或是空号，电话接起率仅为64%，接通电话的121家医院中，36家医院表示已无戒烟门诊存在。业内人士指出，帮助烟民戒烟需要国家加大投入以保障建立优质的戒烟门诊。另外，将戒烟药物列入国家医疗保险报销目录，制定合理的报销比例，制定《降低和限制吸烟者与吸烟相关疾病的医疗保障报销比例的规定》，引导和鼓励吸烟者戒烟。[②]

4.3 医院里的"战争"

2013年10月25日，浙江省温岭市第一人民医院的3名医生倒在患者的刀下，耳鼻喉科主任王云杰当场遇害，医患关系的紧张再次引发社会普遍关注。

据不完全统计，2013年被媒体报道的伤医案件已经发生近30起，在这些事件背后，是医患双方沉重的伤痛和阴影。和温岭第一人民医院惨案一样，2013年发生的大多数伤医事件中，被伤害的医护人员都是无辜的一方。染血的白袍如同一个个悲愤的惊叹号，医护人员质问：我们本是为你治病救命的恩人，为什么要受到这样的对待？"偏执暴躁、敏感多疑。在自己的逻辑里走不出来。"这是精神科医生给暴力伤医案的行凶者画的群体像。专家分析，无论是作为病人还是家属的行凶者，他们都有一种先入为主的观念，那就是"医生不值得信任"。这种心态与时下医疗腐败、看病困难等大背景相关，但反映在个体上却千差万别，会走极端的人一般有偏执暴躁倾向。同时，有些人认为，医生看病是为赚钱吃回扣，患者是消费者，掏了钱就要看好病，病没治好就是医生的错。这种"人绝对不会病死，只能是被医生治死"的偏执想法正在蔓延。医患关系的紧张导致医生和患者之间相互防备，而这种互相防备的关系只能是两败俱伤。从医生角度看，其实在疾病面前，医

① 白剑峰：《九成国人不懂"健康"》，《人民日报》2013年11月12日。

② 王君平：《戒烟为何"十戒九败"？》，《人民日报》2013年11月20日。

生有的时候比病人还要脆弱。医生们说，他们不是神，在人类疾病面前，常常也非常脆弱渺小。从患者角度看，在疾病面前痛苦而又无助的病人得到的只有治疗，没有安慰。一些偏执者无处宣泄，医护人员成为他们最直接复仇的对象。但是，失去理智杀医生的病人毕竟是个别的，绝大多数医生还是讲良心、负责任的。只有信任之下的医疗成本才是最低。“有时治愈，常常帮助，总是安慰。”[①]特鲁多医生近一个世纪前的格言这样描述医生这一职业。这对于今天紧张而沉重的医患关系而言，依然值得反思。

5. 教育问题

5.1 异地高考的三种模式

异地高考在2013年备受关注。2013年初，29个省市出台随迁人员子女就地高考具体标准，均通过设定“门槛”的方式对考生学籍、在该省市就读时间或父母社保证明等条件有所限制。至此，我国各个省市已经出现“率先破冰”“缓冲落地”“分步实施”三种模式。

“率先破冰”模式体现在黑龙江、安徽、河北、重庆、湖南等省市推出的具体政策中的“低门槛”。这缘于这些省份大多为人口流出大省或考试大省，政策推行压力较轻。这些地区要求父母有合法职业和合法稳定住所（含租赁），但更强调孩子的学籍。不过，各省对学籍的要求并不一致，黑龙江、安徽两省要求具有该省高中学籍且高中阶段连续就读3年以上。河北省规定须有河北省两年以上高中学籍。湖南省的规定强调实现外省籍生源全覆盖。吉林等省强调家长必须参加社会保险3年以上。浙江省异地高考门槛比较低，只要求浙江学籍与连续3年高中在浙江省就读。

“缓冲落地”模式出现在本省生源较多，考生压力比较大的一些省份，山东、江西、福建选择了这一模式，在2014年开始实施。山东省要求须读完高中且有学籍。福建省则要求有高中三年完整学习经历。江西省的要求要低一些，要求高中读满一年且取得学籍即可。

“分步实施”模式出现在北京、上海、广东等被视作改革重镇的人口流入重要地区，却由于情况复杂而态度谨慎，其实施细则也因此更为外界关注。北京和广东的方案都强调过渡和渐进。根据北京市随迁子女在京升学考试工作方案，2013年符合相关条件的随迁子女可以参加中等职业学校考试录取。而广东和上海的另一项政策，都是针对积分入户或者取得工作居住证的外来人员的子女。上海异地高考政策是，父母持有人才引进类居住证，孩子是上海学籍，就是符合户籍不在上海，但可在上海参加高考的条件的。上海的工作居住证分为三类，人才引进类

① 鲍晓菁、周竞：《医院里的“战争”——2013年医患纠纷沉思录》，新华网2013年12月23日。

是其中的 A 类。

针对上述异地高考模式,专家指出,首先,不同地域教育承载压力不同,改革自然不可能齐头并进。对于北上广等地区来说,异地高考不可能一蹴而就全部开放,分步走是现实的理性选择。其次,问题的关键在于高考制度能否改革,如果能实行高考制度改革,根本就无需各地再出台异地高考方案。①

5.2 研究生教育收费

2013 年 2 月,国务院常务会议部署完善研究生教育投入机制,决定从 2014 年秋季学期起,向所有纳入国家招生计划的新入学研究生收取学费。原则上现阶段全日制学术学位研究生学费标准,硕士生每生每年不超过 8000 元,博士生每生每年不超过 10000 元。

在收费的同时,将完善研究生奖助政策体系,包括建立研究生国家助学金制度、研究生国家奖学金制度和研究生学业奖学金制度,并加大奖助经费投入力度。研究生国家助学金范围覆盖全国研究生招生计划内的所有全日制研究生。博士生资助标准不低于每生每年 10000 元,硕士生资助标准不低于每生每年 6000 元。从 2012 年秋季学期起,设立研究生国家奖学金,用于奖励学业成绩特别优秀、科学研究成果显著、社会公益活动表现突出的研究生。每年奖励 4.5 万名,其中:博士生 1 万名,奖励标准为每生每年 30000 元;硕士生 3.5 万名,奖励标准为每生每年 20000 元。研究生国家奖学金所需资金由中央财政全额承担。研究生国家奖学金向基础学科和国家亟须的学科(专业、方向)倾斜。②

对此,有观点认为,研究生全部纳入自费,在短期内可能对一些家庭构成经济压力。但是从长远看,研究生自费是大势所趋,有其合理性。研究生教育阶段并非义务教育,而是精英教育,政府在法理上也不应该继续为其提供学费。免费的研究生教育因为受众较小而成为"少数人的福利"。以助学金、奖学金取代公费,有利于鼓励竞争。如果有真本事,那就用研究成果和成绩争。③

6. 其他社会发展状况

6.1 打造政府网站"升级版"

2013 年 10 月 24 日,中国信息协会电子政务专业委员会与国家信息中心网络政府研究中心联合发布《中国政府网站互联网影响力评估报告(2013)》对 70 家中央部门网站、34 家省级政府门户网站、15 家副省级政府门户网站和 437 家地市级政府门户网站的互联网影响力进行了评估。评估显示,政府网站互联网影响力整

① 《29 省市明确出台异地高考具体标准出现三种模式》,《北京日报》2013 年 1 月 5 日。

② 韩洁、徐蕊:《三部门:2014 年秋季学期起全面实行研究生教育收费制度》,新华网 2013 年 3 月 2 日。

③ 王传涛:《王传涛:研究生自费应该的》,《新京报》2013 年 2 月 8 日。

体偏弱，尚有很大提升空间。

从1999年国家启动“政府上网工程”至今，中国政府网站建设突飞猛进。据国家信息中心统计，我国目前100%的国务院组成部门和省级政府、99.1%的地市及85%以上的县（区）政府都已经建设政府网站，并且越来越开放及时，在推动政务信息公开的进程中发挥着不可替代的作用。但与数量不相匹配的，是政府网站影响力的下滑。《中国政府网站互联网影响力评估报告（2013）》显示，2013年中国互联网影响力总指数仅为50.90分（满分100分），总体来看政府网站互联网影响力的发展水平处于中等偏弱阶段。联合国最近几年的电子政务调查报告表明，自2005年以来中国电子政务排名连续下滑，已经从2005年的第57位退至目前的第78位。

《中国政府网站互联网影响力评估报告（2013）》指出，政府网站未来发展趋势将是从“知晓式”被动信息发布向“回应式”主动公开转变，从“单向式”互动表达向“融入式”参与决策转变，从“形式化”在线服务向“实质性”网上独立办事转变。在这方面，位列省会城市政府网站互联网影响力排名第一的成都可资借鉴。成都市政府网站除了传统的市长信箱、提问等互动外，还专门设置一个类似论坛的专区，通过网民发起话题、自发讨论以及部门答复，在网站上构建了一个活跃可控的舆论场。此外，成都市政府网站在线直播政府的新闻发布会、听证会、对话访谈，网站打通微博微信等，体现了“回应”“融入”等特点。专家认为：“网络是web1.0时代的产物，微博微信是web2.0时代的产物。从技术上讲，web1.0和web2.0之间是可打通的，所以并不存在把重心放在谁上面的问题，关键在于两者要打通。”如何将政府网站和政务微博微信有机结合，发挥政府网站全面的优势和政务微博微信快速的优势，是需要下工夫去考虑的。①

6.2 创新机制提高执法和服务水平

在扩大城市规模的同时，加强对城市的科学管理，是检验城市管理者管理水平的重要标准。《中共中央关于全面深化改革若干重大问题的决定》从多个方面对进一步加强城市建设和管理作出部署，对于破解城市建设和管理难题具有重要指导意义。一方面有利于推进城市建设管理创新。《决定》提出：“建立透明规范的城市建设投融资机制，允许地方政府通过发债等多种方式拓宽城市建设融资渠道，允许社会资本通过特许经营等方式参与城市基础设施投资和运营，研究建立城市基础设施、住宅政策性金融机构。”这就从改革投融资机制入手推进城市管理创新，抓住了问题关键。对发债、特许经营、政策性金融工具等的准入，会极大地激发社会资本、资本市场参与城市建设的热情。另一方面有利于促进县镇充分发

① 杨文明、魏兆阳：《打造政府网站“升级版”》，《人民日报》2013年11月7日。

展。《决定》提出："完善设市标准，严格审批程序，对具备行政区划调整条件的县可有序改市。对吸纳人口多、经济实力强的镇，可赋予同人口和经济规模相适应的管理权。"《决定》规定从基本公共服务、住房、社保体系等几个领域，赋予城镇切实的社会保障和物质基础，以此稳定基层人口流动，构建城乡和城郊联动的一体化新格局，可以避免对大中型城市的人口冲击和造成相应的公共服务供给压力。专家指出，在快速城市化过程中，为区域均衡发展，有必要增设新城市，赋予有实力的建制县以城市的地位，提升基础设施和公共服务水平，增加就业机会，这样既可减小特大城市的公共服务压力，也可加快落后地区的发展，培育新的经济增长点，缓和人口、资源和环境的矛盾。①

课题负责人

张兴龙，教育部哲学社会科学发展报告建设项目《中国都市化进程年度报告》课题组子课题负责人，上海交通大学城市科学研究院研究员，东南大学艺术学院博士后流动站在站博士后，副教授。

① 杨谧：《创新机制提高执法和服务水平》，《光明日报》2013 年 12 月 5 日。

都市文化与精神生态报告

一、城市文化政策与城市文化交流

1. 文化政策与文化战略

1.1 《中共中央关于全面深化改革若干重大问题的决定》中的文化解读

2013年11月12日，十八届三中全会审议通过了《中共中央关于全面深化改革若干重大问题的决定》，其中提到："紧紧围绕建设社会主义核心价值体系、社会主义文化强国深化文化体制改革，加快完善文化管理体制和文化生产经营机制，建立健全现代公共文化服务体系、现代文化市场体系，推动社会主义文化大发展大繁荣。"引起了社会各界的广泛讨论。有研究对此展开解读，认为"社会主义核心价值体系作为社会主义意识形态的本质体现，集社会主义价值理念之大成，把我们党倡导的基本理论、思想观念、价值取向等都系统凝练地整合在一起，深刻揭示了共同思想道德基础的基本内涵和基本要求。通过弘扬社会主义核心价值体系，在多元中立主导，在交流交融中谋共识，必将有力推动形成既有国家统一意志又有个人心情舒畅、既包容多样又有力抵制各种错误思潮和腐朽思想、既坚守基本社会思想道德又向着更高目标迈进的生动局面"①。也有观点指出："本次《决定》延续了十七届六中全会文化体制改革精神，更是从国家战略高度将文化体制与经济体制、政治体制、社会体制、生态文明体制和党的建设制度相提并论，彰显出文化的重要地位，表明文化事业和文化产业将迎来黄金发展期。"②还有专家指出：此次《决定》把文化产业发展放在"建立健全现代文化市场体系"中，体现了中央顶层设计的含义。我国的文化产业发展有很多瓶颈，其中一个就是没有真正被纳入国民经济统计分类中，使得文化产业说起来比较重要，做起来就比较次要，忙起来就不要了。决定提出的一个文化产业创新性战略措施是"完善文化市场准入和退出机制"，尤其是建立退出机制的意义非常大。应该利用此次深化改革的契机，尽可能发挥市场对文化资源的配置作

---

① 潘盛洲：《坚持"六个紧紧围绕"全面深化改革》，《光明日报》2013年11月22日。

② 《十八届三中全会文化政策解读：国有传媒改革将快马加鞭民营传媒获取发展新机遇》，中国财经网2013年11月29日。

用。此外,《决定》还对“扩大政府文化资助和文化采购”这两点进行了强调,表明从中央的文化经济政策上,就要对具体的文化产业载体进行扶持,这是前几年已经提出来但是没有落实的问题。① 这些解读显示出学界因这一《决定》对中国文化建设的看好态势。

1.2 文化改革发展绩效考核办法

前些年一直被呼吁的“把文化发展纳入地方政府考核体系”,终于在国家层面得到了回应。2013 年的政府工作报告提出:把文化改革发展纳入经济社会发展总体规划,列入各级政府效能和领导干部政绩考核体系,推动文化事业全面繁荣、文化产业快速发展。这令文化界人士欢欣鼓舞,但揆诸现实,又有隐约的担心。文化是个很宽泛的概念,文化成果很难量化为具体的数据,也不容易在短期内开花结果。文化作为“政绩”,如何进行评价,考核标准如何确定,都是非常值得研究的问题。而且 2013 年两会的部分代表委员也对由“政绩驱动”而带来的新一轮文化项目“大干快上”表示担忧:文化创意园“有园无戏”,没有创意产品,不能吸引受众,反倒是地产开发红红火火。

对此有人表示:“政绩考核是指挥棒,对地方工作有很强的指引作用。政绩考核本身没有错,而且是推动事业发展和实现工作目标的重要抓手。用好这个抓手,对促进发展方式转变至关重要。把文化改革发展列入政绩考核,就是对片面强调经济发展和数字考核的纠偏,必将促使地方更加重视文化事业的投入,实现更科学的发展。文化基础设施建设、文化遗产的保护,需要加大资金投入,文化市场的繁荣、知识产权保护,需要加强执法监管。考察地方领导的政绩,不仅要看数据和汇报,还要看人民群众的满意度。‘文化政绩’的考核,更应如此。文化的创造者和服务对象都是人,文化发展也要实现成果共享,满足人民群众日益增长的文化需求。因此,考核地方的‘文化政绩’,不仅要看出了多少艺术家和优秀作品,培育了多少文化产业,更要问问当地群众高兴不高兴、满意不满意。”②还有人表示:“提升‘软实力’要遵循文化规律,发挥指挥棒的科学引领作用,以强盛文化加快实现‘中国梦’。”③

2. 文化竞争与交流活动

2.1 文化走出去

2013 年 4 月 15 日,第 43 届伦敦国际书展隆重开幕。中国国际出版集团以其独有的特色吸引了众多视线,成为展场一道亮丽的风景线,前来参观的读者和采

① 《〈中共中央关于全面深化改革若干重大问题的决定〉解读》,《贵阳日报》2013 年 11 月 17 日。

② 丁永勋、张建:《如何考核“文化政绩”》,《新华每日电讯》2013 年 3 月 16 日。

③ 《文化改革发展首入政绩考核体系》,《文汇读书周报》2013 年 03 月 22 日。

访的记者络绎不绝。[①] 事实上,近年来,中国文化"走出去"的步伐从未停止过,各种官方的、民间的文化团体在促进中国文化走向世界的道路上起着不同的作用。

自2013年8月以来,"大美至纯"韩玉臣西藏题材油画、书法、摄影作品巡展先后在比利时克诺克、法国巴黎和比利时于克勒举办,展览所到之处受到主流社会关注。主办方表示:中国文化在欧洲越来越受欢迎,前景广阔,但中国文化要善于走出去,特别要以对象国的具体需求为导向,以国际文化市场成熟的模式运作。[②]

这一点也可参考美国文化战略重要的执行者——迪斯尼公司的文化战略。有人指出:"超越生活"这个词很好地阐述了迪斯尼的创意,他们力图构思出一些超越背景、年龄、国度的人物,而这些人物很快会在全世界流行起来,并领导时尚的潮流。"淡化艺术和娱乐之间的界限"的创作目的让他们成功塑造出了在不同国度和环境生活却有着惊人一致想法和观念的形象,这些形象更像是生活在世界任何角落却永远大受欢迎的美国式英雄。另一个文化产业奇迹是风靡亚洲的韩剧。有人将其定义为"儒家价值观的胜利"[③]。故事在亚洲人的道德标准和伦理准则下展开,就能打动观众。

2.2 海外"中国节"

2013年8月2日在瑞典国王花园广场隆重开幕的"2013瑞典中国节"是首次在北欧地区集结全体华侨华人力量举办,规模最大的文化交流活动,向北欧地区展示中国文化的风采,将增进瑞典和北欧民众对中国的了解并对加深瑞中两国人民的友谊起到积极作用。[④] 其中,在瑞典当地时间7月27日下午开启的"瑞典中国节——墨韵书香"展是由中国外文局与国际世界语协会主办的"中华文化北欧之旅"系列活动的重要组成部分,主要包括中国外文局精品图书展,展出由中国外文局出版的现当代文学译作、儿童读物以及汉语学习等几大类图书和中国当代书画作品展,展出以著名书画家张鸿飞先生为代表的中国艺术家的书画作品。[⑤] 该节是斯德哥尔摩近年来观众人数最多、内容最丰富、历时最长的中国文化展示活动,受到当地瑞典观众和来自世界各国游客的热烈欢迎,赢得广泛的赞誉,被观众誉为"最精彩、全面和立体展示中国文化艺术的盛会"[⑥]。

2.3 海外演出

近年来,为了更深入更广泛地传播中国戏曲文化,赴海外演出的层次不断提

① 《郭晓勇:努力实现中国文化走出去的"中国梦"》,中国网2013年4月16日。
② 《专访:中国文化要善于走出去》,新华网2013年10月10日。
③ 吕慎:《文化战争的下半场》,《光明日报》2013年4月6日。
④ 《"2013瑞典中国节"在斯德哥尔摩开幕》,人民网2013年08月02日。
⑤ 《2013瑞典中国节—墨韵书香活动在瑞典举行》,国务院新闻办公室门户网站2013年7月29日。
⑥ 《2013瑞典"中国节"在斯德哥尔摩成功举办》,文通网2013年8月7日。

高。2013 年 2 月 15 至 2 月 25 日,河南省豫剧二团受美亚文化交流集团邀请,先后到美国纽约、洛杉矶等地演出了豫剧经典剧目《程婴救孤》,在当地产生了良好的社会效果。这次演出,是全国地方戏首次登上美国纽约百老汇舞台,也是第一次商业化运作,河南省豫剧二团还在洛杉矶玛瑞蒙特艺术大学举办了中国传统戏曲知识讲座,让美国大学生领略了中原文化的魅力。对传播中华文化,提升中原文化国际影响力具有十分重要的意义。据介绍:这次的演出完全是市场化运作,售票率达到 70% 左右。反映了我国优秀传统戏曲艺术在世界上已经具有了一定的国际影响力和竞争力。①

与此同时,热衷于赴国外演出的群体又在向大众化的趋势发展,但是其艺术水平与运作方式都受到了普遍质疑,对我国的对外文化交流也产生了一些负面影响。据调查,在"文化走出去"的旗号下,中国的各类团体涌入维也纳金色大厅镀金。仅 2013 年,就有 133 个国内团体在此举办演出。95% 的中国团体进行非商业演出,依靠赠票维持上座率,以保证不至门庭冷落。② 其中有无锡新区太湖花园第二社区老年笛子团这样的民间团体,也有温州房地产女老板包下金色大厅举办个人独唱,表演歌剧《江姐》……继专业乐团和歌手之后,由学生、中老年人组成的业余团和农民工、企业家组成的自 high 团,也纷纷登上了金色大厅的舞台。一时间,传说中"高上大"的金色大厅似乎变成了"金色卡拉 OK 厅"③,由于在金色大厅进行的维也纳新年音乐会,每年都被包括中国中央电视台在内的全球众多国家和地区电视台转播。在媒体的渲染和包装下,金色大厅俨然成为了许多中国人眼中的"音乐圣殿"④,因此,去金色大厅开演唱会的行为可以说是赤裸裸地满足了国人的虚荣心。

3. 对外文化贸易

3.1 国家对外文化贸易基地(深圳)

截止到 2013 年 12 月 25 日,中国共设立了三个国家对外文化贸易基地,分别是上海、北京和深圳。随着我国对外文化贸易的快速发展,越来越多文化企业展开国际文化产业合作,参与全球市场竞争。国家对外文化贸易基地(深圳)的设立,将利用深圳综合优势,在文化进出口政策、文化科技、文化产权交易、文化金融等方面进行创新试点,成为部、省、市文化贸易政策创新试验田。⑤ 据介绍,基地将链接八个专业服务平台、两大园区及集团内外文化产业服务资源,形成完整的文

① 《豫剧〈程婴救孤〉赴美演出中原戏曲文化海外受捧》,河南省政府门户网站 2013 年 3 月 15 日。

② 《金色大厅成中国人自费秀场》,网易评论 2013 年 9 月 26 日。

③ 《维也纳金色大厅沦为"金色卡拉 OK 厅"》,《华商报》2014 年 3 月 25 日。

④ 《金色大厅成中国人自费秀场》,网易评论 2013 年 9 月 26 日。

⑤ 《国家对外文化贸易基地(深圳)揭牌成立》,人民网 2014 年 1 月 20 日。

化贸易服务链，打造华南文化进出口高端服务平台，辐射港澳、东南亚乃至全球文化市场。在“平台＋园区”的功能布局中，八个专业平台包括国际文化贸易展示交易平台、创意城市网络国际文化交流合作平台、国际版权交易平台、文化产业国际投融资平台、国际文化品牌宣传推广平台、国际文化贸易人才交流培训平台、粤港国际文化贸易合作平台、国家对外文化贸易理论研究和政策创新平台。同时，基地将重点建设深圳国家对外文化贸易基地运营综合服务平台，为基地八个文化贸易专业平台提供配套服务，并配合相关单位做好基地主体园区和基地配套园区规划、建设和运营工作，规划基地文化贸易专业平台体系，推动入驻基地企业与我国驻外机构及国外相关机构合作，为文化产品和文化服务进出口提供完善的文化贸易服务链平台体系支持。园区，包括主体园区和配套园区，规划以深圳创意信息港为基地主体园区，打造国家级、国际化、数字化文化进出口高端服务平台和境内外高端文化企业总部、贸易服务机构、境内外文化创意专业媒体集聚区，同时规划在前海湾保税港区建设基地配套园区——保税文化贸易园，重点发展国际文化会展、保税文化交易、文化进出口仓储物流、国际文化市场信息服务等业务。①

作为首个国家对外文化贸易基地的“上海国际文化服务贸易平台”，2013 年以来，入驻基地的企业数量和注册规模都呈井喷式增长，2013 年 9 月新增入驻企业 15 家，1 至 9 月累计新增入驻企业 36 家，共聚集了 147 家企业入驻。国家对外文化贸易基地位于上海自贸区内，目前发布的上海自贸区总体方案已明确提出“加快对外文化贸易基地建设”②，对基地提出了进一步发展的期望。

3.2 文化产品进出口额

2013 年 1—10 月，我国核心文化产品进出口额累计 209.22 亿美元，比 2012 年同期下降 9%。其中，核心文化产品出口 192.96 亿美元，同比下降 10.3%；进口 16.26 亿美元，同比增长 9.1%；贸易顺差 176.7 亿美元。在产品结构上呈现：视觉艺术品、印刷品和视听媒介出口保持增长；除文化遗产外，主要核心文化产品进口均呈增势的总体趋势。在贸易方式上出现三个特点：一般贸易方式出口小幅下降，进口实现增长；加工贸易方式出口增长、进口下降；其他贸易方式进、出口快速增长。企业性质上有如下区别：国有企业出口下降，进口增长。外资企业进、出口双增。集体、私营及其他企业出口占比领先。在与贸易伙伴的关系中，美国、中国香港、日本、英国和德国为我国前五大核心文化产品贸易伙伴，亚洲和北美洲占我国核心文化产品出口超六成，亚洲、欧洲和北美洲为我国主要核心文化产品进口来源地。国内方面，广东、浙江、山东、辽宁和福建五省占我国核心文化产品进出

① 《深圳国家对外文化贸易基地挂牌》，《深圳特区报》2014 年 1 月 21 日。

② 《多家上市公司入驻自贸区对外文化贸易基地(股)》，阿斯达克网 2013 年 9 月 30 日。

口总额三分之二;22个省市自治区核心文化产品出口实现增长;核心文化产品进口集中于北京、广东、上海、辽宁、山东等地。[①]

4. 知识产权保护

4.1 知识产权保护新举措

2013年3月21日,《2013年国家知识产权战略实施推进计划》新闻发布会在京召开。确定了2013年的战略工作重点任务:提升知识产权创造水平、强化重点产业知识产权布局、促进知识产权运用、加强知识产权保护、提升知识产权管理能力、发展知识产权服务业、加强知识产权文化建设和提高知识产权战略组织实施水平。[②] 9月16日,国家知识产权局通过了《国家知识产权局关于修改〈专利审查指南〉的决定》(第67号)。11月13日国家认证认可监督管理委员会和国家知识产权局印发《知识产权管理体系认证实施意见》。[③] 而北京市也于2013年9月27日修订出台了《北京市专利保护和促进条例》。这一年,知识产权保护措施的密集出台,正预示着我国在知识经济上获得了前所未有的进步,而相关数据也验证了这一点。

4.2 中国专利申请数据

《中国知识产权指数报告2013》指出,根据世界知识产权组织发布的最新一期全球专利报告,中国发明专利申请数量首次超过美国,位居第一。2012年来自中国的发明专利数量,包括国家知识产权局接受的来自全球140多个国家和地区的专利申请数量总和,已占全球去年新专利申请的近30%。根据国家版权局公布的最新一期《中国版权相关产业的经济贡献》调查报告显示,版权相关产业经济贡献率继续保持平稳增长态势,相关产业占全国国内生产总值的6.57%;2012年,国家工商总局共受理商标注册申请164.8万件,商标累计申请量达1136万件,继续保持世界第一。[④]

另据世界知识产权组织的报告称,2013年全球国际专利申请量首次超过20万件,其中中国取代德国成为世界第三,中国中兴公司和华为公司均位列全球企业专利申请量的前三甲。数据显示,2013年根据世界知识产权组织《专利合作条约》提交的专利申请总量达到20.5万件,比2012年增长5.1%。中国以21516件的专利申请总量超过德国位居世界第三,比2012年增长15.6%,增幅在专利申请量排名前十的国家中居首,其次分别是美国(增长10.8%)和瑞典(增长10.4%)。在企业专利方面,日本松下公司以2881件专利申请居全球首位,中国中兴公司和

① 《2013年10月我国核心文化产品进出口情况简析》,服务贸易统计直报系统2014年1月2日。
② 《〈2013年国家知识产权战略实施推进计划〉发布》,国家知识产权局网站2013年3月21日。
③ 《回顾!年终盘点:2013年十大知识产权事件》,中外知识产权网2014年1月6日。
④ 《中国发明专利申请数量首超美国位居第一》,《法制日报》2013年7月22日。

华为公司分别以2309件和2094件位列第二和第三。[①]

4.3 侵权事件

2013年4月17日凌晨两点，一场本是普通的网商战争，却被线下出版社及广大作者斥为侵权。当时，当当网一如既往地以低价战术对50万种图书开始5折销售，这本不足为奇，但它的又一举措却一石激起千层浪——电子书全场免费下载，一直持续到4月19日。网友们开始疯狂抢购、下载，甚至有人在微博上称当当网为“业界良心”。当天下午，京东也迅速加入免费提供下载电子书的队伍，称已火速上线5万本电子图书供网友免费下载。

两大电商“断臂营销”赚足了点击率，却引起中国出版界一片哗然，有不少出版商担忧，这种无底线促销将影响中国出版业的数字化转型之路。有部分出版商表示，电子书免费会对整个数字出版行业产生负面的影响。[②] 有人称这是出版业2013年以来最大的侵权事件。甚至有作家针对网站免费促销活动，递交了律师函，版权大战火药味极浓。[③]

相对数字出版行业的窘迫之境，原本一直被忽视了版权的音乐、动漫等领域，却随着知识产权保护力度的加大，开始进一步探索网络音乐收费办法。2013年1月17日，腾讯宣布与日本集英社进行版权合作，腾讯的动漫平台引进包括《火影忍者》《龙珠》等11部漫画作品的电子版权[④]，可谓是不小的进步。

二、城市文化产业

1. 文化消费总体情况

1.1 国民文化消费

2013年11月9日，中国人民大学文化产业研究院向社会公开发布了中国省市文化产业发展指数(2013)，发布了“中国文化消费指数”。排名前十的分别是：上海、北京、天津、广东、江苏、山东、山西、浙江、四川、重庆。该指数描绘了我国各省市的文化消费版图，从总体情况、城乡差异、区域差异、消费结构、消费偏好和影响因素等方面系统勾勒了我国文化消费的现状。从总体情况来看，当前我国居民文化消费水平整体偏低，近一半受访者的年文化消费支出低于2000元，文化消费支出占可支配收入的比重低于12%，超过一半的受访者每天用于文化消费的时间在1到3小时之间。据调研数据测算，我国文化消费潜在规模为47026.1亿元，占居民消费总支出30.0%，而当前实际文化消费规模为10388.0亿元，仅占居民消

① 《2013年中国专利申请量居全球第三》，新华网2014年3月13日。
② 《当当电子书免费下载引争议是业界良心还是恶性策略》，《新京报》2013年4月18日。
③ 《电子书免费下载引争议先招徕读者还是先养活作者》，《解放日报》2013年4月25日。
④ 《2013年文化产业趋势与文化企业对策》，《中国社会科学报》2013年5月6日。

费总支出6.6%,存在36638.1亿元的文化消费缺口。潜在文化需求未得到有效满足,我国文化消费存在着巨大的市场空间。

从城乡差异看,我国城镇居民和农村居民文化消费支出占可支配收入比重差异不大。但我国城镇居民在消费意愿上略高于农村居民,且由于城镇居民可支配收入高于农村居民,城镇居民文化消费水平明显高于农村居民,约为农村居民的3.41倍,城镇居民文化消费依然在我国文化消费中占据主导地位。不过值得指出的是,受生活方式的影响,农村居民的文化消费时间占可支配时间的比重和实际文化消费时间数量均略高于城镇居民。可见,随着可支配收入水平的提高,农村居民的文化消费能力不容忽视。

从区域差异看,东部地区居民的文化消费意愿、消费水平均比中部和西部地区居民高。其中,东部地区居民人均年文化消费的金额为5197.3元,占可支配收入的比例为20.6%;中部地区居民人均年文化消费的金额为2490.5元,占可自由支配收入的比例为13.8%;西部地区居民人均年文化消费的金额为2990.8元,占可自由支配收入的比例为16.7%。

从消费结构看,我国居民十大偏好文化产品分别是报纸杂志、游戏、文化器材、电视、设计、电影、图书、广播、艺术品收藏和娱乐活动。可以看出,报纸杂志、电视、图书等传统文化产品依然是居民主要偏好的文化产品,但游戏、设计、电影等新兴文化产品也逐渐得到消费者的认可,呈现明显的上升趋势。

从国内外产品消费偏好看,在电影、动漫、游戏、演艺四类文化产品中,我国居民更喜欢国外电影和动漫产品,且喜欢国外电影和动漫的人数比例比喜欢国内同类产品的高出10%;而国内游戏、演艺产品比国外更受欢迎,特别是演艺产品,喜欢国内演艺产品的人数远高于喜欢国外同类产品的人数,超出比例接近20%。①

1.2 全民阅读

2013年8月4日,国家新闻出版广电总局传出消息,全民阅读立法已列入2013年国家立法工作计划,将争取在年底形成较成熟方案并提交国务院法制办。与此同时,全民阅读立法起草工作小组已草拟了《全民阅读促进条例》初稿。

事实上,这一立法计划的出台是由国民人均阅读量长期以来远低于欧美国家的现实倒逼而来的。调查显示,2013年,国民人均纸质图书阅读量为4.77本,比2012年增长0.38本,而成年国民数字化阅读方式接触率首次超过半数,但是超五成的成年国民认为自己的阅读数量较少。在纸质图书和电子书阅读量上升的同时,报纸和期刊的阅读量依然保持下降趋势。据统计,2013年,人均报纸阅读量较2012年的77.20期(份)下降了6.35期(份),期刊的人均阅读量也比2012年的

① 《2013中国省市文化产业指数、中国文化消费指数发布》,中国网2013年11月11日。

6.56 期(份)下降了 1.05 期(份)。需要指出的是,上述统计数据均指成年国民的阅读量,我国未成年人在 2013 年的人均图书阅读量为 6.97 本,较 2012 年提高 1.48 本,其中,统计数量不含教材教辅类图书。据专家分析,虽然我国国民的阅读量曾有过下降,但近年来还是呈现出稳步上升态势,一是由于社会的发展,国民更加意识到阅读对于个人提升的重要性,二是社会经济发展到一定阶段后,人们的文化需求不断增加。但是,超九成的数字化阅读方式接触者表示阅读电子书后就不再购买其纸质版,这一数据连续四年持续上升,反映出数字出版对传统出版物的冲击作用不断加强。除此之外,2013 年我国成年国民的家庭藏书量平均为 34.51 本。其中,有读书行为国民的家庭藏书量高出近一倍。其中城镇居民家庭平均藏书量为 47.08 本,显著高于农村居民的 19.93 本。除了藏书量城乡居民差距较大之外,居住地距离最近购书点的距离城乡也存在较大差距。根据调查,农村居民对读书活动或读书节的期望程度高于城镇居民。针对这一现象,国家有关部门表示,国家将充分利用农家书屋、社区书屋、职工书屋、连队书屋等平台,面向基层面向群众开展全民阅读活动,并将加强全民阅读公共文化服务体系建设,继续推动全面阅读立法和规划工作,努力营造"书香中国"浓厚氛围。①

1.3 作家富豪榜

细看"2013 第八届中国作家富豪榜"会发现如今的文学早已不是传统文学的天下,本次公布的榜单中,贾平凹、陈忠实等纯文学作家只能勉强排入榜单最后几位。而以 2550 万的年度版税收入位居榜首的是幻想文学作家江南,2012 年诺贝尔文学奖得主莫言则以 2400 万位居第二,2012 年的首富郑渊洁则以 1800 万元全年版税收入位居第三。此外,第七届中国作家富豪榜榜单的 30 名席位在 2013 年扩充到 60 位,共吸金 3.4 亿元。"以财富论英雄"是公众对此榜单争论的焦点。由于这个榜单是依据市场版税调查得出的,衡量作者排名的是市场标准,上榜作家多分布于各种职业,与文学的边界都很松散。因此可称为"畅销书作家排行榜"②。

2013 年,跨界出书热也继续在名人圈子里持续着,影视明星、名嘴主持、商界大佬都趁势推出新作,如拥有无数粉丝的著名女主持人柴静凭借十年主持生涯的自传作品《看见》,以 1150 万的超高版税,排名第十。③ 除此之外,上榜的主持人、导演虽排名不一,却也着实显示出排行榜浓重的商业味道。

由于排行榜依据这一年的作品版税进行统计,一些好作家这一年不出书就上

① 《2013 年我国国民人均纸质图书阅读量为 4.77 本》,中商情报网 2014 年 4 月 22 日。
② 《"中国作家富豪榜"成"畅销排行榜"》,中新网 2013 年 12 月 11 日。
③ 《2013 年中国作家富豪榜公布冯小刚柴静上榜》,《重庆晚报》2013 年 12 月 29 日。

不了榜,应该说是年度畅销书排行榜。有人说,排行榜主办方称其宗旨是关注文学原创,现在却与其相去甚远,充其量只能说是图书市场的风向标,无法凸显文学标准。只提供了文学的当下环境信息和提供了文学市场化信息,和作家写作的文学影响关系不大。同时排行榜还体现出读者口味比较混杂,文学阅读市场主体读者的年轻化,阅读趣味的低俗化等问题。[①]

2. 出版业

2.1 中国出版业发展报告

中国新闻出版研究院发布的《2012—2013 中国出版业发展报告》认为,2013 年出版业发展呈现七大趋势:

(1) 现代企业制度将逐步完善,报刊编辑部体制改革将继续推进。政府部门推动报刊编辑部改革的态度十分坚决,报刊编辑部改革的难题必将得到有效破解。

(2)“中国梦”将成为未来出版传播的核心主题。经济强国建设类图书将会是出版人重点关注的选题,有关政治建设类的出版物将会受到广大读者的欢迎,文化强国建设类的出版物将成为出版传播中的热点。

(3) 出版传媒集团跨地域、跨媒体发展将会有新突破。2013 年 5 月,安徽时代出版旗下的全资子公司北京时代华文书局,获得国家新闻出版广电总局批准颁发的图书出版许可证,成为中国出版产业跨地区发展获批的第一家出版企业。这意味着,其他出版集团跨地域设立的出版公司也将会有新发展,出版传媒集团将进入跨地域发展的新时代。

(4) 移动网络应用日趋多样,微传播将获得社会持续关注。

(5) 民营书业将有多方面突破。对教辅品种的依赖减少;有的从教育图书出版商向教育内容、服务提供商转型;由单一售书向文化服务转变,开始提供一些延伸服务,如在店内做会所、咖啡馆等生意。

(6) 全民阅读将成为国家重要文化工程,数字农家书屋将获大范围推广。

(7)“中国品牌”将在全球大放异彩。在莫言获得 2012 年诺贝尔文学奖的带动下,将有更多优秀出版物品牌“走出去”;已经有一些新闻出版集团或与国内优势企业合作,或与国外重点企业建立战略合作关系,出版企业抱团联合“走出去”将进一步推进,可能成为一种趋势。[②]

2.2 图书出版业管理新举措

2013 年,国家新闻出版行政管理部门新审批设立了两家图书出版单位:4 月

---

① 《作家富豪榜成畅销书作者榜》,《华商报》2013 年 12 月 11 日。

② 《〈2012—2013 中国出版业发展报告〉发布》,中国文化传媒网 2013 年 8 月 1 日。

26日,国家新闻出版广电总局批准生活书店出版社复社;5月底,安徽出版传媒集团所属的全资子公司北京时代华文书局获准开业。批准新组建三家出版集团:中国财经出版传媒集团、中国工信出版传媒集团、长江少年儿童出版集团。出版单位的数量和出版集团的数量出现微小的变化。2013年,一系列与图书出版、发行、管理等密切相关的改革与政策相继出台,给图书出版带来新的生机、新的活力、新的气象。2013年3月,新闻出版总署与国家广播电影电视总局合并,组建国家新闻出版广电总局;中国共产党十八届三中全会的决议,对深化出版体制机制改革提出了新要求;图书出版的优惠政策再次延长5年,图书发行环节的普惠政策首次出台;整治儿童图书市场,为儿童提供积极向上、健康纯洁的图书。①

3. 广播、电影、电视产业

3.1 国家应急广播

2013年4月22日,国家应急广播在四川雅安地震震中芦山县开播定向应急广播,这是国家应急广播体系建设中的首次实践尝试,标志着中央人民广播电台国家应急广播功能的全新拓展。② 2013年12月3日,中央人民广播电台国家应急广播中心揭牌,国家应急广播社区网站(cneb. cnr. cn)也同时上线,标志着我国国家应急广播体系进入全面建设阶段。③ 据介绍,2015年底前我国将实现各类灾害预警通过国家应急广播体系实时发布。

国家应急广播是国家在经历汶川和玉树等重大灾难后的科学必要选择,在电力能源通讯信息传播等社会必需要素破坏和中断的情势下,在近年国家发生的南方大面积冰雪灾害和多次大地震中,广播、特别是国家电台发挥了重要的不可替代的独特作用,被国家层面和军警及社会与百姓的肯定和认可,应急广播体系的建设随后被提上国家顶层设计,成为国家应急机制中的重要组成部分。党的十七届六中全会提出建立统一联动、安全可靠的国家应急广播体系,随后被纳入国家十二五规划。该体系将统筹全国从中央到地方各级电台,建立与各种应急信息渠道的联通机制。④

3.2 文化类广电节目亮相荧屏

在选秀、歌唱类节目泛滥电视荧屏之际,2013年文化类广电节目首次亮相荧屏并引发收视热潮,取得社会效益和经济效益的双赢。比如,由河南卫视和百度爱奇艺网共同打造的《汉字英雄》、由中央电视台和国家语言文字工作委员会主办的《中国汉字听写大会》这两档汉字听写类节目,在收视上甚至超越了《中国好声

---

① 《报告称2013年图书出版有亮点发行有热点》,中国网2014年4月19日。
② 《国家应急广播首个定向应急频率开播》,新华网2013年4月22日。
③ 《我国各类灾害预警将通过应急广播实时发布》,中央政府网站2013年12月4日。
④ 《评论:国家应急广播首播实乃战略意义之举》,中广网2013年4月23日。

音》《快乐大本营》《中国梦之声》《快乐男声》等老牌综艺节目，在社会上掀起了关于汉字书写、文化传承的热议。由河北卫视推出的《中华好诗词》将明星和文化结合，将娱乐和诗词结合，运用闯关、益智、综艺等多种手段，借用电视手段，让诗词给观众带来美的享受，在社会上营造了全民诵读传统诗词经典的良好氛围。由河南卫视推出的《成语英雄》以演播室成语竞猜，以画面猜成语为核心，其中融入成语故事及选手间的情感故事，从文化、历史等角度全方位解读成语背后的中华传统文化。文化类广播电视节目的崛起，一方面重构了荧屏生态，净化了电视环境，另一方面则说明广播电视节目完全可以兼顾社会效益和经济效益，这对广播电视节目创新是很好的启示。①

3.3　凶猛的票房

截至 2013 年 12 月 8 日，2013 年全国电影票房已突破 200 亿大关，达 200.32 亿元，同比增长 34.63%，观影人次超 5.73 亿。有分析人士指出："票房凶猛"的一个最大原因是随着中国城镇化的推进，电影观众不仅在数量上实现了增长，在范围上也实现了不断扩大。中国三四线城市的崛起，使得现代化影院向三四线城市铺开。现在全国的银幕以每年 5000 块的速度增长，这些增加的银幕大部分不是在一线城市，而是在二、三线城市，不少新观众以前主要娱乐方式并非看电影，正是这部分观众成为了票房增长新动力。另一个原因是近年来本土电影的崛起。由于电影市场票房贡献的主力军是二、三线乃至三、四线城市，相较于好莱坞制作的大片，这些观众更倾向于观看国产电影和熟悉的本土明星。而中国电影人使用新的表达、技巧和手法，反映真实故事、真实人物和真实生活的本土电影，受到更多人追捧，也刺激了中国电影市场的发展。②

3.4　加强版限娱令

早在 2011 年 10 月，广电总局就正式下发了"限娱令"。2013 年 10 月国家新闻出版广电总局发布《关于进一步加强卫视频道播出电视购物短片广告管理工作的通知》，被媒体称为"加强版限娱令"。而这一年被勒令整改的还有"暴力失度"的儿童动画片。

2013 年 5 月，江苏省东海县人民法院依法受理小李浩兄弟状告玩伴李某顺及《喜洋洋与灰太狼》动漫制作人——广东原创动力文化传播有限公司案，这是一例中国儿童状告动漫制作人案。因小孩模仿动画片中的情节造成了严重后果而引发了央视动画有限责任公司等十大动画制作机构、中央电视台少儿频道等十大动画播出机构向全行业发出的倡议，希望全国同行承诺决不制作播出含有暴力、低

① 《年终专题报道:2013 十大文化亮点回眸》,《光明日报》2013 年 12 月 19 日。
② 《国内电影票房破 200 亿元位居全球第二》,《新晚报》2013 年 12 月 10 日。

俗、危险情节、不文明语言的动画片，切实保证动画片在未成年人成长中发挥积极健康的引领作用。倡议书指出，近年来，我国动画产业快速发展，国产动画片生产数量大幅增长，艺术质量不断提高，大大丰富了少年儿童的精神生活。但与此同时，个别动画片存在暴力失度、语言不文明等问题，个别危险情节还被未成年人效仿，造成人身伤害事故，引起社会舆论关注。动画工作者要增强社会责任感和历史使命感，创作播映健康、文明、积极、向上的动画作品，使动画片成为未成年人开拓眼界、提高素质的良师益友和陶冶情操、愉悦身心的精神园地，形成有利于未成年人健康成长的绿色环境。① 专家建议尽快出台《国产电视动画片内容标准》，对暴力、低俗、危险情节和不文明语言等方面做出严格限制。

4. 文化艺术产业

4.1 艺术品市场一片向好

中拍协公布的2013年中国拍卖行业经营状况分析及2014年展望蓝皮书中，指出2013年中国文物艺术品拍卖市场总成交额为313.83亿元，较2012年增长了11.67%。其中，2013年单件拍品成交额在100万元至1000万元之间的有3383件(套)，比2012年增长了19.86%。而来自国外艺术市场数据研究公司Artprice的统计数据也佐证了中国文物艺术品市场的反弹趋势。Artprice的统计数据显示，2013年全球艺术品交易总额高达120.5亿美元，创历史新高，中国凭借总成交额40.78亿美元再次在全球艺术品市场中占据第一，紧随其后的是美国。中国和美国这两大市场为全球艺术品市场贡献了近三分之二的交易额。②

4.2 内地演出市场迎来“阵痛期”

据《2013年中国演出市场现状调研报告》，自中宣部等五部门联合下发“限奢令”以来，内地演出市场迎来“阵痛期”，演出场次和收入大幅下降。

2013年1月，《关于节俭安全办节目的通知》出台，提倡勤俭节约，反对铺张浪费，要求各级电台、电视台节俭安全办好节日广播电视节目，包括春晚在内的节日广播电视节目要削减不必要的项目，压缩不必要的开支，把节约的资金用于提高节目水平、资助公益事业。之后，8月，中宣部、财政部、文化部、审计署、国家新闻出版广电总局联合发出通知，再次要求制止豪华铺张，提倡节俭办晚会。五部门明确提出，不得使用财政资金举办营业性文艺晚会，不得使用财政资金高价请演艺人员，更不得使用国有企业资金高价捧“明星”。12月，中共中央办公厅、国务院办公厅公布新修订的《党政机关国内公务接待管理规定》，其中第十六条指出：接待单位不得组织到营业性娱乐、健身场所活动，不得安排专场文艺演出。

① 《二十家动画机构倡议：做对孩子有益无害的动画片》，中新网2013年10月12日。

② 《中国艺术品市场2013年增长11.67%》，《新京报》2014年2月28日。

一再重申"节俭令",足见政府部门对晚会铺张浪费现象的重视以及整改的决心。而"节俭令"的出台确实给演出市场带来改变。不少长期依靠政府买单的国有院团受到了极大的影响,演出业务大幅下降,有的甚至缩水 90%。同样,各类民营演出公司的日子也不好过。据报道,去年倒闭的小型演出公司数量惊人。可见,无论国有院团还是民营公司,都到了不得不转变思路谋生存的时候。

虽然"节俭令"的出台给演出市场带来"阵痛",不过,业界普遍认为,这一政策有利于市场的规范和发展,演出缩水的部分其实本就是市场应该挤掉的泡沫。正如一位业界专家分析,当下的演出行业有一半以上的市场是由政府包括国有企业买单,而政府出资办晚会经常不计成本,导致市场价格居高不下,再加之这类演出以免费赠票为主,极大地冲击了正常的商业演出市场。所以,从短期看,"节俭令"对市场影响很大,但长期来看则是个机遇。①

5. 网络产业

5.1 网络产业政策、新措频出

2013 年 8 月 14 日,国务院印发了《关于促进信息消费扩大内需的若干意见》,将培育移动互联网等产业发展作为"稳增长、调结构、惠民生"的重要手段;8 月 17 日,国务院发布"宽带中国"战略,首次将宽带明确定位为"经济社会发展的战略性公共基础设施"。11 月 1 日,《关于加强移动智能终端进网管理的通知》正式执行,通过对提供 APP 的第三方平台备案等管理,加强对个人信息安全和合法权益的保护;12 月 1 日,《网络文化经营单位内容自审管理办法》施行,由政府部门承担的网络文化产品内容审核和管理责任将更多地交由企业承担,移动游戏的内容自审将首先试行。② 一系列有关网络产业的扶持和管理政策密集出台,正是由发展势头猛烈的中国互联网产业规模决定的。数据显示,2013 年上半年,我国 3G 用户达到 3.2 亿,同比增长 81%;移动互联网用户数约 8 亿;智能手机出货量约 2.14 亿部,创下历史同期新高。2012 年我国移动互联网相关产业收入超过了 9000 亿元,各种应用下载数量仅次于美国,位居全球第二。③ 移动互联网的发展带来了产业竞争格局的重构,电信运营商、互联网公司、软件企业、硬件企业、乃至商贸企业等,不断跨界融合,如广东联通与微信合作推出微信沃卡,电信与网易成立合资公司推出易信。

5.2 数字文化产业

数字文化产业在 2013 年持续发展。2013 年初,新华网进入 IPO(首次公开募

① 苏丹丹:《2013 年演出市场盘点:商演缩水国外大团来袭》,《中国文化报》2014 年 1 月 3 日。

② 张意轩:《移动互联网政策密集出台》,《人民日报》2013 年 10 月 31 日。

③ 张意轩:《移动互联网政策密集出台》,《人民日报》2013 年 10 月 31 日。

股)初审。有关研究预测显示,到2014年,中国会成为全球第二大数字广告支出国;而从行业的比较来看,到2017年,中国网络广告收入将超越电视广告收入。上半年的移动游戏实际销售收入同比增长100.8%,达到了25.3亿元人民币。互动娱乐、新闻提供与社交领域内容原创互动交流等领域数字化的趋势加快。移动通信技术逐步升级为4G网络的全覆盖,数字化的移动内容产业进一步发展。2013年2月,中国移动浙江公司宣布在杭州、温州推出4G业务全面试用,同时在宁波推出4G体验活动,4G的应用将逐步成为主流。微市场(包括微电影、微博、微信、微游戏等)将取得大的突破。在网络上,微电影与广告的融合将成为一种新势力。例如,由慕思寝具出品的首部网络贺岁微电影《床上关系》在京首映,体现出渗透型的新广告传播形态。①

但是,在数字文化产业总体向好的同时,传统网络游戏增长势头明显放缓。专家表示,网络游戏出版产业并没有固化的经营模式,没有一劳永逸的经营策略。国外的游戏企业也把目光投向中国这个正在兴起的游戏市场。有人表示,过去,游戏产业的行进路线一般是从美国进入日本、韩国,最后才到中国,但现在这个路径已经发生了微妙的变化,很多企业开始直接进入中国。而当国外企业"走进来"的时候,中国游戏企业也在加紧"走出去"的脚步。业内人士认为,游戏产品面临的不仅是东方文化与西方文化的差异,即使同为西方文化,欧洲人更深沉,美国人更开朗,性格也很不相同。游戏企业进军海外,就需要进行细化区分,真正融入当地文化。②

5.3 网络暴力游戏

传播学先驱拉扎斯菲尔德和默顿认为,现代大众媒介具有明显的"精神麻醉"的负面功能。网络暴力游戏则从另一个文本维度上揭示了"精神麻醉"功能的本质所在:网络暴力游戏正是借助低廉而消极的娱乐方式制造幻象,进而以一种隐性的文化途径吞噬掉青少年的社会行动能力。研究发现,网络暴力游戏的"精神麻醉"机制会增加青少年的攻击行为、攻击认知、攻击情感、暴力冲动的生理唤醒,减少亲社会行为。相应地,暴力行为已经成为网络游戏"施加"在青少年身上的主要"产品构成",其基本的社会表现可以概括为四点:一是建立并激活与暴力攻击有关的思维网络;二是削弱对暴力攻击行为的抑制过程,暴力攻击行为被再现为某种正义的、合理的、恰当的英雄"在场"行动;三是游戏中的暴力奖赏规则使得"拟态环境"中的攻击行为会被不断地模仿并强化;四是游戏中的二元是非价值观会降低青少年的同情心。

---

① 《2013年文化产业趋势与文化企业对策》,《中国社会科学报》2013年5月6日。

② 杜羽、颜维琦:《在上海,感受国产游戏的"温度"》,《光明日报》2013年8月1日。

网络暴力游戏加剧了青少年对暴力的麻木感与宽容度，诱发“现实暴力”行为。网络暴力游戏中血腥、逼真的场面能给游戏者感官上的刺激，以至于许多人完全陷入游戏的角色中。这种长时间的体验使青少年习惯于血腥场面，从而使他们的情绪变化剧烈，富于攻击性，暴力倾向更强，一旦在现实生活中体验到类似网络暴力的情感和环境时，容易丧失理智，会毫不犹豫地把在虚拟游戏中的行为运用于现实的人际冲突，导致一些悲剧的发生。

同时网络暴力游戏淡化了青少年的是非判断标准，削弱了青少年的善恶辨别能力和对社会的批判精神。网络暴力游戏里的暴力行为被轻描淡写，甚至美化。长此以往，青少年看到的不是痛苦，而是痛快，对暴力的态度也从开始的憎恨、反感发展到默认、接纳甚至是尝试。同时，虚拟的网络世界也成了他们自我封闭的天地。规避网络暴力游戏对青少年的负面影响，需要多层面制度保护。

第一，在技术规制方面，除了众所周知的网络游戏登录实名制和对网吧经营时间进行规制外，最重要的就是建立网络游戏的暴力性评估和分级制度。在这方面，国外的管理经验可适当借鉴。美国是国际电玩业分级制度的先行者之一。美国娱乐软件分级部门(ESRB)成立于1994年，独立对网络游戏及电视游戏执行等级评定。ESRB等级评定分为两部分，一为等级象征即为该游戏适宜的游戏人群进行年龄限制；二为内容描述，显示该游戏的内容，比如性、暴力、恐怖等。根据暴力、性、恐怖等要素在游戏中的表现程度，美国游戏分级共32种描述，这些描述使用户能更准确和迅速地明白游戏的内容，并配以相应的标签标注在游戏包装盒背面，以提醒消费者注意。日、韩等国也有相应的管理制度。

第二，在法律规制方面，制定相关的法律法规，限制游戏中出现过分血腥的场景，减少杀人抢劫等与现实社会道德体系背道而驰的内容，提高网络游戏进入市场的门槛，成为防治网络暴力游戏对青少年的负面效应的关键。

第三，在道德规制方面，道德缺失已成为青少年暴力犯罪的重要内在因素之一，而现有充斥着暴力因素的网络游戏提供给青少年的虚拟环境有不尽如人意的情况，要求花大力气加强网络道德宣传教育，使青少年自觉摒弃网络游戏中暴力因素对他们的侵蚀和毒害。只有经过系统的道德规制，培养包括青少年在内的受众对网络游戏信息中隐含意义的敏锐感知，提高其伦理道德水平，我们才能在未来为自己主动创造一个健康、绿色的网络游戏环境。

第四，在媒介素养方面，网络素养是媒介素养的有机构成部分。网络素养是指个人有效运用网络的能力，及对网络信息的视听和辨别能力，其中包括不受网络游戏的操纵及蒙蔽的能力。要提高青少年的网络素养，除了在常规的教育之内推动网络教育课程设置之外，最根本的办法还是从日常生活入手，家长要积极干预，可与子女一起把玩网络游戏并讨论其暴力情节，有效调整青少年对于网络暴力游戏内容的观看、理解、反应及模仿，从而培养青少年辨别网络暴力游戏谬误的能力。

网络游戏是一个巨大的产业，同时也是媒介文化的一个重要组成部分。作为媒介时代发展的产物，网络暴力游戏的存在和发展有其必然性，所以，单纯地依靠“堵”是不现实的，最重要的是摒弃其中不健康的因素，通过高品质、积极健康的游戏内容来引导广大青少年树立正确的游戏娱乐观，引导网络游戏健康发展。①

6. 文化休闲娱乐服务

6.1 《国民旅游休闲纲要》颁布

2013年2月，《国民旅游休闲纲要》颁布，这是旅游业的一件大事，与广大百姓的生活息息相关，对我国经济社会发展具有深远影响。数据显示，2012年，我国以近30亿人次的国内旅游市场规模，位居世界第一；出境旅游人数超过8000万人次，居全球第三，对世界旅游市场贡献率超过7%；入境过夜旅游人数达5772万人次，继续位居世界第三。《纲要》明确提出到2020年职工带薪休假制度基本落实，保障国民旅游休闲时间，鼓励机关团体企事业单位灵活安排职工全年休假日时间，并加强带薪休假制度落实情况的监督检查，加强职工休息权益的法律援助。特别是提出学校可结合实际调整寒暑假，在放假时间总量不变情况下，高等学校可结合实际调整寒暑假时间，地方政府可以探索安排中小学放春假或秋假。

从社会就业角度看，“没钱”的“有闲”就是失业。国民旅游休闲恰恰在不同时间段，使不同人群可以获得“有钱”与“有闲”的转移交换。在各旅游大国，旅游休闲带动了民航、公路、高铁、信息、金融等服务业全面发展，创造了传统产业无法比拟的就业机会。我国旅游业更是吸纳就业的重要领域，特别在吸纳农村富余劳动力，解决弱势群体收入方面有着突出作用。目前全国旅游直接从业人数超过1350万人，与旅游相关就业人数约8000万人。随着旅游产业发展壮大，特别是旅游休闲在乡村拓展，旅游业在吸纳就业方面的功能将会进一步增强。城乡之间、钱与闲之间将有更良性的互动发展。②

6.2 室内娱乐

13年前，一纸“游戏机禁售令”给中国游戏机销售市场带来了几乎毁灭性的打击。2000年6月由文化部、公安部、海关总署，以及当时的国家经贸委、信息产业部、外经贸部和工商局联合下发的《关于开展电子游戏经营场所专项治理的意见》指出：“面向国内的电子游戏设备及其零、附件生产、销售即行停止。任何企业、个人不得再从事面向国内的电子游戏设备及其零、附件的生产、销售活动。”理

① 燕道成：《网络暴力游戏对青少年的负面影响及其规避》，《中国社会科学报》2013年7月3日。
② 钱春弦：《旅游休闲纲要力破国人“有闲”问题》，《新华每日电讯》2013年2月19日。

由是,电子游戏经营场所扰乱了社会治安秩序,对青少年的身心发展带来潜在伤害。但 2013 年 1 月 28 日,有消息称,相关部委正在审视游戏机销售禁令并考虑重新开放游戏机市场,而事实上,中国却并未禁止过网游,也未对 iPad 在内的游戏设备下达类似禁令,而索尼和任天堂的产品,包括著名的 Play Station(即俗称的 PS)和 Wii,则一直通过水货渠道销往中国,而此前有部分厂商在中国推出的体感游戏机,因厂家将此类游戏机定义为具有教育或者运动意义的设备,从而避开了上述监管政策。①

7. 文化用品、设备、相关文化产品

2013 年 1—12 月我国文教体育用品行业(文教办公用品、体育用品、游艺用品、本册印制)累计完成进出口总额 308.1 亿美元。其中,累计完成出口额 282.52 亿美元,同比增长 5.57%;累计完成进口额 25.52 亿美元,同比增长 7.43%。

从月度出口情况看,行业出口额呈小幅震荡、逐月上升趋势,12 月份完成出口额 26.51 亿美元,比 11 月份增加了 1.9 亿美元,比上半年出口额最高的 5 月份增加了 1.31 亿美元,出口额创年内高位。出口增速走势自 3 月份探底后反弹明显,第二季度开始各月度增速呈总体上升趋势,11 月份同比增长 32.04%,12 月份同比增长 12.5%。

从出口贸易地区和国家看,2013 年文教体育用品主要出口亚洲、美国、欧洲、日本等 228 个国家和地区。其中美国、欧盟、日本、香港等传统出口市场仍占据主导地位。但同时,欧美日传统市场份额下滑,东盟等新兴市场成为新的外贸增长点。近年来文体用品制造业企业从 OEM 加工到自主品牌出口;从走出国门拥有一定的海外消费者到与国际大牌联手,文体用品制造业企业拓展了国际市场份额,加快了布局国际化渠道的步伐。

从出口行业分布看,2013 年 1—12 月文教体育用品制造业完成出口额 282.52 亿美元,出口累计增长 5.57%,其中体育用品和文教办公用品出口额占据文教体育用品总出口额 80% 以上;本册印制出口额占行业出口额 15%;游艺器材用品出口额占行业出口额 4%。②

三、城市文化事业

1. 文化体制改革

1.1 文化体制改革新政

2013 年年中,文化部把贯彻落实九部门《关于支持转企改制国有文艺院团改

① 是冬冬、周玲:《文化部否认取消游戏机禁售令》,《东方早报》2013 年 1 月 29 日。
② 《2013 年文教体育用品制造业完成额数据分析》,中国产业洞察网 2014 年 4 月 9 日。

革发展的指导意见》,实施国家动漫品牌建设和保护计划等32项措施纳入下半年工作重点。方案包括文化事业与产业工作共32项措施。其中国有文艺院团的改革充分体现了"二分法"效果。有市场发展前景、能够转企的必须转企;市场有待进一步培育的一些艺术门类,比如京剧、昆曲、交响乐、芭蕾舞、歌剧等,经批准可以保留事业体制。在改制过程中实事求是、科学分类、注重实效,涉及十几万人的国有文艺院团的改革平稳顺利按期完成。①

而实施国家动漫品牌建设和保护计划则侧重于:培育优秀民族原创动漫创意品牌,规范文化产业园区建设,修订基地评选命名管理办法等。措施里提到要加大文化创业、创意人才和成长型企业扶持力度,大力开展文化志愿服务,组织好文化志愿者基层年服务工作。这是党的十八大以来,又一次针对文化体制改革的重要探索。但同时,文化体制改革也面临一系列困难,公共文化资源配置不够合理,区域、城乡发展不均衡现象突出,文化市场综合执法主体不明确,综合执法机构建设不完善,多头执法、多头管理现象依然存在。对此有关人士指出,要加快政府职能转变和深化文化宏观管理体制改革仍需加大力度。并强调,有的单位虽然转企了,但还没有完全摆脱旧体制下的思维定式,对行政部门、行政资源依然存在较强的依赖心理,对市场经济的熟悉程度不高,适应市场的能力不强,新体制的优势没有得到充分发挥,改革红利没有完全释放,还存在对外文化交流贸易能力不强,文化科技融合水平较低等问题。这些问题已成为制约文化改革发展的障碍和瓶颈,必须通过改革来革除,用改革来推动发展,破解难题。②

1.2 文化体制改革完成阶段性任务

在党的政策要求下,各地各有关部门坚持观念创新与实践创新相促进、典型引路与面上推开相衔接、重点突破与全面深化相结合,不断推动文化体制的改革,并完成了阶段性任务。

作为文化体制改革的中心环节,经营性文化单位转企改制是衡量改革是否取得实质性进展的重要标志。改革十年,基本完成了出版、影视制作、发行、广电传输和一般国有文艺院团、首批非时政类报刊出版单位等国有经营性文化单位转企改制。有数据显示,自2003年以来,随着570家出版社、3000多家新华书店、2100多家文艺院团、1600多家非时政类报刊、35家电影制片厂、70家电视剧制作机构、204家省市电影公司、293家电影院等经营性文化单位陆续完成转企改制任务,6900多家文化事业单位被核销,近30万人的事业身份被注销。③ 文化市场重塑了

① 张贺:《"十六字诀"引领文化体制改革》,《人民日报》2013年3月1日。
② 《2013年下半年文化部将32项体制改革措施纳入工作重点》,中国行业研究网2013年6月29日。
③ 张贺:《"十六字诀"引领文化体制改革》,《人民日报》2013年3月1日。

一大批新型市场主体,国有或国有控股文化企业的实力活力竞争力大大增强。

积极推进政企、政事分开和管办分离,文化行政部门与文化企事业单位的关系逐步在理顺。除新疆、西藏外,全国 29 个省区市的副省级及以下城市已基本完成文化市场综合执法机构组建和文化、广电、新闻出版等有关行政管理部门整合。

各地各有关部门坚持"区别对待、分类指导、循序渐进、逐步推开"的方针,如期完成中央确定的文化体制改革阶段性任务。改革方向对、成果大、亮点多,初步建立了有利于文化科学发展的体制机制。①

2. 文化馆、博物馆、图书馆、美术馆设施建设情况

2.1 博物馆建设

近年来,随着社会经济的发展,各地博物馆数量和规模急剧扩张,建设热潮涌动。然而在博物馆建设热潮中也出现了盲目跟风、超前建设现象,重建筑轻功能、重建设轻运营的"两重两轻"问题突出,馆藏文物保护现状不容乐观。

"十一五"期间,全国博物馆以每年 100 座的速度增长,并于 2010 年进入高峰——全国新建 395 座博物馆,平均每天超过一座。截至 2012 年末,我国博物馆总数已达3589 个。按照国家文物局提出的"到 2020 年全国每 25 万人一座博物馆的中长期发展规划",未来 10 年,我国博物馆仍将以平均每年 200 座左右的速度增加。

但是有专家认为,我国博物馆建设盲目超前、攀高比大的现象比较突出,且这种趋势还在从国家级馆和省级馆向地市级馆蔓延。而且很多博物馆设计既成为不了地标,也没达成内部空间合理化,造成巨大的浪费。同时多位专家认为,当前我国已进入博物馆建设的又一高潮期,不少城市先后提出建设"博物馆之城"的口号,随之而来的是一些地方博物馆建设存在求多求洋、重建筑轻功能、重硬件轻软件、重建设轻运营的问题。另一方面,现有博物馆基础设施条件差、历史欠账多的情况普遍,多数中西部尤其是西部中小博物馆经费仅能维持日常运行,缺少发展后劲。②

为了促进我国博物馆的健康发展,鼓励和规范民间博物馆的发展,2013 年 9 月,国家文物局出台了《民办博物馆设立标准》(征求意见稿)对民办博物馆准入机制、办馆行为等进行了规范。设立民办博物馆须具有与办馆宗旨相符合、构成展览体系的 300 件(套)以上藏品及必要研究资料。此外,藏品应当真实可靠且来源合法。

2.2 私人美术馆时代

2012 年 12 月 31 日,上海美术馆旧址外的红色迁址通告在无声地对不断涌入

① 白瀛、周玮、璩静:《文化体制改革取得历史性成就》,《新华网》2013 年 6 月 13 日。
② 郎秋红、岳瑞芳:《博物馆建设热是否该降降温》,《新华每日电讯》2013 年 5 月 23 日。

的观众说明:这将是它在南京西路325号的最后一次"演出"。从2013年1月1日起,上海美术馆将正式迁入位于浦东新区的中华艺术宫新址。在这个时间节点,同在浦东新区的私人美术馆——龙美术馆的开馆大展"古往今来"已经进行了12天。而在2013年的秋季,上海又迎来了三座私人美术馆的开馆,分别是印尼籍华裔收藏家余德耀的德美术馆和与之毗邻而建的刘益谦、王薇的龙·当代美术馆,以及由万和酒店投资集团董事长郑好经营的昊美术馆,再加上已经迁入新址的喜马拉雅美术馆,上海迎来了新一波私人美术馆的"百家争鸣"。①

除上海外,西安的美术馆建设也呈现出蓬勃朝气及数量上的递增,甚至超越了此前的总和,据不完全统计,2013年西安新增的美术馆,数以十计,其中不少是更注重互动和品质的私人美术馆。②

3. 城市非物质文化遗产保护与开发

3.1　非物质文化遗产保护地方新措

《温州市非物质文化遗产保护管理办法》(以下简称《非遗管理办法》),于2013年4月1日起正式施行。它的发布实施,为温州非遗的保护、保存和传承提供了强大的法规保障,为全面推进温州市非遗保护工作奠定坚实的基础,具有重要而深远的意义。专家对此展开了解读:《非遗管理办法》为非遗保护提供财政、机构和人员保障;明确了政府各部门非遗保护职责;鼓励全民参与非遗保护;强调抢救性保护和生产性保护;鼓励民间兴办非遗馆;传承人不再"终身制";此外,《保护管理办法》明确了法律责任,对违反本办法规定的作出"责令改正、行政处分、行政处罚"等各种不同的制裁方法。③ 但是有专家认为,《温州市非物质文化遗产保护管理办法》实施以来,温州非遗保护仍然是有令难行,施行无力。因此建议政府首先应当要将保护非物质文化遗产列入政绩考核中;其次,政府要鼓励企事业单位捐赠和结对保护,调动社会力量积极投身其中。④

3.2　联合国非物质文化遗产名录最新申报情况

2013年1月,中国与哈萨克斯坦、吉尔吉斯斯坦三国"丝绸之路:起始段与天山廊道的路网"项目申遗文本正式报送联合国教科文组织,申请于2014年列入《世界遗产名录》,标志着丝绸之路跨国申遗工作正式启动。2006年以来,在联合国教科文组织的倡导和推动下,我国与中亚有关国家开展了丝绸之路跨国系列申报世界遗产工作,这也是我国首次进行跨国申遗。

中国的不懈努力得到了世界认可。在6月召开的第37届世界遗产委员会会

① 《2013:上海私人美术馆迎来江湖时代》,《易拍全球商报》2013年2月28日。
② 《2013年谁温暖了西安的艺术圈?》,《华商报》2013年12月3日。
③ 阮静:《〈温州市非遗保护管理办法〉解读》,温州非遗中心网站2013年4月19日。
④ 《温州"非遗"的保护与传承》,温州民间智库网2014年4月2日。

议上,新疆天山列入世界自然遗产,红河哈尼梯田文化景观入选世界文化遗产,至此,中国世界遗产总数达到45项,名列世界第二。12月,中国珠算成功列入联合国教科文组织“人类非物质文化遗产名录”,中国以总数38个项目成为入选联合国教科文组织非物质文化遗产名录项目最多的国家,也是联合国教科文组织“人类非物质文化遗产代表作名录”“急需保护的非物质文化遗产名录”“优秀实践名册”三项名录中都有项目列入其中的少数国家之一。①

四、城市生活方式与亚文化

1. 衣

2013年3月22日,在身穿立领藏蓝色双排扣风衣、佩戴浅蓝色围巾、手提黑色皮包的彭丽媛首次以“第一夫人”身份出国访问,并笑容可掬地走出机舱挥手致意的那一刻,“中国第一夫人”就成了全世界媒体炙手可热的话题。

关于中国“第一夫人”着装的话题,是当天无可争议的关键词,从衣服的颜色、品牌再到挎什么样的包,都激起了人们最大的兴趣。一个例证是,就在彭丽媛走下飞机几分钟后,她出访莫斯科着装的翻版就出现在中国最大的电商平台淘宝网上。因为彭丽媛身着的服装后来被认定是纯正的中国本土品牌,第一夫人热度甚至还拉高了几支中国本土服装品牌的股价。就连一向挑剔的外媒这次也没有吝啬他们对中国“第一夫人”的赞美语句:英国BBC称她为“中国的时尚第一夫人”;美国《纽约时报》说“从美学角度看,这是一次仪态万千的成功亮相”;《华尔街日报》的文章说“中国网民对她的称赞让人想起了2008年美国新任第一夫人米歇尔·奥巴马”……第二天,新华网甚至也评论说“美国有米歇尔·奥巴马,中国有彭丽媛”……

此次陪同出访,最为中国普通公众所津津乐道的,就是彭丽媛的服饰。从俄罗斯到南非,彭丽媛每次亮相,新闻图片便立刻传遍各大网络和媒体,同款服饰的搜索量和销量猛增,就连不关心政治的观众们也会守在《新闻联播》前,看看彭丽媛又有了什么新造型,出席了什么活动。在网络上,网友们用“瞬间骄傲了”来形容彭丽媛在世界面前的优雅亮相,而跟随的评论无不是“美丽大方”“让全世界看看,我们的‘第一夫人’才貌双全”“端庄、大气、亲民”等褒奖。

对中国本土的服装品牌而言,彭丽媛的这次亮相是个极大的鼓舞。彭丽媛这次出访所选择的服装品牌,由广州设计师马可创立。这位在国际时尚界颇具好评的设计师,擅长用棉麻等自然材质,打造具有东方韵味的“减法的奢侈”,与西方时尚圈的logo化和物质化形成了鲜明对比。彭丽媛对于这个本土品牌的偏爱,一来

① 《年终专题报道:2013十大文化亮点回眸》,《光明日报》2013年12月19日。

契合了自己简约而富个性的气质，二来也为弘扬本国品牌，抑制奢侈之风提供了契机，深得人心。[①]

2. 食

习近平总书记在新华社一份《网民呼吁遏制餐饮环节"舌尖上的浪费"》的材料上作出批示，要求大力弘扬中华民族勤俭节约的优秀传统，努力使厉行节约、反对浪费在全社会蔚然成风。

事实上，中国人大吃大喝的问题在上个世纪80年代就遭到过热议，明知道是浪费却因为"面子"问题一直未杜绝，"奢华的吃饭方式起源于物质贫乏的历史阶段，多点菜成为体现热情的方式"。而公款吃喝风行，造成"三公"消费居高不下也是其中一个因素。[②] "剩宴"成为了最严重的粮食浪费问题。随着商务部和国家旅游局发布《关于在餐饮业厉行勤俭节约反对铺张浪费的指导意见》，明确要求餐饮企业引导消费者厉行节约、减少浪费之后，2013年关于粮食浪费问题受到广泛关注也得到了较大改善。

中国烹饪协会昨日发布餐饮业"厉行勤俭节约、反对铺张浪费"调查报告，近八成餐企表示存在浪费现象，其中星级酒店和高端餐饮浪费量高达20%。一系列厉行节约措施实施后效果明显，近80%企业认为浪费有所减少。[③] 且各地方也自发出台各项规章制度倡导市民合理消费，督促餐饮企业节约不浪费。如北京市《西城区对餐饮企业剩饭剩菜行为管理处罚办法》规定，餐饮企业服务人员有责任和义务引导消费者树立"适度点餐、合理消费"的观念，并在餐厅饭馆显著位置设立"文明餐桌"的温馨提示牌或海报、宣传画，餐桌上要有"不剩饭、不剩菜"的温馨提示牌。同时，要积极配合文明就餐行动，根据企业实际制定"文明就餐、合理消费"的消费者奖励机制，如价格打折、送小礼物、免费提供打包食品袋等。餐饮企业未尽到提醒义务，导致消费者浪费现象严重、被执法人员检查发现或受到投诉举报，食品药品监管部门将根据实际情况给予警告曝光、停业整顿、加入餐饮企业黑名单等处罚。《临沂市餐饮服务单位剩饭剩菜行为管理办法(暂行)》，就全市餐饮服务单位在剩饭剩菜行为方面的职责和处罚等作出相关规定：餐饮服务单位要扎实推进"文明餐桌"行动，加大对服务人员的培训，加大宣传力度，开展经营创新，尽量避免大量浪费现象。违反以上规定的餐饮服务单位，"文明餐桌"行动工作领导小组相关职能部门将按照各自职能依法进行处罚并曝光。被处罚和曝光的单位，不得参加省市两级消费者满意单位的评选。[④]

---

① 《美国有米歇尔，中国有彭丽媛》，《南都周刊》2013年4月2日。

② 张志龙、高洁：《制造中国式"剩宴"的不仅是"面子"》，《新华每日电讯》2013年1月23日。

③ 《近八成餐馆浪费有所减少》，《北京晨报》2013年2月8日。

④ 《北京西城：饭店未提醒致浪费轻则曝光重则停业》，《京华时报》2013年8月6日。

3. 住

市区买房还是郊区置业一直令购房者头痛不已，其各有优势：市区楼盘交通便利、配套完善、房子升值快；而郊区楼盘价格低、绿化好、空气质量佳。据搜狐焦点进行的《雾霾下的北京 空气污染对置业影响》的线上调查结果显示，超过67%的网友认为北京的雾霾天气已经影响到了他们在北京的置业，网友表示将会慎重考虑是否在北京购房，而有超过70%的网友倾向选择在郊区置业，以躲避现代城市发展所带来的空气污染。在雾霾天气下，在网友的置业区域的选择上，43.42%的网友选择在污染程度没市区高且交通方便的近郊区置业，33.77%的网友选择在污染程度会比较低的远郊区置业，而仅有22.81%的网友依然会选择虽然污染比较厉害但其他各方面条件优秀的市区置业。恶劣的空气环境也在悄然改变着人们选择住宅的标准，在调查中，38.16%的网友看重绿地资源较多的绿色住宅，30.7%的网友希望选择远离城市污染的低密度住宅，18.42%的网友希望住进具有空气净化系统的科技住宅，而12.72%的网友希望自己的住宅具有更好的密闭性。①

事实上，随着我国城市经济的快速增长，许多大城市不同程度地出现了部分城市功能由中心城区向城市外围扩散和转移的倾向。人们为了逃避大城市中产生的环境恶化、交通拥挤、噪声等问题，纷纷迁往美丽田园的郊区居住。拥有郊区的独立式住宅，成为中产阶级追求的梦想。因而郊区早已成为购房者选择的热点区域。②

4. 行

地铁是现代文明的产物。地铁作为流动的公共空间，当不同社会群体同时出现时，展示的是人类文明、现代都市文明。2013年1月1日，《上海地铁公共文化建设(2013—2015年)三年行动计划》暨首届上海地铁公共文化周正式启动。3年内，上海地铁将在100座车站实施120个公共文化建设项目。自1993年1号线开通至今，上海地铁已建成11条线、425公里、280座车站。从建设开始，公共文化元素不断注入上海地铁，共实施了581个公共文化建设项目。根据行动计划，上海地铁将在原有52个车站装饰60幅大型浮雕壁画的基础上，在新建的11、12、13号线的上海游泳馆站、自然博物馆站等18个车站，布置各类大型浮雕壁画，从而形成70座车站近100幅大型浮雕油画的地铁文化艺术氛围。同时，地铁人民广场站厅3号出入口通道内侧的17幅"黄金地段"灯箱，将用于发布以"上海好儿女"为主题的典型人物宣传，14个新建车站将各预留30米宽、2米高的公益宣传长廊；

---

① 《雾霾下7成购房者选择郊区置业绿色住宅成首选》，搜狐焦点网2013年2月5日。

② 《郑州房产开发商触角外延购房者居住观念改变》，《郑州晚报》2014年4月1日。

人民广场站和大世界站开设“上海地铁音乐角”，虹口足球场站开设“体育文化角”；一部分车站的站厅、站台、出入口通道将布置文化展示长廊，初步形成共计43座车站、近3000平方米的地铁公共文化展示新平台。①

从8月18日开始，“1元借阅”在上海地铁2号线全面铺开。乘客只需支付1元钱，就可在地铁站的图书借阅区内借走自己“心仪”的书，在乘地铁时阅读，下车时可在其他车站的还书点归还。湖北作协在武汉轻轨的站台、车厢内布置诗歌作品，进行“公共空间诗歌”的主题活动，在轻轨1号线的车厢内、桥墩旁、扶梯边、过道处，市民可以欣赏到中英两国当代诗人的诗歌佳作。“地铁阅读”“地铁诗歌”的出现，不仅提升了城市公共空间的文化氛围，更是通过这种形式，来普及阅读文化，进而发挥其潜移默化的文明教化作用。②

5. 游

自由行正成为国人重要的旅游方式。而酝酿了30多年的《旅游法》终于在10月1日正式实施。有观点表示，这部对当前旅游市场“潜规则”刀刀见血的法规是把双刃剑，既可净化市场、规范经营，为从业者们提供公平良好的竞争环境，同时也让他们感觉到危机。业内人士表示：“当今旅游客源市场越来越年轻化，年轻人追求个性，对旅游有自己的想法和偏好。年轻化的客源市场本来就在慢慢扩大自由行、半自由行等新型旅游产品的比例，此次《旅游法》的实施又将起到催化的作用，新型旅游或将成为未来旅游发展大趋势。”③

在自由行的旅游目的地中，据中国旅游研究院与中青旅控股有限公司联合发布的《中国度假旅游行业发展研究报告》显示，三亚被列为最受国内游客青睐的内地自由行目的地。紧随其后的是云南丽江、浙江乌镇、福建鼓浪屿、广西桂林、四川九寨沟等景区。在自由行出境游中，最受中国游客欢迎的旅游目的地除了马尔代夫之外，其他分别为泰国、印尼、新加坡、韩国、马来西亚、日本等国家，占到了所有出境游的84.8%。自由行出境游消费与国内游消费存在较大差距。该报告显示，出境游人均消费为9248.1元人民币，而国内游人均消费仅为3982.6元，出境游人均消费比国内游高出132.2%。《报告》还预测自由行将进入品牌化发展阶段，其产品的自由度和丰富度将成为消费者的主要诉求；同时，自由行将主张服务能力的回归，线上分销将成为销售主渠道。④

在这样的趋势下，2012年杭州在全国率先启动新媒体营销策略，在Facebook、Twitter等海外社交媒体开展一系列互动活动，取得佳绩。在全球最大的旅游评论

① 《上海将在100座地铁站实施120个公共文化建设项目》，中央政府网站2013年1月2日。
② 《我们需要更多的“地铁文化”》，国家电网报2013年9月13日。
③ 《〈旅游法〉实施或使自由行成大趋势》，《大连日报》2013年9月10日。
④ 《国内自由行目的地：三亚最受青睐》，海南网2013年8月21日。

网 TripAdvisor 上，杭州获得了该网站评选的“2013 中国最受欢迎旅游目的地”十佳之一。① 可见，一个城市有怎样的定位，体现了这座城市的抱负，也最终影响着这座城市的发展前景。另一方面，《2013 中国千万富豪品牌倾向报告》显示，在旅游目的地的选择上，在国内旅游目的地的选择上，三亚、香港和云南仍然是富豪最青睐的国内旅游目的地前三名。新疆则从去年的第 10 位上升到第 6 位。国家旅游局有关人士曾评价，新疆旅游无论是自然风光还是民俗风情，都具备高端性与唯一性，是中国重要的旅游目的地，具有很大的后发优势，是旅游者不能不去的地方。② 在国际旅游目的地的选择上，法国、美国排名前二位，新加坡、瑞士和英国也较受欢迎，日本跌出榜单前 10 位。③

6. 购

2013 年，中国网络购物市场交易规模达到 1.85 万亿元，增长 42.0%，与 2012 年相比，增速有所回落。随着网民购物习惯的日益养成，网络购物相关规范的逐步建立及网络购物环境的日渐改善，中国网络购物市场将开始逐渐进入成熟期，未来几年，网络购物市场增速将趋稳。同时随着传统企业大规模进入电商行业，中国西部省份及中东部三、四线城市的网络购物潜力也将得到进一步开发，加上移动互联网的发展促使移动网络购物日益便捷，中国网络购物市场整体还将保持相对较快增长，预计到 2016—2017 年中国网络购物市场交易规模将达到 40000 亿元。④

从网购特点出发，淘宝网发布的《县域网购发展报告》对全国包括县、县级市、旗、自治旗、自治县、林区和县级特区在内共计 2006 个县域地区网购数据进行统计显示：2012 年，我国县域地区共有超过 3000 万人上淘宝购物，花费达 1790 亿元，比上一年增长了 87%；平均下来，每个人网购花费 5628 元，而一、二线城市为 4700 元。从次数上看，2012 年前者一年人均网购 54 次，超过一、二线城市的 39 次。对此，专家表示，多年来城市与县域间的消费水平差异显著，但网络零售正在逐渐消弭这种差异；网购改善了商品流通体系，弥补了县域地区实体零售的相对不足。在研究者看来，县域地区网购花费比重更大，不仅因为网络零售作为线下购物的一种替代渠道，还刺激了消费增长，是对居民消费潜力的释放和满足，创造了新消费或消费增量。随着互联网和物流基础设施的发展，将极大释放中国县域地区的网络消费潜力，县域地区将是未来网络零售以及整个经济市场的另一片蓝海。⑤

① 《杭州成最受欢迎目的地》，杭州在线 2013 年 10 月 16 日。
② 《胡润研究院发布报告显示新疆成高端旅游目的地》，天山网 2013 年 2 月 16 日。
③ 《新疆成为最受国内千万富豪青睐旅游的目的地之一》，天山网 2013 年 2 月 11 日。
④ 《2013 年中国移动互联网市场运行情况分析》，中商情报网 2014 年 1 月 15 日。
⑤ 张意轩：《县里人更爱网购》，《人民日报》2013 年 7 月 30 日。

7. 两性问题

7.1 2013 年中国人婚恋状况

2014 年 1 月 10 日,《2013 年中国人婚恋状况调查报告》采用互联网在线问卷调查的方式进行,旨在揭示在多元文化交汇下当代人的婚恋观,聚焦婚恋现象的深层原因。报告指出:虽然法律规定,男 25 岁,女 23 岁结婚算晚婚,但是,在快节奏生活的现代,大学毕业就有 22、23 的年纪了,因此,4 成人认为 30 岁结婚算晚婚,与法律规定的晚婚年龄相差甚远。相亲作为现代人脱单的主要途径之一,让人又爱又恨。爱的原因不用说,"恨"的原因多是跟经济相关,"相亲是高富帅才能负担得起"的言论一度甚嚣尘上。而移动互联网时代的到来,也在悄然改变人们的交友方式。调查显示,8 成人下载过手机交友应用,且女性比男性更偏爱使用移动 APP 找对象。而对于婚姻幸福的条件,单身人士则把多数的票投给了契合的性格、共同的生活理念和目标、双方家庭的认可和支持。除此之外,男性与女性还是有一定差异的,男性更注重相似的生活习惯;女性更注重经济条件和物质生活水平。①

7.2 网络色情

《2012 年中国互联网违法犯罪问题年度报告》显示,网络色情的传播者正在进一步呈现低龄化、高学历化的趋势。报告称,由于互联网发展与应用需要以计算机网络知识为基础,为具有高学历特别是具有计算机专业背景的年轻人提供了机会,一些高学历年轻人在利益诱惑下走上利用网络色情犯罪的道路。报告同时指出,网络色情传播的非牟利化趋势进一步显现。越来越多的高学历年轻群体成为网络色情的传播者,动因并不在于牟取非法利益,而是由其工作性质、生活方式与社会思潮等共同影响而形成的一种所谓"个体需求"。这也预示着网络色情的治理将是一个长期、复杂而艰巨的任务。②

2013 年 1 月 22 日,第 26 次全国"扫黄打非"工作电视电话会议在京召开,会议强调要以学习宣传贯彻党的十八大精神为主线,坚持集中行动和日常监管相结合,坚持网下清缴和网上净化相结合,突出抓好封堵非法出版物、清理网络淫秽色情、打击侵权盗版三项重点任务,努力营造规范有序的文化市场环境,为促进经济持续健康发展和社会和谐稳定提供有力的思想文化保障。特别要把工作重心放到网上,加强网络社会管理,严厉打击网络淫秽色情等文化垃圾。要严格执行知识产权保护的有关法律法规,严厉打击侵权盗版活动,牢固树立对人民、对下一代高度负责的态度,着力解决社会反映强烈的问题,推动"扫黄打非"任务落实,推动

① 中国人口福利基金会:《2013 年中国人婚恋状况调查报告》,《三秦都市报》2014 年 1 月 12 日。
② 《网络色情传播者高学历化》,《法制日报》2013 年 1 月 28 日。

工作常态化、机制化。①

8. 文化名人

8.1 文化盛会

在中华文化促进会、凤凰卫视主办的“智慧东方——2013 中华文化人物”颁授典礼上，共有 12 位人物获本年度“中华文化人物”称号。他们当中，有使数以百计的海外珍宝完璧回归中华的知名港澳爱国企业家何鸿燊博士；有焕发出孩子们天使般歌声的音乐大师杨鸿年；有推动全球文明对话的思想家杜维明；有深具浓郁原乡情结、闻名两岸三地的如歌诗人席慕蓉；有细心、耐心搜存民间文化的黄永松；有瘫痪多年，却三十年如一日地整理记录民族文化的王凤刚；有用脚步丈量“万里茶道”的作家邓九刚；有关注北极生命状态的王建男；有为民间提线木偶注入生命的王景贤；有多年去到偏远贫困山区记录民族文化遗产的李亚威；有让尘封古城重现光彩的“文化书记”祁金立；还有香港最具风格和文化气息的电影人陈可辛，对中华文化的热爱和传承是他们共同的属性和追求。②

在内地，由搜狐网与鲁迅文化基金会联合主办的“2013 年鲁迅文化奖颁奖盛典”颁出包括年度小说、年度诗歌等在内的 12 项大奖。鲁迅文化基金会秘书长、鲁迅长孙周令飞出席盛典时，用鲁迅的话表达了对奖项的期望：“我独不解中国人何以于旧状况那么心平气和，于较新的机运就这么疾首蹙额；于已成之局那么委曲求全，于初兴之事就这么求全责备？”他希望能用一种韧的精神，将鲁迅文化奖以及它所张扬的社会关怀、现实题材和文化创新理念坚持下去。鲁迅文化奖是中国唯一以鲁迅命名的文化大奖。它以“为中国发现创造的力量”为宗旨，以“坚持公正与独立的评判”为原则，传播多元、开放、自由的价值观，提倡关怀社会、贴近现实、反映时代的创作理念，以期为中国文化领域树立标杆、指引方向、凸显价值。该奖今后将每年举办一次。③

8.2 逝去的文化名人

癸巳年，一个又一个文化大腕走完他们的传奇人生，也斯、邓正来、雷抒雁、张晖、辛丰年、赵无极、侯仁之……他们中有的积极参与社会活动，声名远播著作等身；有的甘坐冷板凳，于无声无光处发光；但他们的共同特点是，人品和学问俱佳，令人缅怀。

① 《严打网络淫秽色情等文化垃圾》，《深圳特区报》2013 年 1 月 23 日。

② 《2013 中华文化人物颁奖何鸿燊陈可辛获奖》，新浪广东 2014 年 1 月 9 日。

③ 《2013 年鲁迅文化奖产生 12 项大奖鲁迅长孙谈意义》，中新网 2013 年 12 月 5 日。

表 1　2013 年逝去的文化名人

序号	姓名	生年	简介
1	也　斯	1948	本名梁秉钧，广东新会人，曾任香港岭南大学中文系主任，在诗歌、散文、小说、文学评论、文化研究等方面均有不少著作，被称为香港“文化遗老”，曾获香港文学双年奖。
2	邓正来	1956	著名法学家、政治学家、翻译家，“中国第一个学术个体户”。
3	雷抒雁	1942	当代诗人、作家，曾任《诗刊》副主编、鲁迅文学院常务副院长，著有长诗《小草在歌唱》等。
4	张　晖	1977	杰出青年学者、中国社会科学院文学研究所副研究员
5	辛丰年	1923	原名严格，知名古典音乐乐评家。
6	赵长天	1947	著名作家、上海作协副主席、《萌芽》杂志主编、新概念作文大赛创始人。
7	孙家孟	1934	中国第一代西班牙语翻译学者。
8	赵无极	1921	华裔法国画家，同美籍华人贝聿铭、作曲家周文中一起被誉为海外华人的“艺术三宝”。
9	纪　弦	1913	中国现代著名诗人，代表作《你的名字》。
10	于光远	1915	中国社科院原副院长、原中顾委委员。
11	牛　汉	1923	著名诗人，曾任《新文学史料》主编、《中国》执行副主编。
12	侯仁之	1911	中科院院士、北京大学教授，中国著名的历史地理学者，有中国“申遗第一人”之称。
13	红线女	1924	著名粤剧演员，代表曲为《荔枝颂》《珠江礼赞》《昭君出塞》。

9．先锋艺术家

上海当代艺术馆举办的第二届年轻艺术家群展“ + 关注 2013 存在”于 2013 年 2 月 23 日至 3 月 23 日举行，高铭研、苏畅、竹子、张云垚、小龙花、廖斐、陈天灼等 7 位年轻艺术家带来绘画、装置、摄影、影像、文本等多种艺术形态的作品。①

这 7 位拥有独特视角的艺术家以多元化的艺术表现，用各自的语境描绘出对这个社会的观察与疑问，而当观众进入展厅那一秒时就仿若直接走入艺术家的内心世界，身历其境地体会艺术家以作品反映出的种种情绪。上海当代艺术馆在策展时特地为每位艺术家规划独立的空间，借此协助每位艺术家在一方天地中不受干扰地完整阐述关于探讨自我存在的种种故事……因此各个展览空间氛围迥异，有的仿佛是一个心灵的庇护所；有的仿佛是头脑风暴的中心；有的则游走于现实和超现实的边界……这几位年轻艺术家虽然风格截然不同，但共同点在于皆有明确的研究方向但不拘泥于“艺术家”身份，反而广泛地尝试各种媒介，同时多元地

① 《7 位年轻艺术家群展在沪开幕》，《东方早报》2013 年 2 月 24 日。

扩展自己的视野。这也是在信息爆炸，传播媒介泛滥的时代，当代艺术家如何突破旧世代创作模式必须面对的课题，而观众在观展及与艺术作品交流的过程中，是否可能转换看待世界的角度，进而开启一片不同的视野，亦可能触动内心尚未开启的某个隐秘角落。①

10．"草根"阶层

2013 年是"土豪"的天下。"与土豪做朋友""为土豪写诗"俨然是这一年最流行的趋势，"土豪我们做朋友吧"甚至影响到全世界，英国广播公司（BBC）专门为"Tuhao（土豪）"一词做了一档节目，探讨中文词汇的影响力，更传闻"Tuhao"有可能以单词的形式获得牛津英语词典的正式认可。

这是非常具有转折性的一个变化。一个在社会中低层，以及底层挣扎谋生的人，无论他是写字楼白领、服务业职员、小生意人，还是农民工，在粗鄙的权贵、富人阶层面前，该如何喊出"草根"的抗争？如果说在 2012 年，大众还只是用"屌丝"这一自嘲来防守，让自己在心理上站稳的话，那么，2013 年，"土豪"的出现，虽仍属戏谑，却已开始在文化上进攻。"土豪"一词来自于新中国成立前"打土豪分田地"的革命口号，在最初的所指中，无论是大地主阶层的家族或个人，还是乡村中有钱有势的恶霸，都是被唾弃、蔑视的对象。

而"土豪"一词获得新的所指，则源于网络游戏，用以指代在网络游戏中花大价钱买装备的玩家群体。在最初的语境中，这是一伙有钱但无较好游戏技巧的人，带有一定的调侃色彩。而"土豪"在 2013 年的流行，直接肇端于"和土豪做朋友"的微博运动，使得"土豪"一词开始成为流行语。这场微博运动，由于大量"屌丝"的加入，构成了"屌丝"和"土豪"的阶层对比，使得"土豪"成为对中国新富阶层的命名。

在"土豪"一词对应了"有钱没品"的新富阶层后，很快就收容了与之在属性上相同或相似的诸多东西：豪华的政府办公楼、"广州圆大厦"、苹果手机的"土豪金"、应对雾霾的"土豪"装备、一个老板买卖废弃坦克的"土豪"行为……而一些权力者，一些专家，在说话时也非常具有"土豪"色彩。他们掌握着权力、话语霸权等稀缺资源，但或对穷人鄙视，或对公众不屑一顾，在政治伦理、理性能力的修养上都"没品"。然而，评论者指出，虽然大众开始在网络空间上进行话语反击，但"土豪"的话语泡沫是注定要破裂的，然后"土豪"像以往的流行词汇一样，过时，陈旧。那不过是一场曾经的文化之战的记忆。②

① 《年轻艺术家群展上海当代艺术馆开展》，搜狐网 2013 年 2 月 25 日。

② 石勇：《从"屌丝"到"土豪"——新话语背后的大众文化反击战》，《南风窗》2013 年 12 月 23 日。

五、城市伦理文化与审美文化

1."最美"现象

2013 年 5 月 29 日，由中央电视台和光明日报社共同主办的 2013 年"寻找最美乡村教师"大型公益活动在北京正式启动。这是这项在全国产生广泛影响的活动第三次在全国展开。2011 年和 2012 年，中央电视台和光明日报社已经联合主办了两届"寻找最美乡村教师"大型公益活动，几百名编辑记者奔赴全国各地的偏远乡村寻访，行程达数万公里，一大批高风亮节、无私奉献的乡村教师的感人事迹在中央电视台《新闻联播》、新闻频道、科教频道《讲述》栏目中充分展示，一个个鲜活、动人的乡村教师形象在《光明日报》的版面上呈现出来，在社会上引起强烈共鸣，感动了无数观众读者。活动也引起了近百家传统媒体和网络媒体的强烈关注，对活动体现出的主流媒体社会担当和乡村教师的感人事迹，大家予以一致肯定。9 月 9 日，阿力太（新疆）、仲威平（黑龙江）、格桑德吉（西藏）、廖乐年（广东）、廖占富与张兴琼（四川）、吉思妞（云南）、王金花（海南）、杨元松（贵州）、刘坤贤（重庆）、潘立华（安徽）以及由 7 位"80 后"乡村教师组成的团体"会泽七子"（云南）被评为"最美乡村教师"，同时，还有 19 名乡村教师被推选为"特别关注乡村教师"。[①] 颁奖典礼在央视多个频道播出后，社会反响非常强烈，教师节前后在全社会形成了关爱乡村教师、关心乡村教育的浓厚氛围。两年的活动中，组委会已经为 21 个"最美乡村教师"及团体、50 多名"特别关注乡村教师"和近万名乡村教师提供了资金、物资资助和各类文化扶持。

2013 年的"寻找最美乡村教师"活动围绕"中国梦"主题，表现优秀乡村教师无私奉献、甘为人梯的精神品格，在全社会大力弘扬社会主义核心价值观，积极营造尊师重教的浓厚氛围，引导更多的人关心和关注农村教育、支持和帮扶乡村教师，为我国农村教育事业发展贡献了力量。[②]

2. 城市特殊道德事件

2.1 富人喝人奶

三聚氰胺事件爆发后，又面临香港婴儿奶粉限购，导致深圳奶妈业悄然红火，许多哺乳期妇女"抛夫弃子"到深圳淘金。甚至有人将奶妈的服务范围扩展为成年人哺乳，甚至雇主可对着乳头直接喝。

奶妈有偿代哺现象游走于法律边缘，处于无约束无标准的尴尬境地，本已饱受争议，如今涌现的富人喝人奶甚至"直饮人奶"现象，则直接挑战了公众的认知

① 《2013"寻找最美乡村教师"大型公益活动结果揭晓》，新华网 2013 年 9 月 9 日。

② 《2013"寻找最美乡村教师"大型公益活动在京启动》，中国新闻网 2013 年 5 月 30 日。

底线和社会的伦理道德，应该遭到舆论的唾弃。市场中介的肆意炒作，富人内心的空虚自大，社会价值观念的扭曲，共同催生了“成人喝人奶”这一怪现象。一头是城市的精明分子，一头是淳朴的乡村妇人，在利益的驱动下，“人乳交易”在灰色地带越走越远，在“物以稀为贵”的炒作下，人乳的稀缺性也暗合了富人炫耀财富和身份的心理。且“对着乳头喝奶”也是涉嫌色情、淫秽的违法行为。按照常识，任何市场行为都要受法治和道德的双重约束，而富人“对着乳头喝奶”看似是你情我愿的市场行为，其实不仅让法治备显尴尬，更挑战了基本的社会伦理和人的尊严。

和五花八门的富豪相亲会一样，富豪圈中的人乳交易给社会敲响了警钟，即财富魅力歪曲了人们正常的价值观念，财富的力量可以强大到轻易践踏社会公共伦理的地步，这是极端的拜金主义，值得警惕！①

2.2 地铁禁食

2013 年 9 月，上海市十四届人大常委会第七次会议审议的《上海市轨道交通管理条例(修订草案)》(修改稿)中首次出现了禁止在车厢饮食的规定。消息一出，立刻获得了不少人的认同，种种地铁进食给乘客带来的不适体验让人们对这一新规充满期待。但在地铁进食行为还颇为普遍、禁令执行起来还有诸多困难的情况下，“地铁禁食令”会否又像“常回家看看”一样，成为难以真正落地的空头法规。

从国外经验上来看，美国各地地铁行为规范并不完全相同，但对违反者的惩罚都很严——轻者通常会被口头警告或驱离、罚款，重者甚至会被逮捕、拘留，或是被判社区服务等等。莫斯科颁布过多个版本的地铁法规，但都没有明令禁止在地铁上吃东西。在俄罗斯，“文明行为”本身就暗含了禁止在车厢吃东西。如违反规则，将被处以罚款，但具体数额不详，因为没有体现在法规里。在英国，伦敦地铁有 139 年的历史，但并无规定不准吃东西。在法国，巴黎地铁站里 2012 年张贴了一系列平面广告抨击不文明行为。在许多欧洲人看来，在地铁里饮酒比吃汉堡、薯片更加恶劣。德国汉堡市公共交通协会 2011 年出台“禁酒令”。而英国《卫报》网站文章则认为，那些辛苦工作来不及吃饭的人和容易犯饿的孩子应该得到理解。②

3. 城市高雅文化普及活动

2013 年初，首都文明办、国家大剧院启动 2013 年“建设美丽首都，做文明有礼的北京人——市民高雅艺术殿堂文明行”活动。全年将推出“我的梦想——首都

① 《“富人喝人奶”违背社会伦理》，《东南商报》2013 年 7 月 3 日。

② 《“地铁禁食”，情理平衡有点难》，《解放日报》2013 年 4 月 8 日。

青少年文艺展演”“艺术普及公益行动”“观赏文明大家谈”“国家大剧院高雅艺术殿堂游览体验”等10大系列共100多项、600多场高雅艺术普及活动。据了解，2011年、2012年，首都文明办和国家大剧院联合开展了两届“文明行”活动，两年累计举办1000余场活动，惠及市民200余万人次。通过演出、讲座、主题展览、艺术普及进社区等，活动宣传普及艺术欣赏知识和文明观赏礼仪，有效提升了广大市民群众的审美情趣和文明素质。①

2013年5月，教育部办公厅、文化部办公厅、财政部办公厅发布关于开展2013年高雅艺术进校园活动的通知，继续开展以“走近大师，感受经典，陶冶情操，提高修养”为主题的高雅艺术进校园活动。本次活动将组织国家级艺术院团和优秀地方艺术院团赴30个省（区、市）的高校演出京剧、昆曲、话剧、交响乐、歌剧、芭蕾舞、民族民间音乐歌舞、地方戏曲等经典作品；组织全国高等学校艺术教育专家讲学团赴中西部地区高校举办音乐、舞蹈、戏剧（戏曲）、美术、书法（篆刻）、影视等艺术教育专题讲座；组织北京高校学生走进国家大剧院参加周末音乐会、经典艺术讲堂、艺术院校舞台艺术精品展、重点剧目演出等活动。② 围绕这一通知，全国各地开展了一系列活动。

2013年年中，第十届中国艺术节正式开幕。十艺节从10月11日晚开幕到26日闭幕，历时16天。举办地包括济南、青岛、淄博、烟台、潍坊、泰安、威海、德州、日照九个城市。各类演出近2000场次、展览活动约150个。主要活动包括“文华奖”评选、“群星奖”评选等七个方面。据介绍，筹备十艺节以来，山东省共准备展演场馆55个，重点场馆资金投入达98.31亿元，其中新建16个，维修改建25个，其他14个老场馆也进行了改造完善，创作优秀舞台剧目62台，其中15台重点剧目入围“文华奖”评比展演，39件群文类作品进入“群星奖”决赛，124件作品入选全国优秀美术作品展览。省公共文化设施累计投入177亿元，其中县乡村基层文化设施投入达90亿元以上，是山东省公共文化服务体系建设投入最集中、投资量最大的时期。③

4. 与“精英”的文化较量

4.1　中国原创文化榜

由南方报业传媒集团、《南方周末》报社主办，高银地产、富国高银协办的富国高银2013文化原创榜暨年度精英颁奖典礼揭晓了2013年度的“中国原创文化榜”。主办方表示，2013年的中国文化生产力，原创精神仍然稀缺，人气最高的真

① 《“市民高雅艺术殿堂文明行”开展十大系列活动》，《北京日报》2013年1月11日。

② 《2013年高雅艺术进校园活动举行》，《中国教育报》2013年5月9日。

③ 《十艺节今晚开幕历时16天包括七大活动》，大众网2013年10月11日。

人秀几乎无一例外都是国外模式的翻版，中国的好“声音”层出不穷，中国的好“作品”仍然难寻。“文化原创榜”旨在向中国全体文化创造业者致敬，向海内外公众推介一批“最具原创精神、有高度人文关切”的年度杰出文化作品。此次颁奖典礼分为图书（虚构类）、图书（非虚构类）、电影、电视、戏剧、艺术、时尚、音乐八个类别，来自文化界不同领域的赵薇、赵宝刚、韩少功、秦晖、宋冬野、田沁鑫、喻红、陈天灼等凭借各自的作品赢得了本年度的文化原创榜。[①]

“今日中国为什么需要原创性的、生机勃勃的文化产品？最直观的原因是，光有 Made in China 是不够的，我们还需要、更需要我们称之为的 Cultured in China。经济繁华与权力荣耀都抵不过时间的淘洗”，《南方周末》在本榜单的立意阐释中解读道，“如果面向未来我们无言相告，譬如没有一本书或者一部电影来深刻地铭记这一时代，那么自 1978 年以来全体中国人辛苦开创的激流般的 30 年，多年之后就将是历史上的南柯一梦”[②]。

4.2 大众的戏剧消费

校园戏剧《蒋公的面子》和全明星阵容的《如梦之梦》是 2013 年极具代表性的两部戏。

《蒋公的面子》是南京大学艺术硕士剧团为纪念南京大学建校 110 周年而创排的一出校园戏剧，2012 年在校园内演出时受到业界人士和观众的好评，2013 年，这部戏“火力全开”，在国内 20 多个城市和美国的几个城市巡回演出 130 余场，不足 5 万元的投入收回票房近千万元。在上海和北京演出时，两度引发学术界和戏剧界的热议。有专家评价：它身上承载附加了太多戏剧之外的意义，要将这些意义和戏本身的品质完全割裂开再进行讨论，现今已不可能。这出戏最可贵的地方在于，它会让曾经的戏迷记起“戏曾经长成这样”，让从来没看过戏或者看了太多打着戏剧名号招摇撞骗的人知道“戏原来是长这样的”，而它在票房上的成功又能让从业者意识到“戏是可以长成这样的”。但是在校园戏剧领域，除了这部戏之外，难觅其他成功案例。不过，该剧的火爆还是让大家看到了校园戏剧的希望。

同样，赖声川的《如梦之梦》也给戏剧界带来了不小的冲击，而这个冲击更多的是来自全明星阵容、较高的票价和超长演出时长。撇开演技的讨论，李宇春、胡歌、许晴等明星的票房号召力不容置疑。而 8 个小时的时长以及分上下场演出的形式对观众的观演习惯也绝对是个挑战。作为明星戏剧的代表作，伴随《如梦之梦》骄人票房成绩的还有观众对它的争议。2013 年，除了《如梦之梦》，明星参演

---

① 《“中国原创文化榜”揭晓：赵薇、宋冬野上榜》，华夏经纬网 2014 年 1 月 15 日。

② 刘晓菁：《2013 文化原创榜暨年度精英颁奖典礼天津举行》，北方网 2014 年 1 月 13 日。

的话剧还有很多，如《青蛇》《大宅门》《推拿》等，相比其他话剧，明星话剧更具话题性，也更容易吸引观众，所以不断涌现。

4.3 广场舞扰民现象

近年来，由广场舞引发的纠纷不在少数，广场舞扰民遭泼粪、广场舞扰民遭鸣枪、广场舞扰民被放藏獒等新闻也是经常出现，已成为“全国现象”。广场舞蹈是舞蹈艺术中最大的一个子系统，在我国有着悠久的传统，曾有学者考证认为，关于广场舞蹈的起源有两种认识，一种认为早期的广场舞蹈是一种宗教祭祀的手段，是原始社会最为经常的智力活动，而另一种说法则认为，广场舞蹈产生于人类早期的生产劳动中，中国的每一个民族都有着自己独特的广场舞蹈形式。

学者指出，现今广场舞的流行是多方面的：首先一个是经济方面的因素，很多社区的广场（广场舞的活动空间）都是免费的，最多每个舞者每月交个三五块钱，就可以去跳。目前不少中老年人虽然生活条件不错，但是他们始终保持着“勤俭”的生活习惯，旅游、登山、一些室内健身活动等娱乐休闲方式虽然也很适合中老年人，但是这样的休闲方式成本（相对）比较高，很难被大多数人接受。此外，如今参与广场舞的中老年人，并不仅仅只是为了健身，更像是许多寂寞的老年人在一起抱团取暖。近年来，社会经济高速发展，社会压力较大，越来越多的年轻人很难有足够的时间陪伴自己的父母，尤其是现在大多数城市家庭都是独生子女家庭，只有一个孩子，空巢老人现象也越来越严重，因此广场舞成了他们交流和相互精神慰藉的一种方式。因此，中老年人娱乐方式单一、空巢老人寂寞之余抱团取暖、缺乏足够的学习能力……成为广场舞扰民现象的根本原因。①

课题负责人

王晓静，教育部哲学社会科学发展报告建设项目《中国都市化进程年度报告》课题组子课题负责人，上海交通大学城市科学研究院研究员，上海交通大学媒体与设计学院博士研究生。

① 《广场舞争议：体现两代人文化的代沟》，华夏经纬网 2013 年 11 月 15 日。

城市科学研究与人文艺术报告

一、城市科学、哲学及发展模式问题

1. 年度城市科学理论

2013年，随着国家城镇化建设方案的不断明晰，关于城镇化建设的学术研究与讨论也逐渐增多，以CNKI平台统计为例，以“城镇化”为关键词的学术研究论文在2010年、2011年和2012年分别为1536篇、1808篇和2164篇，而在2013年则增至5372篇，相比2012年增长了约2.5倍。① 本年度学术界对于城市科学的理论探讨主要以讨论城镇化的形式出现。

总体来说，学界普遍突破了将城镇化等同于由第一产业向第二、第三产业转变、土地城市化、农民不再以务农为职业和收入来源的简单偏颇判断，开始探讨农村如何能够在经济、文化、社会、生态等方面实现全方位的城镇化。在2013年，城镇化空间中的经济问题逐渐退出学界讨论的主流，开始同城镇化的社会问题、文化问题进行融合。如《中国新一轮城镇化对经济增长的机遇与挑战》指出中国的城镇化战略经历了重工业优先与农业优先、小城镇主导、中等城市与中心城市优先、大城市和城市圈重点发展四个阶段，并分析了经济增长同各时期城镇化战略之间的关系，同时指出新一轮城镇化带来的挑战与机遇有土地问题、户籍问题、住房问题、环境问题、城市交通问题、城市就业与产业问题、城市公共服务问题、农民变市民的成本问题，阐明了这些问题在经济增长方面的挑战与机遇。②《中国城镇化对经济增长的影响及其时空分化》以人口及空间城镇化为解释变量，以消费、投资为控制变量的经济增长解释模型，并采用1996年到2011年中国省域面板数据进行估计，认为人口及空间城镇化主要是通过投资传导促进经济增长，未形成对消费的推动。2007年实施新型城镇化战略后，人口城镇化对经济增长的影响效应明显提升，尤其是开启对消费的传导，通过投资传导对经济的促进效应也明显提升：东部的人口及空间城镇化主要通过投资传导对经济产生促进作用，而在中西部，除中部人口城镇化通过投资传导略拉动经济增长外，其余人口城镇化作用均

---

① 本数据为2014年4月通过中国知网(CNKI)搜索功能得出。

② 刘瑞、谷峰：《中国新一轮城镇化对经济增长的机遇与挑战》，《北京行政学院学报》2013年第5期。

不显著，另外，空间城镇化虽然也能通过投资传导促进经济增长，但仍不足以抵消通过消费传导产生的抑制作用。①

相比较而言，关于城镇化进程中的文化建设的讨论明显增多，可以说是本年度新增的热点。在民俗研究视野中，主要探讨了乡土文化如何进行保护和传承再创新问题。《城镇化进程中乡村文化的保护与变迁》指出城镇化中乡村如何辩证、全面、准确地看待农耕文明，如何清晰、理性地判断"现代化"的本质意义，是文化保护的思想基础，认为最理想的模式应为利用性保护——即激活其传统，并使其在现代的发展能产生现实效益。②《新型城镇化进程中的"城市文化自觉"与创新——以苏南现代化示范区为例》主张从马克思提出的"市民社会"上来塑造苏南的"城市文化自觉"与创新，重视从"传统的人"到"现代的人"进而到社会"样板阶层"群体的孕育过程。③ 文化产业研究视野中，主要表现为农业文化如何整合进文化产业体系问题等。《新型城镇化背景下的文化产业发展战略》提出了发挥文化提升作用，推动产业和城镇双转型；壮大文化产业主体，培育新型企业家群体；鼓励社会各界参与，推动产业要素的流通；再造城镇空间，从产业园区走向文化城区四方面机遇。④《城镇化与文化产业互动发展的逻辑与价值》指出乡村文化类型或传统文化价值在文化产业生产的机制中逐渐退化为资源型、消费型的存在，但是这并不能必然论证以城市文化替代农村文化的合理性，城镇化文化产业需要在城市/乡村、传统/现代两种文化价值内在的互补性中，以城乡文化产业的协调发展来推动文化一体化进程，即在城乡文化一体化进程中解决文化发展的多样性问题和可持续问题。《新型城镇化中乡村文化的保护与传承之道》指出在城镇化进程中，乡村文化走产业化发展道路是必然和理性的选择，相关各方树立"关注共同长远利益，建立协同发展机制"的基本观念，是文化发展与产业发展实现共赢的基础。遵循"保持文化的真实性、注重消费体验的互动性、发挥文化与产业的协同性"的基本原则，是保障发展质量的先决条件。⑤ 总体而言，城镇化过程中的文化问题的讨论开始有意识地摆脱简单"进化论"式的判定体系和空泛论述，摒弃一味将农村生活方式、价值观念、道德规范定义为"落后""待改造"的整体论断。开始认识到传统乡土文化的保护、传承与发用在价值理性与工具理性两大层面上所起到的不可替代的重要作用。

---

① 王婷：《中国城镇化对经济增长的影响及其时空分化》，《人口研究》2013 年第 37 卷第 5 期。

② 李松：《城镇化进程中乡村文化的保护与变迁》，《民俗研究》2014 年第 1 期。

③ 张鸿雁：《新型城镇化进程中的"城市文化自觉"与创新——以苏南现代化示范区为例》，《南京社会科学》2013 年第 11 期。

④ 花建：《新型城镇化背景下的文化产业发展战略》，《东岳论丛》2013 年第 34 卷第 1 期。

⑤ 张振鹏：《新型城镇化中乡村文化的保护与传承之道》，《福建师范大学学报（哲学社会科学版）》2013 年第 6 期。

同时城镇化中的社会建设讨论也在持续升温，主要表现为紧扣“人的城镇化”这一命题，多层次地涉及了农民市民化过程之中个人全面发展所需要的各项社会服务提供的综合探讨。主要集中在城镇化的社区建设与社会服务上。在社区建设的重点难点上，《城镇化快速发展时期新型农村社区建设实践研究》指出新型农村社区建设的核心问题在于农村居民点的变动与农业生产方式紧密相关、新型农村社区建设与农村集体土地制度紧密相连，并列举了江苏省苏南地区、浙江省嘉兴市和天津市的案例。[①]《城镇化中转制社区适应性转型的实现路径》指出，转制社区尚未实现城市化转型，居民思想观念不同程度地出现了没有转变、生产与生活方式不兼容等现象。提出转制社区应以思想文化转型为先导，以满足民生需求为原则，以就业转型为导向，走社区文化、生产生活方式和社区管理适应性转型路子。[②] 同时农民土地经营承包流转问题也有提及。从理论上讲，城市化的过程应当是人口密度提高，耕地增加。但是实际效果却是建城面积的增长比率比人口转成城镇居民的比率高。“更吊诡的现象是数亿农民离开了农村到城市去工作，农村的建设用地不仅没有减少，反而还在扩大。”[③]

城镇化中的生态建设讨论主要分为两大方面，一方面是以实证的方式研究具体地区的生态系统承载力，如《中国城镇化进程与区域生态效率关系的实证研究》利用中国 1999 年到 2011 年的省际面板数据，基于超效率 DEA，在测度区域生态效率的基础上，通过对 IPAT 模型扩展建立了面板数据计量模型，研究了我国区域生态效率与城镇化水平的关系。研究表明，城镇化水平与区域生态效率呈非对称 U 型关系，且东中西区域差异明显，东部地区城镇化进程中的生态效率较高，部分省份已进入 U 型曲线的上升阶段，中西部还处于 U 型曲线的下降阶段，即随着城镇化水平的提高，区域生态效率不断下降，西部地区更为突出。[④]《快速城镇化地域生态承载力评价模型构建与分析》一文以生态经济学理论为依据，结合快速城镇化地域特点，构建了快速城镇化地域生态承载力评价模型，并以义乌市对 2005 年到 2007 年的生态承载力状况进行了评价。[⑤] 另一方面关于社会建设的讨论也延伸至生态建设的话题上来。认为城镇化的生态建设不应仅限于农村的自然环境的保护与建设，还包括在乡土的、传统的生产生活方式转变为现代的生产生活方式的背景之下如何减少“阵痛”和不适应，以期平稳度过转型期。《论基于生态

① 赵之枫、汪晓东：《城镇化快速发展时期新型农村社区建设实践研究》，《城市观察》2013 年第 1 期。

② 刘洪银：《城镇化中转制社区适应性转型的实现路径》，《农村经济》2013 年第 1 期。

③ 周伟林：《中国城市化：内生机制和深层挑战》，《城市发展研究》2012 年第 11 期。

④ 罗能生、李佳佳、罗富政：《中国城镇化进程与区域生态效率关系的实证研究》，《中国人口·资源与环境》2013 年第 23 卷第 11 期。

⑤ 李爱梅、康蓉、杨海真：《快速城镇化地域生态承载力评价模型构建与分析》，《环境科学与管理》2013 年第 38 卷第 2 期。

文明的新型城镇化》通过对相关语义的阐释和辨析,认为新型城镇化内涵的"新"体现在价值取向、发展目标、运作程序、城—乡关系上,并提出了基于生态文明的新型城镇化发展的若干重要议题。①

2. 城市哲学

本年度的城市文化理论研究在原有的基础上进一步发展,主要表现在文化城市理论阐述和城市美学研究的进一步深化上。文化城市方面,刘士林教授在《特色文化城市与中国城市化的战略转型》中认为:"特色文化城市是以城市特色为直观形式,以城市文化功能的良好生态为土壤的理想城市形态,城市特色的消失,不仅意味着城市文化功能的受损,而且在深层还意味着城市本身的解体和衰落。"②同时特色文化城市也是文化城市的一个基本类型,也是我国当下文化城市建设的重点形态以及现实切入点,并梳理和辨析了其中主要包含的"城市病"、"城市文化病"、文化城市、城市特色四个相互关联的要素。③ 同时《文化城市群与中原经济区的跨越式发展》指出,城市的跨越式发展是可能的但不是必然的,"关键不在于这个理念或模式本身,而是需要根据不同的国家和区域的发展规律和特点,认真研究影响其跨越某些具体社会阶段的主要矛盾和问题,在结合已有条件和发展机遇的基础上设计出符合自身发展需要、具有自主知识产权的政策、制度和路径,从而达到缩短某些社会阶段乃至改变某种自然历史进程的根本性目的"④。而在当今城市群成为发展的主流,以及"经济型城市化"向"文化型城市化"转变的过程之中,中原经济区应定位于建设文化城市群。⑤ 从而将城市文化理论运用于城市群建设中来。而《加快发展文化产业的城市化战略与路径》指出城市化是推动当今世界发展的主要机制与力量,而文化产业则是城市先进生产力的典型代表,在两者之间存在的是"一荣俱荣,一损俱损"的共生关系。⑥ 此外朱逸宁《论中国城市文化学理论的建构》中将文化城市理论分为中国城市文化理论的西方经验、中国经验,中国的城市文化学理论体系,以及对实践的指导方式三方面。⑦

在城市美学研究中,高小康教授的《第三种城市美学:异形地志学或城市之镜》运用列斐伏尔、索亚的三种空间理论以及福柯的异形地志学,打开了中国当代城市美学研究视域中有待打开的遮蔽部分,即以理论的眼光发现散落在中国城市

---

① 沈清基:《论基于生态文明的新型城镇化》,《城市规划学刊》2013 年第 1 期。
② 刘士林:《特色文化城市与中国城市化的战略转型》,《天津社会科学》2013 年第 1 期。
③ 刘士林:《特色文化城市与中国城市化的战略转型》,《天津社会科学》2013 年第 1 期。
④ 刘士林:《文化城市群与中原经济区的跨越式发展》,《河南社会科学》2013 年第 21 卷第 12 期。
⑤ 刘士林:《文化城市群与中原经济区的跨越式发展》,《河南社会科学》2013 年第 21 卷第 12 期。
⑥ 刘士林:《加快发展文化产业的城市化战略与路径》,《河南社会科学》2013 年第 21 卷第 1 期。
⑦ 朱逸宁、刘士林:《论中国城市文化学理论的建构》,《上海师范大学学报(哲学社会科学版)》2013 年第 42 卷第 6 期。

“现代化”乌托邦理想背后的城市“后台”，提倡美学从关于预设对象的思辨研究走向面对活的社会关系的田野研究，从而打开了城市美学理论研究向城市现实考察的途径。① 此外《马克思主义的空间转向与都市空间美学》认为马克思主义虽然在政治上与资产阶级对立，但其学说中“生产”中心性思想和“时间”的营造，在根本上与工业革命这一时代背景有重要关联，而在当代灵活积累时代的到来与生产主体之超越幻象的破灭，则引领着新时代的马克思主义思想家对经典马克思主义做出了反生产、去时间化的阐释，从而形成了马克思主义的“空间”转向，新的都市美学生命力就在于特有的政治张力。② 2013 年的《中国社会科学文摘》引用海因茨·佩措尔德的《城市设计的美学》一文，以刘易斯·芒福德的主张为出发点讨论了城市设计是怎样影响居民精神领域美学感受性的，并根据简·雅各布斯、凯文·林奇、阿普尔亚德等人的著作归纳了美学感受性的思考以及对功能主义、花园城市造成的影响的补救措施。③《城市美学：经验、理论与方法》指出城市美学以城市及主体的审美意识和全部活动状态为研究对象，通过对主客分离的审美模式的突破来完成对传统美学的超越，而从“艺术哲学”走向“城市美学”意味着传统“如画性”的审美模式转向当下“多感官体验”的审美模式。④

同时值得提及的研究还有《“上海再造”：传播视野中的中国城市研究》一文，文章指出城市传播可适时清理传播与城市在宏阔的社会历史层面的紧密关系，为考察城市提供了一个独特的视角，文章以 20 世纪 90 年代以来上海城市物理空间的大开发和城市精神文化的再阐释两方面的共同体转型为研究对象，以城市传播的视野将城市的具象空间再生产和抽象精神新阐发统一到信息的有效传递、公共交往的充分展开、文化意义的生成与共享这一传播学命题上来，实际上是以传播学作为理论对城市文化、城市形象建构进行关照的新尝试。⑤

3. 城市发展模式研究的创新性理论与观点述评

本年度城市发展模式研究并未有较为完整系统的宏观性创新性论述。多数文章集中在对城市化某一特殊阶段或者特殊方面的论述上。《关于中国式城市化的若干问题与启蒙思考》一文从中国式城市化的客观环境、主体存在及当代人的城市实践三方面出发，将“中国式城市化”总结为“人多地少”“人多嘴杂”和“不讲

① 高小康：《第三种城市美学：异形地志学或城市之镜》，《清华大学学报（哲学社会科学版）》2014 年第 28 卷第 2 期。

② 耿波、李东瑶：《马克思主义的空间转向与都市空间美学》，《社会科学》2013 年第 4 期。

③ 海因茨·佩措尔德：《城市设计的美学》，《第欧根尼》2012 年第 2 期。

④ 黄继刚：《城市美学：经验、理论与方法》，《新疆大学学报（哲学·人文社会科学版）》2013 年第 41 卷第 2 期。

⑤ 孙玮：《“上海再造”：传播视野中的中国城市研究》，《杭州师范大学学报（社会科学版）》2013 年第 2 期。

规矩”三大特点，指出出现如此问题并不在于环境、经济、人口与管理等实用性学科，而更大程度上是中国的人文科学研究中长期存在的“城市盲点”所致，从而阐明了人文科学建构城市研究的话语权，最后提出以正确的城市观念重建当代中华民族的感觉、意识、思维方式、价值观念、心理结构和审美趣味。① 在《走向“社会导向型城市”——论当代中国城市发展的节点》一文中，作者指出2008年伴随着经济结构转型与对经济优先格局的检讨，城市发展观念面临反思，“经济主导型城市”开始向“社会导向型城市”进行转型，一方面城市在区域发展格局中的独立性被确认，另一方面民生幸福、文化权益、公共身份、社会舆论等诉求得以张扬，城市社会的完整性和自组织功能在经济优先观念被去势之后得以凸显。而2011年则是“社会导向型城市”发展的高潮，下一步应在制度层面进行一定程度的引导以发挥社会城市自身的自组织与调适能力。②

对城市发展模式研究同时也出现在以产业为线索的经济管理学研究领域。例如《工业革命、云计算与城市发展空间模式创新》一文以产业革命为线索，论述了第二次和第三次工业革命所造成的集中化经营方式、化石能源机制和城市内循环机制三大城市发展动力，并指出云计算为企业经营方式和城市内部循环机制的改进提供了技术性变革的契机。虽然第三次工业革命推动下的网络化生产模式一定程度上实现了分散化生产，但大型复杂产品的生产，以及一般产品的核心构件生产与总装调试终究还是难以脱离特定场所，而云制造可以造成嬗变的核心企业、分散的经营方式和准时的响应机制从全新视角重新规划了制造业成长升级的路径，诠释了以坚实的制造业为核心的工业化发展模式的内涵，也映射出城市逆膨胀化发展模式的构建前景，意味着城市逆膨胀化发展成为可能，分散式“众核型”城市发展空间模式，有助于实现区域均衡与城市健康的良性互动发展。③《中国城镇化之路新探索：来自云南大理新华村的启示》以云南大理新华村为例，论证了在“不离本土”的基础上，以文化产业、旅游产业为带动的人的发展、产业的兴盛和城乡关系的良性互动。④

二、城市政策与规划研究

2013年，针对城市政策与规划的探讨研究主要集中在以下几点：一是城市化

① 刘士林：《关于中国式城市化的若干问题与启蒙思考》，《江苏社会科学》2013年第5期。

② 耿波：《走向“社会导向型城市”——论当代中国城市发展的节点》，《理论视野》2013年第4期。

③ 张凤超、韩海雯《工业革命、云计算与城市发展空间模式创新》，《华南师范大学学报（社会科学版）》2013年第3期。

④ 范建华、张睿莲：《中国城镇化之路新探索：来自云南大理新华村的启示》，《学术探索》2013年第4期。

与城乡政策统筹研究；二是城市规划政策理论研究；三是"城市更新"研究；四是景观化都市研究；五是高层建筑建设与规划研究。

1. 城市化与城乡统筹政策研究

随着城市化问题热度的持续上涨，越来越多的学术研究开始关注中国城市化发展过程中的城乡统筹政策研究，以问题为导向的研究也愈加受到重视。《从传统城市化到新型城市化——我国城市化道路的未来选择》指出，"新型城市化是一种以科学发展观为指导，强调以人为本的城市化战略，是以'集约、和谐、公平、可持续'为特征的城市化发展道路，其本质是农民的市民化，重点是提高城市化的质量"，"最终实现'区域协调、位序合理、城乡统筹、城市良治'的新型城市化发展格局"①；国务院总理在答新华社记者问时也提出，"新型城镇化是以人为核心的城镇化，必须和农业现代化相辅相成"②；全国政协十二届一次会议也十分关注人口城市化的问题③，由此可见，人的问题依然是城市化进程中最需要关注的核心问题，以人为本应该是新型城市化道路的核心思想，因此农民与城市人口的共同进步需要城市与周边乡镇的统筹发展以及政策支持。《我国城镇化发展趋势及面临的新问题》指出，"以新型工业化为动力，走资源节约、环境友好、城乡统筹的可持续发展的城市化道路是未来城镇化建设方向。政策的制定要关注和促进要素流动、促进基本公共服务均等化发展、提高要素利用效率等，保证城镇化健康可持续发展"④；《中国城市化进程中的社会问题分析》也指出，"农民工社会保障缺失、'城中村'滋生诸多社会问题、'城市病'问题严重"⑤，故而进行城乡发展统筹、保证城乡发展均衡稳定成为了当务之急。

城市与乡村发展速度的不平衡使得城市化过程中有关于城乡统筹发展、共同进步方面的研究不断增多。《城乡一体化：从实践、理论到策略的探索》提供了从实践到认识、从认识到理论、再从理论到策略的研究思路，认为"打破城乡二元体制机制的基础，是在两种土地公有制形式的框架下解决城市与集体土地的关系，对于这个问题的突破将有助于降低城镇化的成本，并引导高度工业化阶段的新型制度格局、分配格局和空间格局的形成"⑥。《城乡统筹视角下产业一体化探析——基于湘潭城乡产业的调查》提出，"城乡产业一体化要得以进化和提升，必

① 王鹤、尹来盛、冯邦彦：《传统城市化到新型城市化——我国城市化道路的未来选择》，《经济体制改革》2013年第1期。

② 《李克强：新型城镇化的核心是人必须保护农民利益》，新华网2013年3月17日。

③ 《陈锡文：城镇化的发展必须认真解决人口城市化的问题》，新华网2013年3月7日。

④ 赵玉红、陈玉梅：《我国城镇化发展趋势及面临的新问题》，《经济纵横》2013年第1期。

⑤ 黄燕芬、丁力：《中国城市化进程中的社会问题分析》，《河北学刊》2013年第33卷第1期。

⑥ 张强：《城乡一体化：从实践、理论到策略的探索》，《中国特色社会主义研究》2013年第1期。

须要打通产业链，发展小城镇，培育龙头企业，完善城乡统筹政策”①。《从解决“三农问题”入手推进城乡发展一体化》指出，应“从‘以城统乡’转向解决‘三农问题’为先的角度，让农民在社会、文化与空间等多方面建设美丽乡村，并推动农业现代化、文化产业创新、第六产业经营等地方经济发展，在与城市资源互补的经济发展中提高农民收入，在均等的基础设施与社会服务设施建设中提高农村生活品质，达到实现城乡发展一体化目标”②。此外，人口政策问题也备受关注，《进一步完善我国城乡统筹中的人口发展政策》提出，“我国人口政策调整已经到了一个十字路口，既要重视人口生育政策的完善，更要重视人口发展政策的完善。实施全民健康政策，提高人口健康素质；实施教育优先政策，提高全民文化素质；实施社会保障全覆盖政策，积极应对人口老龄化；实施人居环境改善城乡统筹政策，逐步提高居民生活质量”③；《常住人口变动的区域特点与人口城镇化政策选择——以四川省为例》则指出：“应构建科学合理的城镇体系，合理配置次级城市与小城镇的公共资源；提高中小城镇的人口积聚能力，推进农业转移人口市民化；大力发展城镇经济，用城镇经济活力积聚人口；提高人口城镇化水平需要城乡统筹政策做支撑。”④

2. 城市规划政策理论研究

2013 年，城市规划政策方面的理论研究领域处于大发展时期，研究水平稳步上升。从城乡统筹的角度研究城市规划政策与理论的文献数量较多，《城乡统筹发展：城市整体规划与乡村自治发履》提出，“地处长三角的昆山和地处珠三角的南海代表了两种不同的城乡统筹发展模式”，“昆山优于南海的根本原因在于土地高度稀缺下的土地有效利用，自治单位细小造成土地细碎，进而造成工业发展低效率，城市整体规划和乡村自治发展是中国城市化的重要课题”⑤；《城乡统筹规划：政策支持与制度创新》指出，政策与制度设计的基本思路应该是“要有利于城乡之间从割裂走向融合、要从对农民的剥夺转向给予、要尊重现有的法律法规框架、要鼓励不同地区根据实际特点进行各类探索”⑥。生态环保方面的研究依然备

① 刘晓玲：《城乡统筹视角下产业一体化探析——基于湘潭城乡产业的调查》，《河北广播电视大学学报》2013 年第 18 卷第 1 期。

② 顾朝林、李阿琳：《从解决“三农问题”入手推进城乡发展一体化》，《经济地理》2013 年第 33 卷第 1 期。

③ 肖万春：《进一步完善我国城乡统筹中的人口发展政策》，《湖南省社会主义学院学报》2013 年第 2 期。

④ 沈茂英：《常住人口变动的区域特点与人口城镇化政策选择——以四川省为例》，《中共四川省委省级机关党校学报》2013 年第 3 期。

⑤ 朱自鸣：《城乡统筹发展：城市整体规划与乡村自治发展》，《城市规划学刊》2013 年第 1 期。

⑥ 赵华勤、张如林、杨晓光、周焱：《城乡统筹规划：政策支持与制度创新》，《城市规划学刊》2013 年第 1 期。

受关注,《生态型宜居城市离我们有多远——达良俊教授在上海市档案馆的演讲》以上海为例,深入剖析了城市规划中对生态环保的定位,"建设生态型宜居城市,相对于中观层面的社区环境以及微观层面的居家环境而言,宏观层面上的自然生态环境建设涉及面最广,难度最高,投入最大,收效也最多。故而应着眼于城市生态建设,拒绝伪生态、假生态,从规划设计到建设实施,再到管理运营,全面演绎真生态,以满足人们亲近自然的愿望、对接自然的需求,最终实现草木苍翠、虫鸣鸟啼、水木清华、鸢飞鱼跃、人水至和、欢声笑语的和谐景象。"①同样受到关注的还有日益严峻的交通规划与政策问题,《交通拥堵收费的理论依据和政策分析》提出,"征收交通拥堵费有效缓解交通拥堵的前提是城市拥有发达的公共交通系统,同时征收交通拥堵费并对公共交通进行补贴,可以同时有利于高时间价值出行者和低时间价值出行者,对部分时间价值介于高低之间的出行者的影响则不确定。"②

3. "城市更新"研究

"城市更新"课题的研究涉及城市发展的方方面面,多以某个具体城市为例进行深入解析。《城市更新和规划革新——〈深圳市城市更新办法〉中的开发控制》提出,"建成环境的衰败并不处在关键地位,更重要的是建设土地的循环使用"③;《城市开发区空间转型背景下的更新规划探索》关注的则是城市开发区空间更新的问题,"当前我国经济发达地区的开发区普遍出现了向功能完善的综合新城区转变的趋势,在转型升级过程中面临着强烈的城市更新发展诉求"④,"开发区的更新规划应探索城市更新'主体多元化和策略差异化'的体制和理念的创新"⑤;旧城改造与老城更新方面的研究也值得关注,《老城区保护与更新规划设计导则编制探索——以杭州老城区为例》指出,"老城区各类历史文化遗产保护的多样性要求、城市更新改造中历史信息的遗失、现行规划编制体系对老城保护管理的缺失等实际问题",应该"在综合研究各类遗产保护要求的条件下,以保护优先为原则,构建层次分明、理性与弹性结合、编制体系与管理体系衔接的'规划设计导则',并通过导则内容在法定规划的用地规划、指标体系、地块图则设计里的落实,直接指导'规划设计条件'的制定,从而更明晰而有效地指导老城的综合保护与更新改造

① 寿丹艺:《生态型宜居城市离我们有多远——达良俊教授在上海市档案馆的演讲》,《解放日报》2012 年 12 月 15 日。

② 徐婴、欧国立:《交通拥堵收费的理论依据和政策分析》,《中国工业经济》2012 年第 12 期。

③ 单皓:《城市更新和规划革新——〈深圳市城市更新办法〉中的开发控制》,《城市规划》2013 年第 1 期。

④ 杨浩、张京祥:《城市开发区空间转型背景下的更新规划探索》,《规划师》2013 年第 1 期。

⑤ 杨浩、张京祥:《城市开发区空间转型背景下的更新规划探索》,《规划师》2013 年第 1 期。

项目的实施"①;《城市街道空间的非正规化演变——武汉市汉正街的个案(1988—2013年)》提出,"地方政府的强权力决策与弱治理绩效暗含了规划蓝图与民众现实生活需求的矛盾性等特征,地方政府、开发商、民众在城市更新过程中复杂的互动结构中处于博弈共生的关系"②;对于城市文化更新的研究热度略有提升,《新型城镇化的文化路径》指出:"在新型城镇化进程中,如何保持文化的传承、文脉的延续和历史的记忆,将成为不容回避的文化命题,文化是新型城镇化的灵魂,是新型城镇化内在的精神力量,是对城市文明进步的强烈向往和不懈追求,是推动城市文化繁荣发展的思想基础和先决条件。"③

4. 景观化都市研究

城市景观研究一直是城市科学研究中的重要环节,而景观都市化研究相比较城市景观研究,研究范围有所缩小,更为关注城市化进程相对较为领先都市的景观领域。《都市环境空间蓝图——论建筑景观绘画之重》从美学的角度论证了都市景观的必要性,认为"都市环境风光绘画启迪着人类对生活空间的思考,自然和谐的景观与人类现实社会生活是密切相关的"④;《詹姆斯·科纳景观都市主义思想与实践解析》则从理论源头出发,探析了景观都市主义的实践可能,"揭开其景观都市主义思想的形成过程,同时结合其景观都市主义理论指导的项目实践解析,讨论和总结出詹姆斯·科纳的景观都市主义观,旨在探索景观都市主义对我国景观规划设计的启示,进一步丰富景观都市主义在中国的理论与实践发展"⑤;《基于景观都市主义的矿业棕地规划设计理论探讨》提出,"基于景观都市主义,以景观为媒介和载体实施矿业城市的矿业棕地生态修复规划矿业棕地修复的核心是生态规划,创造人工自然生态景观","规划布局是开放式的,无边界的,在时间维度上也是开放的,支撑矿业城市长远的发展和生态文明建设"⑥;《从花园城市到田园城市——论农业景观介入都市建设的价值及意义》指出,"农业景观与观赏性景观不同,它是一种集生产、生活、生态、审美于一体的集成性景观。这种景观对于缓解当前城市发展过程中的一系列社会问题、环境问题具有重要意义"⑦;《论景

---

① 华芳、王沈玉:《老城区保护与更新规划设计导则编制探索——以杭州老城区为例》,《城市规划》2013年第6期。

② 陈煊、魏小春:《城市街道空间的非正规化演变——武汉市汉正街的个案(1988—2013年)》,《城市规划》2013年第4期。

③ 卜希霆、齐骥:《新型城镇化的文化路径》,《现代传播》2013年第7期。

④ 于莉:《都市环境空间蓝图——论建筑景观绘画之重》,《美与时代(中)》2013年第9期。

⑤ 汪辉、洪辉铭:《詹姆斯·科纳景观都市主义思想与实践解析》,《林业科技开发》2013年第1期。

⑥ 冯萤雪、李桂文:《基于景观都市主义的矿业棕地规划设计理论探讨》,《城市规划学刊》2013年第3期。

⑦ 陈高明:《从花园城市到田园城市——论农业景观介入都市建设的价值及意义》,《城市发展研究》2013年第3期。

观建筑规划在都市的优劣》指出："都市的景观建筑发展是研究土地的艺术、计划、设计、管理、保存和修复，以及人为构造物的设计，是具体都市设计实施领域共同关心的重要前沿领域，到目前为止已取得重大进展，但无论是具体实际存在的问题还是研究方法等方面仍需要系统深入的研究。"①

三、城市经济与管理研究

1. 资源型城市发展转型研究

同2012年类似，2013年关于资源型城市的研究仍较多集中在城市转型方面，以某种产业来促进城市的转型发展的研究内容也依然热门，值得一提的是，更多学者开始关注资源型城市转型的路径与策略、机遇与挑战。

产业分析方面，《基于主成分分析的资源型城市产业转型能力评价》提出，"资源型城市产业结构的单一性和区位的相对劣势制约着资源型城市的可持续发展，资源型城市的产业转型已经引起了广泛关注"②，应该找准转型定位、以项目建设为核心，加快项目结构调整、推动产业延伸，培育壮大战略支撑产业、大力发展新兴产业，积极培育新的经济增长点、以集聚区为载体，积极推动产业集约发展。③

在路径与策略、机遇与挑战方面，《资源型城市转型的路径分析——以安徽(淮南)"现代煤化工产业园"为例》指出，"资源型城市的转型关键是培育接续产业，以逐步减少城市发展对资源的依赖，避免'矿竭城衰'以实现可持续发展"④，"两步转型模式是发展中国家资源型城市转型的最优路径"⑤；《资源型城市转型路径与策略——以六盘水市为例》提出，"资源枯竭、结构单一、环境污染严重、经济增长缓慢甚至萎缩，已经成为资源型城市的代名词。为避免陷入'资源魔咒'的陷阱，推进城市转型已是资源型城市实现可持续发展的必然选择和客观要求"⑥；《新型城镇化下资源型城市转型的机遇与挑战》指出，"资源型城市转型已成为资源型城市可持续发展的重要议题"⑦，"所谓'新型'，是指资源节约、环境友好、经济高效、社会和谐、城乡互促共进、大中小城市和小城镇协调发展、个性鲜明的城

① 焦爱新：《论景观建筑规划在都市的优劣》，《现代装饰(理论)》2013年第4期。

② 陶晓燕：《基于主成分分析的资源型城市产业转型能力评价》，《资源与产业》2013年第2期。

③ 陶晓燕：《基于主成分分析的资源型城市产业转型能力评价》，《资源与产业》2013年第2期。

④ 华小全、白林：《资源型城市转型的路径分析——以安徽(淮南)"现代煤化工产业园"为例》，《石家庄经济学院学报》2013年第5期。

⑤ 华小全、白林：《资源型城市转型的路径分析——以安徽(淮南)"现代煤化工产业园"为例》，《石家庄经济学院学报》2013年第5期。

⑥ 伍应德：《资源型城市转型路径与策略——以六盘水市为例》，《资源与产业》2013年第15卷第2期。

⑦ 张维宸：《新型城镇化下资源型城市转型的机遇与挑战》，《商业时代》2013年第31期。

镇化，主要就是体现在'人'的城镇化，需要提高人口城镇化水平，降低城镇准入门槛"①。"资源型城市转型面临的更多难题体现在'资金、产业支撑、制度障碍、行政区划'等方面。受历史和体制因素影响，资源型城市财政收入状况最终呈现出递减趋势，面对脆弱的基础设施和日益严重的环境污染，资源型城市本身缺乏环境保护和生态建设的财力和能力，对教育、文化、科技、卫生、社会保障和福利等社会事业发展的支持力度明显不足。"②

2. 城市与产业集聚研究

继2012年城市转型问题开始热门之后，2013年产业集聚研究开始增多，关于城市与产业集聚效果的研究令人瞩目，也对城市产业转型中的实践问题有相当的指导意义。

《产业转型进程中城市病的演化机理与防治研究》提出，"产业转型对城市发展具有深刻影响，同时也对城市病的产生与演化有着主导性作用"③，"当前迫切需要在剖析城市病产生、演化的一般规律的基础上，积极引进先进的城市管理理念，通过前瞻性的规划、系统化的建设、精细化的管理来使处于产业转型不同阶段的城市最大限度地少走弯路，并推动中国城市的可持续发展"④；《中国沿海发达地区的城市化与工业化进程研究——基于转型升级与国际比较的视角》指出，"沿海发达地区的城市化进程正面临着其工业化进程和经济发展新阶段所带来的城市化动力机制的变化，从而使沿海发达地区的城市化速度放慢；沿海发达地区的城市化进程要以工业化进程为核心，不应脱离工业化进程，盲目追求城市化率的提高；沿海发达地区的城市化进程要有利于促进第三产业，特别是生产性服务业的发展，有利于实现地区产业结构的升级和对后工业社会经济的赶超"⑤；《集聚经济圈产业集聚的点轴增长与收敛——以长三角为例的理论与实证分析》指出，"集聚经济圈是国家参与国际竞争的重要空间载体，但其高速增长和产业集聚具有什么样的空间特征，国内外鲜有人研究"，"在不平衡增长的理论视角下，不存在绝对的绝对收敛与条件收敛，收敛研究仅具统计意义"⑥。由以上研究可见，产业转型是我国城市化发展过程中的必由之路，产业转型中会产生许多问题，需要前瞻性的规划预防与及时处理，而产业转型也不是盲目的跟风与追求城市化率，应根据各个

---

① 张维宸：《新型城镇化下资源型城市转型的机遇与挑战》，《商业时代》2013年第31期。

② 张维宸：《新型城镇化下资源型城市转型的机遇与挑战》，《商业时代》2013年第31期。

③ 闫彦明：《产业转型进程中城市病的演化机理与防治研究》，《现代经济探讨》2012年第11期。

④ 闫彦明：《产业转型进程中城市病的演化机理与防治研究》，《现代经济探讨》2012年第11期。

⑤ 许庆明、胡晨光：《中国沿海发达地区的城市化与工业化进程研究——基于转型升级与国际比较的视角》，《中国人口科学》2012年第5期。

⑥ 胡晨光：《集聚经济圈产业集聚的点轴增长与收敛——以长三角为例的理论与实证分析》，《经济学家》2013年第6期。

城市的自身特点与产业特色，以实际情况中的科学产业集聚与规划发扬产业优势、避免产业结构不合理，从而使城市合理发展。

3. 城市公共事件治理研究

随着城市病与社会问题研究的不断深入，如何解决城市中的各种实际问题成为各项研究重点关心的内容。近年来，城市公共事件的增多引起了人们的重视，如何预防与应对各种各样的城市公共事件逐渐成了研究焦点，治理研究的系统性逐渐加强。

《快速城市化与城市社会风险的应对》指出，“中国快速推进的城市化有其自身的特点，并且面临着基础设施、人口结构、公共卫生、利益冲突、能源资源、环境污染、价值观冲突、城乡分化等诸多风险。继续推进城市化需要尊重城市化自身的规律，着眼于加强规划、改进管理，特别是扩大和改进制度供给，从而不断提高城市化的质量”，对于中国城市公共事件的主要研究集中在这些问题与风险方面[①]；同时食品安全等重要问题也进入了研究的视野，《公众对食品安全风险的感知与建构——基于三城市公众食品安全风险感知状况调查的分析》试图搭建起政府与公众在该问题上的沟通桥梁，其指出，“现代风险的特点之一就是‘主观建构性’”[②]，“基于三城市公众食品安全风险感知状况调查的分析发现，公众对食品安全风险的感知存在着主观建构因素和人为放大效应，对多重食品安全风险的感知既存在着一致性也存在着分化性特征，对食品安全责任归咎存在着加重政府责任而相对弱化个人和企业责任的现象。公众对食品安全风险的感知特点和建构特性将使食品安全风险规制既面临极大挑战也面临创新机遇。政府应在科学全面地把握公众对食品安全风险感知的特点和规律的基础上，积极引导公众养成科学理性的风险意识，同时弱化风险的人为建构和放大效应”[③]。遵循以人为本的原则，对于城市公众群体方面的研究逐渐增多，相对于城市居民，城镇化进程中农民问题尤为引人注目。《城郊农民的预期征地拆迁：概况、表现与影响——以荆门市城郊农村为例》则指出：“城郊农民非但不反对征地拆迁，反而盼望征地拆迁，积极地为即将到来的征地拆迁及其利益博弈做准备，并由此产生了一系列政治社会影响，包括村庄派性政治、地权冲突、人际关系瓦解等。这些问题和冲突一直延续到征地拆迁过程并影响着征地拆迁。”[④]

---

① 洪大用、张斐男：《快速城市化与城市社会风险的应对》，《学习与探索》2013 年第 2 期。

② 张金荣、刘岩、张文霞：《公众对食品安全风险的感知与建构——基于三城市公众食品安全风险感知状况调查的分析》，《吉林大学社会科学学报》2013 年第 53 卷第 2 期。

③ 张金荣、刘岩、张文霞：《公众对食品安全风险的感知与建构——基于三城市公众食品安全风险感知状况调查的分析》，《吉林大学社会科学学报》2013 年第 53 卷第 2 期。

④ 杨华：《城郊农民的预期征地拆迁：概况、表现与影响——以荆门市城郊农村为例》，《华中科技大学学报（社会科学版）》2013 年第 2 期。

4. 城市户籍管理制度研究

城市户籍管理制度的相关研究虽然不多,但研究重要性十分明显。《户籍:一种对中国城市化制度性的扭曲》指出:“探究中国的城市化问题,重要的不是要找到最理想的城市化模式或最佳的城市化水平,而是要追求城市化进程中的合理性、协调性和正义性。反思户籍制度对城市化的影响,要更加关注户籍制度对城市化进程中城乡之间、城市之间及区域之间自然关系的扭曲,户籍‘城墙’导致了社会经济二元结构、城市等级制和区域社会发展不均衡。户籍制度主要通过黏附、控制和排斥三种机制达至对城市化进程的扭曲。消除或缩小这些负面影响,需要重点从三个方面推进户籍制度的改革:一是建立公民统一的户口身份制;二是剥离居民户口的社会分配功能;三是保障公民自主选择户口迁移权。所有的改革最终要落实到法律层面,应尽快制订新的《户籍法》。”①《户籍管制、城市规模与城市发展》提出,“我国户籍制度改革面临两难政策选择:放开户籍管制所产生的农民工市民化效应将促进城市发展,但同时产生的公共服务拥挤效应也将对城市发展造成不利影响”②,“放松户籍管制,对小城市的发展具有正的净效应,而对大城市的发展具有负的净效应;规模较大的城市倾向于加强户籍管制,而加强户籍管制又提升了大城市的规模潜力,使其规模进一步增大,即大城市户籍管制具有自我强化特征。户籍改革的突破口在于中小地级城市,前提在于促进中小地级城市发展,缩小与大城市的收入差距”③。

相对而言,针对大城市的户籍研究较为受关注,《剥离式改革:大城市户籍制度改革新方向》指出,“在户籍制度从‘完全的控制体制’到‘完全的登记体制’的过渡期内,在城市社会的公共服务等基础设施能力相对不足的情况下,按照‘权利与义务对等’的原则,积分管理以社会贡献而不是以户口为标准,将教育、就业、社保、医疗等公共服务与户籍脱钩,从而能够缩小流动人口和户籍人口在这些公共服务领域的差别,也有利于特大城市人口(无论是城市本地人口还是外来人口)的和谐共处。只有当户籍上附着的福利和权利不断减少,绝大部分福利可以通过非户籍的渠道获得,大城市户籍改革才会取得突破性进展,农村转移人口在大城市的市民化才能成为现实。因此,有效和公平的公共政策创新是实现新型城镇化的应有之意”④;《大城市户籍制度改革的比较与启示——以上海、深圳、成都、重庆为例》指出:“尽管四地户籍制度改革在受益者的范围、土地的处置、转户的规模、条件准入等方面存有差异,但户改的路径、条件的设置、农民工的落户等问题是深入

① 陆益龙:《户籍:一种对中国城市化制度性的扭曲》,《探索与争鸣》2012年第12期。
② 邹一南、李爱民:《户籍管制、城市规模与城市发展》,《当代经济研究》2013年第9期。
③ 邹一南、李爱民:《户籍管制、城市规模与城市发展》,《当代经济研究》2013年第9期。
④ 彭希哲:《剥离式改革:大城市户籍制度改革新方向》,《探索与争鸣》2013年第11期。

推进户改所不可回避的话题。户籍准入门槛设置要充分考虑城市承载能力等因素,改革的路径应当是渐进式的,大城市户改应为农民工留出一席之地。"①

《就业地落户:我国户籍制度改革的现实选择》则为户籍制度提供了一种较为现实的选择:"虽然我国现行的户籍制度存在着诸多弊端,但对户籍制度的激进改革仍存在着较大风险。实施就业地落户政策是当前户籍制度改革的一个现实选择。顺利实施就业地落户政策需要同时推进相关领域的改革,建立教育、社会保障领域的国家统筹以剥离城市户籍特权,并建立农地退出补偿机制和基于户籍人口规模的城市建设用地审批制度。"②

5. 城市社区建设与管理研究

2013 年城市社区建设与管理研究引起了学界重视,热度骤然上升。《城市社区管理的难题及解决的对策与思考——南通市崇川区的调研与评析》指出,"纵观现阶段城市社区建设和管理中存在的'农改居'小区与城市小区难融合、老旧小区管理困难突出、社会管理资源优化组合受制约、志愿型社团发展难持续、居委会行政化倾向突出、矛盾属地解决难题多、社区干部队伍难稳定等问题,应从民生入手,着力解决小区管理困难、积极推进社区共建,化解矛盾属地解决难题、多杆齐下,解决居委会行政化倾向问题、从制度上加强和改善社团和社区干部队伍建设,并积极探索继续做好城市社区管理的思路"③;《城市社区建设与管理的困境及对策探讨》提出,"社区建设与管理是为适应城市化发展进程和城市社会基层深刻变化应运而生,新时代的发展对城市社区建设与管理提出了更高的要求","造成我国城市社区建设与管理运行困境的原因是多方面的,但综合来看,是因为城市化进程带来的发展变化'溢出'了原有城市社会的基本结构框架,形成了管理、服务环节的'灰色'和'真空'地带",应该"坚持群众路线,增强居民的归属感和认同感""更新固有观念,突出'大社区'意识""创新管理体制,构建新型社区管理组织体系""强化服务意识,加快形成产业化发展模式""完善社区自治,畅通居民参与渠道"④;《中国城市社区管理体制改革的未来走向——以安徽"铜陵模式"为例》提出,"街道办事处自形成以来,就一直处于变动之中,体现出明显的可变性和不确定性。在实际运作中,它既是一个行政组织,又是一个社区组织;既承担一定政府职能,又承担大量社会职能。随着社会经济的发展,我国城市社区管理体制改

---

① 熊瑛:《大城市户籍制度改革的比较与启示——以上海、深圳、成都、重庆为例》,《探索》2013 年第 4 期。

② 楚德江:《就业地落户:我国户籍制度改革的现实选择》,《中国行政管理》2013 年第 3 期。

③ 季建林:《城市社区管理的难题及解决的对策与思考——南通市崇川区的调研与评析》,《吉林省经济管理干部学院学报》2013 年第 27 卷第 1 期。

④ 詹卫国、吴小军:《城市社区建设与管理的困境及对策探讨》,《理论视野》2013 年第 11 期。

革势在必行"①;《城市社区的管理体制改革——以街道办事处存废为分析视角》指出,社区管理效率与质量关键在于健全社区管理体制,需要厘清街道办事处的职能、渐进式推进撤销街道办事处改革、创新社区管理服务的组织架构、调整社区规模,建构大社区体制、以社区共同体建设为导向,提升社区自治水平、推进电子政务与电子社区的良性互动。②

四、城市人口与社会研究

1. 人口问题

2013年对人口问题的研究主要集中在人口老龄化、人口红利与经济可持续增长、人口结构以及流动人口等方面。

1.1 人口态势研究与人口老龄化问题研究

21世纪以来,我国人口城市化的趋势逐渐引起人们的关注。当前我国的人口流动和迁移活动已超越人口的自然生育与死亡,成为我国人口形势的主导因素。《走向城市化的中国人口》一文指出,我国人口呈现出以下四个前所未有的特点:一是生育率将持续走低,二是人口老龄化将急剧加速,三是城市化将不断加速,四是流动性将继续增强。在全新的人口态势下,我国面临着前所未有的挑战。顾宝昌、茅倬彦从"城市体系"的视角来考察城市规模,提出城市的功能需要在"城市体系"中恰当定位。目前所需要的不仅是在理论上正本清源,认清城市化对我国现代化的实现的重要意义,而且要在实践中消除妨碍人口城市化的种种不利因素,从各方面为城市化的健康发展创造良好的条件,以积极推进我国人口城市化的发展。③

同时,老年人口的迅速增长也对我国养老体系带来了巨大的挑战。《城市化将如何应对老龄化——从中国城乡人口流动到养老基金平衡的视角》一文以2000年第五次人口普查与2010年第六次人口普查数据为考察对象,推算了农村人口分年龄、性别的城乡迁移率。并根据推算出的城乡人口迁移率对2010年至2100年的全国人口情况与老龄化情况进行了模拟,在此之中引入城镇养老保险框架,讨论了中国城镇养老基金在城市化过程中的衍化。研究发现,城市化对城镇老龄化程度与城镇养老基金的收支的改善效果在短期内并不明显,长期则会十分显

① 王永香、李景平:《中国城市社区管理体制改革的未来走向——以安徽"铜陵模式"为例》,《华东经济管理》2013年第27卷第3期。

② 丁丁:《城市社区的管理体制改革——以街道办事处存废为分析视角》,《中共浙江省委党校学报》2013年第2期。

③ 顾宝昌、茅倬彦:《走向城市化的中国人口》,《人口与经济》2012年第6期。

著;而推迟退休年龄则在任何情况下都能极大改善养老金收支。①

《人口老龄化、经济增长与财政政策》通过建立一个拓展的交叠世代模型,探讨了人口老龄化对经济增长的影响以及实现均衡增长的财政政策。研究发现,当人口老龄化对经济增长起到促进作用时,均衡增长政策是增加财政支出规模并加大健康保障支出;反之则是减少财政支出规模并加大公共教育支出。实证检验支持了理论模型的结论,并发现人口老龄化对中国经济增长的影响正在从积极转向消极。研究认为中国应当逐步降低财政支出规模,并将更多的财政资金分配到公共教育领域。②

1.2 农民工人口流动迁移问题研究

流动人口问题研究主要集中在农民工的迁移模式、健康状况、随迁家庭以及农民工子女的教育问题上,在涉及农民工城市化的问题上,"拉美陷阱"是学界关注的焦点。《农民工迁移模式的动态选择:外出、回流还是再迁移》认为,据 2010 年人口普查统计,目前全国有 1/6 左右的人处于流动状态,农民工作为流动人口的主力军已达 2.69 亿。数以亿计的农民涌入城市,给城镇和农村的发展都带来了前所未有的变化,在此潮流之下常年在外务工已成为农民工迁移的主要模式。现阶段的回流只是暂时性的,大部分回流农民工会选择再迁移,留乡发展的概率并不高,而年龄、教育程度、婚姻状况、家庭劳动力兵符等对外出和回流决策均有显著影响,需要特别指出的是务工收入占家庭总收入的比重越高,再迁移的可能也越高,失败回流者再迁移的可能更低。③

虽然农民工常年在城镇务工,但是他们在流入地的劳动力市场和社会生活中难以获得当地户籍人口所拥有的机会、福利、保障与服务,其主要社会服务和保障需求在相当程度上仍需诉诸户籍所在地农村。《农民工大量占用城市公共资源了吗?》一文基于上海市 1446 份农民工调查样本,运用描述性统计分析方法,从公共交通、医疗卫生、子女教育以及文化娱乐等方面,对农民工占用城市公共资源情况进行实证分析。研究发现,大量涌入城市的农民工确实占用了部分城市公共资源或公共服务,但这种占用是非常有限的,农民工并没有大量占用或公平享有城市的公共资源或公共服务。④

对于我国农民工享有城镇公共资源现状与存在的问题,借鉴拉美国家的城市

① 陈沁、宋铮:《城市化将如何应对老龄化——从中国城乡人口流动到养老基金平衡的视角》,《金融研究》2013 年第 6 期。

② 刘穷志、何奇:《人口老龄化、经济增长与财政政策》,《经济学》2013 年第 1 期。

③ 王子成、赵忠:《农民工迁移模式的动态选择:外出、回流还是再迁移》,《管理世界》2013 年第 1 期。

④ 程名望、史清华、张帅:《农民工大量占用城市公共资源了吗?》,《经济理论与经济管理》2012 年第 8 期。

化经验，中国必须防止“拉美陷阱”。《“福利赶超”、政府失灵与经济增长停滞——“中等收入陷阱”拉美教训的再解释》指出拉丁美洲国家经济增长停滞的原因可能是这些国家政府在经济发展中角色的失灵，主要表现为政府公共支出结构中消费性公共支出不合时宜地超越经济发展阶段，称之为“福利赶超”。收入和经济社会严重的不平等可能是主导因素，部门和阶层之间的对立和割裂加剧了社会冲突，进而吸附绝大部分社会公共支出到非生产性领域。制度改革迟滞或缺失导致经济发展陷入要素市场机制提高要素使用效率和收入平均分配之间的矛盾，这种两难冲突恶化了经济政策的制定，使得经济发展陷入“拉美陷阱”或“中等收入陷阱”。①

同时农民工的身体健康问题也成为了研究的热点，《城市化有利于健康吗？——基于个体微观迁移数据的实证研究》指出，农民工大量向城市迁移给农村和城市都带来了巨大的变化，带队农民工自身的健康状况也有影响。从农村迁移到城市使个体自评健康更好，并且提高了及时就医率，但他评健康状况更差。进一步将迁移划分为工作迁移与家属迁移后，研究发现，随家属迁移提高了个体的自评健康评级，对近两年患重病次数影响不显著；而工作迁移增加了近两年患重病次数，对自评健康影响不显著。②《人口流动对中国城乡居民健康差异的影响》认为城乡流动对农村常住人口的总体健康状况具有重要影响：一方面城乡流动经历对流动者健康账款存在损耗效应，另一方面，城乡流动现象提高选择机制使处于不同健康状况的局面在城乡之间重新布局：在流动初期，农村地区年轻、健康的个体更倾向于流出户籍所在地，在流动末端，健康状况明显变差的个体最先返回户籍所在地农村。在户籍限制真正消除前，城乡人口流动不可避免地将一部分健康风险和疾病负担转移给农村，这不仅制约农村地区社会经济的发展和居民生活质量的提高，一定程度上还加剧了城乡卫生资源配置与需求的矛盾。③

劳动力从农村向城市转移带来家庭化迁居热潮，农民工随迁家庭数量日增。盛亦男利用2010年流动人口监测数据，分析当前我国流动人家家庭化迁居的现状，对家庭化迁居的概念、类型进行重新界定。按照家庭迁居程度的差异，将流动家庭划分为已完成迁居和未完成迁居的家庭。数据分析表明，家庭的经济水平、家庭户规模和结构等因素，使家庭在迁居方式与进程方面表现出不同的特征。在家庭分批迁居的过程中，不同批次迁居的成员呈现出家庭内成员身份、人力资本

① 时磊、刘志彪：《“福利赶超”、政府失灵与经济增长停滞——“中等收入陷阱”拉美教训的再解释》，《江苏社会科学》2013年第1期。

② 吉黎：《城市化有利于健康吗？——基于个体微观迁移数据的实证研究》，《世界经济文汇》2013年第3期。

③ 牛建林：《人口流动对中国城乡居民健康差异的影响》，《中国社会科学》2013年第2期。

存量、迁居时间间隔等方面的选择性特征。文章认为对人口流动家庭化迁居现象应采取“支持”型的政策导向，并为建立流动家庭管理服务体系提出政策意见，即进一步推进户籍制度改革，建立覆盖家庭生命周期、家庭类型的流动家庭服务体系。①

此外农民工随迁子女受教育问题也在本年度得到了继续关注。汪传艳运用内容分析方法解析农民工随迁子女“入学门槛”的地区差异，在此基础上聚焦于条件相似但“入学门槛”差异显著的长三角和珠三角地区，从产业结构视角分析了产生这一差异的原因，并提出建议。首先，要加强对农民工的职业技能培训，提高农民工素质，打破低水平平衡状态。其次，消除户籍、社会保险等制度壁垒，促进农民工自由流动，实现区域内市民与农民同等待遇。最后应该规范流入地政府合理设置入学门槛，遵循公平、正义的原则，入学门槛直射以农民工随迁子女身份及流入地承载能力为主要考虑因素，减少不平等的代际传递。②

1.3 新生代农民工研究

近年来，新生代农民工成为涉及“三农”问题的高频词汇，对新生代农民工问题的关注集中在社会融入、文化需求、工资增长等方面。据《农民工的职业分割与向上流动》的研究发现，30%左右的农民工从事的职业呈现出“去体力化”或“去农民工化”的特征，并且具有明显的性别和代际区隔。在此之中人力资本是农民工从事中高端职业的重要条件；社会资本对获取低端职业有意义，对中高端职业帮助不大；而政治资本对其职业获取几乎没有作用。尽管农民工向上流动存在较大障碍，但女性、受教育程度较高和城市工作经验更丰富的农民工更易实现基于职业的向上流动。新生代农民工在职业选择、生活方式上都呈现出新趋势。③

农民工社会融入问题的核心在当下已经很大程度上转化为新生代农民工的社会融入问题。《双重边缘化：新生代农民工社会融入调查与思考》一文指出新生代农民工社会融入包括城市融入与返乡适应两个层面。家庭融入、社区融入、心理融入与子女融入是新生代农民工城市融入的新趋势。应加强以户籍制度改革为核心的制度建设，加快新型城镇化建设并着力推进新生代农民工“就地市民化”，建设好社会主义新农村以构筑新生代农民工城市融入“失败”的返乡平台。破解新生代农民工社会融入的“双重边缘化”，促进新生代农民工有序的社会融入，对解决新生代农民工问题意义重大。④《城市融入中新生代农民工文化自觉的

① 盛亦男：《中国流动人口家庭化迁居》，《人口研究》2013 年第 37 卷第 4 期。

② 汪传艳：《农民工随迁子女“入学门槛”的差异研究》，《安徽师范大学学报》2013 年第 1 期。

③ 符平、唐有财、江立华：《农民工的职业分割与向上流动》，《中国人口科学》2012 年第 6 期。

④ 何绍辉：《双重边缘化：新生代农民工社会融入调查与思考》，《中国青年政治学院学报》2013 年第 5 期。

引领和培育》则提到新生代农民工的精神生活依旧匮乏，文化自觉意识尚未培养起来，主要表现在：文化生活体验单一，文化自卑心理严重，文化价值观盲从，文化实践被动。引领和培育新生代农民工的文化自觉，需要积极引领新生代农民工的文化价值观念，准确把握新生代农民工的文化期待，充分尊重新生代农民工的文化主体地位，切实强化新生代农民工的文化自信。[①]《市场与政府的双重失灵——新生代农民工住房问题的政策分析》一文认为新生代农民工有更强烈的城市化需求，"职业非农化—居所城市化—生活市民化"是其融入城市的基本步骤。而住房是目前阻碍新生代农民工融入城市的最大难题。新生代农民工城市居住质量低下，居住格局呈聚居状，这为城市底层社会的形成提供了土壤，新生代农民工住房困境的背后是市场与政府的双重失灵。创新社会管理体制，鼓励社会参与，构建住房资源动态配置体系是解决新生代农民工群体住房困境的根本出路。[②]

丁静在《中国新生代农民工市民化问题研究》中指出新生代农民工市民化问题的解决，顺应了新生代农民工的意愿，关系到我国社会主义现代化建设的顺利进行。论文探讨了新生代农民工的概念，揭示了我国新生代农民工的特征，从城镇化水平滞后、制度障碍、居住问题、新生代农民工自身素质、社会参与程度五个方面分析了新生代农民工市民化存在的问题，最后从推进城镇化进程、加快制度创新、促进新生代农民工在城镇定居、提高新生代农民工的素质、创造社会氛围五个方面，提出促进新生代农民工市民化的对策。[③]

2. 社会问题

2.1 教育不公平与职业教育研究

改革开放以来，随着中国教育规模的扩张，城乡居民受教育水平逐年提高，教育不平等问题并未得到有效改善。现有研究为理解中国教育不平等及其变迁提供了理论视角和丰富的经验依据，但大多数主要着眼于阶级或阶层的不平等或讨论制度变迁对教育获得的影响，而对个体或家庭教育决策的微观过程关注不够，而且对我国教育政策的变化及其后果并没给予足够的重视。根据《中国城乡居民的教育机会不平等及其演变（1978—2008）》研究发现，初中升学机会的城乡差异没有变化，而高中和大学升学机会的城乡不平等有扩大趋势；父亲职业地位对子女升学机会的影响保持不变，表明教育获得的阶层差异自 1978 年以来没有发生明显变化；父母受教育年限对子女教育获得的作用显著，而且其作用持续上升；因兄弟姐妹数量差异导致的教育不平等也有上升趋势。我国现阶段三个教育层次

---

① 张静：《城市融入中新生代农民工文化自觉的引领和培育》，《理论探讨》2013 年第 2 期。

② 王星：《市场与政府的双重失灵——新生代农民工住房问题的政策分析》，《江海学刊》2013 年第 1 期。

③ 丁静：《中国新生代农民工市民化问题研究》，《学术界》2013 年第 1 期。

升学机会不平等(特别是城乡不平等和因子女数量差异导致的不平等)的扩大几乎都发生在1999年以后。自1990年代中后期开始,教育的急速扩张导致各个阶段教育筛选功能弱化。自2000年以来,管理部门陆续推出国家助学贷款、助学奖学金以及困难学生资助政策等多项促进教育公平的举措,但是总体看来并没有起到有效降低整体教育不平等的效果。[①]

职业教育是我国教育事业的重要组成部分,自十六届三中全会提出的"五个统筹"以来,统筹城乡职业教育的改革得以全面加速,城乡职业教育迅猛发展,但是"浓缩发展"带来的问题也是空前的。《城乡教育统筹发展的机制创新》一文指出统筹城乡职业教育是国家、地方政府、职业院校等多元主体参与的综合性教育改革,系统观和整体观视野下的城乡教育统筹发展综合体现为人、财、物、文化等要素的相互作用,表现出行政资本的教育机制"失灵"、社会资本的教育机制缺乏、人力资本的教育机制匮乏、文化资本的教育机制孱弱等问题,应以有效行政为杠杆的权力调控机制、以社会系统发展为促进的教育合力机制、以教育质量为终极价值的驱动机制与以教育文化创新为枢纽的机制运理作为城乡教育统筹发展的机制创新方略。[②]《论统筹城乡职业教育的多重治理逻辑》指出针对统筹城乡职业教育的治理出现的以成果为导向的"行为偏向"问题,要厘清统筹城乡职业规划教育综合变革中多重治理逻辑的关系,在公共理性的主导下安排新的制度设计,建构统筹城乡职业教育360°治理模式,改革科层制治理的空间组织形式,驱动统筹城乡职业教育改革,推进城乡职业教育均衡与协调发展。[③]

统筹城乡教育发展有重要的现实意义,城镇化市民化进程中职业教育统筹是一个系统工程,既需要良好的顶层制度设计,也需要坚实的现实基础,需要在具体环节中密切配合与联合攻关。但是当前我国职业教育城乡统筹发展还面临着许多问题,一是体制机制障碍,二是经费投入不足,三是连接体缺失,四是教育教学中存在的问题。[④] 在大力推进城镇化过程中,职业教育是推动市民化顺利实现,城镇化科学合理进行的重要推动力。农村剩余劳动力转移,失地农民培训、进城务工人员的培训与融合都要求职业教育的城乡统筹发展。城乡职业教育只有实现协同发展、集团化发展、优势互补,才能有效完成其历史使命。

2.2 住房保障制度研究

随着我国工业化、城镇化的快速推进,与住房相关的各种矛盾和问题日益凸

---

① 吴愈晓:《中国城乡居民的教育机会不平等及其演变(1978—2008)》,《中国社会科学》2013年第3期。

② 罗生全、李本友:《城乡教育统筹发展的机制创新》,《国家教育行政学院学报》2012年11期。

③ 朱德全、李鹏:《论统筹城乡职业教育的多重治理逻辑》,《西南大学学报》2013年第39卷第4期。

④ 石伟平、陆俊杰:《城镇化市民化进程中我国城乡统筹发展职业教育策略研究》,《西南大学学报》2013年第39卷第4期。

显，住房问题成为标志性的重大民生问题。党的十八大报告明确提出，“建立市场配置和政府保障相结合的住房制度”，加快住房保障法制化建设步伐，将住房保障纳入法制化管理轨道，为住房保障长期稳定健康发展提供法律保障。2013 年学界对住房问题的关注也集中在保障性住房上。

保障房作为一项重要的民生工程，在解决住房问题上被人们寄予厚望。《新时期我国住房保障制度的改革探索》旨在以主要发达国家住房保障经验为参考，来分析我国现行住房保障制度存在的问题，在汲取发达国家住房保障经验的基础上，提出重点发展廉租房、弱化发展经济适用房、取消限价房、建立完善的住房租赁制度、解决住房“夹心层”问题、多渠道筹集建设资金和加快住房法制化建设等相应的解决和完善办法。[①]

城镇化推动住宅投资高速增长，但城乡二元市场结构、“双轨”特色及地域差异在一定程度上加剧了住宅资源的错配和结构性短缺。《新型城镇化进程中住宅市场的多重特征与困境摆脱》指出在城镇化过程中必须解决居民“住有所居”的问题，短期的“限购、限外”虽然可以使得房价增幅趋缓，却无法从根本上解决人与房的供需矛盾。从我国城镇住宅价格上涨的轨迹来看，总量上供需失衡和结构性短缺可能是影响房价的主要因素，而其背后是土地、财税和金融三大制度的缺失。构建维系住宅市场健康发展的长效机制，应构建面向广大中低收入群体的住房供给体系；深化土地制度改革，破解二元土地住宅市场结构；完善住宅市场信息指标体系和信息披露制度。[②]《走中国特色住房保障道路》一文指出，随着全球人口的持续增长，住房问题是世界性难题，尤其是在一些发展中国家，住房问题突出表现为“贫民窟”等城市病。新中国成立后，我国住房保障制度的探索历程大体可划分为四个阶段。第一是实物分配阶段，1949 年到 1998 年，我国实行的是福利分房制度，职工住房由国家和单位负责建设分配。但这一保障模式否定了住房的商品属性，1977 年，全国城市人均居住面积仅 3.6 平方米。第二是市场化改革探索阶段，以 1998 年 7 月《国务院关于进一步深化城镇住房制度改革加快住房建设的通知》为标志，我国住房分配货币化、房地产市场化改革正式启动，城镇居民人均住房面积从 1998 年的 18.7 平方米提高到 2006 年的 27.1 平方米。第三阶段是全面构建住房保障制度体系阶段，2007 年，国务院明确将保障性住房纳入政府公共服务职责范围，要求加快建立健全以廉租房制度为重点、多渠道解决城市低收入家庭住房困难的政策体系。第四阶段是保障房建设跨越式发展阶段。“十二五”规划提出新建 3600 万套保障房，目标是覆盖约 20% 的城镇居民家庭。目前，我国初步建

① 胡绍雨：《新时期我国住房保障制度的改革探索》，《技术经济与管理研究》2013 年第 3 期。
② 汪利娜：《新型城镇化进程中住宅市场的多重特征与困境摆脱》，《产业经济》2013 年第 4 期。

立起包括廉租住房、公共租赁住房、经济适用住房、限价商品住房、各类棚户区改造以及农村危房改造、游牧民定居工程的7大类,11个品质的保障性住房体系。解决住房问题,迫切需要推进住房理论研究的不断深化,住房制度设计的持续改进、住房保障路径的开拓创新。①

2.3 社会公平问题研究

(1) 收入分配问题研究

《经济转型中的城镇居民收入问题研究》指出,中国改革开放三十年,已经完成了由计划经济向社会主义市场经济的初步转型:经济转型给中国城镇居民收入带来影响,一是收入大幅度增加,居民生活水平得到很大提高;二是收入差距不断扩大,出现贫富两极分化;三是滋生了灰色收入,分配显现出不公平,根据经济增长与收入分配理论,经济增长会促进居民收入增加,而收入差距现象是经济发展过程中所必需的经历。"先富"政策确实会让一部分人先富起来,同时提倡诚实劳动,合法经营,消灭平均主义,制度设计的非合理性及制度的死角,滋生了灰色收入,有失社会公平,缩小收入差距,提高城镇居民收入分配的路径选择首先要不断完善社会主义市场经济体制建设,其次是要加大公共服务型政府建设力度,最后应进一步推进财税体制改革。② 同时城乡收入差距的变化通常是各项收入来源变动的综合反映。《收入来源视角下我国城乡收入差距研究》运用基尼系数及其分解方法,对2000—2011年我国城乡收入差距大小及不同收入来源对城乡收入差距的影响进行分析。研究显示:工资性收入对城乡收入差距的贡献最大,其次是转移性收入,家庭经营收入作为农村居民家庭的重要收入来源,在缩小城乡收入差距方面的优势逐渐丧失。所以政府应该采取措施来提高农民的工资性收入和转移性收入,同时保持家庭经营收入的优势是缩小城乡收入差距的关键。③

(2) 异地高考现象研究

社会公平问题不仅体现在收入分配不公平,还体现在社会资源占有的不公平上,异地高考现象便是这种不公平的典型产物。异地高考是指在一定条件下,拥有高级中学学籍的学生不受户口限制,跨省份参加高考的一种制度,其本质是以人为本,促进高考招生公平发展。对异地高考现象的分析与研究围绕着异地高考的现实性与存在风险展开。《异地高考的合理性与现实性分析》一文认为异地高考具有条件性、有序性和发展性等特征。异地高考是现行高考制度的重要补充,是完善社会流动机制,化解社会矛盾,促进教育公平的重要手段。但是,由于异地

① 王保安:《走中国特色住房保障道路》,《人民日报》2013年4月10日。

② 李小丽:《经济转型中的城镇居民收入问题研究》,《学习与探索》2012年第11期。

③ 白素霞、陈井安:《收入来源视角下我国城乡收入差距研究》,《社会科学研究》2013年第1期。

高考受户籍制度制约,受教育既得利益集团阻抗,受复杂性因素阻碍,在现实操作性上有一定难度。①

2013年年初,中国一线中心城市出台的"异地高考"公共政策限制标准依然很高,但是大多数公共政策还是明确了"开放性"的异地高考价值导向。《中国实施"异地高考"政策后亟待预防的三重风险》指出,首先,"异地高考"公共政策的彻底放开或者有限度放开并不能使中国城市的中低层群体获益,相反很可能成为共同的牺牲者。其次,一般的城市外来务工人员并不能在这种彻底放开或者有限度放开的异地高考政策中真正获益,相反很可能遭遇"二次剥夺"。再次,异地高考政策的彻底放开或者有限度的放开将进一步加剧中国农村社会的衰败和农村教育的衰弱。如何预防性地化解这些潜在风险,从而更好地破解异地高考这一难题,决定了异地高考公共政策的成败与否。中国"异地高考"公共政策议题的复杂性体现在利益群体主体分化的复杂性、利益诉求目标层次的复杂性、教育公平理论套用的复杂性、道义责难与事实破解二元悖离的复杂性等方面,全面厘清这些复杂性需要对中国"异地高考"公共政策彻底放开或有限度放开智慧的风险予以考虑,这种理性化的考虑是为更合理的异地高考公共政策的精细化设计而生。②

李慧、杨颖秀在《如何破解异地高考政策难题》一文中也指出异地高考政策和各地方案的出台为广大进城务工人员随迁子女实现就地升学带来了希望,但在现实推进中仍面临着重重困境。为此,需要从复杂理论的视角,将异地高考作为一个复杂系统进行考察,对异地高考政策困境的复杂性加以考证,正视异地高考政策目标群体利益关系的非线性、政策与环境间的交互性,以及政策执行中的自组织性所衍生出的相关问题,坚持公平价值取向,以学籍控制准入,同步改革户籍制度和高考录取政策,并建立经费筹措和保障机制、监督和问责机制,以破解异地高考政策难题。③

五、城市史与城市文化研究

1. 城市史研究

自20世纪80年代开始,随着近代上海、天津、武汉、重庆城市史研究的开展,城市史研究在中国大陆迅速兴起。经过几代学人的辛勤耕耘,城市史已成为一个重要的研究领域。何一民1994年撰写的《中国城市史纲》是较早的著作,而《中国

① 孙新、杨淑捷:《异地高考的合理性与现实性分析》,《教育评论》2013年第1期。

② 李涛、邬志辉:《中国实施"异地高考"政策后亟待预防的三重风险》,《教育发展研究》2013年第Z1期。

③ 李慧、杨颖秀:《如何破解异地高考政策难题》,《国家教育行政学院学报》2013年第2期。

城市史》一书是在《中国城市史纲》基础上的再创作。[①]《中国城市史》有以下几个特点：其一是宏观综论应属贯穿城市通史的纲领，力求改变将城市史写成不同时期城市历史的简单对接和各方面内容"拼盘"的现状。其二是将纵横结合作为构建城市通史内容的立体框架。其三是以详近略远为叙写原则。其四是重视已有成果的整合与借鉴。其五是突出著者的学术创新成果。其六是综合运用图表等多种手段。[②]

上海交通大学城市科学研究院刘士林教授在《城市史学兴起的价值》一文中指出，当前中国城市史研究的现状，其最大特点是"不均衡"。具体言之，首先是区域分布不均衡。一般说来，经济发达地区的城市史研究比较好。因为经济发达地区城市也比较发达，同时城市在人们生活中占的地位也更加重要，城市的历史也容易引起学者的研究兴趣。其次是学科分布的不均衡。城市史研究具有明显跨学科性质，但目前国内的研究主要集中在文献整理汇编、经济史、社会史等专门史领域，跨学科的综合研究比较少。专学研究的特点是"深和窄"，不容易看出中国城市史发展的深层结构和整体风貌。再次是研究水平参差不齐，城市史的研究既需要坐冷板凳，以便获得第一手的材料，也需要有长期的训练和磨砺，以培养出鉴别和判断的能力。在当今比较浮躁的学术环境中，不大容易"打一口深且大的井"。同时，刘士林教授还指出，当前中国城市史研究存在的问题主要体现在两个方面：一是如何处理好"史"和"论"的关系，这个问题的本质是历史研究是只满足于研究"事实"，还是同时也要出"思想"；二是如何处理好"真相"与"价值"的关系，这涉及城市史研究的时代意义。从以史为镜的角度看，正确处理好还原"真相"与建构"价值"的矛盾是中国城市史研究最需要思考和探讨的问题。[③]

此外，值得一提的是，2013 年，学界对于城市史的研究不再仅仅局限于"宏观"的概念，资源型城市渐渐成为城市史研究的一个新对象。当前，中国正处于城市化的加速期和体制转型的关键期，资源型城市的"枯竭""环境""转型"问题凸显，成为了中国研究资源型城市问题的迫切现实需要。《探析资源型城市史研究的几个问题》一文指出，研究资源型城市史应注意重视多学科参与和跨学科研究方法的运用，探索建构资源型城市的立体理论体系，同时要具有全球史观和全球城市史的视野，将资源型城市放在全球背景下观察，挖掘新意，注重从环境史视野考察资源型城市与"自然"之间的相互作用，对国内外资源型城市形成、发展和转

① 张利民、熊亚平：《一部反映中国城市史研究新成就的力作——读何一民著〈中国城市史〉》，《史林》2013 年第 3 期。

② 毛曦：《解构：如何书写中国城市通史——读何一民〈中国城市史〉》，《中华文化论坛》2013 年第 3 期。

③ 刘士林：《城市史学兴起的价值》，《学习时报》2013 年 10 月 7 日。

型的共性与个性进行比较研究。①

2. 国内城市历史研究案例

2013年,学界对于城市历史的个案研究视角呈现出多样化的态势,不仅局限于"就历史研究历史",还以城市历史发展脉络为纵向研究背景,以此探究城市形象塑造、城市文化构建等热门问题,具体案例有如下几方面:

其一是改革以来大众媒介中的"北京形象"研究

《老北京与新北京:改革以来大众媒介中的"北京形象"》一文将"北京形象"分为以胡同、四合院为代表的"老北京"和以改革开放以来国家大剧院、鸟巢等建筑为代表的"新北京"。对"新北京"与"老北京",媒体与市民的态度其实很复杂,尤其是对四合院、胡同这些"老北京"符号怀有复杂的感情。随着现代化和城市化,北京城市面积迅速扩张,胡同和四合院却不断减少,而且胡同所代表的"老北京"也不再是温馨、闲暇和充满乡土诗意的城市形象。虽然不少人很怀念"老北京",可"新北京"还是占了上风。尤其在2008年奥运会前后,国家大剧院、鸟巢、水立方等新建筑的不断涌现迅速改变了北京的城市面貌。充满乡土气息的文化古都形象,要让位于国际大都市形象,北京的大都市形象经过媒体宣传,与国家富强、民族复兴等情感词语紧密联系在一起。总之,媒体、市民和学者们对于"新北京形象"的情感很复杂:一方面,在民族复兴、国际化等词语的刺激下,人们渴望见到北京的新气象、新景观,各种新兴地标满足了人们的欲望,另一方面,国际化、世界化却又不断摧毁了北京的传统生活。②

其二是上海文化的构造

《上海文化的三重构造》指出,上海都市文化经历了极其深刻、复杂的变迁,在看似断裂的历史中又存在着不易抹去的连续性。革命文化并没有也不可能成为当代上海都市文化的全部,江南文化和欧美文化仍然在发挥着影响。这也是上海文化区别于其他城市文化的根本所在。如果说革命文化是当代上海都市文化的显性构造,那么江南文化和欧美文化在革命文化的挤兑下则变成了一种隐性构造,依然存在于上海人的日常生活和精神世界中,并在与革命文化的复杂互动中,顽强、曲折地展示自己的逻辑和力量。总而言之上海都市文化在看似断裂的历史中又存在着不易抹去的连续性。革命文化并没有也不可能成为当代上海都市文化的全部,江南文化和欧美文化仍然在发挥着影响。这也是上海文化区别于其他城市文化的根本所在。③

---

① 花琦、刘庆艳、王蕊:《探析资源型城市史研究的几个问题》,《黑龙江史志》2013年第11期。

② 曾一果:《老北京与新北京:改革以来大众媒介中的"北京形象"》,《国际新闻界》2013年第8期。

③ 周武:《上海文化的三重构造》,《文汇学人》2013年1月21日。

其三是中国古代城池从土城到砖石城的演变

《筑城记：中国古代城池从土城到砖石城的演变》指出在中国古代城市从土城到砖石城的演变过程中，宋辽金实为一个重要的转变期。因基本奉行消极防御的国策，两宋城池砖石城较前代大为增多。而到了明代，因有积极提倡筑城的国策，加之经济的发展，及应对处于北边与海上的外敌和对西南地区的开拓等，砖石城修筑普遍。城池防御体系到明末清初时达到完善，此时的城墙多以砖石包砌，附属设施更加完备，构成一个有层次的防御工事，加上运用火器，使城池的防御效能大为加强。文章还指出，中国古代筑城负担沉重，筑城者需要对筑城成本、军事需求、政治环境、经济条件、自然环境等综合考量。城池作用不可忽视，但也并非是古代先民安疆守土的唯一要件。①

3．国外城市历史研究案例

2013 年，学界对于国外城市历史的个案研究热点较为分散，主要包括历史视野下的城市形象分析、城市历史保护和城市形成机制的探究等。

（1）德国城市历史保护

《德国城市历史保护——思想沿革、关键问题与保护实践》指出，德国大城市的历史保护实践工作的经验表明，城市历史保护不但是一种工程技术，更是一项复杂的社会工程，需要综合性的策略与长时间的积累。正如德国学者阿尔伯斯所言，城市历史保护并没有可以普遍适用的灵丹妙药，也没有简单的答案。特殊的地方条件、城市特色、居民愿望、现有规划手段等导致了不同问题的产生，从而也就形成了不同的、具体的解决问题的方法。我国城市在现阶段大都处在经济社会快速发展的时期，城市的建设与发展自然成为人们普遍关注的问题。因此，保护工作客观上存在着较大的难度，人们也许不能抱有过于乐观的期待。但另一方面，我们也决不可借发展之机全然忽视、放弃对城市历史的保护，应该特别重视已经不多的历史遗产。德国在该领域中的学术与实践积淀，应能对困境中的我国城市历史保护工作有所启迪。②

（2）欧洲城市兴起的双向根源

《欧洲城市兴起的双向根源》指出，欧洲多数小城镇源于拓荒运动给地方经济带来的发展，交换增多，由此形成了诸多集镇，此外，少数专业化城镇和矿业城镇也相继出现；而大、中城市的兴起则主要根源于欧洲国际长途贸易的复苏，国际贸易的较大需求推动了产品的集中，催生了产品集散地的出现，使西欧各国的“中心

① 王茂华：《筑城记：中国古代城池从土城到砖石城的演变》，《中国社会科学报》2013 年 6 月 26 日。

② 吴唯佳、郭磊贤：《德国城市历史保护——思想沿革、关键问题与保护实践》，《北京规划建设》2013 年第 3 期。

地"城市相继兴起。文章特别强调,对外贸易之于西欧封建经济的发展的确发挥了不可忽视的作用。因此,对外贸易也是西欧封建经济不同于中国古代经济的重要方面。相比而言中国古代经济是典型的农本经济,"重农抑商"成为传统,虽然对内贸易异常兴盛,但对外贸易却受到了官方的严格限制,只能在少数港口城市有限度地进行,对于整个经济的影响面小到了"可有可无"的程度,与中世纪西欧对外贸易兴盛的局面完全不同。①

4. 城市精神与文化软实力建设

4.1 城市精神研究

2013 年,学界对于城市精神的研究主要体现在城市精神的重要性和如何构建城市精神方面。同时,城市精神研究也开始论及农民工问题,农民工精神成为本年度研究城市精神的重要切入口。

乔尔·科特金认为,一个伟大的城市所依靠的是城市居民对他们的城市所产生的特殊眷恋和独特感情,城市必须通过一种共同享有的认同意识将全体城市居民凝聚在一起。没有一个广泛接受的信念体系,城市的未来将很难想象。② 学术界对中国城市发展的思考,在城市精神文化价值方面的关注越来越多。《重估城市精神价值——从芒福德等西方学者的城市观看中国城市发展》一文指出,城市发展的灵魂塑造是对城市精神的重估。一个城市的发展,要在城市品格上强调公正、包容、责任、诚信等几个基本的元素。在此基础上,对城市发展的价值引导要做到对城市公民个体的尊重,及在法治的框架下推进城市发展建设。

当今中国很多城市,纷纷提炼各自的城市精神。在《找寻城市发展之魂读〈城市的精神〉有感》一文中,作者陈华文粗略统计了 2012 年全国部分城市精神表述语的频率,发现"创新"出现 11 次,"开放"出现 10 次,"和谐"出现 9 次,"诚信"出现 7 次,"包容"和"爱国"分别出现 5 次和 3 次。"创业、奉献、和谐、争先、立德、奉献、创新、图强"等表述语也随处可见。城市精神表述语的雷同使得很多城市丧失了应有的精神特质和文化品格,城市的精神不但没有得到彰显,反而被掩盖甚至消解。文章指出提升城市精神内涵要在历史文化中寻找和吸收营养,改善民生,提高市民的精神文明素养。此外,培育以自由、平等、法治和民主为核心的公民精神,在现代城市精神中也显得尤为迫切。③

《农民工精神嵌入下的城市精神培育》一文通过统计分析各城市精神表征语,指出现阶段城市精神存在重实物轻精神、偏经济弱文化、亲现实远历史的特点。

---

① 谢丰斋:《欧洲城市兴起的双向根源》,《光明日报》2103 年 1 月 17 日。
② 宋圭武:《城市精神:给一座城市塑造灵魂》,《文化月刊》(下旬刊)2013 年第 2 期。
③ 陈华文:《找寻城市发展之魂读〈城市的精神〉有感》,《检察风云》2013 年第 5 期。

农民工来自农村，深受传统文化的影响，工作在城市受到现代市场精神的熏陶，生活在城市与农村之间经受多元价值观的诱惑，形成了独特的农民工精神。农民工精神是对传统的文化精髓、现代的改革精神和时代的社会主义核心价值体系的集中体现，是城市精神培育的新源泉。因此需要丰富农民工的精神生活，使农民工精神保持生命力，最终成为城市精神的有机组成部分。①

4.2 城市文化软实力研究

《探究城市文化软实力与城市竞争力的相关性》指出，城市文化软实力是在软实力概念基础上提出的新概念，涵盖了城市文化和软实力两个内容。文化软实力与城市综合竞争力之间存在着密切的关系，城市文化软实力对于一个城市的发展具有重要的作用。②《试析城市文化软实力的内涵及其构成要素》认为城市文化软实力在城市经济社会发展中具有极其重要的战略意义，它是指城市通过诉诸物质文化、制度文化和精神文化的方式，激发和吸引城市内外的积极因素自愿参与城市建设以达到城市经济社会发展的目标，其主要涵盖文化整合力、社会凝聚力、人口素质力、政府公信力、城市辐射力等五个基本要素。③《城市软实力内涵研究》一文指出，城市软实力的不足已经成为限制我国城市全面发展的主要瓶颈，从中国城市发展软实力的现状和意义出发，以全新的视角和运动的眼光看待城市软实力的发展，城市软实力的发展首先必须要依靠其基本的内在能力，并在推动力的作用下，不断地展现其对外界吸引、同化、说服和导向的力量，才能实现城市软实力发展的目标效果。④

4.3 城市文化软实力建设案例

——我国沿海城市文化软实力建设的世界图景

张兴龙在《我国沿海城市文化软实力建设的世界图景》中认为，当前国内沿海城市文化软实力发展面临的世界图景主要表现为：世界都市群产业发展普遍重视文化产业化；文化软实力竞争成为世界各国城市博弈的主导战略；人类城市文明形态正在向“文化城市”转型。必须在学理上阐明我国沿海城市文化软实力建设蕴涵着世界性的历史趋势。⑤

——后世博效应与上海城市软实力的提升

自上海 2010 年成功举办了“2010 年世界博览会”之后，如何利用其后世博效

---

① 吴春梅、张伟：《农民工精神嵌入下的城市精神培育》，《青海社会科学》2013 年第 4 期。

② 周凤麟、贾建华：《探究城市文化软实力与城市竞争力的相关性》，《包头职业技术学院学报》2013 年第 4 期。

③ 李正治、张凤莲：《试析城市文化软实力的内涵及其构成要素》，《人民论坛》2013 年第 26 期。

④ 王会玲、陆兰英：《城市软实力内涵研究》，《学理论》2013 年第 32 期。

⑤ 张兴龙：《我国沿海城市文化软实力建设的世界图景》，《盐城师范学院学报（人文社会科学版）》2013 年第 4 期。

应来提升上海城市软实力、塑造上海市的良好形象问题一直受到上海市政府和上海市民的密切关注。《浅析城市营销策略——后世博效应与上海城市软实力的提升》一文指出,提升上海城市软实力,首先要深入挖掘后世博资源。在有形资源方面,可以利用城市新景观和空间布局的优势,充分利用新外滩景观、黄浦江两岸的综合开发、新兴创意园区、会展旅游业、大事件产业等。在无形资源方面,也可以凭借上海的专业队伍、知识和经验。在一定程度上会让上海市的城市营销发展更加顺利。其次要准确定位世博园后续利用功能,体现人文关怀和社会价值。还要与城市功能区形成互补和联动,侧重上海城市软实力提升。如,以跨国公司总部和高端商务服务为支撑定位为经济中枢功能;以博览、会议、文化、创意、旅游、休闲为支撑定位为国际文化交流功能;以国际国内行政机构、国际组织集聚为支撑定位于国际事务参与决策功能等。①

5. 城市形象与城市文化传播

5.1　城市形象构建与传播

城市形象的理论研究是在19世纪60年代环境认知研究者们的关注下发展起来的,人类对城市形象的研究,折射出人们对人地关系的不断认识和对理想人居环境的美好憧憬。《城市形象研究:路径、理论及其动向》一文指出,沿着凯文·林奇铺设的城市印象理论框架,研究者们将城市形象的内涵由实体景观扩展到社会文化和内在的精神心理层面,形成了城市形象研究的规划与设计、营销和传播三条路径。中国城市形象研究的发展趋势,将由城市形象的定位、规划、设计、营销走向对城市形象的想象、建构、再现、传播,并在有机融合相关理论的基础上,实现中国城市形象研究的本土化。②

城市电视媒体在城市形象传播中虽然具有重要意义,但毕竟也有其不可避免的局限性,需要同其他传播媒体相互配合,才能实现传播效果的最大化。《试论城市电视媒体在城市形象传播中的运用》一文指出,就传播方式而言,具有信息理性深度传播等特性的印刷媒体和具有信息精准互动传播等特性的新媒体都能从不同专业角度提升城市形象传播效力。就传播地域而言,全国性媒体虽然在特定区域内覆盖面、影响力可能不及地方媒体,但其全国性影响力能够在很大程度上左右城市外部受众对城市形象的感知。因此,除需要高度关注城市电视媒体运用外,城市形象传播亟待建立一个多维度全方位的媒体传播平台,对不同媒体进行

---

① 龚文艺、何晓燕、黄武:《浅析城市营销策略——后世博效应与上海城市软实力的提升》,《现代经济信息》2013年第24期。

② 杨旭明:《城市形象研究:路径、理论及其动向》,《西南民族大学学报(人文社会科学版)》2013年第3期。

有效整合和创新联动。[①]《创意新媒体文化背景下城市形象传播策略研究》一文指出，数字化新媒体深刻改变了以传统大众媒体为主的信息传播环境。全球化、城市化进程中带来的各种城市竞争态势，基于新型传播生态环境下城市形象传播效果的策略运用，是提升城市形象力及其文化软实力的现实迫切要求。在数字技术逻辑与新传播模式特征下，创意媒体传播对于媒介融合趋势下的城市形象综合体传播是一种方向，信息化、媒介化社会中创意新媒体工具的普及，信息的传受关系与沟通模式都在不断流变中。[②]《社会化媒体在城市形象传播中的运用》认为随着网络论坛社区、维基、博客、播客、社交网络等社会化网络媒体相继出现，媒体传播环境不断发生着改变，社会化媒体时代已经悄然来临，在此平台上城市形象和"城市名片"可以借助社会化媒体的参与性、公开性、交流性、对话性、连通性的特点，进行有效地塑造和传播。[③]

5.2 城市文化传播与媒介

城市对于文化的传播和塑造，是在城市化、现代化生活时代一种重要的文化传播形态。在这样的背景下，"城市文化"和"城市传播"被注入了在新语境下日益显赫的地位和愈益深厚的内涵。我们不仅生活在媒介主导的拟态环境中，也映射在城市文化的符号和镜像阴影中。《城市文化需强调"价值传播"》一文指出，城市不应追求文化建设上的浮华，也不应将城市传播变成同城市现实不同的"两张皮"。城市作为一种在新世纪十分重要的传播复合体，文化产业、传媒体系等的建设是其传播方式的表层，而如何通过城市达到一种深层次的精神塑造与价值传播，已经成为城市传播学的重要现实问题之一。这是媒介应有的职能之一，也是城市文化和"城市媒介"在其火热发展格局之下应探讨和思考的系统工程。[④]

大众传媒不仅是党和政府的喉舌，同时也是一座城市的文化名片：大众媒介不仅记录城市文化的繁荣和发展，同时也以正确的舆论引导如何建立科学发展与和谐进取的城市文化。作为城市文化发展与创新的主导力量的大众媒介，在推进城市文化建设中起着重要作用。另外，大众传媒作为政府的喉舌和舆论工具，担负着政策、方针、路线的宣传使命，使其文化政策为公众所知。2013 年考察大众传媒在城市文化的塑造建构作用成为了城市研究的一大热点。《大众传媒推进城市文化建设的作用》一文指出，大众传媒作为大众文化的主要载体之一，在构建和传

① 林杰华：《试论城市电视媒体在城市形象传播中的运用》，《东南传播》2013 年第 2 期。

② 莫智勇：《创意新媒体文化背景下城市形象传播策略研究》，《暨南学报（哲学社会科学版）》2013 年第 7 期。

③ 杨惠、戴海波：《社会化媒体在城市形象传播中的运用》，《新闻知识》2013 年第 6 期。

④ 徐翔：《城市文化需强调"价值传播"》，《青年记者》2013 年第 30 期。

承城市文化中起着重要作用。① 以城市电视台为例。改革开放以来，国内的城市电视台在数量上有了一个飞跃，成为中央台、省台和城市台三级电视播出机构“四极化”收视格局中的一支重要力量。《作为文化建构者的城市电视台》一文指出，城市不但决定了城市电视台的传播空间，还是其重要的文化符号，规定并赋予了城市电视台的文化身份。文化建构者是城市电视台在新的历史语境下其文化身份角色的又一次形塑，而多种身份角色共存的城市电视台反映了其身上不同文化权力的斗争关系，城市电视台通过文化的方式发挥“喉舌”职能，从文化政治的维度整合了政府和社会。②

六、城市文学与艺术研究

1. 2013 年城市文学研究

1.1 雷蒙·威廉斯的《乡村与城市》与城乡文学书写解读

2013 年，由西方 20 世纪中叶马克思主义文化批评家雷蒙·威廉斯(Raymond Williams)撰写的《乡村与城市》由商务印书馆出版，可以说是年度城市文学研究与文化研究领域的重要事件。将英国 16 至 20 世纪的诗歌、小说、戏剧、散文、随笔等文学作品形式中的“乡村”与“城市”观念的变化轨迹为研究对象，将其同英国资本主义社会的乡村与城市发展过程联系起来，揭示了“乡村”与“城市”这一对在文学作品中对立的潜在危机。作者认为，在工业化、城市化的历史背景之下，从来就不存在一个像田园诗中那样静谧、纯真、富足并能够逃离城市的喧嚣、罪恶的地方，在这种“消逝的农村经济”“快乐的英格兰”“黄金时代”的文学意象建构中，地主阶级和封建主义自然经济同资本主义经济之间的暧昧继承关系被完全意义上遮蔽了，从而揭示了这种看似超功利，实则脱离现实生活土壤、造作而抽象的文学审美的全面虚假性。“虽然田园主义怀旧反对资本主义的金钱秩序，承载了一定的人道主义情感，但又将这些情感附着于一个理想化的前资本主义的美好世界，这是对历史的歪曲和误读。”③同时威廉斯也批评了城市进步主义的观点，认为田园主义的错误在于未认清资本主义的现代城市化模式是一个必然性的历史进程，而城市进步主义的不足之处在于对资本主义的本质和其引发的可怕危机视而不见。④

同时在 2013 年的城市文学研究中，城市文学与乡村文学之间的关系探索也在继续进行。《“乡村记忆”与“城市书写”——当代知青文学的“城乡叙事”》以

---

① 许莹莹、姚建惠、杨宪敏：《大众传媒推进城市文化建设的作用》，《西部广播电视》2013 年第 11 期。

② 沈文锋：《作为文化建构者的城市电视台》，《现代传播》(中国传媒大学学报)2013 年第 4 期。

③ 〔英〕雷蒙·威廉斯著：《乡村与城市》，韩子满等译，商务印书馆 2013 年版，序言第 6 页。

④ 〔英〕雷蒙·威廉斯著：《乡村与城市》，韩子满等译，商务印书馆 2013 年版，序言第 1—8 页。

《69 届初中生》《今夜有暴风雪》《孽债》《小鲍庄》和《怀念声名狼藉的日子》等知青文学为个案，通过对这些作品的文本解读，探讨在不同历史语境中，“城市”与“乡村”是如何被知青作家们记忆、重叙和再现，进而考察作家们“乡村记忆”与“城市书写”背后深层的政治、文化因素。作者认为，早期知青作家具有浓厚的城市心态，流露了强烈的“返城意识”，但漫长的插队经历，也让许多知青作家对城市和乡村始终交织着一种“复杂情感”，而到了“20 世纪 80 年代中期，在寻根文学潮流的影响下，知青文学也踏上了‘怀旧之旅’，乡村不再是野蛮落后、令人恐惧的地方，而是一个仁义淳朴、田园牧歌的世界，城市则由‘文明世界’蜕变为一个虚伪功利、腐朽堕落的‘罪恶世界’”①。作者认为这不过是作家们离开乡村之后的浪漫回忆，其认同本质上是想象性的，正表明了知青同乡村之间固有的距离。在经历了这些变化之后一些知青作家终于开始带着一种更客观、冷静的眼光看待城市和乡村。② 实际上不仅仅“乡村意识”可能是禁不起推敲的，对于城市的怀旧也有可能属于失去历史土壤的单纯想象。《论文学中的“上海怀旧”》指出 20 世纪 90 年代以来，上海由于特殊的历史地位成为文学作品重要的书写对象，分为关于“上海怀旧”文化产物的广泛传播，以怀旧为特色的咖啡厅、酒吧和娱乐场所的设立，街区的大规模改造与修缮，各种老上海历史文化研究中心的设立。作者指出其不具有文化寻根和价值重建的意义，而更多的是文学中上海想象在全球化语境中的一种现代性诉求，其所表现出来的是对于上海城市文化身份的认知是“想象性”的，无力的，消退了历史意识的。③

除此之外，对于城乡关系的论述仍在展开。在宏观城乡关系表达研究中，《城市：中国现代作家的一个独特心结》指出中国现代作家对现代城市的描写实际上并无复杂情节，真正复杂的在于乡土、域外等远离中国城市的环境体验中对于自身的判断、建构和想象，由此构成了各种多元、分离的空间和较为明确的精神统摄和出发点，令中国现代作家笔下外在的城市/乡土、域外/乡土空间，被赋予了有关现代/传统、东方/西方、文明/野蛮等一系列问题的多元判断和复杂思考，构成了中国现代文学更丰富的文学内涵和价值追求。④《主体，立场与姿态——新世纪以来乡土小说中的城乡互文表达》认为新世纪以来的乡土小说总体来看具有两种价值取向，一种为批判乡土文明，一种是怀念乡土文明，在此意义上新世纪的文学应

① 曾一果：《“乡村记忆”与“城市书写”——当代知青文学的“城乡叙事”》，《中国现代文学研究丛刊》2013 年第 6 期。

② 曾一果：《“乡村记忆”与“城市书写”——当代知青文学的“城乡叙事”》，《中国现代文学研究丛刊》2013 年第 6 期。

③ 陈斯拉：《论文学中的“上海怀旧”》，《深圳大学学报（人文社会科学版）》2013 年第 30 卷第 3 期。

④ 刘勇：《城市：中国现代作家的一个独特心结》，《中国现代文学研究丛刊》2013 年第 7 期。

超越城乡的简单对立，在城乡互文表达中体现出以人为本的写作立场和审美理想，真实地反映当下历史进程中，生活于城市和乡土中的个体生存境遇。①

在微观的农村女性进城的研究中，《近年来女作家"乡村女性进城"的常态叙事》认为女作家关于"进城"主题的书写多集中在乡村女性身上，有一部分大体可以归入研究者所提炼的"苦难叙事模式"而在近年还有一种更为平易的、具有日常化特征的叙事方式，其特点在于以日常叙事淡化冲突，展示城市的常态面貌为特点，回避了旧有的展示苦难式的平庸、暧昧的叙述主体，开始塑造出真正意义上生动可感、具有把握个人命运主体意识的乡村女性形象。②《"向城而生"的乡村女性》认为在书写城市农民工的小说中，乡村女性从事的职业基本上都与"性"密不可分，在其中看到可能会被现实所遮蔽的农民真实的生活世界和日常经验——这是一种对乡村命运的隐喻表达——以经济实力论成败的城市规则无法将作为底层的她们纳入范围之内。③

1.2 城市文学的空间研究视角

2013 年城市文学研究的最新动向之一在于，研究者运用空间批评的方法对文学作品及其营造的意象进行分析。虽然这种分析方法因著作译介较少等原因尚处于较初级阶段，但仍可以说是批评方法运用上的革新。《"工人新村"与城市空间的文学建构》指出在 20 世纪 50 年代的文学叙述中，"工人新村"是一个极为普遍而又重要的意象，住新村的工人的身份认同和日常行为规范的"独特性"导向出了一种有别于资本主义的社会主义的城市规划，在其城市想象和实践中，空间便成为一种物质性力量和意识形态空间化的场所，将旧社会的"消费城市"转化为社会主义的"生产城市"。④《沉重的都市空间现代性——以〈蜗居〉〈双面胶〉为例》运用安东尼·吉登斯现代性的断裂性与双重性、列斐伏尔"消费受控的科层制社会"定义等对城市小说进行分析，将批判性上升到中国当代的现代性给当代都市人造成的创伤这一层面。⑤《现代都市空间对人的压迫——论当代都市小说中的空间审美》认为在中国现代都市小说的叙事中，空间性因素已经逐渐取代了传统文本的时间性因素，成为作家着力表现的重要对象，在此之中充满着偶然、短暂、矛盾、分裂的现代生活，使得都市空间形成了对人的感官压迫、对人的整体性切

---

① 王越、宋喜坤：《主体，立场与姿态——新世纪以来乡土小说中的城乡互文表达》，《文学评论》2013 年第 1 期。

② 乔以钢、崔彦玲：《近年来女作家"乡村女性进城"的常态叙事》，《社会科学战线》2013 年第 3 期。

③ 戴哲：《"向城而生"的乡村女性——乡村命运的隐喻表达》，《海南师范大学学报(社会科学报)》2013 年第 26 卷第 4 期。

④ 徐刚：《"工人新村"与城市空间的文学建构》，《文艺理论与批评》2013 年第 1 期。

⑤ 肖腊梅、谢宏图：《沉重的都市空间现代性——以〈蜗居〉〈双面胶〉为例》，《当代文坛》2013 年第 2 期。

割、人的物化和精神异化。[①]《异质空间与文化想象——福柯"异托邦"视域下的天津都市空间阐释》运用福柯的"异托邦"空间概念,关照了天津市空间"异质并置""异托邦"想象浓厚的近代史与空间重构、文化杂交的当代史,"从整体来看,异质建筑并未使天津城市显得生硬,反而在某种程度上成为城市今后发展的文脉之一"[②]。

2. 2013年城市艺术研究

2.1 城市公共艺术研究

城市公共艺术是城市发展中的必不可少的要素之一,在中国城市化不断深入发展的当下,城市公共艺术也逐渐进入了研究的视野。《论公共艺术与城市文化的矛盾性》一文认为公共艺术作为一个艺术概念或者城市文化的艺术实践,都体现出既肯定自身又否定自身的多重复杂性和矛盾性,在公共艺术与公共空间中,其表现为生产性空间和生产性艺术之间的矛盾;在公共艺术表现与城市文化中,表现为公共艺术与城市的历史文化的张力关系;在公共艺术与赞助政治学中,表现为艺术的审美自由与赞助人的要求之间的矛盾;在公共艺术与公众中,表现为精英主义与大众主义对立的艺术民主性问题。[③]《摭谈新媒体介入城市公共艺术》一文指出在数字时代背景下,新媒体艺术为公共艺术带来了可能性和多样性,其多媒融合与实时交互的传播特征赋予公共艺术新的表现形式、参与体验及审美特征。[④]《公共艺术对城市文化隐喻功能的应用研究》和《论公共艺术对城市文化的隐喻功能》都强调了公共艺术作为城市的公共文化符号的意义作用,其中《论公共艺术对城市文化的隐喻功能》指出公共艺术对城市文化的功能隐喻在凝聚市民集体记忆、完成特定空间场所精神塑造和沟通城市历史的三个方面发挥作用,从而构成了最具文化象征意义的城市意象。[⑤] 总体而言,这一方面的理论研究仍处在探索阶段,有待进行系统化的整合与理论阐述。

2.2 城市电影电视剧研究

2013年,关于城市文学"欲望"的批评视野部分转移到了对城市电视剧的分析当中,开始对城市电影、电视剧中的人文精神缺失和消费主义、物质主义倾向进行集中批评。批评所采用深层观点也同城市文学的"欲望"主题批评的观点类似:

---

① 池周平:《现代都市空间对人的压迫——论当代都市小说中的空间审美》,《湖北大学学报(哲学社会科学版)》2013年第6期。

② 王素:《异质空间与文化想象——福柯"异托邦"视域下的天津都市空间阐释》,《南阳师范学院学报(社会科学版)》2013年第12卷第2期。

③ 李建盛:《论公共艺术与城市文化的矛盾性》,《北京社会科学》2013年第5期。

④ 潘宇:《摭谈新媒体介入城市公共艺术》,《大众文艺》2013年第12期。

⑤ 李源:《公共艺术对城市文化隐喻功能的应用研究》,《建筑与文化》2013年第12期;李木子:《论公共艺术对城市文化的隐喻功能》,《艺术百家》2013年第1期。

一类观点是对城市电影、电视剧中显露出的物欲横流、人文精神萎缩现象进行批评。如《在场叙事与意义危机——当代都市生活剧的品质流失与重建》认为都市生活剧品质下降、在"精神性"层面陷入"意义危机"的原因在于其太过执着于"在场叙事",沉溺于大众实在可感的具象经验,实际上是不自觉地将人们带入一种主体性迷失状态,无法完成自我救赎,无法实现获得安全感与归属感的内心诉求,拒绝和抗议庸常的生活现实是都市生活剧创作获得突破的重要路径,应进行意义的探询,在对日常生活有距离的审视过程中融入的生命思考,令观众在荧屏上获取对自我主体的认同与建构。[①]《国产电视剧泛功利主义现象反思》认为当代电视剧的功利主义思想过于浓重,迎合了市场经济下人们强烈的竞争心,却并没有为提升竞争的道德提供依据,在潜移默化中污染着社会风气,必须加以注意。[②]《〈小时代〉外表的辉煌与内心的荒芜》批评了《小时代》中幻影般辉煌的拜物教生活。[③]

另一类观点则认为城市电影、电视剧中体现的种种问题的缘由不应只停留在对作品的批评上,如此作品的问世势必有其社会根源,批评者的任务在于透过作品而将影片反映出的诸多当代社会弊端进行批判。例如张丽军在《〈蜗居〉与我们时代的现实问题和精神状况》指出,《蜗居》所展现的生活图景绝非编导者为了制造危机而虚构的困境,而是现实中国城市社会中物质负担和心灵痛楚的活生生表现,批评界不应因其传达的价值观不够正确而否定这一敢于刺破现实"无物之阵"的作品。[④]《论当代电视剧中的微观政治》指出中国当代的电视剧表达了两种政治:一种是以国家、政党、战争等为主题的宏观社会政治,一种是以普通人的日常生活、多元诉求、价值冲突为主题的微观文化政治,差异政治是微观文化政治的核心,而城乡差异则是其中具有代表性的内容,其固然重要,但只有在社会整体性变革之中,它才能获得真正的意义。[⑤]

对于以城市青年为表现对象的电视剧,批评界将重点放到了作品主题是否保持了严肃的现实主义创作态度之上。《80后生活图景:残酷、励志与快感》指出当代现实主义创作风格不仅是一种试图以影像符号再现生活的方法,更意指特殊的创作立场,凸显了严肃对待现实社会的态度,在《北京青年》等电视剧中观众在电视剧中体验到的,与其说是励志的事业成功,毋宁说是漂浮于叙事认知之上的现实与虚构的互文快感,因而从根本上背离了现实。[⑥]《新白领阶层的"爱情乌托

① 马琳:《国产电视剧泛功利主义现象反思》,《艺术广角》2013年第2期。
② 陈秀云、邓海涛:《国产电视剧泛功利主义现象反思》,《艺术广角》2013年第3期。
③ 周思明:《〈小时代〉外表的辉煌与内心的荒芜》,《创作与评论》2013年第16期。
④ 张丽军:《〈蜗居〉与我们时代的现实问题和精神状况》,《文艺新观察》2013年第1期。
⑤ 张爱凤:《论当代电视剧中的微观政治》,《现代传播》2013年第3期。
⑥ 陈林侠、杜颖:《80后生活图景:残酷、励志与快感》,《艺术广角》2013年第2期。

邦"——解读当代都市情景喜剧的"情感世界"》认为《爱情公寓》《都市男女》等作品共同反映了一个快节奏、都市化和流动化社会空间中青年男女的"情感关系"：一方面给予了青年自由选择、自由恋爱的空间，另一方面在讲求效率的都市环境中，一切都变成了只求速度、不求内涵的快餐文化，虽然都市情景喜剧塑造了自由自在、幸福生活的乌托邦情感空间，但中产阶级本身就根植于权力资本、物质财富和消费社会中，纯粹的"爱情公寓"中的爱情神话和婚配关系也是不可能存在于现实之中的。[1]

课题负责人

孔铎，教育部哲学社会科学发展报告建设项目《中国都市化进程年度报告》课题组子课题负责人，上海交通大学城市科学研究院研究员，上海交通大学媒体与设计学院博士研究生。

课题组成员

周之澄，教育部哲学社会科学发展报告建设项目《中国都市化进程年度报告》课题组成员，上海交通大学城市科学研究院研究员，上海交通大学媒体与设计学院博士研究生；

周继洋，教育部哲学社会科学发展报告建设项目《中国都市化进程年度报告》课题组成员，上海交通大学媒体与设计学院硕士研究生；

周诗思，教育部哲学社会科学发展报告建设项目《中国都市化进程年度报告》课题组成员，上海交通大学媒体与设计学院硕士研究生。

① 曾一果、杨淇：《新白领阶层的"爱情乌托邦"——解读当代都市情景喜剧的"情感世界"》，《当代电视》2013 年第 3 期。